사가열전 下

# 사기 열전 下

司馬遷 史記列傳
고전에서 배우는 지략과 처세

사마천 지음
김치영 옮김

마인드북스

우리는 왜 고전(古典)을 읽는가? 그것은 과거의 성공과 실패의 사례에서 교훈을 얻어 자신이 원하는 풍요로운 현실을 살고자 하는 욕망 때문이다. 그러면 고전이란 무엇이기에 사람들이 그토록 찾는 것일까? 고전이란 과거의 기록이나 문헌으로써 지금 사람들이 읽어도 모범이 될 만한 가치를 지닌 작품을 말한다. 그 가치란 물질적 충족을 얻을 수 있는 비결일 수 있고, 정신적 풍요로움을 가져다주는 비책일 수도 있다.

　2,200년 전에 사마천(司馬遷)이 기록한 『사기(史記)』는 현재 전 세계적으로 가장 많이 읽히는 고전 중의 하나이다. 특히 우리나라 모든 대학에서 청년 시절에 누구나 한번은 읽어 봐야 할 필독서로 꼽고 있으니 가히 고전의 진수(眞髓)라 해도 손색이 없을 것이다.

　『사기(史記)』는 중국 최초의 정통 역사서 이전에 사마천이라는 한 인간이 삶의 아픔과 불행을 딛고 일어서서 목숨을 바쳐 기록한 인간 성찰의 산물이며 역사의 혼(魂)이다. 그 내용은 고대 전설의 인물인 황제(黃帝)로부터 시작하여 하(夏), 은(殷), 주(周) 시대를 거쳐 최초의 통일국가 진시황의 진(秦)나라, 그리고 가장 넓은 영토를 가진 통일국가 한(漢)

나라 무제(武帝) 때까지의 역사를 기록하고 있다.

『사기』의 내용을 분류하면 다음과 같다. 위대한 왕과 황제에 대한 기록인 「본기(本紀)」 12편, 연대별로 정리한 「표(表)」 10편, 제도와 문물과 사적에 관한 기록인 「서(書)」 8편, 왕과 제후들의 흥망성쇠를 기록한 「세가(世家)」 30편, 그리고 그 당시 천하에 이름을 떨친 일반 인물들의 행적을 그린 「열전(列傳)」 70편, 도합 130편, 한자 52만 6천5백 자로 구성되어 있다.

특히 『사기』의 내용 중에 백미(白眉)라고 할 수 있는 「사기열전」 편은 은(殷)나라 말기 백이(伯夷)와 숙제(叔齊)를 시작으로, 춘추시대 제자백가를 거쳐, 전국시대 칠웅(七雄)이라 불리는 진(秦), 한(韓), 위(魏), 제(齊), 조(趙), 초(楚), 연(燕)나라의 흥망성쇠와, 이후 진(秦)나라와 한(漢)나라의 시기에 천하에 명성을 떨쳤던 수많은 인물들의 성공과 실패에 대한 활약상이 기록되어 있다.

그 무렵 최고의 가치관은 천하제일 유아독존(天下第一 唯我獨尊)이었다. 모든 왕과 제후들은 누구나 최고 강자가 되고자 원했다. 협력과 공존은 신뢰할 수 없었고 자신이 최고인 것만 믿을 수 있는 시절이었다. 지금 일등주의를 고집하는 우리 사회와 크게 다르지 않았다. 그러나 천하제일이 되고자 하는 자는 반드시 갖춰야 할 몇 가지 요건이 있었다.

천하를 지배하려면 우선 국가의 이념과 통치를 다질 사상가가 필요했다. 이들은 대체로 표방하는 나라가 어떤 나라이며, 통치는 어떻게 할 것이며, 백성들은 어떻게 다스릴 것이냐 하는 국가 기반에 관해 깊은 학식을 갖춘 자들이었다. 두 번째는 전쟁에 대한 지략이 뛰어난 전략가가 필요했다. 매일같이 서로 물고 물리는 치열한 전쟁 상황에서 어

떻게 하면 상대를 이길 수 있냐 하는 뛰어난 전략이 무엇보다 중요했
다. 또 약한 나라들은 생존하기 위해 어떻게 연맹을 맺고 연합을 이룰
것인가를 고심해야 했다. 바로 그런 일을 이끌 전략가가 그 시대에는
최고의 인텔리로 대접받았다.

　세 번째는 천하의 강자가 되려면 전쟁터에 직접 나가 싸울 장수, 장
군이 필요했다. 용장(勇將) 밑에는 약졸(弱卒)이 없는 법이다. 즉, 싸움 잘
하는 장수를 많이 거느린 왕이 천하의 패권을 움켜쥐는 것은 당연한
것이었다. 네 번째로는 외교를 담당할 입심 좋은 달변가가 필요했다. 병
법에도 싸우지 않고 이기는 것이 가장 큰 승리라고 했다. 이들은 칼이
아니라 말로써 사람을 죽이고 적을 항복시키니 각국의 군주들은 달변
가를 크게 예우했다. 결국 이 네 가지 인재를 많이 얻은 왕이 천하의
패권을 차지하였고 그렇지 못한 왕은 멸망할 수밖에 없었다.

　따라서 사마천의 「사기열전」은 혼란한 시대에 치열하게 살다 간 온갖
인물들의 성공과 실패에 대한 생생한 기록물이다. 이 책은 바로 그들의
이야기를 통해 오늘을 살아가는 현대인들이 자신들에게 필요한 지략과
처세를 얻기를 바라는 바에서 펴낸 것이다.

　「사기열전」의 특징이라고 한다면, 첫째는 웅혼한 필치로 등장인물
을 그려 내어 역사서로는 보기 드물게 문학성이 빼어나다는 점이다. 또
한 인물의 행적을 시대 순에 따라 기록한 기전체(紀傳體) 형식을 창안하
여 수천 년 동안 고대의 학자며 저술가들에게 모범적인 문장으로 인식
되어 왔다. 둘째, 「사기열전」의 내용은 읽는 사람이 처한 상황과 식견에
따라 달리 해석된다는 점이다. 강자의 처지였다가 약자의 처지가 되었
을 때 그 의미가 달리 다가온다는 뜻이다. 셋째, 「사기열전」은 아무리

여러 번 읽어도 싫증이 나지 않으며 오히려 새로운 삶의 맛과 지혜의 보고를 느끼게 해 준다. 넷째, 진한 감동과 놀라운 탄성이 저절로 터져 나오게 하는 깊은 인간미를 담고 있다. 특히 많은 등장인물들이 지혜와 용기는 뛰어났지만 끝내 뜻을 펴지 못하고 좌절하는 불운에 대하여 사마천은 냉혹하리만큼 초연한 입장에서 기록하였는데, 이런 부분들은 가슴을 부여잡게 하고 뭉클한 감동을 느끼게 해 준다.

국내에 번역되어 있는 『사기열전』은 여러 종류다. 하지만 출간된 책들이 대부분 편협한 원문 위주의 번역이라 그 내용이 너무 어지럽고 이해조차 할 수 없는 것들이 많다. 이에 역자는 감히 용기를 내어, 원문에 충실하되 분명히 이해할 수 있도록 번역하였고, 누구나 읽기 쉽도록 재미와 감동을 곁들여 평역하였다.

번역이란 원전의 뜻에 따라 논의의 근거대로 문맥을 구현하는 작업이다. 따라서 이 책에서는 「사기열전」 원문의 복잡하거나 중복되는 부분은 독자의 편의를 위하여 간략하였다. 또한 내용 이해를 돕고자 약간의 윤색을 가하였음을 밝혀 둔다.

본래 이 책은 고뇌하는 한 젊은이에게 인생의 조언을 주기 위해서 한 편씩 연재하던 것이었다. 인생의 가르침 중에 고전보다 나은 것이 어디 있겠는가? 그 원고를 모아 세세히 검토하고 정렬하여 이 책을 내게 된 것이다.

번역자로서 보람이라면 이 책을 읽는 독자 여러분이 행여 작은 글귀 하나에서 인생의 희망과 용기를 얻는 소중한 계기가 되었으면 하는 것이다.

이 책이 출간되기까지 먼저 집필에 전념할 수 있도록 도와주신 '한국

예술인복지재단' 담당자와 관계자 여러분에게 감사를 드린다. 또한 본 내용을 강연할 수 있도록 후원해 주신 '한국도서관협회' 인생멘토 사업단에 감사를 드린다. 특히 출판을 위해 많은 지원과 협력을 아끼지 않으신 마인드북스의 정영석 사장님께 진심으로 감사드리는 바이다. 그리고 힘들고 어려울 때마다 의지를 심어 준 양도현님, 많은 조언을 해 준 홍태기님, 깊은 관심을 가져 준 조경연님에게도 고마움을 전한다. 끝으로 이 책을 열심히 세상을 살아가는 딸 김청림, 언제나 멋진 아들 김화림에게 바치는 바이다.

2015년 9월
국립중앙도서관에서
김치영

# 차 례

# 차 례

상권

1. 이 책은 중화서국에서 간행한 사마천의 『사기』 중에서 61권 「백이열전」부터 130 권 「태사공자서」에 이르는 70편을 완역한 것이다.

2. 번역의 원칙은 원문에 충실하였고, 원문과 다르게 부가한 말은 독자의 이해를 돕기 위한 것이다.

3. 본문은 현대문으로 서술하였고 인명, 관직명, 지명 등의 고유 명칭과 난해한 용어는 표기에 따르되 괄호로 음훈을 달았다.

4. 제목과 소제는 문장의 구분을 위해 붙인 것이다.

5. 역주는 사용하지 않고 읽기 쉽도록 본문에 설명으로 대신하였다.

6. 지나치게 어려운 설명, 중복된 내용, 인명에 대한 족보의 뒤적임, 장황한 상식적인 문장은 생략하거나 단순하게 정리하였다.

7. 맞춤법과 띄어쓰기는 한글맞춤법과 외래어표기법을 따랐다.

# 제36편 승상 열전

張丞相列傳

張丞相蒼者、陽武人也。

好書律曆。秦時為御史、立
柱下方書。有罪、亡歸。
及沛公略地過陽武、蒼以客
從攻南陽。

蒼坐法當斬、解衣伏質、身長大、肥白如
瓠、見而怪其美、乃言沛公、赦勿斬。遂從
西。
至
立為漢王、入漢中、還定三
秦。

陳餘擊走常山王張耳、耳歸漢、漢乃以張蒼為常
山守。從淮陰侯擊趙、蒼得陳餘。趙地已平、漢王以
蒼為代相、備邊寇。已而徙為趙相、相趙王耳。
卒、相趙王敖。複徙相代王。燕王臧荼反、高祖往擊

"일인지하 만인지상 (一人之下萬人之上)이라는 승상의 자리는 지혜와 계략
으로 이룰 수 있는 것이 아니요, 배움이 많고 재능이 뛰어나 얻는 것
도 아니다. 그러니 승상의 직위에 오른 자들은 참으로 좋은 운명을
만난 자들이라고 아니할 수 없다."


●


## 장창


　　장창(張蒼)은 양무(陽武) 사람이다. 시서(詩書)와 음률(音律)과 역법(曆法)
에 뛰어났다. 이런 재주로 진(秦)나라 때에 궁궐에서 문서와 책을 관리
하는 어사(御史)로 일했다. 하지만 뜻하지 않게 벼슬을 그만두고 낙향하
였다.

　　그 후 유방이 진나라의 각 지역을 함락시키면서 양무 지역을 지나갈
때 장창이 따라나섰다. 그런데 남양군 정벌에 참여한 후에 장창은 군법
을 어겨 참형의 위기를 맞게 되었다. 병사들이 장창의 옷을 벗기고 사
형대에 엎어 놓았는데, 그 몸매가 장대하고 살이 희기가 박속과 같았
다. 그때 집행관 왕릉이 그 광경을 보고 감탄하여 말했다.

　　"저놈 봐라. 풍채도 대단하지만 희기가 기이하구나!"

　　이어 유방에게 보고하고 풀어 주도록 건의하였다. 유방이 허락하여
참형을 면하게 되었다. 이후 다시 유방을 따라 함양으로 들어왔다.

유방이 한(漢)나라 왕에 오르자 장창을 상산 태수로 임명하였다. 장창은 한신을 따라 조나라를 공격하여 진여를 사로잡았다. 조나라가 평정되자 유방은 다시 장창을 대(代)나라의 재상으로 임명해 북쪽 흉노의 침입을 막도록 하였다.

얼마 후, 이번에는 조나라의 재상으로 임명하여 조나라 왕 장이를 보좌토록 했다. 장이가 죽은 후에는 그 아들 장오를 받들었다. 다시 자리를 옮겨 대(代)나라 왕을 보좌하였다.

연나라 왕 장도가 반란을 일으키자 고조 유방이 직접 공격에 나섰다. 장창은 유방을 수행해 장도를 무찌르는 데 큰 공을 세웠다. 이 공로로 북평후(北平侯)에 봉해졌고 식읍 1천2백 호를 받았다.

다시 자리를 옮겨 조정의 재정을 총괄하는 계상(計相)이 되었고, 이때 열후의 신분을 얻어 4년간 국가 재정책임자로 일했다. 그 무렵 소하가 재상이었는데, 장창이 진나라 때부터 조정의 어사를 맡아 도서, 재정, 호적에 밝았고 산학, 음률, 역학에 능통하다고 여겨 각 군과 제후국의 회계를 감독하도록 하였다.

경포가 회남 땅에서 반란을 일으키려다 멸망하자 유방은 자신의 아들 유장을 회남왕으로 세우고 장창을 상국으로 임명했다. 이후 장창은 어사대부(御史大夫)에 올랐다.

한나라의 건립부터 효문제에 이르기까지 20여 년이 지나 비로소 천하가 안정되기 시작하였다. 장군, 재상, 공경들이 모두 무신 출신이었다. 장창은 이때 계상으로 있으면서 음률과 역법을 정비하였다. 고조 유방이 처음 패현에 이르렀을 때가 10월이라, 10월을 정월로 삼는 역법을 개정하였다. 이는 진나라 때의 역법과 같았다.

또한 오덕의 운행으로 미루어 한나라는 수덕(水德)의 시기에 해당되며, 나라의 색깔은 흑색을 존귀하게 여겼다. 12율의 음악을 바로잡고 5음을 맞게 했다. 경중대소의 비례로 법령을 정했으며 모든 장인들의 편의를 위해 도량형을 통일하였다.

장창은 자신의 목숨을 구해 준 왕릉을 늘 고맙게 여겨 아버지처럼 섬겼다. 왕릉이 죽은 후에 장창이 승상에 올랐는데, 이때에도 그 은혜를 잊지 못해 제일 먼저 왕릉의 부인을 찾아뵙고 예를 올리고 난 후에 집으로 돌아갔다.

장창이 재상이 된 지 10년이 되던 해 노(魯)나라 사람 공손신이 상소를 올렸다.

"한나라는 토덕(土德)의 시대니 그 조짐으로 황룡(黃龍)이 나타날 것입니다."

황제가 조서를 내려 장창으로 하여금 그 이론을 감정하게 하였다. 장창은 그 이론은 옳지 않다고 여겨 폐지했다. 그런데 그 후에 성기현에 황룡이 나타났으므로 황제는 공손신을 불러 박사에 임명하고 토덕의 시대에 맞는 역법을 기초하게 하고 나라의 원년을 개정하였다.

장창은 이것을 계기로 늙고 병들었다는 핑계로 조정에 나가지 않고 집에 머물렀다. 그 와중에 장창이 추천한 자가 부정한 일로 죄를 범하자 장창이 문책을 받았다. 결국 재상에 오른 지 15년 만에 벼슬을 그만두었다.

장창이 죽자 효경제는 시호를 문후(文侯)라 하였다. 아들 강이 그 뒤를 이었다. 손자 류가 제후의 장례에 참가했다가 어전에 들어간 것이 불경죄에 해당되어 모든 걸 박탈당하고 말았다.

본래 장창의 부친은 키가 작았는데 장창은 8척이 넘었다. 이후 자손은 점점 키가 줄었다.

재상에서 면직당한 후에 장창은 늙어 이가 없게 되었다. 먹는 것이 불편하고 어려워 나이 어린 유모를 얻어 그 젖을 먹고 살았다. 처첩이 백 명이나 되었는데 한 번 임신한 여자는 총애하지 않았다. 장창은 100세가 넘어서 죽었다.


## 주창


주창(周昌)은 패현(沛縣) 사람이다. 사촌 형 주가(周苛)와 함께 사수 지역에서 진나라의 말단 관리로 있었다. 유방의 반란군이 사수를 공격할 때에 관리직을 버리고 합류하였다. 이때 반란군의 휘장과 깃발을 관리하는 직지(職志)에 임명되었고, 사촌 형 주가는 유방 휘하의 직속부하가 되었다. 후에 유방이 한나라 왕에 오르자 주가를 어사대부로 삼고, 주창을 수도 치안책임자인 중위(中尉)로 임명하였다.

한(漢)나라 4년, 유방은 형양 전투에서 초나라 항우에게 포위되어 형세가 위급한 상황이었다. 간신히 포위망을 뚫고 달아나면서 주가에게 형양성을 꼭 지키라고 명했다. 그러나 형양성은 항우의 손에 넘어가고 말았다. 이때 항우는 사로잡은 주가를 초나라 장수로 삼으려 했다. 그러자 주가가 항우를 꾸짖으며 말했다.

"항우 네놈은 하루라도 빨리 한나라 왕 유방에게 항복하라. 그렇지 않으면 곧 사로잡히고 말 것이다."

이에 항우가 분노하여 주가를 삶아 죽이고 말았다.

그 뒤 유방은 주창을 어사대부로 임명하였다. 얼마 후, 주가의 말처럼 결국 항우는 유방의 군대에게 패하여 자결하고 말았다. 이때 주창은 분음후(汾陰侯)에 봉해졌다.

주창은 말을 더듬어 언변은 부족했으나 성품이 강직한 자라 직언을 서슴지 않았다. 소하, 조참 같은 재상부터 그 아래 신하에 이르기까지 모두 주창을 존경하면서도 두려워했다.

어느 날, 고제(高帝) 유방에게 일을 아뢰고자 내실로 들어갔다. 유방이 마침 총애하는 척희(戚姬)를 사랑스럽게 안고 있었다. 주창은 이내 돌아나왔다. 유방이 쫓아 나와 주창을 붙잡으며 물었다.

"네 생각에 나는 어떤 임금이냐?"

주창이 고개를 쳐들고 대답했다.

"폐하는 옛날 폭군인 걸(桀)임금이나 주(紂)임금과 다를 바 없습니다."

이에 유방이 웃음을 터뜨렸지만 이 일로 인해 주창을 멀리하게 되었다.

한번은 고조 유방이 여후에게서 난 태자를 폐하고, 척희에게서 난 아들 여의(如意)를 태자로 삼으려 하였다. 이에 대해 모든 신하들이 강력히 반대하였으나 감히 유방의 마음을 되돌릴 수 없었다.

그런데 주창이 이 문제에 대해 아주 강하게 반대를 표시하자 고조 유방이 그 이유를 물었다. 주창은 격앙되어 있던 터라 말을 더욱 더듬었다.

"저, 저, 저는 입으로는 잘 말씀드릴 수 없습니다만, 분명 태자의 교체는 옳지 않다는 것만은 알고 있습니다. 폐, 폐, 폐하께서 태자를 폐하신다고 해도 저는 그 분부만은 결코 받들지 않겠습니다."

고조 유방이 그 말을 듣고 미소를 지으며 고개를 끄덕였다.

마침 그 상황을 태자의 모친 여후가 동쪽 측실에서 몰래 엿듣고 있었다. 주창이 나오는 것을 보고는 그 앞에 다가가 무릎을 꿇고 감사의 말을 전했다.

"그대가 아니었다면, 내 아들 태자는 아마 폐위되고 말았을 것이오."

그 후 척희의 아들 여의는 조나라 왕이 되니 그때 나이가 열 살이었다. 고조 유방은 자신이 죽은 뒤에 어린 여의가 위태로워질 것이 항상 근심이었다. 그 무렵 조요(趙堯)라는 자가 황제의 옥새와 문서를 담당하는 부새어사(符璽御史)의 직책에 있었다. 하루는 그 부서 책임자인 방여공(方與公)이 주창에게 말했다.

"조요는 비록 나이는 젊지만 재능이 아주 뛰어난 자입니다. 어사대부께서는 그를 잘 대우하셔야 합니다. 장차 그가 어사대부의 자리를 차지할 테니 말입니다."

그 말을 듣고 주창이 웃으면서 말했다.

"조요는 일개 문서나 베껴 쓰는 관리에 불가합니다. 그가 어찌 이 높은 어사대부의 자리에 오를 수 있겠소이까?"

그로부터 몇 년 후, 조요는 승진을 거듭하여 황제 유방을 가까이 모시게 되었다. 어느 날 황제가 마음이 즐겁지 않은지, 까닭 없이 슬픈 노래를 부르고 있었다. 여러 신하들은 황제가 왜 그런지 도무지 알지 못했다. 그런데 조요가 나아가 공손히 아뢰었다.

"폐하께서 울적하신 까닭은 조나라 왕 때문이 아니십니까? 아직 나이가 어리고, 또한 척희와 여후의 사이가 좋지 않고, 그런 까닭에 행여 폐하께서 돌아가시면 어린 왕이 위태로울 것이라 여기시기 때문이 아닙니까?"

황제가 말했다.

"오, 자네가 어찌 그것을 아는가? 맞도다. 짐이 그 일을 염려하고 있지만 어떻게 해야 할지 모르겠다."

조요가 말했다.

"그런 일이라면 폐하의 충신 가운데 지위가 높고 강직한 신하, 여후와 태자와 군신들이 존경하고 두려워하는 이를 조나라의 상국으로 임명하시면 될 것입니다."

황제가 말했다.

"나도 그렇게 하려고 하네. 그런데 누가 적임자이겠는가?"

조요가 대답했다.

"어사대부 주창은 강직하고 바른 사람입니다. 또 여후, 태자, 대신들이 평소부터 존경하고 두려워합니다. 그러니 그를 쓰시면 될 것입니다."

황제 유방은 그 말이 옳다고 여겨 바로 주창을 불러들였다.

"내 그대에게 한 가지 일을 떠맡길 터이니 꼭 맡아 주시오. 다른 것이 아니고, 조나라로 가서 재상이 되어 주시오."

그러자 주창이 섭섭한 표정으로 말했다.

"저는 폐하께서 처음 군사를 일으키실 때부터 오늘날까지 곁에서 모셔 왔습니다. 그런데 폐하께서 왜 저를 버리려 하십니까?"

황제가 말했다.

"그것이 좌천인 줄은 나도 아오. 그러나 조나라를 맡아 줄 사람은 그대가 아니면 다른 적임자가 없소. 힘들더라도 그대가 가 주어야겠소."

이렇게 하여 어사대부 주창은 조나라의 재상으로 자리를 옮겼다.

주창이 조나라로 떠난 후에 고조 유방은 어사대부의 관인을 손에 쥐고 중얼거렸다.

"이제 누구를 어사대부로 임명해야 하는가?"

황제 유방은 조요를 한참 동안 바라보다가 입을 열었다.

"그래, 조요라면 충분하겠다!"

그렇게 하여 조요는 방여공이 예언한 대로 어사대부에 오르게 되었다.

고조 유방이 죽고 그의 아내 여후가 권력을 쥐었다. 여후는 사자를 보내 어린 조나라 왕을 호출하였다. 그러나 재상인 주창이 왕께서 병중에 있다는 핑계로 보내지 않았다. 다시 여후가 사자를 세 번이나 보내 조나라 왕을 입궐하라 명했다. 하지만 주창은 끝까지 어린 왕을 보호하기 위해 핑계를 대고 보내지 않았다.

그러자 여후가 노하여 이번에는 주창을 불렀다. 주창이 궁궐에 당도하자 여후가 크게 꾸짖으며 말했다.

"그대는 내가 척씨를 미워하는 것을 모르는 거요? 도대체 조나라 왕을 보내지 않는 이유가 무엇이오?"

여후는 주창을 불러 놓고 이어서 어린 조나라 왕을 호출했다. 그러자 조나라 왕이 어쩔 수 없이 입궐해야 했다. 하지만 어린 조나라 왕은 장안에 온 지 한 달 만에 독약을 마시고 숨지고 말았다. 주창은 조나라 왕을 잃은 그날부터 병을 핑계로 더는 조정에 나가지 않았다. 그리고 3년 후에 주창은 생을 다하였다.

나중에 여후는 어사대부 조요가 조나라 어린 왕을 보호하기 위해 계획을 도모했다는 것을 알았다. 이내 조요의 관직을 박탈하고 벌하였다.


## 임오


임오(任敖)는 본래 진나라 패현의 하급 옥리(獄吏)였다. 젊은 시절부터 유방과는 친분이 두터운 사이였다. 어느 날 유방이 죄를 짓고 도망친 일이 있었다. 형조의 관리들이 유방의 아내 여치(呂雉)를 대신 잡아들였다. 여치가 옥에 갇히자 담당 옥리가 거칠고 치욕스럽게 다루었다. 마침 임오가 그 광경을 보고 그만 화가 치밀어 담당 옥리를 때려 부상을 입혔다.

얼마 후 유방이 진나라에 반기를 들고 일어났을 때 임오는 옥리를 그만두고 유방을 따라나섰다. 반란군이 계속 승전하자 유방은 풍 땅의 치안 관리를 맡는 어사로 임오를 임명하였다. 이후 유방이 한나라 왕에 오르고 서초패왕 항우를 공격할 무렵에 임오는 승진하여 상당군 태수로 자리를 옮겼다. 이어 진희가 유방을 배신하고 상당군을 공격해 올 때 임오는 이를 굳건히 지킨 공로로 광아후(廣阿侯)에 봉해지고 식읍 1천8백 호를 받았다.

유방이 죽고 그의 아내 여후(呂后)가 집권했을 때 임오는 꾸준히 출세하여 3년간 어사대부를 역임하였다. 이어 조줄(曹窋)이 어사대부가 되었다. 하지만 조줄은 여후가 죽은 뒤에 여씨 숙청 작업에 참여하지 않았다는 이유로 파면되고 장창이 그 뒤를 이었다. 이어 장창(張蒼)은 주발, 관영 등과 함께 대(代)나라 왕인 유방의 넷째 아들 유항(劉恒)을 황제의 자리에 모시니 그가 바로 효문제(孝文帝)이다. 장창은 효문제 4년에 승상의 자리에 올랐다.


## 신도가

신도가(申屠嘉)는 삼천군 양현(梁縣) 출신이다. 기마와 활쏘기에 뛰어나 유방을 따라나섰다. 이후 그 용맹함을 인정받아 항우를 공격하는 장수로 활약했다. 유방이 천하를 통일하고 한나라 고조에 오를 때 반란군 경포의 군대를 물리친 공으로 도위(都尉)에 올랐다. 효혜제(孝惠帝) 때 회양 태수가 되었고, 효문제(孝文帝) 때 어사대부에 올랐다. 이때 장창이 승상이었다.

이후 장창이 파면되자 효문제는 황후의 동생인 두광국(竇廣國)을 승상으로 임명할 생각이었다. 평소 두광국은 일처리가 현명하고 품행이 단정하여 황제의 신임을 받고 있었다. 하지만 황제는 고민 끝에 생각을 달리하고 말았다.

"두광국을 승상에 임명하면 천하의 선비들이 내가 그를 편애한다고 할까 두렵도다."

결국 효문제는 두광국을 포기하고 어사대부 신도가를 승상으로 임명했다. 본래의 식읍은 그대로 두고 고안후(故安侯)에 봉했다.

신도가는 청렴하고 정직한 자로 사사로운 청탁을 일절 받지 않았다. 이 무렵 태중대부(太中大夫) 등통(鄧通)이라는 자가 백만금의 재물을 가지고 있는 거부였다. 효문제는 평소 등통을 지극히 총애하였는데, 그의 집을 찾아가 함께 술을 마실 정도였다.

하루는 승상 신도가가 국사를 논하기 위해 조정에 들어갔는데, 황제 곁에 붙어 있는 등통이 승상에 대한 예를 모르는 체하고 태연히 있었다. 신도가가 황제에게 국정을 보고하고 난 후에 충언을 올렸다.

"폐하께서 총애하는 신하가 부유하게 되는 것은 참으로 좋은 일입니다. 하지만 그것으로 인해 조정의 기강이 흔들려서는 아니 될 줄 압니다."

황제가 말했다.

"승상은 염려하지 마시오. 그런 일이라면 내가 알아서 할 것이오."

하지만 신도가는 그냥 넘어가지 않았다. 승상부에 돌아와서 등통을 소환하는 출두명령서를 보냈다.

"등통은 당장 승상부에 오라. 만약 오지 않으면 당장 목을 베겠노라."

등통이 소환장을 받고 몹시 두려워 황제에게 사실을 털어놓았다. 그러자 황제가 말했다.

"염려마라. 너는 일단 가거라. 내가 사람을 보내 바로 너를 부를 것이다."

등통은 마음을 놓고 승상부에 들어갔다. 갓을 벗고, 맨발로, 머리를 조아려 승상 신도가에게 잘못을 시인하며 사과했다. 그러자 신도가는 태연하게 앉은 채 엄하게 꾸짖었다.

"이 나라의 조정은 고조 황제로부터 생긴 것이다. 그런데 보잘 것 없는 네놈이 어전을 어지럽게 했으니 이것은 불경죄에 해당한다. 불경죄라 하면 참형을 받아 마땅하다. 여봐라! 형리는 뭐하고 있느냐? 당장 저놈을 잡아 참형하라!"

이에 등통이 죽을 것을 두려워하여 다시 머리를 땅에 찧으며 피범벅이 되도록 사과를 했지만 승상 신도가는 받아주지 않았다. 그즈음에 황제는 승상이 충분히 등통을 혼내 줬을 것이라 생각하고 사자를 보내 호출하였다. 그리고 승상에게 전하였다.

"그는 내가 총애하는 신하이니, 그대는 그만 풀어 주시오."

등통이 풀려나 효문제에게 와서는 울면서 말했다.

"폐하, 승상이 저를 죽이려 했습니다!"

신도가가 승상에 오른 지 5년째 되던 해, 효문제가 죽고 효경제(孝景帝)가 즉위하였다. 효경제는 태자 시절부터 자신을 가르쳐 온 조조(晁錯)를 총애하여 행정을 총괄하는 내사(內史)로 임명하였다. 하지만 조조는 정권을 마음대로 휘둘러 법령을 함부로 고치고 제후들의 영지를 깎도록 건의하였다. 신도가가 이에 반대하였지만 받아들여지지 않았다. 이에 굴욕을 느낀 신도가는 조조를 미워하기 시작했다.

한번은 조조가 궁궐을 드나드는 문이 동쪽에 나 있어 다니기가 불편하였다. 그래서 남쪽 담을 뚫어 문 하나를 새로 내었다. 그런데 마침 남쪽 문은 태상황(太上皇) 사당 바깥 담장이었다. 신도가가 이 사실을 듣고는 황제에게 아뢰었다.

"조조는 종묘의 담을 뚫어 함부로 문을 내는 중죄를 범하였으니 법으로 엄하게 다스려야 합니다."

신하 중에 누군가 이 이야기를 엿듣고는 조조에게 달려가 알려 주었다. 조조는 두려워 밤중에 궁궐로 들어가 황제를 뵙고 아뢰었다.

"제가 죄를 지었으니 폐하께서 직접 다스려 주시길 바랍니다."

아침 조회에서 승상 신도가는 다시 강하게 조조를 처벌할 것을 황제에게 요청하였다.

"조조의 목을 베도록 허락하여 주십시오!"

그러자 황제가 말했다.

"조조가 문을 낸 곳은 종묘의 담이 아니고 종묘와 한참 떨어진 낮은 담이다. 그곳에는 다른 관리가 살고 있고, 또 내가 문을 내라고 시켰으니 조조에게는 아무 죄가 없다."

조회를 마치고 나가면서 신도가는 승상부의 업무를 관장하는 비서인 장사(長史)들에게 말했다.

"내가 지금 후회되는 것은 먼저 조조를 죽이지 않고 황제께 요청한 것이다."

그리고 집에 돌아와서 신도가는 피를 토하고 죽었다. 시호를 절후(節侯)라 하였다.

아들 멸(蔑)이 작위를 잇다가 3년 만에 죽었고, 멸의 아들 거병(去病)이 다시 승상에 올라 31년 만에 죽었다. 거병의 아들 유가 작위를 잇다가 구강 태수로 있으면서 뇌물을 받은 것이 죄가 되어 작위를 박탈당하여 모두 없어졌다.

신도가가 죽은 뒤에 여러 사람이 승상에 올랐으나 이들은 모두 부친의 뒤를 이은 자들로 자리에서 조심하고 경계하기는 했지만 세상에 공명을 드러낸 자가 없었다.


태사공은 말한다.

"장창은 문학, 음률, 역법에 뛰어난 한나라의 명재상이다. 그러나 가생(賈生)과 공손신(公孫臣)이 건의한 역법과 복색의 개혁을 채택하지 않고 진나라의 것을 고집한 이유는 무엇일까? 주창은 강직하고 성실한 재상이다. 임오는 여후에게 은혜를 베풀어 등용된 재상이다. 신도가는 강직하고 지조 굳은 재상이나 지략이 없어 소하, 진평, 조참에 미치지 못하였다."

효무제 때에는 승상이 매우 많았다. 하지만 기록으로 남은 것이 없었다. 이 부분은 후에 저소손(褚少孫)이 덧붙인 것으로 정화(征和) 시기 이후의 기록이다.

승상 차천추(車千秋)가 죽은 후, 노현(魯縣) 사람 위현(韋賢)이 승상에 올랐다. 그는 본래 남달리 학문에 뛰어난 재주가 있었다. 위현에게는 아들 넷이 있었다. 하루는 관상쟁이가 네 아들의 관상을 보게 되었다. 다른 세 아들은 별다른 말이 없었는데 넷째아들의 관상을 보고는 말했다.
"이 아이는 귀하게 되어 틀림없이 승상의 작위를 이어갈 겁니다."
이에 위현이 말했다.
"나의 작위를 잇는다면 큰아들이 있는데, 어찌 그게 가능하겠소?"
이후 세월이 흘러 위현이 병으로 죽었다. 그런데 형제들이 모두 죄를 지어서 부친의 작위를 잇지 못하게 되었다. 예전에 관상쟁이가 말한 넷째아들 위현성(韋玄成)이 부친의 작위와 봉토를 물려받고 후에 승상에 올랐다.
위현의 뒤를 이어 위상이 승상에 올랐다.

# 위상

위상(魏相)은 제음(濟陰) 사람이다. 문서를 관리하는 말단 관원에서 시작하여 승상에까지 오른 입지전적인 인물이다. 무술을 좋아해 관리들은 모두 칼을 차고 다니게 했다. 모든 업무 보고는 반드시 칼을 찬 관리만 할 수 있었다. 칼을 차지 않은 관리가 보고를 하고자 하면 남의 칼이라도 빌려서 차야 했다.

한번은 한나라 장안을 다스리는 경조윤(京兆尹) 벼슬에 있는 조군(趙君)이 죄를 지었다. 위승상이 법에 의거하여 조군의 직위를 파면해야 한다고 황제께 아뢰었다. 그러자 조군이 위승상에게 사람을 보내 간청하였다.

"이 죄를 무사히 벗어나게 해 주십시오. 그러면 은혜를 잊지 않겠습니다."

하지만 위승상은 이를 받아들이지 않았다. 그 무렵에 위승상 부인의 시종이 갑자기 죽은 일이 생겼다. 조군은 이 일을 교묘히 이용하여 자신의 부탁을 거절한 승상을 협박하고자 했다.

"승상 부인의 시종이 죽은 일을 철저히 조사하라."

조군은 형졸을 풀어 승상의 집에 보냈다. 그리고 그 집 시종을 하나 잡아다가 매를 치면서 심문하였다. 그리고 그 사건을 비화하여 단독으로 조정에 보고하였다.

"승상 부인이 질투하여 시종을 칼로 찔러 죽였습니다."

그러자 조정에서 감찰관이 이 사건을 다시 조사하였다. 감찰 책임자 파군(繁君)이 결과를 보고하였다.

"장안을 책임지는 경조윤 조군은 승상을 협박하고 승상 부인을 무고하였습니다. 시종은 사고로 죽은 것인데 조군은 이를 칼로 찔러 죽였다고 허위 보고를 올렸습니다. 또한 함부로 승상의 가택을 포위하여 그집 시종을 잡아가는 도의에 어긋나는 행위를 하였습니다. 이뿐 아니라 이전에 조군은 제 마음대로 기사(騎士)를 파면한 일도 있으니 엄중히 처벌할 것을 건의드립니다."

황제는 이 건의를 받아들여 벌을 내렸다. 조군은 칼로 허리를 베는 참형에 처해지고 말았다.

또 한 번은 위승상이 자신의 부하를 시켜서 중상서(中尙書) 관리를 탄핵한 사건이 있었다. 이 사건은 승상이 자기 마음대로 없는 사실을 있는 것처럼 꾸며 행했다고 하여 도리어 승상이 불경죄를 당해야 했다. 이로 인해 승상부의 비서인 장사(長史) 몇몇이 사형에 처해지거나 궁형에 처해지는 형벌을 받았다. 그런데 위승상만은 끝내 벌을 받지 않았다.

나중에 위승상은 병이 들어 죽었다. 하지만 죽기 전까지 승상의 지위에 있었다. 그의 아들이 그 작위를 계승했으나 말을 타고 종묘에 들어간 것이 그만 불경죄에 걸리고 말았다. 그 벌로 작위를 강등당하고 열후의 지위를 잃게 되었다.


## 병길

병길(邴吉)은 노(魯)나라 사람이다. 학식과 법령에 조예가 깊어 어사대부에 올랐다. 이후 일처리가 분명하고 지혜로워 승상에 올라 칭송을 받왔다. 그는 불행히도 병으로 세상을 떠났다.

그 아들 병현(邴顯)이 작위를 계승하였으나 불경죄를 범하는 바람에 지위를 잃었다. 이후 태복의 지위에 이르렀지만 업무 처리조차 제대로 하지 못했고 또한 뇌물을 받은 것이 죄가 되어 관직에서 쫓겨나 평민이 되었다.

승상 병길이 죽자 황패(黃霸)가 자리를 이었다. 이 무렵 장안에 전문(田文)이라는 유명한 관상쟁이가 있었다. 그가 위현, 위상, 병길이 미천한 신분이었을 때 관상을 보고는 모두 승상이 될 것이라 예언하였다. 그런데 그들이 모두 승상에 올랐으니 참으로 보는 것이 놀라울 정도로 정확하였다.


## 황패

황패(黃霸)는 회양군 사람이다. 학식이 깊어 관리로 임명되었다. 영천군 태수로 있을 때 백성들을 잘 교화하였고 예의를 가르쳐 선도하였다. 법을 어긴 자는 우선 완곡하게 타일러 깨닫게 하였다. 그로 인해 백성들에게 명성이 알려지게 되었다. 이에 대한 공로로 효선제(孝宣帝)가 상을 하사하였다.

"황패는 백성들을 교화하여 도둑을 없앴고, 법을 위반하는 자를 없앴으니 이를 치하하여 관내후 작위와 황금 백 근을 하사한다!"

이후 경조윤에 올랐다가 승상이 되었다. 불행하게도 병으로 세상을 뜨고 말았다. 뒤를 이어 우정국이 승상에 올랐다. 우정국이 물러나자 어사대부 위현성이 승상에 올랐다.


## 광형


광형(匡衡)은 동해(東海) 사람이다. 어려서 집이 가난해 남의 집 하인 일을 하여 먹고 살았다. 독서를 좋아했고 특히 『시경』에 뛰어났다. 하지만 재주가 미약하여 벼슬을 얻기 위해 아홉 번 시험에 응시했으나 합격하지 못했다.

열 번째에 이르러 병과(丙科)에 급제했다. 하지만 자신의 경서 실력이 부족한 것을 알고 다시 공부해 을과(乙科), 갑과(甲科)에 합격하였다. 평원군의 문학졸사(文學卒史)로 벼슬을 시작하였다. 하지만 그다지 재능을 인정받지 못했다.

후에 낭중이 되고 박사에 올랐다. 효원제(孝元帝)가 마침 『시경』을 좋아하여 광형을 태자소부에 임명하고 스승으로 삼았다.

황제는 광형의 강의를 듣기 좋아했고 그로 인해 광형은 존귀하게 되었다. 이어 어사대부가 되고 1년 후에 승상에 올랐다. 10년 동안 장안의 성문을 나가는 일이 없이 승상의 자리를 지켰다. 이 어찌 때를 잘 만난 운명이라 아니할 수 있겠는가!


태사공은 말한다.

"깊이 생각해 보니 선비들 가운데 말단 관원에서 열후에 이르는 자는 매우 적었다. 또한 어사대부에 오른 자들 가운데 그 자리를 끝으로 그만두는 자가 대부분이었다. 누구든지 어사대부가 되면 다음은 승상이 될 차례이니 마음속으로 승상이 되기를 바라지 않은 자가 없었다. 그래서 몰래 승상을 헐뜯고 음해하여 그 자리에 오르려고 했던 이들도 있다. 어떤 이는 어사대부에서 아무리 애를 써도 승상이 되지 못하였고, 어떤 이는 어사대부에 오른 지 1년도 안 돼 승상의 지위를 얻고 열후에 봉해지기도 했다. 참으로 운명은 알 수 없는 것이다.

어사대부 정군(鄭君)은 수년 동안 그 자리를 지켰으나 결국 승상의 직위를 얻지 못했다. 광형은 어사대부에 오른 지 1년도 못 되어 승상에 올랐다. 승상이란 자리가 어찌 지혜와 계략으로 이룰 수 있는 것이겠는가? 학식이 깊고 재능이 많은 성현들 중에서도 자신의 포부를 펴지 못하고 곤궁하게 지내다 죽은 자들이 수없이 많지 않던가?"

卷九十七。酈生陸賈列傳

## 역생、육고 열전

酈生食其者、陳留高陽人也。好讀書、家貧落魄、無以為衣食業、為里監門吏。然縣中賢豪不敢役、縣中皆謂之狂生。及陳勝、項梁等起、諸將徇地過高陽者數十人、酈生聞其將皆握齱好苛禮自用、不能聽大度之言、酈生乃深自藏匿。後聞沛公將兵略地陳留郊、沛公麾下騎士適酈生里中子也、沛公時時問邑中賢士豪俊。騎士歸、酈生見謂之曰、吾聞沛公慢而易人、多大略、此真吾所願從遊、莫為我先。若見沛公、謂曰、臣里

"역생과 육고는 언변이 뛰어나 한나라의 사신으로 활약했다. 이들은 죽음 앞에서도 황제를 대리한다는 권위를 잃지 않았으니 참으로 대범한 자들이었다."

●

## 역생

역생(酈生)은 역이기(酈食其)를 말한다. 진류현(陳留県) 고양(高陽) 사람이다. 집안이 가난했지만 스스로 배운 바가 많아 학식이 깊고 언변이 뛰어났다. 젊은 시절에 생계를 위해 성문을 관리하는 하급관리로 일했다. 나중에 일을 그만두고 고향에 돌아와 천하에 대한 나름대로의 식견을 떠들고 다녔다. 그러자 진류현 사람들은 역생을 술주정뱅이 선생이라 폄하하였다.

진승과 항량 등 진나라에 반기를 든 수십 명의 장수들이 진류현 고양을 지나갔지만 아무도 역생의 재능을 알아보지 못했다. 어느 날, 패공(沛公) 유방이 반란군을 거느리고 진류현 외곽에 주둔하고 있었다. 그 휘하에 기병으로 있는 자가 마침 역생의 친구 아들이었다. 가끔 그는 마을에 돌아오면 역생과 이야기를 자주 나누었다. 하루는 그가 역생을 찾아와 말했다.

"어르신, 지난번 패공께서 진류현에 들어오시기 전에 이곳에 현인과 호걸이 누가 있냐고 물으셨습니다."

그러자 역생이 말했다.

"내가 듣기로 패공은 거만하고 남을 업신여기는 사람이지만 뜻은 원대하다고 들었네. 내가 그분을 섬기고자 하는데 누가 나를 소개하는 자가 없구나. 만일 자네가 패공을 뵙거든 나를 좀 소개해 주게나. 다른 말은 할 것 없고, 그냥 진류현에는 신장이 8척이고 나이는 60인데 사람들이 술주정뱅이 선생이라고 부르는 좀 독특한 사람이 있다고만 말해 주게."

그러자 친구 아들이 말했다.

"패공은 선비를 좋아하지 않습니다. 찾아오는 사람들 중에 관을 쓰고 오는 자는 패공이 그 관을 빼앗아 오줌을 눠 버립니다. 그리고 선비의 명분으로 유세하러 오는 자는 항상 큰소리로 욕하여 모욕을 줍니다."

역생이 말했다.

"자네는 어쨌든 나의 말을 전해 주기만 하게."

친구 아들이 돌아가 패공을 뵙고 그대로 말을 전했다.

며칠 후, 역생이 유방을 뵙고자 찾아갔다. 관리에게 자신의 명함을 건네주며 말했다.

"패공께서 불의한 진나라를 토벌하신다는 소식을 듣고 삼가 뵙고 천하 대사에 대해 말씀 올리고자 합니다."

관리가 들어가서 그대로 고하자 마침 유방은 휴식을 취하며 다리를 씻고 있는 중이었다. 관리에게 물었다.

"어떤 자인가?"

관리가 말했다.

"선비들이 쓰는 관을 쓰고 있고 외모가 뛰어나 보였습니다."

유방이 말했다.

"지금은 천하의 일로 바쁘니 만날 겨를이 없다고 전해라."

관리가 밖으로 나와서 그대로 전했다. 그러자 역생이 눈을 부릅뜨고 꾸짖으며 말했다.

"다시 들어가 여쭤라! 나는 선비가 아니라 진류현의 술주정뱅이라고 전해라!"

관리가 놀라며 들어가 다시 아뢰었다.

"진류현의 술주정뱅이라는 자가 패공을 뵙고자 하옵니다. 어찌나 성을 내며 말하는지 제가 놀랄 지경이었습니다."

그러자 패공이 즉시 맨발로 창을 들고 뛰쳐나와 역생을 쳐다보았다. 그리고 말했다.

"손님을 들게 하라!"

역생은 유방이 머물고 있는 거처로 들어섰다. 그러자 유방은 침상에 걸터앉아 두 다리를 벌리고 있고 시중을 드는 두 여인이 발을 씻기고 있었다. 역생은 고개를 숙여 인사만 할 뿐 엎드려 절하지 않았다. 역생이 말했다.

"패공께서는 진나라를 도와 반기를 든 제후들을 공격하려 하시는 겁니까, 아니면 반기를 든 제후들을 이끌고 진나라를 공격하려 하시는 겁니까?"

그 말에 유방이 성내며 말했다.

"이 미친놈아! 천하가 진나라로부터 고초를 당한 지 오래 되어 제후들이 들고일어나 진나라를 치려고 하는데, 어찌 진나라를 도와 제후들을 친다고 하느냐?"

역생이 말했다.

"의병을 모아 진실로 저 무도한 진나라를 없애고자 하신다면 지금처럼 이렇게 오만불손한 자세로 나이든 사람을 만나면 아니 됩니다."

이에 유방이 깨닫는 바가 있어 발 씻기를 그만두고 의관을 단정히 하였다. 그리고 역생을 윗자리에 모셔 앉게 한 뒤 정중히 사과했다.

역생이 이전에 합종연횡 하던 때의 형세를 세세히 말하자 패공이 기쁘게 듣고는 음식을 대접하며 물었다.

"그렇다면 장차 어떤 계책을 써야 천하를 얻을 수 있겠는가?"

역생이 말했다.

"패공께서는 오합지졸의 흩어진 병사들을 만여 명 모았지만 이런 병력으로 진나라를 친다는 것은 약한 동물이 호랑이 입에 뛰어드는 격입니다. 마침 이곳 진류현은 사통팔달의 요충지입니다. 성 안에는 또 많은 식량이 비축되어 있습니다. 이곳을 우선 점령한다면 군대를 제대로 꾸릴 수 있을 겁니다. 이곳 현령이 저와 친분 있는 자이니 저를 사신으로 보내 주시면 제가 그를 항복하게 만들겠습니다. 만일 그가 말을 듣지 않는다면 패공께서 군대를 일으켜 성을 공격하십시오. 제가 안에서 호응하겠습니다."

이에 패공이 역생을 사신으로 보내고, 군대를 이끌고 만일에 대비하여 뒤를 따르게 했다.

그날 밤 역생이 진류현 현령을 찾아가 말했다.

"천하가 진나라의 포악함에 모두 반기를 들었습니다. 지금 현령께서는 망해 가는 진나라를 위해 성을 지키고 계시는데 그건 대단히 위태로운 선택인 것입니다. 생각을 바꿔 천하의 대세를 따른다면 큰 공을 이룰 수 있는 기회가 있습니다."

현령이 말했다.

"진나라의 법은 매우 엄해 함부로 망언을 하는 자는 사형에 처하게 되어 있다. 지금 이야기는 내가 못들은 것으로 할 테니, 앞으로 그대는 함부로 망언을 하지 마라."

역생은 더는 설득하지 못하고 자리에서 물러났다. 그리고 밤이 깊었을 때 몰래 담을 넘어 들어가 잠자는 현령의 머리를 베어 유방에게 돌아왔다. 그러자 유방이 군사를 이끌고 성을 포위하였다. 현령의 머리를 장대 높이 달아 성 위에 사람들에게 보여 주면서 소리쳤다.

"항복하라! 현령의 머리는 이미 베어졌다. 뒤늦게 항복하는 자는 반드시 목을 벨 것이다."

성 안 사람들 모두가 현령이 이미 죽은 것을 알고는 서로 다투어 항복했다. 패공 유방은 그곳에 머물며 병기와 식량을 가지고 군사를 모으니 그 수가 수만 명에 달했다. 그리고 마침내 함곡관으로 쳐들어가 진나라를 멸망시켰다.

이후 역생은 유방의 사신 역할을 전담하였다. 그리고 자신의 동생 역상(酈商)을 추천하여 패공을 따라나서게 하였다.

한나라 3년 가을, 항우가 형양을 무너뜨리자 유방은 낙양 일대로 퇴각하여 대항할 계책을 세워야 했다. 이때 역생이 나서서 말했다.

"하늘의 근본을 아는 자는 왕의 대업을 이룰 수 있고, 하늘의 근본을 알지 못하는 자는 왕의 대업을 이룰 수 없다고 했습니다. 왕은 백성을 하늘로 알고, 백성은 먹을 것을 하늘로 알고 있습니다. 저기 오창은 천하 양곡이 비축된 곳입니다. 지금 초나라 항우가 오창을 지키지 않고 도리어 성고를 굳게 수비하는 것은 하늘이 우리를 돕는 절호의 기회입니다. 두 영웅은 함께 할 수 없으니 이번 기회에 분명하게 승자를 결정지어야 합니다. 하오니 대왕께서는 즉시 군대를 진격하시어 대항산 길목을 차단하고 비호의 입구를 막고 백마 나루터를 지키십시오. 그러면 형양을 회복하고 오창을 손에 넣을 것입니다.

지금 연(燕)나라와 조나라는 평정되었지만 아직 제나라는 항복하지 않았습니다. 전씨 일족이 20만 대군을 역하에 주둔하고 있으니 대왕께서 수십만 명의 군사를 파견해 공격한다 해도 일 년 안에 격파하기 어렵습니다. 그러니 제나라와 싸우기보다는 제나라를 설득하여 그들을 한나라에 귀속시키는 것이 나을 것입니다. 저를 사신으로 보내 주시면 반드시 설득시키겠습니다."

이에 유방이 옳다고 여겨 그 말대로 군사를 배치하고 역생을 제나라 사신으로 보냈다.

역생이 제나라 왕을 만나 말했다.

"혹시 왕께서는 천하의 대권을 누가 차지할 것인지 알고 계십니까?"

제나라 왕이 말했다.

"알지 못하오."

역생이 말했다.

"왕께서 그걸 아신다면 제나라를 보존할 수 있겠지만, 만약 그걸 모르신다면 제나라를 보존하실 수 없을 것입니다."

제나라 왕이 물었다.

"천하의 대권을 누가 차지한단 말이오?"

역생이 말했다.

"한나라 유방이 차지할 것입니다."

제나라 왕이 말했다.

"무슨 근거로 그렇게 말하는 것이오?"

역생이 말했다.

"유방과 항우는 함께 진나라를 공격해 먼저 함양(咸陽)에 들어가는 자가 왕이 되기로 약속을 했습니다. 그런데 유방이 먼저 입성했지만 항우는 약속을 저버렸습니다. 항우는 또 초나라 의제(義帝)를 내쫓아 죽였습니다. 그러자 각국의 제후들이 항우는 신의가 없다 하여 모두 유방에게 몰려들었습니다. 이에 유방은 항우에게 의제를 죽인 책임을 분명히 물었습니다. 그리고 항우를 공격하여 성을 빼앗으면 그 공로에 따라 장수와 병사들에게 상을 내렸습니다. 유방은 이익을 나눌 줄 아는 인물이기에 천하의 영웅, 호걸, 재인들이 모두 한나라를 찾아오게 된 것입니다. 반면에 항우는 약속을 배반하고, 의제를 살해하고, 전쟁에서 이기더라도 병사들에게 상을 내린 적이 없고, 항씨의 일족이 아니면 누구도 제후의 봉읍을 받을 수가 없습니다. 심지어 재물을 얻어도 자신의 곁에 쌓아 두기만 할 뿐 아무에게도 나누어 주지 않습니다. 이런 까닭에 천하 사람들이 항우에게 반기를 든 것입니다. 벌써 한나라 왕 유방은 삼진을 평정하였고 32개의 성을 함락하였습니다. 이는 진실로 인간의 힘이 아닌 하늘이 내려 주신 천명인 것입니다. 지금 천하의 패권은 한나라가 쥐고 있습니다. 만일 한나라에게 제일 늦게 항복하는 나라는 멸망하게 될 것이고, 가장 먼저 항복하는 나라는 사직을 보존하게 될 것입니다. 그러니 왕께서는 멸망과 보존을 잘 헤아려 선택하시기 바랍니다."

제나라 왕이 곧바로 그 말에 동의하였다. 이어 역생이 말했다.

"왕께서 한나라를 섬긴다고 하면 결코 한나라 군대가 무력으로 침공하지 않을 것을 제가 약속드립니다."

왕이 이 말을 믿고 역하에 주둔하고 있는 제나라 군사들의 방비를 풀게 했다. 그리고 역생과 더불어 날마다 술자리를 가지면서 제나라의 보존을 다짐받았다.

그 무렵 한나라 장군 한신이 군대를 이끌고 제나라 국경을 향해 가고 있었다. 역생이 제나라 사신으로 가기 전에 이미 출정한 상태였다. 그런데 행군 중에 부하로부터 긴급 보고를 받았다.

"역생이 세 치 혀를 놀려 제나라 70개 성을 항복시켰다고 합니다."

한신은 돌아가고자 했다. 하지만 부하들이 공로를 빼앗길 수 없는 절호의 기회라고 말했다. 이에 한신이 마음을 바꿔 밤을 틈타 황하를 건너 제나라를 급습하였다. 제나라 왕은 한나라 군대가 쳐들어온다는 보고를 받자 분노하였다.

"당장 역생 저놈을 꽁꽁 묶어라!"

제나라 왕은 역생이 자신을 속인 것이라 여겼다.

"네놈이 만일 지금 쳐들어오는 한나라 군대를 멈추게 한다면 내 너를 살려 주겠다. 하지만 그렇지 않다면 내 너를 삶아 죽일 테다."

그러자 역생이 말했다.

"큰 사람은 작은 일에 얽매이지 않고 덕이 높은 사람은 남의 비난을 신경 쓰지 않습니다. 제가 왕을 위해서 다시 무엇을 말하겠습니까?"

제나라 왕은 결국 역생을 삶아 죽이고 군대를 이끌고 동쪽으로 도망갔다.

후에 천하를 통일한 유방은 공신들에게 봉토를 나누어 줄 때 역생을 지극히 생각하였다. 역생의 아들이 비록 공은 없었지만 그 아버지의 공로를 생각하여 고량후(高梁侯)에 봉했다.


## 육고

육고(陸賈)는 초나라 사람이다. 언변이 뛰어나 유방을 수행하며 사신의 업무를 주로 맡았다.

한나라 유방이 천하를 평정하고 황제로 등극하였을 때, 위타(尉他)는 남월(南越)을 정복하여 그곳 왕이 되었다. 위타는 본래 진나라 사람이고 성은 조씨이다. 고조 유방이 위타에게 직인을 내려 정식 남월왕으로 봉하려 육고를 사신으로 보냈다. 육고가 남월에 도착하자 위타는 방망이 모양의 이상한 상투를 틀고 두 다리를 벌린 채 맞이하였다. 육고가 말했다.

"천자께서 정식으로 남월 왕에 봉하고자 신을 이곳에 보내셨습니다. 왕께서는 본래 한나라 사람이고, 가족과 친척의 묘가 한나라에 있지 않습니까? 그런데 지금 신하의 예를 버리고 보잘것없는 월나라 관습으로 천자의 사신을 대하니 장차 화가 미칠까 염려스럽습니다. 마땅히 멀리까지 마중 나와 사신을 영접하고 신하된 자의 도리를 다해야 할 것인데, 지금 이런 행동을 한나라 조정에서 알게 된다면 당장에라도 10만 대군이 출병하여 남월을 정복하려 할 것입니다."

위타가 그 말에 깜짝 놀라 자리에서 일어나 좌정하고 사죄하며 말했다.

"오랑캐의 땅에 오래 거하다 보니 실례가 되었습니다."

하고는 이내 말을 돌려 다른 것을 질문하였다.

"나를 소하(蕭何), 조참(曹參), 한신(韓信)과 비교한다면 누가 더 현명합니까?"

육고가 대답했다.

"왕께서 조금 더 현명하신 것 같습니다."

위타가 다시 물었다.

"나를 황제와 비교한다면 누가 더 현명합니까?"

육고가 대답했다.

"황제께서는 포악한 진나라를 멸하고 강성한 초나라를 토벌하여 새로운 천하를 통일하셨습니다. 삼왕(三王) 오제(五帝)의 대업을 계승해 천하를 다스리고 계십니다. 수많은 천하 사람들이 사방 만 리의 기름진 땅에 살고 있습니다. 이러한 일은 천지가 개벽한 이래로 일찍이 없었던 일입니다. 그런데 남월은 고작 인구가 수십만 명에 불과하고 그나마 모두가 오랑캐들입니다. 영토 또한 험한 산과 바다 사이에 있어 한나라의 작은 군에 불가한데 어찌 황제와 비교하십니까?"

위타가 그 말에 크게 웃으며 말했다.

"내가 중원에서 일어나지 않고 여기서 일어났기에 이곳 왕이 된 것이지, 만일 내가 중원에 거한다면 어찌 한나라 황제만 못하겠소? 남월에는 함께 이야기할 사람이 없소. 그대가 이곳에 오셨으니 내가 알지 못하는 천하 이야기나 많이 들려주시오."

곧이어 육고가 위타를 남월왕에 임명하고 한나라의 신하된 도리를 다하고자 하는 약조를 맺었다. 위타는 육고를 극진히 예우하여 몇 달 동안 함께 술을 마시며 즐겼다.

그렇게 어울려 지내다가 육고가 떠날 무렵이 되었다. 남월왕은 황제에게 천금이나 되는 보물을 바쳤고, 육고에게 따로 천금을 또 주었다. 육고가 돌아와 그대로 보고하자 고조 유방이 매우 기뻐하였다. 이 공로로 육고를 태중태부에 임명하였다.

육고는 황제 앞에서 진언할 때에 항상 『시경』과 다른 상서들을 인용하였다. 그럴 때마다 고조 유방은 화를 내며 이렇게 말했다.

"나는 말 위에서 천하를 얻었소. 어찌 내가 경서 따위에 얽매인단 말이오?"

그러자 육고가 말했다.

"폐하께서는 말 위에서 천하를 얻으셨지만, 어찌 말 위에서 천하를 다스릴 수 있겠습니까? 옛날 탕왕과 무왕은 무력으로 천하를 얻었지만 민심에 순응해 나라를 지켰습니다. 이처럼 문무를 함께 사용하는 것이 국가를 길이 보존하는 방법입니다. 또 오나라 부차와 진나라 지백은 무력만을 고집하여 멸망하였고, 진나라는 가혹한 형법만을 고집하여 멸망하였습니다. 그 당시에 진나라가 인의를 행하고 옛 성현의 가르침을 따랐다면 폐하께서 어떻게 천하를 차지할 수 있었겠습니까?"

고조 유방은 마음이 불편하고 부끄러운 기색을 보이며 육고에게 말했다.

"진나라가 천하를 잃은 까닭과 내가 천하를 얻은 까닭이 무엇인지 저술하여 내게 올리시오. 또한 옛날에 성공했거나 실패한 나라의 역사적 사실도 함께 올리시오."

육고가 국가 존망에 대해 모두 12편을 저술하여 올리자 고조는 기뻐 칭찬을 아끼지 않았다. 그 책을 『신어(新語)』라 하였다.

효혜제(孝惠帝)가 어린 나이일 때, 여태후(呂太后)가 정권을 잡고 여씨들을 각국의 왕으로 세우려 했다. 하지만 유독 바른 말 잘하는 육고를 두려워했다. 육고 또한 여태후와는 논쟁을 할 수 없다고 판단하여 병을 구실 삼아 사직하고서 고향으로 내려갔다.

그는 아들이 다섯 있었다. 이전에 월나라에 갔을 때 받은 천금을 아들들에게 2백 금씩 나눠 주고는 각자 생업을 마련하라고 하였다. 육고는 항상 네 마리 말이 끄는 마차를 타고 가무와 거문고를 타는 시종 10명을 데리고 다녔으며, 1백 금 가격의 보검을 차고 다녔다. 그가 아들들에게 말했다.

"내가 너희들 집을 찾아가면, 너희들은 내가 데려온 사람에게 술과 음식을 내주고 말에게는 먹이를 주어라. 실컷 놀고 즐기다가 열흘이 되면 다음 아들 집으로 옮길 것이다. 자주 보게 되면 싫어할 것이고, 오래 묵으면 너희를 귀찮게 할 테니 1년 중에 두세 번 정도 들를 것이다."

여태후가 정권을 전횡하고 어린 황제를 협박해 유씨를 위태롭게 하였다. 우승상(右丞相) 진평이 이 일을 근심하였으나 힘이 없는 처지였고 도리어 화가 미칠까 두려워 깊은 시름에 잠겨 있었다.

한번은 육고가 문안을 드리러 왔는데 시름에 잠겨 있어 사람 온 것을 알지 못했다. 육고가 말했다.

"무슨 생각을 그리 깊이 하고 계십니까?"

진평이 물었다.

"내가 무슨 생각을 하고 있나 맞춰 보시오?"

육고가 대답했다.

"승상께서는 식읍이 3만 호에 이르는 열후시고 우승상에 계시니 참으로 부귀영화가 극에 달했는데 무슨 욕심이 있겠습니까. 그럼에도 근심이 있으니 이는 분명 여씨와 어린 황제 때문일 것입니다."

진평이 말했다.

"그렇소. 그러니 이 일을 어쩌면 좋겠소?"

육고가 말했다.

"천하가 안정되어 있을 때에는 백성들은 재상에게 기대를 모으고, 천하가 위태로울 때에는 장군에게 기대를 모으는 것입니다. 만일 재상과 장군이 화목하게 협력한다면 모든 사대부가 따를 것이며, 사대부가 따른다면 설상 천하에 변란이 일어나더라도 국가는 분열되지 않을 것입니다. 그러니 사직을 위해서라도 재상께서는 태위(太尉) 주발 장군과 손을 잡아야 하십니다. 나라의 안위가 두 분 손에 달려 있습니다."

진평은 곧바로 육고의 말에 따랐다. 주발 장군을 초대해 5백금으로 축원을 하고 술과 음식을 정성껏 대접하였다. 그러자 그 다음에는 주발이 진평을 초대해 후하게 답례하였다.

이 두 사람이 가깝게 지내자 여씨들의 음모가 수그러들었다. 이에 진평은 육고에게 많은 선물을 사례로 보냈다.

효문제가 즉위하자 남월에 사신을 보내려고 했다. 진평이 육고를 추천하였다.

"이전에 육고가 남월의 사신으로 갔을 때 몇 가지 정리를 하고 돌아 왔습니다. 위타는 황제가 사용하는 황색 비단으로 수레덮개를 사용하지 못하게 했고, 함부로 황제라 칭하지 못하게 했으며, 남월왕의 지위는 제후의 지위라는 것을 분명히 알려 주었습니다."

황제는 진평의 말을 받아들여 육고를 다시 사신으로 보냈다. 이 이야기는 「남월열전」에 상세히 수록되어 있다. 육고는 이후 천수를 누리고 죽었다.

## 주건

평원군(平原君) 주건(朱建)은 초나라 사람이다. 회남왕 경포 아래서 재상으로 있을 때, 경포가 반란을 일으키려 하자 반대하였다. 경포가 그 말을 듣지 않고 반란을 일으켰지만 한나라 군대에 패했고, 자신은 한나라 군사에 의해 목이 베어졌다. 그리고 경포의 신하와 장수들이 모두 참수당했다. 하지만 주건은 반란에 반대했고 동참하지 않았다는 사실이 밝혀지자 죽음을 면했다.

주건은 언변이 좋고 강직한 사람으로 의리에 벗어나는 일은 하지 않았다. 벽양후(辟陽侯) 심이기(審食其)는 행실이 바르지 않았지만 여태후의 총애를 받았다. 심이기는 주건과 사귀고 싶었지만 주건이 만나주지 않았다.

어느 날 주건의 어머니가 돌아가셨다. 육고가 문상을 하러 갔다. 가서 보니 주건의 집은 너무도 가난해 장례조차 치르지 못할 형편이었다.

육고가 문상을 하고 와서 심이기를 만나 말했다.

"축하합니다. 평원군 주건의 어머니가 돌아가셨소."

심이기가 말했다.

"주건의 어머니가 돌아가신 것이 어찌 내게 축하할 일이오?"

육고가 말했다.

"예전에 그대는 주건과 사귀기를 바랐지만 사귈 수 없었소. 그건 다 주건이 어머니에 대한 효성을 지키느라 그랬던 것이오. 이제 그 어머니가 돌아가셨으니 그대가 찾아가 후하게 조문하시오. 그러면 주건은 이후 그대를 위한 일이라면 목숨을 아끼지 않을 것이오."

이에 심이기가 조의금 1백금을 보냈다. 다른 열후와 대신들도 조의금을 내니 5백금이 넘었다. 주건은 그 돈으로 장례를 무사히 치를 수 있었고 심이기에 대하여 깊은 호의를 갖게 되었다.

그 무렵 벽양후(辟陽侯) 심이기는 여태후와 간통하는 사이였다. 많은 신하들이 그 일을 가지고 효혜제 앞에서 심이기를 헐뜯었다. 그 말을 들은 효혜제가 크게 노하여 심이기를 옥에 가두도록 하였다. 즉각 형리에게 넘겨 죽일 작정이었다. 여태후는 자신이 관여된 일이라 부끄러워 아무 말도 할 수 없었다. 대신들 모두가 심이기를 미워했기 때문에 아무도 변론하는 신하가 없었다. 더는 어쩔 수 없었다. 그러자 다급해진 심이기는 주건에게 사람을 보내 호소하였다. 그러나 주건은 그 호소를 거절하며 말했다.

"재판에 임박해 있는 일을 내가 감히 어떻게 할 수 있겠소. 나는 할 수 없소이다."

주건은 말은 그렇게 했지만 즉시 황제가 총애하는 신하 굉적유(閎籍

儒)를 찾아가 설득하며 말했다.

"황제께서 당신을 총애하는 사실은 천하에 모르는 사람이 없소. 그런데 벽양후 심이기가 태후에게 총애를 받았다 해서 형리에게 넘겨졌는데, 사람들은 모두 당신이 중상모략해서 그를 죽이려 한다고 말하고 있습니다. 지금 심이기의 목이 달아난다고 하면 여태후는 분노를 감추고 계시다가 언제고 당신을 죽일 것이오. 만약에 그런 일을 원치 않는다면 서둘러 황제께 찾아가 심이기를 용서해 달라고 부탁해야 하지 않겠소? 황제께서 심이기를 풀어 주신다면 여태후께서 크게 기뻐할 것이고, 그렇게 되면 당신은 황제와 태후 두 분에게 총애를 받는 신하가 될 것이니 부귀가 이전에 비해 더욱 늘어 갈 것이 아니겠소?"

그 말에 굉적유가 두려움을 느껴 황급히 황제께 찾아가 진언하였다. 그러자 황제가 심이기를 풀어 주었다.

한편 심이기는 자신이 보낸 사람을 주건이 만나 주지 않은 것에 대해 크게 노하고 있었다. 그런데 곧 죽을 것만 같았는데 뜻하지 않게 풀려나자 그 모든 것이 주건의 도움이라는 사실을 알고 크게 놀랐다.

여태후가 죽자 대신들은 여씨 일족을 몰살하기 시작했다. 하지만 심이기는 여씨 일족과 매우 친밀한 관계였지만 끝내 죽임을 당하지 않았다. 그가 살아남은 것은 바로 육고와 주건의 힘이었다.

심이기는 효문제 때 회남의 여왕(厲王)에 의해 죽임을 당했다. 여씨 일족과의 관계 때문이었다. 나중에 효문제는 주건이 심이기를 위해 계책을 세웠다는 말을 듣고 형리를 보내 체포해 오라고 했다. 형리가 대문에 이르자 주건이 자결하려고 했다. 그러자 아들과 부하들이 말했다.

"일의 결과를 아직 모르는데 어찌해서 자결하려 하십니까?"

주건이 말했다.

"내가 자결하면 화근이 끊어져 너희들에게 결코 미치지 않을 것이다."

하고는 바로 칼로 목을 찔러 자결하고 말았다. 효문제가 이 소식을 듣고 안타까워하며 말했다.

"나는 그를 죽일 생각이 전혀 없었는데!"

후에 주건의 아들을 중대부(中大夫)에 임명하였다. 하지만 그 아들은 흉노(匈奴) 땅에 사신으로 갔다가 목숨을 잃었다. 우두머리 선우(單于)가 무례하게 굴자 황제의 이름으로 꾸짖었던 것이 화근이었다.

태사공은 말한다.

"유방이 낙양에 머물러 있을 때, 역생이 선비의 옷을 입고 유방에게 유세했다고 하는 부분은 잘못된 기록이다. 역생이 술주정뱅이 차림이었기에 유방을 만날 수 있었던 것이다. 『신어(新語)』를 읽어보니 육고는 언변이 뛰어난 유세가가 분명했다. 평원군 주건의 아들과 나는 친분이 있어 당시 주건의 일에 대해 상세히 기록할 수 있었다."

陽陵侯傅寬、以魏五大夫騎將從、為舍人、起橫陽。

從攻安陽、杠里、擊趙賁軍於開封、及擊楊熊曲遇

陽武、斬首十二級、賜爵卿。從至霸上。沛公立為漢

王、賜封號共德君。從入漢中、遷為右騎將。

# 제38편

# 부관, 근음, 파성 열전

從擊項籍、待懷、賜爵通德

侯。從擊項冠、周蘭、竜且、所將卒斬騎將一人教

下、益食邑。

屬淮陰、擊破齊歷下軍、擊田解。屬相國參、殘博、

益食邑。因定齊地、剖符世世勿絕、封為陽陵侯、二

"이들은 모두 한나라 고조 유방의 측근 신하들이다."

•

## 부관

부관(傅寬)은 본래 위나라의 기병대장 출신이다. 횡양(橫陽)에서 군사를 일으켜 유방의 휘하에 들어왔다. 유방을 따라 안양과 강리를 공격했으며 개봉에서 조분(趙賁)의 군대를 격파하였다. 이후 곡우, 양무 일대에서 진나라 군대를 섬멸하였고, 양웅(楊熊)에서 적의 장수 12명의 머리를 베었다. 그 공로로 경(卿)의 작위를 하사받았다.

유방이 한나라 왕에 등극하였을 때, 공덕군(共德君)이라는 봉호를 하사받았고 기병대장이 되었다. 이어 삼진 평정에 참여하였고, 초나라 항우의 군대를 물리친 공로로 통덕후(通德侯)의 작위를 하사받았다. 이 무렵 항관, 주란, 용저를 공격하여 공을 세워 식읍이 더 많아졌다.

회음후(淮陰侯) 한신 장군에게 소속되어 있을 때 역하에 주둔하고 있는 제나라를 격파하였고, 장군 전해(田解)를 사로잡았다. 상국(相國) 조참(曹參) 지휘 아래에 있을 때 박(博)을 전멸시켜 식읍이 더 많아졌다. 제나라를 평정하는 데 공을 세웠기에 고조 유방은 부관의 자손대대로 작위를 계승토록 하였다. 양릉후(陽陵侯)에 봉해 식읍 2천6백 호를 하사받았고 이전에 식읍은 돌려주었다. 제나라 우승상을 지내다 상국에 올랐다.

태위(太尉) 주발(周勃) 장군 아래에 있을 때 반란군 진희를 정벌하였다. 대(代)나라 상국을 지내다 재상이 되어 변방을 수비하였다.

효혜제 5년, 부관이 죽자 경후(景侯)라는 시호가 내려졌다. 그의 자손이 뒤를 계승하다가 4대 언(偃) 때에 이르러 회남왕과 모반을 꾀하다 목숨을 잃었다. 이후부터 봉읍과 작위가 모두 없어졌다.


## 근흡

근흡(靳歙)은 본래 궁궐 청소를 관리하는 중연(中涓)의 신분이었다. 유방을 따라 원구(宛朐)에서 군사를 일으켰다. 제양에서 이유(李由)의 군대를 격파하고, 박(亳)에서 진나라 기병을 크게 물리쳤다. 이 공로로 임평군(臨平君)의 작위를 하사받았다.

또 남전 전투에서 진나라의 장수 2명, 기병대장 1명을 죽였으며 적군 28명의 목을 베었고 포로 57명을 사로잡았다. 유방이 한나라 왕에 즉위하였을 때 건무후(建武侯)의 작위가 내려졌고, 장군 바로 밑의 지휘관인 기도위(騎都尉)로 승진했다.

유방을 따라 삼진을 평정하였고, 장평(章平)의 군대를 격파하고 농서의 여섯 현을 평정하였다. 한나라를 배반한 왕무(王武)를 공격해 평정하였고, 치(菑)의 남쪽에서 형열(邢說)의 군대를 공격해 격파하였다. 이 공로로 식읍 4천2백 호를 하사받았다.

하내(河內)에서 조나라 장수 비학(賁郝)의 군대를 격파하여 기병대장 2

명을 생포하고 수레와 말 250필을 빼앗았다. 고조 유방을 따라 극포현을 무너뜨렸다. 조나라를 공격해 장수 1명 사마 1명과 군후 4명을 사로잡고 병사와 관리 2천4백 명을 항복시켰다.

한단을 공격하여 6개 현을 평정하였다. 오창에서 항우를 격파하고 초나라의 식량보급로를 차단하였다. 노(魯) 부근에서 항관(項冠)의 군대를 격파하였다. 동쪽으로 증(繒), 담(郯), 하비(下邳)에 이르고 남쪽으로 기기(蘄), 죽읍(竹邑)에 이르렀다. 제양에서 항한을 공격하고 다시 회군하여 진(陳)에서 항우를 격파하였다.

강릉을 공격해 항복을 받아내고 강릉왕을 사로잡았다. 초나라 왕 한신을 사로잡자 근흡은 대대손손 작위를 계승하도록 허락받았으며 식읍 4천6백 호를 하사받았고 신무후(信武侯)에 봉해졌다. 기병장군인 거기장군(車騎將軍)으로 승진하였다. 아울러 각 지역의 기병을 총괄하게 되었다.

후창(侯敞)을 공격해 항복시켰으며 경포를 공격해 평정하였다. 적군 90명의 목을 베었고 132명을 포로로 잡았다. 14차례나 적의 군대를 격파하였고 59개의 성, 23개의 현을 항복시켰다.

근흡은 여태후 5년에 죽었다. 숙후(肅侯)라는 시호가 내려졌다. 그의 아들이 작위를 이어가다가 법률에 정한 것보다 가혹하게 백성을 부역시킨 죄로 모든 것을 박탈당했다.


## 주설

주설(周緤)은 패(沛)현 사람이다. 한나라 고조 유방이 패현에서 군사를 일으켰을 때 참모로 활약하였다. 유방이 한나라 왕위에 올랐을 때 신무후에 봉해졌고 식읍 4천3백 호를 하사받았다. 12년 후, 괴성후(蒯成侯)에 봉해졌다.

고조 유방이 자신을 배신한 진희를 정벌하기 위해 몸소 나서자 주설이 울먹이며 말했다.

"이전에 진나라가 천하를 정벌했을 때도 황제가 몸소 군대를 이끌고 출전한 적은 없었습니다. 그런데 지금 폐하께서 친히 출병하시려 하니 이는 보낼 만한 장수가 없어서 그러시는 것입니까?"

고조 유방이 이 말을 듣고 주설이야말로 충성을 다하는 자라 인정하여 특권을 하사하였다. 이는 어명을 받으면 급히 달려와야 하는데 주설은 그렇지 않아도 되고, 사람을 죽여도 사형에 처하지 않는다는 내용이었다.

효문제 5년, 주설은 천수를 다 누리고 죽었다. 시호는 정후(貞侯)이다. 그의 아들들이 작위를 이었으나 죄를 지어 모두 소멸되고 말았다.

태사공은 말한다.

"부관과 근흡은 모두 높은 작위에 올랐던 자들이다. 고조 유방을 따라 산동에서 일어나 항우를 공격했으며, 적의 명장을 주살했고, 수십 차례 적군을 격파하였다. 그런 가운데 곤욕을 치른 적이 없으니 이는 하늘이 보살핀 덕택이었다. 주설은 마음이 곧고 정직해 의심을 받은 적이 없었다. 고조 유방이 출정할 때마다 눈물을 흘리지 않은 때가 없으니 늘 슬픈 사람인 것 같지만 돈독하고 정 깊은 군자라 하겠다."

# 제39편

## 유경, 숙손통 열전

劉敬者、齊人也。漢五年、戍隴西、過洛陽、高帝在焉。婁敬脫輓輅、衣其羊裘、見齊人虞將軍曰、臣願見上言便事。虞將軍欲與之鮮衣、婁敬曰、臣衣帛、衣帛見、衣褐、衣褐見、終不敢易衣。於是虞將軍入言上、賜食。已而問婁敬、婁敬說曰、陛下都洛陽、豈欲與周室比隆哉。上曰、然。婁敬曰、陛下取天下與周室異。周之先自后稷、堯封之邰、積德累善十有餘世。公劉避桀居豳。太王以狄伐故、去豳、杖馬箠居岐、國人爭隨居豳。

"국가란 한 사람의 지혜로 이루어지는 것이 아니다. 무(武)를 통해 나라를 세웠다면 문(文)을 통해 터전을 만들어야 하는 것이다. 유경과 숙손통은 바로 문(文)을 펼쳐 한나라의 기반을 닦은 자들이다."

●

## 유경

유경(劉敬)은 제나라 사람으로 본래 성은 누(婁)였다. 어느 날 변방을 가는 길에 낙양을 지나게 되었다. 마침 고조 유방이 그곳에 머물고 있었다. 허름한 양가죽 옷을 입은 누경은 짐수레를 세워 놓고 출입을 관리하는 우장군(虞將軍)이라는 자에게 다가가 말했다.

"소인은 폐하를 뵙고 천하의 유익한 일에 대해 말씀드리고자 합니다."

그러자 우장군이 말했다.

"그런 옷차림으로 어찌 폐하를 찾아뵌단 말이오. 당장 물러가시오!"

누경이 말했다.

"아닙니다. 저는 지금의 모습 그대로 폐하를 뵙고 싶습니다."

우장군이 다른 말 없이 안으로 들어가 아뢰자 고조 유방이 허락하였다. 누경이 들어오자 유방이 말했다.

"그래, 나를 만나고자 한 이유가 무엇인가?"

누경이 말했다.

"폐하께서 도읍을 낙양에 정하셨는데 그것은 주(周)나라 왕실과 융성함을 견주려는 것입니까?"

고조 유방이 말했다.

"그렇다."

누경이 말했다.

"폐하께서 천하를 얻은 것은 주왕실과 다릅니다. 주나라의 선조는 후직(后稷)인데 대대로 덕을 쌓고 선정을 베푼 왕조입니다. 주나라 성왕 때 낙양을 성읍으로 정한 것은 천하의 중심지이고 각 지역의 제후들이 조공과 부역을 바치기에 적당한 거리였기 때문입니다. 이 낙양이라는 곳은 덕이 있는 왕이면 정사를 펼치기 쉽지만 덕이 없는 왕이라면 쉽게 망하는 곳입니다. 주나라가 덕으로 천하 백성을 이끌자 사방 오랑캐들마저 의와 덕을 사모하여 다 같이 천자를 섬겼습니다. 그 후 동주 서주로 나뉘면서 제후들이 떠나갔는데, 그것은 덕이 없어서 그런 것이 아니라 형세가 쇠해졌기 때문입니다.

지금 폐하께서 패현에서 일어나 촉과 한을 점령하시고, 삼진을 평정하였으며, 항우와 더불어 교전하시고, 성고의 요충지를 확보하기 위해 싸우시는 등 지금까지 100여 차례의 크고 작은 전투를 치르셨습니다. 그러나 천하 백성들은 해골로 거리에 나뒹굴고 있고, 아비와 자식은 뼈로 남아 들판에 버려져 있습니다. 전쟁으로 부상당한 이들은 아직 일어나지도 못하고 있습니다. 이런 상황에서 어찌 주나라의 융성함과 비교하신다고 하십니까?

진나라는 산이 에워싸여 있는 천혜의 요충지입니다. 위급한 상황을 만나더라도 백만 대군을 바로 배치할 수 있습니다. 그러니 진나라의 터전을 차지하는 것이 가장 타당한 일이라 하겠습니다. 폐하께서는 함곡관에 들어가 그곳에 도읍을 정하십시오. 그러면 진나라의 옛 터전을 보존할 수 있고, 천하의 숨통을 한 손에 쥐게 될 것입니다.”

고조 유방이 이 말을 듣고 신하들에게 의견을 물었다. 신하들은 대부분 산동이 고향이었고, 2대에서 끊긴 진나라의 도읍지보다는 수백 년간 이어온 주나라의 낙양이 낫다고 여겨 반대하였다.

고조가 주저하며 결정을 못 내리고 있었다. 그때 장량(張良)이 나서며 말했다.

“진나라의 함곡관에 들어가는 것이 분명히 유리합니다.”

이에 고조가 말했다.

“진나라 옛 땅에 도읍을 정하고자 한 것은 바로 누경이다. 누(婁)는 유(劉)와 발음이 비슷하다. 그러니 그에게 유씨 성을 하사하고 이제부터 봉춘군(奉春君)이라 칭하겠다.”

한나라 7년, 한왕(韓王) 신(信)이 반란을 일으키자 고조 유방이 친히 군대를 이끌고 정벌하러 나섰다. 한왕 신(信)이 흉노와 힘을 합해 한나라를 공격한다는 소문을 듣자 유방은 크게 노하여 흉노에 사신을 보냈다.

한나라 사신이 오자 흉노는 건장한 자들과 살찐 소와 말을 숨기고 노약자와 야윈 가축만을 사신에게 보여 주었다. 열 명이나 되는 사신들이 흉노 여러 곳을 다녔지만 모두 본 것이 한결같았다. 그들이 돌아와 본 그대로 고조 유방에게 아뢰었다. 그리고 흉노를 정복하기란 너무도 쉬운 일이라고 했다. 그러자 고조 유방이 이번에는 유경을 흉노에 사신으로 보냈다.

유경이 돌아와 보고했다.

"두 나라가 싸우려 할 때는 자신의 이로운 점을 과시하고 자랑하는 것이 당연한 일입니다. 그런데 제가 흉노에 가서 본 것은 야위고 지친 노약자들뿐이었습니다. 이처럼 단점만 보여 준다는 것은 분명 장점은 숨겨 두었다는 것입니다. 싸움에서 상대를 이길 수 있는 복병을 숨겨 둔 것이 분명하니, 흉노를 공격해서는 아니 될 줄 아옵니다."

그러나 이때는 이미 한나라 20만 군사가 구주산(句注山)을 넘어 흉노로 진격하고 있었다. 고조 유방은 유경의 보고에 그만 분노하고 말았다.

"이 겁쟁이 놈아! 혀를 놀려 벼슬을 얻더니 감히 망령된 말로 나의 출병을 방해하려 드는 게냐? 여봐라! 저놈을 잡아 가둬라!"

유경은 그만 족쇄와 수갑을 차고 광무현 옥에 갇히고 말았다.

한나라 군대가 백등산(白登山) 부근에 이르자 흉노는 과연 복병을 내어 산 주변을 포위하고 말았다. 유방은 포위되어 목숨이 위태로운 지경이 되었다. 가진 재물을 모두 흉노 선우의 아내에게 뇌물로 써서 일주일 만에 가까스로 풀려날 수 있었다. 고조 유방은 돌아와 유경을 용서하고 이렇게 말했다.

"그대의 말을 듣지 않았다가 평성에서 곤경에 처했소."

이어 유방은 흉노를 공격해도 좋다고 보고한 열 명의 사신들 모두 목을 베었다. 그리고 유경에게 2천 호의 식읍을 내리고 관내후(關內侯)로 삼고 건신후(建信侯)라 불렀다.


고조 유방이 돌아오자 한왕(韓王) 신(信)은 흉노로 도망쳤다. 그 무렵 흉노는 묵돌(冒頓)이 선우(單于), 즉 왕이었고 자주 북쪽 변경을 침입하여 한나라를 괴롭혔다.

고조 유방이 이를 걱정하며 유경에게 대책을 물었다. 유경이 대답했다.

"천하가 이제 막 평정되어 군사들은 전투에 지쳐 있는 상태입니다. 그러니 무력으로 흉노를 복종시킬 수는 없습니다. 더구나 묵돌은 자기 아비를 죽이고 선우가 되어 아비의 많은 첩을 아내로 삼았습니다. 그가 힘으로 위세를 떨치고 있으니 인의나 예로서 설득할 수는 없습니다. 다만 그의 자손을 영원히 한나라의 신하로 만드는 계책을 쓰는 것이 가장 타당하다고 하겠습니다. 그러나 폐하께서는 그것을 실천하지 못하실까 아뢰기가 두렵습니다."

고조 유방이 물었다.

"가능한 일이라면 내 못할 것이 무엇이겠소. 속히 말하시오. 어떻게 해야 한단 말이오?"

유경이 대답했다.

"폐하께서 만일 장녀인 공주를 묵돌에게 시집보내고 후한 선물도 함께 보내 주신다면, 묵돌이 아무리 오랑캐라 하더라도 한나라 황실에서 온 공주를 존경해 연지(閼氏)인 왕비로 삼을 것입니다. 이후 공주께서 자손을 낳으신다면 태자가 될 것이고 선우의 대를 이을 것입니다. 그러면 묵돌이 살아 있는 동안에는 폐하의 사위가 되는 것이고, 그가 죽은 후에는 외손이 되는 것입니다. 폐하께서는 철마다 귀하고 진기한 물건을 보내 위문하시고, 언변 좋은 신하를 보내 은근히 예절을 가르치시기만 하면 됩니다. 외손이 감히 외할아버지와 대등한 예를 주장했다는 말을 들어보신 적이 있으십니까? 이것이 바로 군대를 내세워 싸우지 않고도 흉노를 신하로 만드는 방법입니다.

만일 폐하께서 장녀인 공주 대신에 종실과 후궁 가운데 미인을 뽑아 장녀라 속여 보내신다면 묵돌도 눈치를 채고 공주를 귀하게 여기지 않을 것입니다. 그러니 속인다면 이 계책은 아무런 도움이 안 될 것입니다."

고조 유방이 이 말을 듣고 옳다고 여겨 장녀인 공주를 묵돌에게 시집보내려고 했다. 그러자 여태후가 밤낮으로 울면서 사정하였다.

"제게는 태자와 딸 하나가 전부인데 어찌 그 아이를 흉노에 보내신단 말입니까?"

결국 고조는 장녀를 보내지 못하고 궁녀 중에 하나를 뽑아 장녀라 속이고 선우에게 시집을 보냈다. 그리고 유경을 사신으로 보내 흉노와 화친을 맺도록 했다.

유경이 성공적으로 임무를 마치고 돌아와서 고조 유방에게 보고하였다.

"흉노의 하남 지역에 살고 있는 백양왕(白羊王)과 누번왕(樓煩王)은 이곳 장안에서 가깝게는 7백 리 정도밖에 떨어져 있지 않습니다. 그들이 하루 밤낮을 달리면 한나라 땅 관중에 도달할 수 있습니다. 관중은 전쟁으로 인해 폐허가 되기는 했지만 토지가 비옥해 살기에 좋은 곳입니다. 이번 기회에 섬멸한 왕족의 후손들과 제후와 호걸과 명문가의 후손들을 관중으로 이주시켜 살게 하십시오. 그렇게 하시면 흉노의 침입에 대비할 수 있고, 행여 제후들이 변란을 일으켰을 때 정벌하기에 손쉬울 것입니다. 이것은 나라의 근본을 튼튼히 하는 정책이오니 헤아려 주시기 바랍니다."

고조 유방이 옳다고 여겨 10만 명을 관중에 이주해 살도록 하였다.


## 숙손통

숙손통(叔孫通)은 노(魯)나라 설(薛) 땅 사람이다. 진승이 반란을 일으켰다는 소식이 전해지자 진시황 2세는 여러 신하들에게 물었다.

"초나라에서 변경을 지키던 자들이 기(蘄) 땅을 공격하고 진(陳)현에 이르렀다고 하는데 경들은 어떻게 생각하시오?"

이에 한 신하가 나서서 말했다.

"신하된 자가 함부로 사병을 거느려서는 아니 됩니다. 그런데 진승이라는 자가 농민들을 이끌고 한나라 관청을 습격하니 이는 반란을 행하려는 역적이나 다름없습니다. 도저히 용서할 수 없는 일입니다. 하오니 폐하께서는 급히 군대를 파견해 그들을 정벌하도록 해 주십시오."

"뭐라고 반란?"

진시황 2세는 반란이라는 말을 듣고 노하여 얼굴색이 변하였다. 그때 숙손통(叔孫通)이 나아가 아뢰었다.

"폐하! 방금 들으신 그 말은 틀린 말입니다. 오늘날 천하가 통일되어 하나가 되었습니다. 각 군과 현의 성을 허물었고, 무기는 녹여 다시는 쓰지 않겠다고 천명하였습니다. 위로 영명하신 황제가 계시고 아래로 백성들이 각자 직업에 충실하여 평안히 살고 있습니다. 그런데 감히 천하 어디서 반란을 일으키는 자가 있겠습니까? 지금 변경 지역이 소란스러운 것은 단지 몇몇 도적들이 설치는 것입니다. 그것은 쥐새끼가 곡식을 훔치고 개가 물건을 물어 가는 것에 불과합니다. 그들은 논의할 거리조차 되지 못합니다. 현재 태수와 군위들이 그들을 잡아들여 죄를 다스리고 있으니 조금도 걱정하실 필요가 없습니다."

그 말을 들은 진시황 2세가 금세 얼굴이 밝아졌다.

하지만 이어 다른 신하에게 물어보니 또다시 반란을 일으킨 것이라 했다. 다시 다른 신하에게 물어보니 그는 도적에 불과한 것이라 말했다. 이에 진시황 2세가 혼란스러워 어사대부에게 명하였다.

"신하된 자들이 감히 말해서는 안 될 것을 함부로 말하고 있도다. 반란이라 말한 신하는 모두 형리에게 넘겨 철저히 조사하라!"

그리고 숙손통에게는 비단 20필을 하사하고 박사(博士)에 임명하였다.

숙손통이 궁궐 밖으로 나오자 다른 신하들이 다가와 말했다.

"선생은 어찌 그리도 아첨을 잘하십니까?"

숙손통이 말했다.

"여러분은 아마 잘 모를 것입니다. 나도 하마터면 호랑이 입에 물릴 뻔했습니다."

그리고 그날 밤에 행여 사실이 밝혀져 황제가 알게 될까 두려워 숙손통은 관직을 버리고 설 땅으로 도망갔다. 그곳에서 반란군 항량(項梁)을 만나 따랐다. 항량이 정도 전투에서 패하자 회왕(懷王)을 따랐다. 회왕이 장사현으로 옮기게 되자 이번에는 항우를 따랐다. 항우가 유방에게 패하자 이번에는 항우를 버리고 유방을 따랐다.

그때 유방이 선비 옷차림을 싫어한다는 말을 듣고 숙손통은 짧은 옷으로 갈아입었다. 유방은 그 복장을 보자 맘에 들어 했다.

숙손통이 유방에게 항복하기 전에 가르치는 제자가 백여 명이 넘었다. 그런데 유방에게 천거한 제자들은 이전에 도적이거나 장사꾼인 자들이었다. 다른 제자들은 추천조차 하지 않았다. 이에 천거받지 못한 제자들이 숙손통에게 따져 물었다.

"선생님을 섬긴 지가 여러 해 지났고 다행히 한나라를 섬기게 되었습니다. 그런데 저희들은 천거하지 않고 오로지 교활한 자들만 천거하니 이는 무슨 까닭입니까?"

숙손통이 말했다.

"한나라 왕 유방은 천하를 얻기 위해 칼과 창을 두려워하지 않는 자다. 글이나 읽는 너희들이 어찌 감히 나가 싸울 수 있겠느냐? 그래서 내가 적장을 칼로 베고 적기를 빼앗을 수 있는 자를 먼저 천거한 것이다. 너희들은 잠시 기다려라. 때가 오면 내가 너희들을 잊지 않을 것이다."

이후 유방은 숙손통을 박사로 삼고 직사군(稷嗣君)이라 불렀다.


한나라 5년, 유방이 드디어 천하를 통일하고 황제에 올랐다. 이때 황실은 진나라 시절의 의례를 이어받아 복잡하고 어려웠다. 이에 고조 유방은 숙손통에게 번잡한 진나라 의례는 모두 없애고 간편하고 쉬운 의례를 새로 정하도록 명했다. 그러자 숙손통이 아뢰었다.

"오제(五帝)는 음악을 달리했고, 삼왕(三王)은 예법을 달리했습니다. 예법이란 시대와 정서에 따라 간략하게 할 수도 있고 꾸밀 수도 있는 것입니다. 그러한 까닭에 하(夏), 은(殷), 주(周)의 예법은 이전의 예법을 따르면서 줄이고 늘린 것입니다. 소신이 심혈을 기울여 고대의 예법과 진나라의 예법을 결합해 새로운 한나라의 예법을 만들도록 하겠습니다."

이에 고조 유방이 물었다.

"그래, 쉽게 만들 수 있겠소?"

숙손통이 말했다.

"선비라는 자들은 천하를 얻는 싸움에는 같이 하기가 어렵지만, 천하를 다스리는 일에는 필요한 자들입니다. 원컨대 학식 있는 선비들과 저의 제자들이 함께 조정의 의례를 쉽게 만들도록 허락해 주십시오."

고조 유방이 말했다.

"그럼 같이 한번 만들어 보시오. 그러나 사람들이 이해하기 쉽고, 내가 실행할 수 있도록 고려해 만드시오."

숙손통이 황제의 명을 받고 옛날 노나라 지역으로 가서 명성 있는 선비들을 모집하였다. 그런데 막상 그들을 데리고 조정으로 떠날 무렵에 몇몇 선비가 합류를 거절하고 말았다.

"숙 선생은 군주만 열 명을 섬겼는데 모두가 아첨하여 벼슬을 얻었다고 들었습니다. 지금 천하가 평정되었지만 죽은 사람은 아직 장례도 치르지 못하고 있고, 부상당한 사람은 일어설 수도 없는 형편입니다. 그런데 백성들은 돌보지 않고 예악(禮樂)을 먼저 일으키려 하다니 아첨하는 자가 아니고서 어찌 이럴 수가 있단 말입니까? 예악이란 백성들에게 덕을 1백년 쌓아야 일어나는 것입니다. 따라서 우리는 그런 가당치 않은 일에 참여할 수 없습니다. 천하에 욕된 일을 하고 싶지 않습니다. 그러니 따라가지 않겠습니다."

그러자 숙손통이 웃으며 대답하였다.

"그대들은 참으로 고루한 선비들이요. 지금 세상이 변한 줄도 모르니 말이오."

숙손통이 그들을 버리고 남은 선비들을 이끌고 장안으로 돌아왔다. 이어 자신의 제자들과 함께 예법을 제정하기에 이르렀다. 그리고 한 달 동안 실험과 실습을 마쳤다.

숙손통이 황제를 찾아가 아뢰었다.

"폐하께서 한번 봐주십시오."

고조 유방이 나가서 조정의 의례와 예법을 보더니 말했다.

"그 정도면 나도 할 수 있겠다."

그리고 신하들에게 명을 내려 예식을 익히도록 하고, 10월 조회 때 실시하기로 하였다.

한나라 7년, 장락궁이 완공되자 제후들과 신하들이 모두 10월 조회에 참가하였다. 그리고 그 자리에서 드디어 새로운 의례가 실행되었다. 날이 밝기 전에 알자가 사회를 맡아, 조회에 참여하는 신하들을 순서에 따라 대궐 문으로 들어오게 하였다. 대궐 마당에는 기병, 보병, 위병이 각각의 무기와 전차를 갖추고서 휘장과 깃발을 높이 달고 배치되었다.

이어 알자가 추(趨)! 라고 크게 소리쳤다. 그러자 수백 명의 낭중들이 허리를 굽혀 종종걸음으로 나아가 궁궐 계단을 사이에 두고 양 옆에 도열하였다. 공신, 열후, 장군들이 서열에 따라 줄을 지어 동쪽을 바라보고 서 있었다. 문관인 승상 이하 관리들은 서쪽을 바라보고 서 있었다.

맨 앞줄에 대행이 서서 황제의 명령을 받아 전달하는 역할을 맡았다. 모든 대열이 정비되자 드디어 황제가 봉련을 타고 들어섰다. 제후부터 봉록이 6백석까지인 관리들은 엄숙한 자세로 차례로 황제께 하례를 올렸다. 그 웅장한 광경에 서 있는 신하들은 모두 떨었다.

의식이 끝나고 조정의 연회인 법주(法酒)가 거행되었다. 신하들은 모두

머리를 조아리고 서열에 따라 일어서서 황제에게 축수를 기원하였다. 술잔이 아홉 순배를 돌자 주연이 끝났다.

이 예식을 따라하지 못하는 자는 어사가 그 자리에서 끌어내어 끌고 나가니 어느 누구도 감히 위반하려는 자가 없었다. 의례가 끝나자 고조 유방이 말했다.

"내 오늘에서야 황제의 존귀함을 알았도다!"

그리고 숙손통을 태상(太常)에 임명하고 황금 5백 근을 하사하였다.

숙손통이 이 기회를 틈타 진언을 올렸다.

"폐하, 저의 제자와 여러 선비들이 이 의례를 만드는 데 공헌하였습니다. 원컨대 그들에게도 관직을 내려 주십시오."

그러자 고조 유방이 그들을 모두 낭관(郎官)으로 임명하였다. 숙손통은 궁궐을 나오자 자신이 받은 황금을 여러 선비와 제자들에게 나누어 주었다. 이에 모두들 기뻐하며 말했다.

"숙 선생은 참으로 성인이십니다! 이 시대에 중요한 것이 무엇인지 알고 계신 분입니다."

한나라 9년, 고조 유방은 숙손통을 태자태부(太子太傅)로 삼았다. 3년 후에 고조 유방은 총애하는 비빈에게서 아들을 얻자 태자를 바꾸려 하였다. 이에 숙손통이 간언하였다.

"옛날 진(晉)나라 헌공(獻公)은 총애하는 첩 여희(驪姬) 때문에 태자를 폐하고 새로 태자를 세웠습니다. 그로 인해 나라가 수십 년 동안 혼란스러웠고 천하의 웃음거리가 되었습니다. 또 진(秦)나라는 장남 부소를 일찍이 태자로 정하지 않았기 때문에 진시황이 죽은 후에 환관 조고가 황제를 사칭해 막내를 태자로 세웠습니다. 이로 인해 선조에 대한 제사가 끊어지고 말았으니, 이는 폐하께서 직접 목격하신 일입니다. 지금 태자께서는 어질고 효성스럽기가 천하가 다 아는 일입니다. 그리고 여후께서는 폐하와 함께 보잘것없는 음식을 드시면서 온갖 역경을 겪은 분이십니다. 어찌 그런 여후를 저버릴 수 있겠습니까? 만약 폐하께서 지금의 태자를 폐하고 비빈의 어린 아들을 새로 태자로 세우신다면 저는 지금 당장 이 자리에서 자결하고 말 것입니다."

고조 유방이 그 말을 듣자 말리며 말했다.

"그대는 그만하라. 나는 단지 농담한 것뿐이다."

그러자 숙손통이 다시 말을 이었다.

"태자의 자리는 천하의 근본입니다. 근본이 한 번 흔들리면 천하가 흔들리게 됩니다. 그런데 어떻게 천하의 대사를 가지고 농담을 하실 수 있으십니까?"

고조가 말했다.

"알았다. 그대 말을 따르겠다."

그 후 고조 유방은 연회를 베푸는 자리에서 공신과 빈객들이 모두 태자를 칭송하는 것을 보고는 태자를 바꾸려는 생각을 그만두었다.


고조 유방이 죽고 효혜제(孝惠帝)가 즉위하였다. 신임 황제가 숙손통을 불러 말했다.

"신하들이 선제의 원릉과 종묘에 관한 예절을 잘 모르는 것 같소."

숙손통은 다시 태상의 직위로 자리를 옮겨 종묘의 의례와 법을 제정하였다. 이후 한나라의 여러 의례에 관한 법이 만들어졌는데 이는 모두 숙손통이 제정한 것이었다.

효혜제는 동쪽 장락궁에 거하는 여태후에게 자주 문안을 드리러 갔다. 갈 때마다 길을 막고 통제하니 백성들이 무척 불편해했다. 효혜제가 이를 알고 황실에서 장락궁까지 연결하는 높은 복도(複道)를 만들라 하였다. 공사가 시작되는 것을 본 숙손통이 효혜제에게 아뢰었다.

"폐하께서는 어찌 복도를 만들려 하시는 것입니까? 고조 황제 사당에 모셔진 의관은 한 달에 한 번 고조 황제의 묘로 옮기게 되어 있습니다. 한나라 시조의 묘인데 어찌해서 후손이 그 위로 다닌단 말입니까?"

효혜제가 두려워하며 말했다.

"잘못된 일인 줄 몰랐소. 내 당장에 공사를 그만두라 하겠소."

그러자 숙손통이 말했다.

"황제께서는 잘못된 일이란 있을 수 없습니다. 이미 복도 만드는 것을 백성들이 알고 있는데 그걸 취소한다면 황제께서 잘못을 인정하는 셈이 됩니다. 하오니 폐하께서는 위수 북쪽에 따로 사당을 짓고 고조 황제의 의관을 그리 옮기도록 하시면 아무 일이 없을 것입니다. 더구나 종묘를 넓혀 새로 짓는다고 하면 만백성이 폐하의 극진한 효성에 감동할 것입니다."

이에 효혜제는 조칙을 내려 사당을 새로 짓게 했다.

어느 봄날, 효혜제가 궁궐 밖으로 야유회를 나갔다. 숙손통이 앵두나무를 보더니 황제께 아뢰었다.

"옛날에 봄이면 햇과일을 종묘에 바치는 일이 있었습니다. 지금 앵두가 익었으니 종묘에 바칠 만합니다. 이 앵두를 따서 선조에게 바치시기 바랍니다."

효혜제가 그리하겠다고 대답했다. 신선한 과일을 종묘에 헌납하는 일은 이때부터 시작되었다.

　태사공은 말한다.
　"천금 나가는 여우 가죽옷은 여우 한 마리의 겨드랑이 털로 만들어진 것이 아니다. 높은 누대의 서까래도 나무 한 그루로 만들어진 것이 아니다. 하, 은, 주 삼대의 태평성대는 한 사람의 지혜로 이루어진 것이 아니다. 고조 유방은 평민 신분으로 천하를 평정하였으니 그 용병술과 지략은 실로 대단한 것이었다. 그러나 도읍을 정하는 일은 유경의 말을 따라 만세의 안정을 누렸다. 지혜라는 것이 어찌 한 사람만 가지고 있는 것이겠는가? 숙손통은 시류에 영합해 벼슬을 얻었으나 한나라의 의례를 제정한 자이다. 나아가고 물러나는 것을 알아 한나라 유학의 종정이 되었다. 너무 곧은 것은 굽은 듯 보인다. 길은 원래부터 구불구불한 것이다."

# 제40편

## 계포、난포 열전

季布者、楚人也。爲気任侠、有名於楚。項籍使將

兵、數窘漢王。及項羽滅、高祖購求布千金、敢有舍

匿、罪及三族。季布匿濮陽周氏。周氏曰、漢購將軍

急、且至臣家、將軍能聽臣、臣敢獻計、即不能、

願先自剄。季布許之。迺髡鉗季布、衣褐衣、置広柳

車中、并與其家僮數十人、之魯朱家所売之。朱家心

知是季布、迺買而置之田。誡其子曰、田事聽此奴、

必與同食。一朱家迺乗軺車之洛陽、見汝陰侯滕公。

滕公留朱家飲數日。因謂滕公曰、季布何大罪、而上

> "계포와 난포는 자신이 처해야 할 곳을 분명히 아는 자들이었다. 죽음을 무릅쓰고 때를 기다려 결국 한나라 명장 반열에 올랐다."

●

## 계포

계포(季布)는 본래 초(楚)나라의 협객이었다. 항우의 용감한 장수로 활약하여 여러 차례 유방을 곤경에 몰아넣었다. 그런 이유로 항우가 죽고 유방이 천하를 평정하자 천금의 현상금을 내걸어 계포를 수배하였다. 그를 숨겨 주는 자 또한 삼족을 멸할 것이라고 공표하였다.

그 무렵 계포는 복양현 주씨(周氏) 집에 숨어 있었다. 주씨가 계포에게 말했다.

"한나라에서 현상금을 내걸고 장군을 찾고 있으니 곧 저희 집까지 들이닥칠 것입니다. 장군께서 제 말을 따르신다고 약속하시면 살아갈 계책을 말씀드리겠지만, 만약 따를 수 없다면 적들의 손에 붙잡히기 전에 스스로 목숨을 끊으셔야 할 것입니다."

이에 계포가 어쩔 수 없이 따르겠다고 동의했다. 그러자 주씨가 계포의 머리를 깎고, 허름한 베옷을 입히고, 포승으로 몸을 묶었다. 마치 죄인처럼 꾸몄다. 그리고 짐수레에 넣어 하인 수십 명과 함께 길을 떠났다. 검문 없이 무사히 한나라를 벗어나 옛날 노(魯)나라 지역으로 들어갔다. 그곳에서 미리 연락한 주가(朱家)라는 자에게 팔아넘겼다. 주가는 자기 집에 하인으로 일할 자를 데려왔지만 한눈에 계포임을 알아보았다. 집에 와서 아들에게 말했다.

"앞으로 일을 할 때는 이 자에게 물어보고 그 말대로 따라라. 그리고 반드시 식사는 같이 하도록 해라."

며칠 후 주가는 수레를 타고 낙양으로 가서 등공(滕公) 하우영을 만났다. 그 집에서 며칠 머물며 기회를 엿보아 물었다.

"계포가 무슨 큰 죄를 지었기에 황제께서 그렇게 급히 수배하고 계신 겁니까?"

하우영이 말했다.

"계포는 한나라와의 전쟁에서 여러 차례 황제를 곤경에 빠뜨린 자일세. 황제께서는 그 일을 원한 품고 계신 것이고, 그래서 그를 잡으려 하는 것이오."

주가가 물었다.

"등공께서는 계포가 어떤 인물이라고 생각하십니까?"

하우영이 말했다.

"어진 자요."

주가가 말했다.

"신하란 자신의 군주를 위해 충성을 다하는 법입니다. 계포가 항우를 위해 충성을 다한 것은 그의 신하였기 때문입니다. 그런데 어째서 항우의 신하를 모두 죽여야 한단 말입니까? 지금 황제께서는 천하를 얻은 지 얼마 되지 않았습니다. 사사로운 원한으로 사람을 잡으려 하니 그래서는 황제로서 도량이 적다는 것을 천하에 보여 주는 것밖에 안 됩니다. 또한 현상금을 내걸고 잡고자 하면 북쪽의 흉노(匈奴)로 도주하거나 남쪽 남월(南越)로 도망칠 수도 있습니다. 이는 현명한 장수를 미워하여 적국을 이롭게 하는 것이며, 오자서(伍子胥)가 초나라 평왕(平王)의 무덤을 파내어 그 시신에 채찍질을 한 것 같은 원한을 만드는 것입니다. 등공께서 황제를 뵙게 되면 꼭 이 말을 아뢰어 주시기 바랍니다."

하우영은 그렇게 하겠다고 대답했다. 하지만 속으로는 의심을 하게 되었다.

'주가는 배짱이 두둑한 자인데, 아마도 계포를 숨겨 주고 있는 것이 아닐까?'

얼마 후 하우영이 황제에게 그대로 진언하였다. 그러자 고조 유방이 옳은 말이라 여겨 계포를 용서하였다. 주가는 이 일로 인해 하루아침에 이름을 날렸다. 후에 계포는 고조 유방을 알현하고 깊이 사죄해 낭중(郞中)에 임명되었다.

효혜제(孝惠帝) 때 계포는 중랑장(中郞將)에 올랐다. 그 무렵 흉노의 선우(單于)가 편지를 보내 여태후를 모욕하였다. 이에 여태후가 분노하여 여러 장군들을 불러 대책을 논의하였다. 상장군(上將軍) 번쾌(樊噲)가 나서며 말했다.

"제게 10만 대군을 주시면 흉노 한가운데를 마음껏 짓밟고 오겠습니다."

그러자 여러 장수들이 여태후의 눈치를 살피느라 좋은 의견이라고 치켜세웠다. 그런데 계포가 나서며 말했다.

"번쾌를 참수하여야 마땅합니다. 옛날 고조께서는 40만 대군을 거느리고도 평성(平城)에서 곤경을 당하셨습니다. 그런데 지금 번쾌가 어떻게 10만 대군으로 흉노를 짓밟을 수 있단 말입니까? 이는 태후 면전에서 기만하는 일입니다. 예전 진나라는 흉노를 정벌하는 일에 대규모 군사를 동원하였다가 진승이 봉기하는 반란의 틈을 주었습니다. 지금까지도 그때의 교훈이 생생히 남아 있는데, 지금 번쾌가 아첨을 늘어놓으며 또다시 천하를 혼란시키려 하고 있습니다."

어전에 참석한 이들이 그 말을 듣자 모두 두려워 떨었다. 하지만 태후는 계포를 질타하지 않았다. 조회를 마친 후에 다시는 흉노 이야기를 꺼내지 않았다.

계포가 하동(河東) 태수로 내려가 있을 때였다. 효문제가 계포를 호출하였다. 신하 중에 누군가 계포가 현명한 자라고 말하자 어사대부(御史大夫)로 쓰려고 했던 것이다. 그런데 또 어떤 자가 계포는 용맹하기는 하지만 술주정이 심해 가까이하기 어려운 자라고 말했다. 부름을 받은 계포가 이미 장안에 도착해 숙소에서 한 달이 넘게 머물러 있었지만, 황제의 부름이 깜깜무소식이었다. 결국 계포가 자진해서 황제 앞에 나아가 아뢰었다.

"소신은 공로도 없으면서 황제의 총애를 받아 하동 태수로 근무하고 있습니다. 그런데 폐하께서 저를 부르셨습니다. 이는 누군가 저를 칭찬하여 폐하를 속인 것입니다. 지금 제가 부름을 받고 와서 아무런 임무도 받지 못하고 되돌아가게 되었으니 이는 누군가 저를 헐뜯어 폐하를 속인 것입니다. 폐하께서 어떤 이의 말을 듣고 저를 부르시고, 또 다른 이의 말을 듣고 저를 돌려보내신다면 이후로 천하의 지혜로운 자들이 폐하의 식견을 의심하여 입을 다물까 두려울 따름입니다."

황제가 이 말을 듣고 부끄러워 한동안 말이 없다가 이윽고 입을 열었다.

"하동군은 나의 수족과도 같은 곳이다. 그래서 특별히 그대를 부른 것이다."

계포가 이 말을 듣고 다시 하동 태수로 내려갔다.

초나라 사람 조구생(曹丘生)은 언변이 뛰어난 선비였다. 권세가들을 통해 일을 처리해 주고 그 대가로 돈을 벌었다. 특히 효문제의 총애를 받는 환관 조동(趙同)과 효문제의 처남인 두장군(竇長君)과 친했다.

계포가 이러한 소문을 듣고 두장군에게 편지를 써서 진언하였다.

"조구생은 정직하지 못한 자입니다. 장군께서는 그와 왕래하지 마십시오."

그런데 조구생이 장안에 있다가 초나라로 돌아갈 때였다. 두장군의 소개장을 얻어서 계포를 만나고자 했다. 이에 두장군이 말했다.

"계포는 그대를 좋아하지 않으니 찾아가지 마시오."

그러나 조구생은 기어코 소개장을 얻어 떠났다. 그리고 먼저 사람을 시켜 계포에게 소개장을 보냈다. 그러자 계포는 과연 크게 노하였다. 잠시 후 조구생이 도착하여 계포에게 읍하며 말했다.

"초나라 사람들 사이에 황금 1백 근을 얻는 것보다 계포 장군에게 한 번 허락을 받는 것이 낫다는 소문이 있습니다. 장군께서는 어떻게 이런 명성을 얻게 되셨습니까? 저 또한 초나라 사람이고 장군 또한 초나라 사람인데 제가 각 지역을 유람할 때마다 장군의 이름을 널리 알린다면 이는 좋은 일이 아니겠습니까? 그런데 어찌하여 저를 거절하시는 겁니까?"

그 말을 들은 계포가 크게 웃으며 조구생을 맞이했다. 이후 여러 달 동안 상객으로 모시고 귀하게 예우하였다. 후에 계포의 명성이 더욱 높아진 것은 조구생이 다니는 곳마다 계포를 크게 선전하였기 때문이다.

계포의 외삼촌 정공(丁公)은 초나라 장수였다. 이전에 항우의 부하로 팽성(彭城)에서 유방을 추적해 접전을 벌였다. 유방은 상황이 다급해지자 정공에게 말했다.

"우리 둘은 서로 아무런 원한도 없는데 그대는 어찌 나를 해치려 하는 것이오?"

이에 정공이 군사를 거두어 돌아갔다. 그러자 유방이 황급히 몸을 피했다. 나중에 항우가 죽은 후에 정공은 고조 유방을 알현하게 되었다. 고조가 정공을 보더니 당장에 포박하라고 명하고 신하들에게 말했다.

"정공은 항우의 신하로서 충성을 다하지 못했다. 항우가 천하를 잃은 것은 바로 정공 때문이다."

그리고 단칼에 정공의 목을 베어 버렸다.

"후세에 남의 신하된 자들은 결코 정공을 본받지 말아야 한다."


## 난포

난포(欒布)는 양(梁)나라 사람이다. 팽월(彭越)과는 친구 사이였다. 둘은 젊어서 가난했기에 제나라로 가서 술집 머슴으로 함께 일했다. 몇 년 뒤 팽월은 그곳을 떠나 도적이 되었고, 난포는 연(燕)나라에 가서 하인으로 일했다.

진승이 진나라의 폭정에 반기를 들자, 팽월은 산동 지역에서 세력을 규합해 봉기하였다. 이후 3만 명의 병사를 이끌고 유방의 휘하에 들어왔다. 위나라 상국이 되어 양(梁) 땅을 공략해서 평정했다. 해하(垓下)에서 항우를 물리친 공으로 양나라 왕에 봉해졌다.

한편 난포는 하인으로 일하면서 우연히 주인의 원수를 갚아 준 일이 있었다. 그 인연으로 연(燕)나라 장군 장도(臧荼)에게 추천되어 도위(都尉)에 임명되었다. 이후 장도가 연나라 왕에 오르자 난포를 장군으로 삼았다. 후에 장도가 한나라를 배반하고 반란을 일으켰다. 한나라 군대가 즉각 장도를 공격하고 난포를 사로잡았다.

양나라 왕인 팽월이 친구 난포가 체포되었다는 소식을 들었다. 급히 황제에게 진언해 재물을 바쳐 구하였다. 그리고 난포를 양나라의 대부(大夫)로 삼았다.

얼마 후 난포가 제나라의 사신으로 떠났다. 그 사이에 양나라 장수 호첩(扈輒)이 팽월에게 반란을 권유했다. 이 사실을 팽월의 수레를 모는 태복 하나가 우연히 알게 되어 한나라에 고발하였다. 한나라에서 팽월을 모반죄로 체포하고 후에 그 일족과 더불어 참수하였다. 그리고 팽월의 머리를 낙양성 아래에 걸어 놓고 다음과 같은 조칙을 내렸다.

"역적 팽월의 머리를 거두는 자는 어느 누구를 막론하고 사형에 처한다!"

난포가 제나라에서 돌아와 이 소식을 듣고는 곧바로 낙양으로 떠났다. 성에 도착하자 팽월의 머리 아래서 사신으로 갔던 일을 보고하였다. 그리고 제사를 올리고는 그 죽음 앞에서 통곡하였다.

잠시 후 병사들이 몰려와서 난포를 체포하고 고조 유방에게 데려갔다. 고조 유방이 난포에게 말했다.

"네놈도 팽월과 같이 모반을 꾸민 놈이냐? 내가 그 머리를 거두지 말라고 말했는데, 감히 네놈이 그를 거두어. 이는 분명 팽월과 같이 모반을 했다는 증거다. 여봐라! 저놈을 삶아 죽여라!"

병사가 난포를 끌고 끓는 물로 데려가려 하자, 난포가 유방에게 큰소리로 말했다.

"한마디만 하게 해 주십시오!"

고조 유방이 물었다.

"무슨 말이냐?"

난포가 말했다.

"폐하께서는 일전에 팽성에서 곤경에 처하시고 형양과 성고에서 패하셨습니다. 그런데도 항우는 서쪽으로 나아갈 수 없었습니다. 왜 그렇겠습니까? 그것은 오로지 팽월이 한나라와 연합하여 초나라를 괴롭혔기 때문입니다. 그때 팽월이 초나라와 연합했다면 한나라가 격파되고 말았을 것입니다. 또한 해하(垓下) 전투에서 팽월이 참가하지 않았다면 항우는 결코 멸망하지 않았을 겁니다. 이후 천하가 폐하의 손 아래 평정되자 팽월도 부절(符節)을 받고 봉토를 받으며 대대손손 전해지도록 허락을 받았습니다. 그런데 폐하께서 양나라에 군대를 징집하면서 팽월이 병으로 마중 나가지 못하자, 그 상황을 모반이라 의심하여 그 삼족을 멸하셨습니다. 그런 상황을 모반이라 하시면 지금 폐하의 곁에 있는 어느 공신도 두려워 떨지 않을 수 없을 것입니다. 언제 팽월과 같은 일을 당할지 모르기 때문입니다. 이제 팽월은 죽었고, 저는 살아 있어 신하된 자로서 부끄럽기 그지없습니다. 차라리 제가 모시는 군주를 따라 죽고자 원합니다. 어서 저를 삶아 죽여 주십시오."

고조 유방이 그 말에 생각을 달리했다. 난포를 풀어 주라 하고 도리어 도위에 임명하였다.

이후 난포는 효문제 때에 장군에 올랐다. 출세를 하자 자신에게 은혜를 베푼 자들에게는 후하게 보답하고, 원한을 가졌던 자들은 반드시 파멸시켰다. 오나라와 초나라가 반란을 일으켰을 때 이를 평정한 공으로 유후(俞侯)에 봉해지고 연나라 재상에 올랐다. 후에 난포가 말했다.

"힘들 때 치욕을 참지 못하면 사내대장부라 할 수 없고, 부귀할 때에 뜻대로 하지 못하면 현명한 자가 아니다."

난포는 경제(景帝) 5년에 죽었다. 연나라와 제나라에 난포를 위한 사당이 세워졌는데 이를 난공사(樂公社)라 부른다. 후에 그의 아들이 작위를 이었으나 법을 위반해 모두 몰수당했다.


태사공은 말한다.

"계포는 항우의 기개를 뛰어넘는 용맹함으로 초나라에 이름을 날렸다. 수차례 적군을 물리치고 적의 영토를 탈취했으니 가히 명장이라 하겠다. 그런데 후에 형벌을 받고 노예가 되었는데도 자살하지 못했으니 이 또한 얼마나 부끄러운 일인가! 그것은 필시 자신의 재주를 믿었기에 비록 욕을 당했지만 부끄러워하지 않고 때를 기다린 것이다. 결국 한나라의 명장이 되지 않았던가? 현명한 사람은 자신의 죽음을 중히 여긴다. 천한 자들이 스스로 분개해 자살하는 것은 진정한 용기라 할 수 없다. 그들은 자신의 계획을 실현할 용기가 없는 자들이다.

　난포는 팽월을 위해 통곡을 하고 끓는 물에 들어가기를 주저하지 않았다. 자신이 처해야 할 곳을 분명히 알고 있었다. 그런 까닭에 출세를 하였던 것이다. 비록 옛날의 열사라고 해도 무슨 교훈이 이보다 더할 수 있겠는가!"

袁盎者、楚人也、字絲。父故為群盜、徙處安陵。高

后時、盎嘗為呂祿舍人。及孝文帝即位、盎兄噲任盎

為中郎。絳侯為丞相、朝罷趨出、意得甚。上禮之、

# 제41편

# 원앙、조조 열전

恭、......袁盎進曰、陛下以丞相何如人、......所謂功臣、非社稷

稷臣主在與在、主亡與亡。方呂後時、諸呂用事、擅

相王、劉氏不絕如帶。是時絳侯為太尉、主兵柄、弗

能正。呂後朋、大臣相與共畔諸呂、太尉主兵、適會

其成功、所謂功臣、非社稷臣。丞相如有驕主色。陛

"원앙(袁盎)은 행동이 의롭고 일 처리가 분명한 자였으나 자신의 명성을 자랑하다 죽임을 당하고 말았다. 조조는 어사대부에 오르자 권력을 마음대로 휘둘렀다. 그 힘을 사사로운 원한을 갚는 데 쓰다가 생을 망치고 말았다."

•

## 원앙

원앙(袁盎)은 초(楚)나라 출신이다. 고조 유방이 죽고 그의 아내 여태후가 집권할 무렵 재상 여록(呂祿)의 가신으로 들어갔다. 효문제(孝文帝)가 즉위하자 형인 원쾌((袁噲)가 추천하여 중랑(中郎)이 되었다.

그 무렵 승상은 장군 출신의 주발(周勃)이었다. 주발은 조정 회의가 끝나고 물러나올 때면 늘 기세등등하였다. 심지어 황제인 효문제가 친히 전송할 정도였다. 하루는 원앙이 황제 앞에 나아가 아뢰었다.

"폐하께서는 승상이 어떤 인물이라고 생각하십니까?"

황제가 말했다.

"나라를 이끄는 사직(社稷)의 신하가 아니오?"

원앙이 말했다.

"승상은 이른바 공신일 뿐이지 사직의 신하는 아닙니다. 사직의 신하란 군주를 위해 정사를 펴서 군주를 위해 죽을 수 있는 자입니다. 여태후 때 여씨 일족이 정권을 제 맘대로 휘두르는 바람에 고조 황제 유씨의 명맥은 거의 단절되고 말았습니다. 그때 병권을 책임지는 태위(太尉) 벼슬을 바로 지금의 승상이 맡고 있었습니다. 그러나 그는 여태후의 전횡(專橫)을 바로잡지 못했습니다. 여태후가 죽자 조정 대신들이 서로 힘을 합해 여씨 일족을 몰아냈습니다. 승상은 그때 병권을 장악하고 있었기에 우연히 일을 맞닥뜨려 공을 얻을 수 있었던 것입니다. 그러므로 공신이라 할 수는 있으나 나라를 이끄는 사직의 신하는 아닌 것입니다. 그런데 승상은 폐하 앞에서 교만한 기색이 넘쳐 납니다. 도리어 폐하께서는 승상의 태도에 겸손하시니, 이는 신하와 군주가 뒤바뀐 것이고 예법이 어긋난 것입니다. 그러니 겸손함은 폐하께서 취하실 태도가 아닌 줄 아옵니다."

그 말을 새겨들은 효문제는 이후 조회에서 점차 위엄을 보이기 시작했다. 그러자 승상 주발은 감히 자신의 교만함을 드러낼 수 없었다. 도리어 황제를 두려워하기 시작했다. 얼마 후에 승상 주발이 원앙을 불러 말했다.

"나는 너의 형 쾌와 친한 사이다. 그런데 나이도 어린 네가 감히 나를 헐뜯을 수 있단 말이냐?"

그러나 원앙은 끝내 사과하지 않았다.

얼마 후 주발은 결국 승상에서 물러나고 말았다. 그리고 자신의 식읍인 강(絳) 땅으로 돌아갔다. 그런데 그곳 사람 중 누군가 주발이 반란을 일으키려 한다며 상소를 올렸다. 주발은 즉각 소환되어 체포되고 옥에 갇히고 말았다. 신하들 누구도 주발을 위해 변론에 나서지 않았다. 그런데 뜻밖에도 원앙이 나서서 말했다.

"폐하, 주발은 결코 반란을 일으킬 자가 아닙니다. 이는 분명 잘못된 상소이옵니다."

황제는 원앙의 말을 믿고 즉각 주발을 석방하였다. 그 뒤 주발은 원앙에 대해 다시 생각하게 되었다.


회남(淮南)왕 유장(劉長)은 황제인 효문제의 동생이다. 하지만 행동이 매우 교만하고 잔인한 성격이었다. 한번은 조정에 들어와 여씨 일족과 관련이 깊은 벽양후(辟陽侯) 심이기(審食其)를 살해하는 일을 벌였다. 이 사건에 대해 원앙이 황제에게 간언하였다.

"폐하! 제후가 지나치게 교만하면 우환이 생길 수밖에 없습니다. 회남왕을 꾸짖으시고 그의 봉토를 깎는 것이 옳은 듯하옵니다."

그러나 황제는 그 간언을 듣지 않았다. 그러자 회남왕은 더욱 방자해졌다. 그런 와중에 극포(棘蒲) 지역의 제후 시무(柴武)의 아들이 모반을 꾀하다 발각되고 말았다. 그 사건을 조사하다 보니 놀랍게도 회남왕 유장이 연루되어 있었다.

황제는 즉각 회남왕을 소환하여 체포하고 촉(蜀) 땅으로 귀양 보내도록 하였다. 회남왕이 죄수용 수레에 오르고 막 출발할 무렵에 원앙이 황제에게 나아가 간언하였다.

"폐하께서 평소에 회남왕의 교만을 꾸짖으셨다면 이런 사태가 이르지 않았을 것입니다. 그런데 지금 갑자기 그를 꺾어 버리려 하십니다. 회남왕은 성격이 거칠고 오만하여 무슨 일이 일어날지 모릅니다. 만일 그 험한 귀양지로 가는 동안에 행여 그가 죽는 일이라도 발생한다면, 황제께서는 동생 하나를 포용하지 못해 죽였다는 오명을 듣게 될 것입니다. 만약 그런 상황이 된다면 폐하께서는 어쩌시겠습니까?"

하지만 황제는 그 말을 받아들이지 않고 회남왕을 즉시 촉 땅으로 유배 보냈다.

죄수를 실은 수레가 옹(雍) 지역에 이르렀을 때, 그만 회남왕이 병으로 죽고 말았다. 그 소식을 전해들은 황제는 식사를 전폐하고 슬피 통곡하였다.

원앙이 황제께 머리를 조아리며 자신의 죄라며 처벌을 청하였다. 황제가 말했다.

"내가 그대의 간언(諫言)을 듣지 않아 이런 일이 생긴 것인데 무슨 말이오?"

원앙이 말했다.

"폐하, 이미 지난 일이니 후회하신들 무슨 소용이 있겠습니까? 폐하께서는 천하에 뛰어난 세 가지 행적이 있으시니 이번 일로 그 명예가 훼손되지는 않을 것입니다."

황제가 말했다.

"내게 세 가지 행적이 있다니, 그게 무슨 말이오?"

원앙이 말했다.

"이전에 폐하께서 대(代)나라에 머물 때 태후께서 3년간 병상에 계셨습니다. 그때 폐하께서는 옷도 아니 벗고, 잠도 아니 주무시고, 탕약 또한 친히 맛을 보시면서 태후에게 올렸습니다. 예전 효자 증삼(曾參)도 이처럼 하지 못했는데 폐하께서는 친히 실행하셨습니다. 그러니 효성으로는 증삼보다 뛰어나신 것입니다.

또한 여씨 일족들이 정권을 쥐고 천하를 좌지우지하고 있을 때 폐하께서는 황실의 호출을 받으면 대나라에서 여섯 대의 수레를 타고 달려 오셨습니다. 사방에서 폐하를 노리는 자들이 도사리고 있는데도 두려워하지 않으셨으니, 이는 맹분(孟賁)과 하육(夏育)의 용맹함이 대단하다 하더라도 폐하에게는 미치지 못할 것입니다.

또한 대(代)나라에 머물 때 천자의 자리에 오르라는 권유를 두 번이나 받고도 사양하였고, 다른 이에게 천자의 자리를 양보하신 것이 세 차례입니다. 고대의 허유(許由)도 한 번밖에 양보하지 못했는데 폐하께서는 다섯 차례나 천하를 사양하셨으니 허유보다 네 번이나 많으신 것입니다. 이번에 폐하께서 회남왕을 귀양 보내신 것은 그가 자신의 잘못을 깨닫고 고치도록 하기 위함이었는데 관리들이 잘못 보살폈기에 병으로 사망한 것입니다. 그러니 폐하께서는 마음을 관대하게 가지시기 바랍니다."

황제가 이에 마음을 가라앉히고 말했다.

"그래, 앞으로 어떻게 하는 것이 좋겠소?"

원앙이 말했다.

"죽은 회남왕에게는 아들이 셋 있습니다. 그러니 폐하께서 선처하시는 것에 달려 있습니다."

황제는 고민을 한 후 아들 셋을 모두 왕으로 봉해 주었다. 이 일로 인해 원앙의 명성은 더욱 높아졌다.

어느 날 원앙은 큰 걱정거리가 생겼다. 황제의 총애를 받는 환관 조동(趙同)이 원앙을 해치려고 했기 때문이었다. 그 무렵 원앙의 조카가 황제를 호위하는 상시기(常侍騎) 벼슬에 있었다. 하루는 원앙을 찾아와 말했다.

"숙부님께서는 조동을 두려워하실 필요가 없습니다. 어전에서 언제고 기회를 잡아 조동을 크게 모욕 주십시오. 그러면 그가 아무리 황제의 총애를 받는다고 하더라도 그가 떠벌이는 중상모략을 황제께서 더는 받아들이지 않을 겁니다."

원앙이 그 말에 고개를 끄덕였다.

어느 날 효문제가 나들이를 나설 때 조동은 황제와 나란히 수레를 타고 있었다. 그때 원앙이 수레 앞에 엎드리며 황제에게 아뢰었다.

"폐하께서 타시는 수레에는 천하의 호걸과 영웅이 아니면 감히 어느 누구도 오를 수 없다고 들었습니다. 비록 지금 나라 안에 인재가 부족하다고 하나 어찌 환관이 폐하와 나란히 수레를 탈 수 있겠습니까?"

황제가 그 말을 듣고는 조동을 내리게 하였다. 조동은 울면서 수레에서 내렸다.

효문제가 탄 수레가 패릉에서 서쪽 가파른 산비탈을 달려 내려갈 무렵이었다. 원앙이 말을 타고 달려가 황제의 수레 고삐를 잡았다. 그러자 황제가 말했다.

"그대는 뭐가 두려워서 그러는 것이오?"

원앙이 말했다.

"천금을 가진 부잣집 자식은 마루 끝에 앉지 않고, 백금을 가진 부잣집 자식은 난간에 기대지 않으며, 현명한 군주는 위험을 무릅쓰며 나아가지 않는다고 들었습니다. 지금 폐하께서 이 가파른 산비탈을 달려 내려가시다가 만일 말이 놀라 수레라도 부서진다면 폐하의 몸을 다치시는 것은 둘째 치고, 조상과 태후께 무슨 면목으로 대하시겠습니까?"

황제가 그 말을 듣고 달려 내려가는 것을 그만두었다.

얼마 후 황제가 상림원(上林苑)을 거닐고 있을 때 황후와 애첩인 신부인(愼夫人)이 함께 따라나섰다. 궁중에서 이 두 여인은 항상 같은 자리에 앉았다. 그래서 궁중 관리들이 상림원에도 자리를 나란히 마련하였다. 원앙이 그걸 보고는 신부인의 자리를 빼서 황후 아래로 내려놓았다. 신부인이 그걸 알고는 화가 나서 앉으려 하지 않았다. 황제 또한 기분이 상한 탓에 일정을 취소하고 궁중으로 되돌아오고 말았다.

원앙이 곧 궁중으로 들어가 황제 앞에 나아가 아뢰었다.

"높고 낮음은 질서가 분명해야 화목하다고 들었습니다. 폐하께서는 이미 황후를 세워 놓으셨으니 신부인이 아무리 총애를 받는다고 해도 첩에 불과합니다. 본부인과 첩이 어찌 같은 서열에 앉을 수 있겠습니까? 이는 상하의 분별을 잃은 행위입니다. 폐하께서 신부인을 사랑하신다면 후하게 상을 내리시면 됩니다. 그렇지 않고 황후와 나란히 하게 하신다면 이는 신부인에게 재앙이 되는 일입니다. 한나라 고조가 그토록 총애하던 척부인을 여황후가 시기하였습니다. 나중에 고조가 죽자 여황후는 즉각 척부인을 체포하여 손발을 자르고 눈을 빼고 혀를 잘라 돼지우리에 처넣었습니다. 그래서 사람 돼지라고 불렸던 인체(人彘) 사건을 폐하께서는 알고 계시지 않으십니까?"

황제가 그 말을 기쁘게 받아들였다. 그리고 화가 난 신부인을 불러 원앙의 말을 전해 주었다. 며칠 후 신부인은 원앙에게 황금 50근을 하사하였다.

원앙은 이러한 여러 번의 직간(直諫)으로 인해 차츰 신하들에게 미움을 받게 되었다. 결국 황제 곁을 떠나 변경 지역인 농서(隴西)를 방어하는 도위(都尉)로 좌천되고 말았다. 하지만 그곳에 부임하여 병사들을 잘 다스려 얼마 후 농서의 병사라면 누구나 원앙을 존경하고 군령에 절대 복종하였다.

얼마 후 원앙은 제(齊)나라의 재상으로 자리를 옮겼고, 다시 오(吳)나라의 재상으로 발령이 났다. 오나라 임지로 떠나려 할 때 황제 곁에서 수행하는 조카가 원앙을 찾아와 말했다.

"오나라 왕은 교만한 자이고 그 신하들은 모두 간사한 자들입니다. 만약 그곳에 가셔서 잘못된 것을 바로잡고 잘못된 신하들을 탄핵하려 한다면 도리어 그들이 숙부님을 고발하는 상소를 올리거나 협객을 시켜 숙부님을 암살할지도 모릅니다. 그러니 임지에 가시면 그저 술이나 자주 드시고 정사에 대해서는 일절 간섭하지 마십시오. 가끔씩 오나라 왕에게 '모반을 꾀하지 마십시오.'라고 하시기만 하면 재앙을 면할 수 있을 것입니다."

원앙이 오나라에 가서 조카의 말대로 행했다. 그러니 오나라 왕이 늘 후하게 대해 주었다.

얼마 후 원앙이 장수와 부하들의 호위를 받으며 조정으로 돌아가는 길이었다. 도중에 승상 신도가(申屠嘉)를 만났다. 수레에서 내려 예를 갖추며 인사를 올렸지만 신도가는 그저 손만 흔들며 지나가고 말았다. 원앙이 생각하니 부하들에게 부끄러웠다. 다음 날 승상의 관저로 가서 뵙기를 청했다. 한참을 기다린 후에 승상을 만날 수 있었다. 원앙이 신도가 앞에서 무릎을 꿇고 말했다.

"승상께서는 좌우의 사람들을 물리쳐 주십시오!"

그러자 신도가가 말했다.

"나를 찾아온 것이 공적인 부탁이라면 내 부하들에게 우선 이야기 하시오. 그럼 내가 황제께 건의해 보리라. 그러나 사적인 부탁이라면 나는 결코 받아들일 수 없으니 물러가시오."

원앙이 일어나 말했다.

"승상께서는 스스로 판단하시기에 진평이나 주발과 비교하여 누가 더 낫다고 생각하십니까?"

신도가가 말했다.

"내가 어찌 그들만 하겠소."

원앙이 말했다.

"진평과 주발은 고조 유방을 보좌해 천하를 평정했고, 장군과 재상이 되어서는 여씨 일족을 몰아내어 한나라를 보전하였습니다. 그런데 승상께서는 기마와 궁술에 능한 재주로 인해 장군에 오르시고 이어 회양의 태수가 되었습니다. 전쟁에 참가한 것도 아니고 국정에 계책을 낸 것도 아니지만 지금은 승상의 자리에 오르셨습니다. 지금 폐하께서는 상소가 올라오면 일정을 멈추고 그 진언을 경청하십니다. 그중 옳은 진 언은 채택하여 참으로 좋다고 칭찬을 아끼지 않으십니다. 무슨 까닭이 겠습니까? 바로 천하의 인재를 불러 모으고자 하시는 것입니다. 그들을 통해 듣지 못한 사실을 듣게 되고, 몰랐던 일들을 알게 되니 폐하께 서는 날마다 현명해지고 계시는 겁니다.

그런데 승상께서는 밑에 사람의 입을 막아 듣기를 거절하시니, 이는 날마다 어리석어지는 일이 아니고 무엇이겠습니까? 현명한 군주가 어 리석은 재상을 질책할 경우 그 재앙이 얼마나 큰지 아실 겁니다. 그런데 승상께서 그 화를 받을 때가 그리 멀지 않은 것 같습니다."

신도가가 그 말을 듣자 그만 원앙에게 머리를 숙이며 말했다.

"내가 미천한 자라 아무것도 몰랐소. 그대가 가르쳐 준다면 내 따르
겠소."

하고는 손을 잡아 자리에 앉기를 청했다.


원앙은 원래부터 조조(晁錯)와 사이가 좋지 않았다. 그래서 조조가 있
으면 자리를 뜨고, 조조 역시 원앙이 있으면 자리를 떴다. 둘은 결코 이
야기를 나눈 적이 없었다.

효경제(孝景帝)가 즉위하자 조조는 어사대부에 올랐다. 그러자 부하들
을 시켜 원앙이 오나라 왕으로부터 뇌물을 받은 것에 대해 조사하게
하였다. 황제께 이 사안을 올리면서 법대로 참수할 것을 요청하였다. 그
러나 황제는 조칙을 내려 원앙을 평민으로 내리고 죄를 용서하였다.

얼마 후 오나라와 초나라가 반란을 일으켰다. 조조는 자신을 보좌하
는 승사(丞史)에게 말했다.

"원앙은 오나라 왕에게 뇌물을 받고 모반을 눈감아 준 것이 틀림없
다. 이번에는 기필코 그를 참수하고 말 것이다. 황제께는 원앙이 모반
계획을 알고 있었다고 고하겠다."

그러자 승사가 말했다.

"지금 반란군이 눈앞에 쳐들어오고 있는데 원앙을 참수한들 무슨 도
움이 되겠습니까? 게다가 원앙이 그런 음모를 꾸몄다는 증거도 없지
않습니까?"

조조는 그 말에 주저하며 결정을 내리지 못했다. 그때 누군가 조조의

말을 엿듣고 원앙에게 알려 주었다. 그러자 원앙은 두려움에 떨며 밤을 틈타 장군 두영(竇嬰)을 찾아가 말했다.

"오나라가 모반한 이유를 황제께 아뢰도록 도와주십시오!"

두영이 황제에게 원앙의 말을 전했다. 그러자 황제가 원앙을 불러 만났다. 그런데 조조가 옆에서 황제를 수행하고 있었다. 원앙이 황제에게 말했다.

"폐하, 오나라에 관한 일을 말씀드릴 테니 좌우 신하들을 물리쳐 주십시오."

황제가 손짓하자 조조는 분한 모습으로 물러갔다.

원앙이 말했다.

"오나라가 반란을 일으킨 것은 조조가 봉읍을 삭감했기 때문입니다. 지금 당장 조조를 참수하고 오나라에 그 사실을 알린다면 반란군은 물러갈 것입니다."

황제가 그 말을 받아들여 조조를 참수하고 말았다. 이어 두영을 대장군(大將軍)에, 원앙을 태상(太常)에 임명하였다. 그러자 장안에 재능 있는 선비들이 이 둘을 따르고자 집 앞에 몰려들었는데 하루에 수레가 수백 대나 되었다.


조조가 처형되자, 황제는 원앙을 오나라 사신으로 보냈다. 오나라 왕이 원앙을 휘하 장군으로 삼고자 했으나 원앙이 거절하였다. 그러자 오나라 왕은 오백 명의 군사로 하여금 원앙을 철저히 감시하게 하였다. 그런데 마침 그 책임을 맡고 있는 교위사마(校尉司馬) 직에 있는 자가 원앙을 잘 알고 있었다.

그는 이전에 원앙이 오나라 재상으로 있을 때 종사(從史)라는 하급관리에 있던 자였다. 그때 그는 원앙을 모시는 시녀와 몰래 정을 통하고 있었는데, 원앙이 그 사실을 알고도 모르는 척하고 있었다. 그런데 누군가 그 사실을 알려 주었다.

"이보게, 재상께서 네가 시녀와 통정하고 있다는 사실을 알고 계신다네."

그는 이 말을 듣자마자 목이 달아날 것이 두려워 곧바로 도주하였다. 이 소식을 들은 원앙이 부하를 시켜 말을 타고 달려가 그를 잡아오라 하였다. 그가 잡혀 오자 시녀를 그에게 첩으로 삼으라 주고 예전처럼 종사를 맡도록 하였다. 그런 그가 공교롭게도 원앙을 감시하는 책임을 맡게 된 것이다.

추운 겨울밤이었고 병사들은 목이 말라 있었다. 교위사마가 자신의 돈으로 술 두 말을 사 왔다. 그걸 병사들에게 실컷 마시게 했다. 그러자 병사들이 모두 취해 잠이 들었다. 그 틈을 타서 교위사마가 원앙을 찾아가 말했다.

"사신께서는 지금 도망가셔야 합니다. 그렇지 않고 날이 밝으면 오나라 왕이 죽이려 할 것입니다."

원앙이 그 말을 믿지 못하여 그에게 물었다.

"대체 그대는 누구기에 내게 그런 말을 하는 것이오?"

교위사마가 말했다.

"이전에 오나라 재상으로 계실 때에 제가 재상의 시녀와 정을 통한 자입니다."

원앙이 그 말을 듣고는 놀라서 말했다.

"그대는 부모가 다 살아 계시지 않소? 나는 그대를 모르니 그만 돌아가시오."

교위사마가 말했다.

"재상께서는 그저 도망가시기만 하면 됩니다. 저 또한 바로 부모를 피신시킬 터이니 걱정하지 않으셔도 됩니다."

하고는 칼로 막사를 찢어 원앙을 모시고 나왔다. 그리고 조심스럽게 잠든 병사들 사이를 빠져나갔다. 갈래 길에서 교위사마는 원앙과 반대 방향으로 도망쳤다. 원앙은 지팡이를 잡고 밤길을 한참 걸었다. 날이 밝았을 때 운 좋게 양(梁)나라 기병을 만났다. 사신의 표식인 절모(節毛)를 보여 주니 말을 얻어 탈 수 있었다. 그 길로 달려와 장안으로 무사히 돌아왔다.


오나라와 초나라의 반군을 물리치고 난 후, 황제는 평륙후(平陸侯) 유례(劉禮)를 초나라 왕으로 삼고, 원앙을 재상으로 임명하였다. 원앙이 신임 왕에게 상서를 여러 번 올렸지만 하나도 채택되지 않았다. 그러자 병을 핑계로 벼슬을 그만두었다.

고향에 내려와 마을 사람들과 똑같은 모습으로 함께 어울려 지냈다. 그런데 낙양에 사는 극맹(劇孟)이라는 자가 원앙을 찾아왔다. 원앙은 그를 후하게 대접하였다. 그걸 보고 어느 부자가 원앙에게 말했다.

"극맹은 노름꾼이라고 들었는데, 장군께서 어찌 그런 자와 사귀는 것입니까?"

원앙이 말했다.

"극맹은 노름꾼일지 모르지만 그의 어머니가 돌아가셨을 때 조문 온 수레만 천 대가 넘소. 이는 그가 남보다 뛰어난 면이 있기 때문이오. 사람은 누구나 위급한 일이 있기 마련 아닙니까. 그런데 위급한 일을 당한 자가 극맹을 찾아가면, 극맹은 단 한 번도 모친을 구실 삼아 변명을 하거나, 집에 있으면서도 없다고 둘러 대는 일이 없었습니다. 언제나 성심성의를 다해 자신을 찾아온 자를 도왔습니다. 그래서 천하 사람들이 우러러 보는 것입니다. 부자인 당신은 시종 몇 명을 데리고 다니지만 일단 위급한 일을 당하면 시종들을 믿을 수 있겠소?"

원앙은 부자를 꾸짖고 다시는 교제하지 않았다. 나중에 여러 제후들이 이 이야기를 듣고 모두 원앙을 칭송하였다.

이후 원앙은 은퇴해 집에 있었다. 하지만 효경제는 때때로 사람을 보내 국정에 관한 의견을 묻곤 했다. 한번은 양나라 왕이 경제의 뒤를 이어 황제가 되려 했으나 원앙이 진언하여 무산되었다. 양나라 왕은 이 일로 원앙을 원망하여 죽이고자 하였다. 그래서 몰래 자객을 보냈다.

자객이 와서 원앙의 사람됨을 알아보니 모두들 입에 침이 마르도록 칭찬만 할 뿐이었다. 결국 자객은 자책감을 이기지 못해 원앙을 만나 말했다.

"소인은 장군을 죽이러 온 자객입니다. 알고 보니 공이 많고 덕이 있는 분이라 차마 해칠 수가 없었습니다. 그러나 저 말고도 장군을 해치려는 자가 10여 명이나 있으니 각별히 몸조심하시기 바랍니다."

이 말을 듣자 원앙은 매일 불안에 휩싸였다. 더구나 집안에 괴이한 일들이 자주 생겼다. 하루는 견디다 못해 배생(棓生)이라는 점쟁이를 찾아가서 점을 보았다. 불길한 조짐이 없다는 말에 마음을 놓고 편히 돌아오는 길이었다. 그러나 성문을 들어서는 순간, 기다리고 있던 또 다른 자객의 칼에 찔려 끝내 생을 다하고 말았다.


## 조조


조조(晁錯)는 영천(潁川) 사람이다. 젊어서 지(軹) 땅에 사는 장회선생(張恢先生)으로부터 형명학(刑名學)을 배웠다. 이때 송맹(宋孟)과 유례(劉禮)도 함께 배웠다. 이 무렵 누구보다 실력이 뛰어난 조조는 종묘사직의 예와 의례를 주관하는 부서인 태상(太常)에 들어가 역사를 담당하는 장고(掌故)를 역임했다. 관리들 사이에서는 성격이 준엄하고 강직한 자로 소문이 났다.

효문제 때에 나라 안에 유가를 공부한 사람이 없었다. 제남(濟南) 지역에 사는 복생(伏生)이라는 노인이 옛날 진(秦)나라 때 박사를 역임하여 유학에 정통하다고 알려졌지만 나이가 90여 살이라 조정에 불러 드릴 수가 없었다.

황제는 태상(太常)에 명을 내려 사람을 보내 복생의 학문을 전수받도록 하였다. 그 일에 조조가 선발되어 복생의 집으로 떠났다. 복생에게 유학을 전수받고 돌아온 조조는 이후 국정 업무를 유학을 인용하여 풀이했다.

황제는 조조를 명석한 자라 여기고 태자의 학습 담당 기관인 문대부(門大夫)의 지도교수 벼슬인 가령(家令)에 임명했다. 조조는 언변이 좋고 행동이 절도 있어 태자의 총애를 받았으며, 이 무렵 지혜주머니라는 별명을 얻기도 했다.

효문제 때에 조조는 제후들의 영토를 줄이고 황실의 영토를 넓히는 법령 개정을 상소하였다. 하지만 황제가 받아들이지 않았다. 단지 그의 재능을 귀하게 여겨 황제를 가까이서 모시는 중대부(中大夫)로 승진시켰다. 그러나 원앙을 비롯한 많은 신하들이 조조를 미워하고 있었다.

얼마 후 태자가 즉위하니 이가 곧 효경제이다. 경제는 즉각 조조를 비서실 정책관인 내사(內史)에 임명하였다. 이때부터 조조는 황제와 독대할 때면 정치에 관한 발언을 자주 하였고, 그럴 때마다 황제는 그 의견을 받아들였다. 이로 인해 조조는 황제의 총애를 독차지하였고, 많은 법령을 스스로 개정하였다.

그때 승상인 신도가(申屠嘉)가 조조의 그런 행동을 못마땅하게 여겼다. 하지만 그를 이길 만한 힘이 없었다. 그런 와중에 조조가 근무하는 내사부(內史府)가 이전 황제들을 모신 태상황(太上皇) 사당 바깥에 있었는데, 문이 동쪽으로 나 있어 출입이 불편하였다. 조조는 황실과 출입이 편리하도록 남쪽으로 두 개의 문을 내었다. 하지만 그러다 보니 어쩔 수 없이 태상황 사당 바깥담을 뚫어야 했다. 승상 신도가 이 사실을 알고 황제에게 조조를 처형해 줄 것을 요청하였다.

"선왕의 사당을 훼손한 조조는 참수해야 마땅합니다!"

조조가 이 소식을 듣고 황제를 독대하며 그 일의 경위를 상세히 아뢰었다. 황제는 조조의 이야기를 듣고 승상에게 전했다.

"그곳은 사당의 담이 아니고 사당 바깥 빈터이니 법에 저촉되는 바가 없소."

승상은 그 말을 듣고 고개를 숙여 사죄를 하고 물러갔다.

자리에 돌아온 승상 신도가는 화가 치밀어 자신을 보좌하는 비서관인 장사(長史)들에게 말했다.

"내가 그놈을 먼저 참수하고, 나중에 황제에게 말씀드려야 했다. 처형을 주장하다가 도리어 어린 녀석에게 모욕을 당했으니 이 무슨 창피란 말인가?"

신도가는 이 일로 병들어 죽고 말았다. 그러자 조조의 명성은 더욱더 높아만 갔다.


조조가 어사대부에 오르자 제후들의 죄를 물어 영토를 삭감하고 그 영토 안에 있는 군대를 몰수하자고 황제께 상소를 올렸다. 황제는 공경(公卿), 열후(列侯), 종실들을 불러 모아 의논하였다. 아무도 감히 반대하지 못했다. 오직 장군 두영(竇嬰)만이 반대하여 조조와 사이가 멀어지게 되었다.

조조가 개정한 법령은 모두 30장인데 제후들이 겉으로는 말을 하지 않았지만 속으로는 강하게 반발하고 있었다. 그로 인해 조조는 제후들로부터 심하게 증오를 받게 되었다. 하루는 조조의 부친이 고향 영천에서 올라와 조조에게 말했다.

"폐하께서 즉위하신 지 얼마 되지 않았는데, 어찌 제후들의 영토를 삭감하는 법령을 개정하여 사람들과 멀어지고 원망을 듣는 것이냐?"

조조가 말했다.

"당연히 해야 할 일을 한 것뿐입니다. 법령을 개정하지 않으면 천자는 존귀해질 수 없으며 종묘는 편안해질 수 없습니다."

부친이 말했다.

"황제인 유씨는 편안할지 모르지만 우리 조씨는 위태로워졌다. 재앙이

내 자신에게 미치는 것을 차마 볼 수가 없구나. 내 먼저 죽어야겠다."
하고는 고향에 내려가 약을 마시고 자살하고 말았다.

조조의 부친이 죽고 10일 후, 오나라와 초나라 등 7개 지역에서 반란
이 일어났다. 그들은 조조를 죽이는 것이 명분이었다. 그때 원앙이 황제
에게 조조에 대한 처벌을 주장하였다. 황제는 고심하다가 결국 반란군
의 위협을 이기지 못하고 명을 내렸다.

"조조를 참수하라!"

조조는 업무 중에 체포되어 궁궐 동쪽 마당 한복판에서 형리의 칼
에 목이 베어지고 말았다.

조조가 죽고 난 뒤 등공(鄧公)이 교위(校尉)에 올랐다. 오나라와 초나라
의 반란군을 진압하고 돌아와 황제에게 보고하였다. 황제가 물었다.

"그래, 조조가 죽었다는 소식을 듣고 오나라와 초나라의 반란군이 전
투를 중지하던가?"

등공이 말했다.

"오나라 왕은 모반을 꾀한 지가 수십 년이나 되었습니다. 단지 영토를
삭감당한 것에 대해 분개하여 조조를 죽인다는 명분을 세운 것뿐이지,
본래 뜻이 조조에게 있었던 것은 아닙니다. 소신이 이번 일로 걱정하는
바는 천하의 선비들이 입을 다물고 다시는 황제에게 진언을 하지 않을
것이라는 점입니다."

황제가 말했다.

"그것이 무슨 말이오?"

등공이 말했다.

"조조는 제후들이 강성해지면 제제할 수 없을 것이라고 생각하여 제

후들의 영토를 삭감하는 주장을 폈습니다. 이것은 황실이 만세에까지 이르는 큰 이익입니다. 그러나 이러한 계획이 겨우 시행되려는데, 주장한 자가 갑자기 사형에 처해지고 말았습니다. 이는 안으로 충신의 입을 막고, 밖으로 제후의 원수를 갚아 준 격입니다. 소신이 생각하기에 폐하께서는 이럴 필요까지는 없었습니다."

경제가 한참을 말없이 있다가 입을 열었다.

"장군 말이 맞소. 나 또한 후회하고 있소."

황제는 등공을 성양(城陽)의 중위(中尉)로 임명하였다.

등공은 성고 사람으로 계책이 뛰어난 자이다. 황제가 현량(賢良)한 선비를 모시고자 하자 공경대신들이 모두 등공을 추천하였다. 그 무렵 그는 벼슬에서 물러나 있었는데 다시 구경(九卿)에 올랐다. 1년 뒤에 병을 핑계로 벼슬에서 물러나 귀향하였다. 그의 아들 장(章)은 황로(黃老)사상에 학식이 깊어 그 무렵 대신들 사이에 명성이 높았다.


태사공은 말한다.

"원앙(袁盎)은 비록 학문을 가까이하지는 않았지만 일을 처리하는 것이 분명하였다. 어진 것을 근본으로 삼아 불의를 보면 비분강개하는 성격이었다. 그의 재능은 효문제 때 크게 떨쳤다. 오나라와 초나라가 반란을 일으켰을 때, 조조를 죽여야 한다고 황제에게 건의한 것이 마지막으로 받아들여졌고 이후는 성공하지 못했다. 그는 결국 명성을 뽐내고 언변을 자랑하다 죽임을 당하고 만 것이다.

조조가 가령(家令)의 신분이었을 때에는 상소가 받아들여지지 않았지만 어사대부가 되고부터는 권력을 마음대로 휘둘렀다. 제후들의 영토를 줄이는 법령을 개정하자 결국 제후들이 반란을 일으켰다. 그러나 반란을 진압하는 데 힘을 쓰지 않고 사사로운 원한을 갚으려다가 도리어 자신을 망치고 말았다. 옛것을 함부로 바꾸고 떳떳한 도리를 어지럽히면 죽거나 망한다고 하였다. 이는 조조와 같은 자를 두고 하는 말이다."

# 제42편

## 장석지, 풍당 열전

卷一百二。張釋之馮唐列傳

張廷尉釋之者、堵陽人也、字季。有兄仲同居。以訾為騎郎、事孝文帝、十歲不得調、無所知名。釋之曰、久宦減仲之產、不遂。欲自免歸。中郎將袁盎知其賢、惜其去、乃請徙釋之補謁者。釋之既朝畢、因前言便宜事。文帝曰、卑之、毋甚高論、令今可施行也。於是釋之言秦漢之間事、秦所以失而漢所以興者、久之。文帝稱善、乃拜釋之為謁者僕射。

釋之從行、登虎圈。上問上林尉諸禽獸簿、十餘問、尉左右視、盡不能對。虎圈嗇夫從旁代尉對上所問禽

"장석지는 법을 집행하기에 엄격하고 공정하였다. 태자의 불법을 과감히 탄핵하여 황제에게 사과를 받을 정도였으니 가히 큰 인물이라 하겠다. 풍당은 의미 있고 일리가 있는 말로 황제의 어리석음을 설득했으니 참으로 지혜로운 자이다."

•

## 장석지

장석지(張釋之)는 도양(堵陽) 사람이다. 집안이 부유해 재물을 바쳐 호위무사인 기랑(騎郎)의 벼슬을 얻었다. 하지만 아무도 알아주는 이가 없어 10년 동안 승진을 하지 못했다.

"아, 재산만 축내고 뜻을 이루지 못했구나!"

하고는 관직을 그만두고 고향으로 돌아가려 했다. 그 무렵 중랑장(中郎將) 원앙(袁盎)이 장석지의 재능을 눈여겨보고 있었다. 황제에게 추천하자 궁궐 내빈을 접대하는 알자(謁者)의 벼슬을 내렸다. 비로소 조정에 참여하여 황제를 뵐 수 있었다.

어느 날 장석지는 조정 회의를 마친 후, 효문제(孝文帝)에게 나아가 나라와 백성을 편안하게 하는 일에 관해 자신의 소신을 아뢰었다. 황제가 말했다.

"내게 어렵고 고상한 견해는 말하지 마라. 당장 실행할 수 있는 쉬운 것을 말하라."

그러자 장석지가 진나라가 멸망하고 한나라가 흥한 까닭을 쉽게 강론했다. 황제는 좋다고 칭찬했으며 장석지를 중간관리인 알자복야(謁者僕射)로 승진시켰다.

하루는 장석지가 황제를 수행하고 동물을 기르는 호권(虎圈) 동산에 이르렀다. 황제가 동산관리 책임자 상림위(上林尉)에게 여러 동물에 대하여 궁금한 바를 물었다. 하지만 질문을 받은 상림위는 우물쭈물 아무 대답도 하지 못했다. 그러자 옆에 있던 하급관리인 색부(嗇夫)가 황제의 질문에 상세하게 대답하는 것이었다. 자신의 능력을 보여 주려는 듯이 목소리가 분명했고 대답이 술술 막힘이 없었다. 듣고 나더니 황제가 기쁜 표정을 지으며 말했다.

"관리란 마땅히 이와 같아야 하지 않겠는가? 상림위(上林尉)는 아무데도 쓸모가 없도다."

하고는 색부를 동산 최고 책임자인 상림령(上林令)으로 삼으라고 하였다. 그러자 장석지가 앞으로 나와 아뢰었다.

"폐하께서는 강후(絳侯) 주발(周勃)을 어떤 인물이라고 생각하십니까?"

황제가 대답했다.

"덕망 있는 사람이지."

장석지가 또 물었다.

"동양후(東陽侯) 장상여(張相如)는 어떤 인물이라 생각하십니까?"

황제가 대답했다.

"역시 덕망 있는 사람이지."

장석지가 말했다.

"주발이나 장상여를 덕망 있다 하셨지만, 사실 이 두 사람은 언변이 부족해 말을 잘 못하는 분들이었습니다. 그런데 어찌 이 색부의 수다스러운 말재주를 뛰어나다고 여기시는 것입니까? 만약에 색부를 파격적으로 승진시킨다면 천하 사람들이 말재주만 배우려 하고 실제적인 일을 멀리할까 두렵습니다. 그러니 폐하께서는 신중하시기를 간청드립니다."

황제가 말했다.

"그대의 말이 옳도다!"

이리하여 색부를 승진시키려는 명령을 철회하였다. 그리고 수레를 타고 돌아가는 길에 장석지를 동승하게 하여 이전 진나라의 병폐를 물었다. 장석지는 성실하게 자신의 소견을 말했다. 궁중에 도착하자 황제는 장석지에게 공식 내빈을 접대하는 공고령(公車令)을 맡으라 명하였다.

어느 날, 태자와 양(梁)나라 왕이 나란히 수레를 타고 궁궐로 들어오는 중이었다. 황제의 궁과 가까운 사마문(司馬門)에서는 어느 누구를 막론하고 말과 수레에서 내려야 했다. 하지만 이 둘은 내리지 않고 계속 달릴 태세였다. 장석지가 그걸 보고는 달려가서 태자 앞을 막아서며 말했다.

"당장 마차에서 내리지 않으면 불경죄(不敬罪)로 다스리겠소이다!"

태자와 양나라 왕은 가소롭게 생각하고 지나가고 말았다. 하지만 장석지는 황제에게 이것을 보고하며 엄히 다스려야 할 것이라 주장하였다. 황제가 모자를 벗고 말했다.

"자식을 엄격하게 다스리지 못해 미안하구려!"

태후가 이 사실을 알고 장석지에게 신하를 보내 사면해 줄 것을 요청하였다. 그런 뒤에야 태자와 양나라 왕은 황제를 알현할 수 있었다. 황제는 이 일로 장석지를 더욱 귀하게 여겨 중대부의 벼슬을 내렸다. 그리고 얼마 후 중랑장(中郞將)으로 승진시켰다.

하루는 장석지가 황제를 수행해 패릉(霸陵)에 갔을 때였다. 황제는 능묘 북쪽에 앉아 먼 곳을 바라보고 있었다. 옆에서 시중을 들고 있는 애첩 신부인에게 길을 가리키며, 저기가 한단 가는 길이라고 말했다. 그리고 신부인에게 비파를 타도록 하고, 황제는 직접 그 곡조에 맞춰 노래를 불렀는데 슬픔이 가득했다. 노래를 마치고 고개를 돌려 신하들에게 말했다.

"북산의 좋은 돌로 관을 만들고, 모시와 솜으로 틈을 막고, 다시 옻으로 틈새를 붙여 놓으면 누가 열 수 있겠는가?"

좌우의 신하들의 모두 말했다.

"폐하, 결코 열지 못할 것입니다."

그러자 장석지가 앞으로 나와 말했다.

"만약에 그 관 속에 사람들이 탐내는 물건을 넣어 둔다면, 설령 남산의 돌로 외관을 만들고 쇠를 녹여 그 틈을 막는다 하더라도 열릴 것입니다. 그러나 어느 누구도 탐내는 물건이 아니라면 석관이 아니더라도 열릴 걱정이 없을 것입니다."

황제는 아주 훌륭한 말이라고 칭찬하고 장석지를 정위로 높였다.

며칠 후, 황제가 중위교로 행차하는데 어떤 백성이 다리 아래에서 뛰어올라 황제가 탄 말을 놀라게 하였다. 경호군사들이 그 자를 즉각 체포하였으며 정위 장석지에게 넘겨 죄를 다스리도록 하였다.

장석지가 심문하자 그 자가 대답하였다.

"저는 장안현 사람입니다. 황제께서 행차하는 중이라 통행을 금한다는 말을 듣고 다리 아래로 몸을 숨겼습니다. 한참이 지나서 황제께서 지나가신 줄로 알고 다리 아래에서 올라왔는데, 마침 황제의 수레와 마주치게 되었습니다. 그래서 급히 몸을 피하려 달린 것뿐입니다."

장석지가 그 말에 따라 벌금형을 내렸다. 그러자 황제가 크게 노하며 말했다.

"그자가 내 말을 놀라게 했다. 말이 온순했기에 다행이었지 만약 크게 놀랐다면 내가 말에서 떨어져 다쳤을 것이다. 그런데 고작 벌금형이란 말이오?"

장석지가 말했다.

"법이란 황제와 백성 모두가 준수해야 하는 것입니다. 법률에 규정되어 있는 것을 더하거나 덜해서 처벌한다면 백성들이 법을 따르지 않을 것입니다. 폐하께서 그 자리에서 그자를 칼로 베어버리라고 하셨다면 그만이지만, 이미 저에게 넘겨 판결하라 하신 마당에 법은 공평해야 합니다. 폐하께서는 이 점을 분명히 살피시기 바랍니다."

잠시 후 황제가 말했다.

"정위 장석지의 판결이 옳도다!"

그 후, 어떤 자가 고조 유방의 묘에 들어가 신주 앞에 있는 옥환(玉環)을 훔치다가 체포당했다. 황제는 크게 노하여 정위 장석지에게 넘겨 법대로 처분하라고 하였다.

종묘 안의 의복과 기물을 훔친 자는 참수에 처한다고 법률에 적혀 있어 장석지는 그자를 참수하라고 판결하였다. 그러자 황제가 벌컥 화를 내며 말했다.

"그자를 심판하라고 넘겨준 까닭은 그자의 삼족을 모두 멸하라는 의미였소. 그런데 오히려 통상적인 법에 따르니 그것은 종묘를 받드는 행위가 아니지 않소?"

그러자 장석지가 모자를 벗고 머리를 조아리며 말했다.

"그것은 지극히 법에 의거해 판결한 사건입니다. 참수와 멸족은 모두 큰 죄입니다. 그러나 그것도 경중에 따라야 합니다. 만약에 종묘의 물건을 훔쳤다고 해서 범인과 그 집안 3대를 모두 멸족시킨다면, 어느 어리석은 백성이 능묘에서 흙 한 줌을 훔쳤을 때 폐하께서는 어떤 형벌을 내리시겠습니까?"

황제는 이 일을 태후와 논의한 후에 결국 장석지의 판결대로 하라고 명하였다. 그 일로 신하들이 장석지의 공정함을 높이 칭송하였다.


문제가 죽고 경제(景帝)가 즉위했다. 장석지는 이전 태자 시절의 일 때문에 신임 황제인 경제가 두려워 병을 핑계로 사직하려 하였다. 그런데 평소 친분이 있던 도가에 뛰어난 왕생(王生)이라는 노인이, 황제를 직접 뵙고 이전 일을 사죄하는 것이 좋겠다고 알려 주었다. 장석지가 경제 앞에 나아가 수레를 막아서던 지난 일에 대해 정식으로 사과하니, 경제는 조금도 나무라지 않았다.

왕생은 평생 벼슬에 오르지 않았지만 그 무렵 명성이 높은 선비였다. 한번은 궁중에 초대를 받아 갔는데 모든 대신들이 그에게 공손히 인사를 하였다. 연로한 왕생은 마침 옆에 있는 정위 장석지를 보고 말했다.

"어허, 이런! 내 버선 대님이 풀어졌네요. 혹시 내 대신 대님을 좀 매어 주시겠소?"

장석지가 바로 땅바닥에 꿇어 앉아 왕생의 대님을 매어 주었다. 그걸 본 신하 중 한 사람이 왕생에게 못마땅하다는 듯이 물었다.

"어떻게 모든 대신들이 모여 있는 가운데 그래도 높은 벼슬에 있는 정위 어른을 꿇어앉게 하여 모욕을 주는 것입니까?"

왕생이 말했다.

"나는 늙고 비천하여 장석지에게 어떤 보탬이 될 것이 없어요. 그러나 생각해 보니 그는 천하의 명신이므로 잠시라도 사람들 앞에서 무릎을 꿇는 모습을 보인다면 그에게 도움이 될 것 같아서였소."

모든 대신들이 이 말을 듣고 왕생의 현명함을 칭송하였고, 장석지를 더욱 존경하게 되었다.

장석지는 경제를 1년간 섬기다가 이후 회남(淮南) 왕의 승상을 지냈다. 이전에 경제에게 잘못한 일 때문에 황실에서 밀려난 것이었다. 그리고 얼마 후 장석지는 세상을 떠났다. 그 아들 장지(張摯)는 관직이 대부에 이르렀으나 종신토록 벼슬하지는 못했다.


## 풍당

풍당(馮唐)은 한(漢)나라 안릉 사람이다. 어려서부터 효성이 지극하기로 소문이 났다. 젊어서 벼슬을 얻고자 했으나 번번이 실패하였다. 비로소 효문제(孝文帝) 때 나이 들어 등용되었다. 상림원을 지키는 중랑서(中郞署)의 낭관(郞官)이 첫 직책이었다.

하루는 효문제가 수레를 타고 중랑 관서를 지나갈 때 나이 든 풍당을 보고 말했다.

"그대는 어디 출신이기에 그 늙은 나이에 낭관(郎官) 자리에 있는 것인가?"

풍당이 조(趙)나라 출신인 할아버지와 대(代)나라에 살았던 아버지의 내력을 사실대로 말하자 효문제가 다시 물었다.

"이전에 내가 대나라에 머무를 때, 내 식사를 담당하는 상식감(尙食監) 고거(高袪)가 조나라 장군 이제(李齊)에 관해 여러 차례 이야기를 들려주었다. 특히 거록(鉅鹿) 지역에서 악전고투하던 이제 장군의 용맹함은 아직도 기억이 난다. 혹시 그대는 이제에 관해 아는가?"

풍당이 대답했다.

"이제 장군이 훌륭하기는 하지만 염파(廉頗)와 이목(李牧) 장군이 병사들을 지휘하던 것에는 미치지 못합니다."

효문제가 물었다.

"무슨 근거로 그렇게 말을 하는 것인가?"

풍당이 말했다.

"저의 조부가 조나라 장수를 역임했는데 이목과 아주 절친했습니다. 또한 저의 부친이 대나라에서 버슬을 지낼 때 조나라 장군 이제와 가까운 사이였기에 그 사람됨을 잘 알고 있습니다."

효문제는 그 말을 듣고 손으로 자신의 다리를 내리치면서 말했다.

"아, 애석하도다! 나는 염파와 이목 같은 이를 장수로 얻을 수 없다니. 그렇지 않다면 저 흉노(匈奴)를 내가 두려워하지 않을 텐데 말이다."

그러자 풍당이 말했다.

"황송한 말씀이지만, 폐하께서는 염파나 이목 같은 이를 얻는다 해도 임용하실 수 없사옵니다."

효문제가 그 말에 기분이 상해 더는 듣지 않고 궁궐로 돌아왔다. 그리고 돌아와서도 화가 풀리지 않아 풍당을 불러 물었다.

"그대는 신하들 앞에서 감히 나를 모욕했는가?"

풍당이 머리를 조아리며 사죄하였다.

"이 미천한 놈이 말을 가리지 못했습니다."

그 무렵에 흉노가 조나(朝那) 지역을 침입해 북쪽 변방을 지키는 도위 (都尉) 손앙(孫卬) 장군을 살해한 사건이 있었다. 그래서 효문제는 흉노의 침입을 우려하고 있었던 것이었다. 다시 풍당에게 물었다.

"그대는 내가 염파와 이목 같은 이를 임용할 수 없다는 것을 어떻게 알았는가?"

풍당이 대답했다.

"예전에 장수가 출정하면 군왕이 손수 장수의 수레를 배웅하면서, '나라 일은 군왕인 내가 결정할 터이니 군사의 일은 장군이 결정하시오.'라고 말했습니다. 또 전쟁에서 돌아오면 공로에 따라 상을 주는 것도 장군이 결정하면 조정에서 모두 승인하였습니다.

조나라 장군 이목은 군사 재정을 모두 병사들을 위해 사용했습니다. 상을 주는 것도 장군이 결정했으니 조정은 일체 관여하지 않았습니다. 1천3백 량의 전차와, 활 잘 쏘는 기병(騎兵) 만3천 명과, 정예병사 10만을 이끌고 흉노를 북쪽으로 내쫓았습니다. 이어 동호(東胡)를 물리치고 담림(澹林)을 멸했습니다. 서쪽으로 강한 진(秦)나라를 억눌렀고 남쪽의 한(韓), 위(魏) 두 나라에 대항하였습니다. 이렇게 하자 조나라는 천하의 맹주가 되었던 것입니다.

그러나 이후에 천(遷)이 조나라 왕에 즉위하였습니다. 천은 자신이 총애하는 신하 곽개(郭開)의 말만 믿고 이목 장군을 죽이고, 그 자리에 안취(顔聚)를 장군으로 앉혔습니다. 이때부터 군대는 전열이 무너져 싸우면 패배하고 병사들은 도주하여, 결국 남은 병사들은 진나라의 포로가 되니 나라가 망하고 말았습니다.

폐하의 신하 위상(魏尙)이 운중 지역 태수로 있을 때, 그는 병사들을 배불리 먹이는 데 군사비를 사용하였습니다. 게다가 자신의 봉록으로 소를 잡아 그 지역의 관리들에게 베풀었습니다. 흉노가 이러한 치세를 보니 감히 운중 지역으로 접근하지 못하였습니다.

그러다가 한 번 흉노가 침입해 왔습니다. 하지만 태수 위상의 명성과 병사들의 사기에 눌려 흉노는 크게 패해 도주하고 말았습니다. 그때 수많은 흉노의 머리를 베었습니다. 그러나 그 병사들은 모두 평민 출신으로 밭에서 일을 하다가 종군하게 되었는데 무슨 군법 조항을 알겠습니까? 단지 목숨을 걸고 적의 머리를 베고, 포로를 체포했을 뿐인데, 나라에서는 도리어 물증과 자료를 요구하며 공훈을 하찮게 여겼습니다.

더구나 운중 태수가 보고한 참살한 흉노의 머릿수와 조정에서 조사한 것과는 고작 여섯이 차이 날 뿐인데, 폐하께서는 이것을 위법이라여겼습니다. 도리어 태수를 죄인 취급하여 그 직위를 박탈하고 1년간 감옥에 가두었습니다. 폐하의 법은 상을 주는데 인색하고 벌을 주는데는 매우 엄격합니다. 이러하신데 설령 염파나 이목을 얻는다 하더라도 결코 중용하실 수 없는 것입니다. 제가 어리석음에 아뢰었으니 죽을 죄를 지었습니다!"

효문제는 이 말을 듣고 곧바로 위상을 사면하여 운중 태수로 다시 임명하였다. 풍당을 거기도위(車騎都尉)로 승진시켜 전차부대를 관장토록 하였다. 7년 후, 효경제가 즉위하자 풍당을 초나라 승상으로 임명하였다. 하지만 얼마 후 면직되었다.

무제가 즉위하여 천하의 현량수재(賢良秀才)들을 불러들였는데 이때 풍당이 추천되었다. 하지만 이미 나이가 90세에 이르러 관직을 맡을 수 없었다. 그의 아들 풍수(馮遂)가 낭관을 맡았다. 풍수는 사마천과 절친하였다.


태사공은 말한다.

"장석지를 큰 인물이라 한 것은 법 집행이 엄격하여 황제에게 아부하지 않은 것이었다. 풍당이 이목 장군에 대해 논한 것은 의미가 깊고 일리가 있는 말이다. 사람을 잘 모르거든 그 친구를 보라는 말이 있다. 이 두 사람의 기록은 남겨둘 만하다.

『서경(書經)』에 이르기를 어느 한쪽에 치우치지 않고 파당도 만들지 않으니 성왕의 도가 평탄하고 창달하도다. 파당도 없고 한쪽에 치우치지도 않으니 성왕의 도가 끝없이 넓고 크도다. 장석지와 풍당은 이 뜻에 가까운 자들이다."

# 제43편 만석군, 장숙 열전

萬石君、張叔列傳

萬石君名奮、其父趙人也、姓石氏。趙亡、徙居溫。

高祖東擊項籍、過河內、時奮年十五、為小吏、侍高

祖。高祖與語、愛其恭敬、問曰、若何有。對曰、奮

獨有母、不幸失明。家貧。有姊、能鼓琴。高祖

曰、我願盡歸。高祖召其姊為美

人、以奮為中涓、受書謁、徙其家長安中戚里、以姊

為美人故也。其官至孝文時、積功勞至大中大夫。無

文學、恭謹無與比。文帝時、東陽侯張相如為太子太

傅免。選可為傳者、皆推奮、奮為太子太傅。及孝

"만석, 위관, 장숙 같은 이는 말은 어눌하나 행동은 민첩했다. 직불의는 처세가 교묘하고 주문은 생이 너무 무책임했도다. 그러나 한편으로 그들의 행동은 누구보다 후덕하였으니 어찌 군자라 아니하겠는가?"

•

## 만석

만석군(萬石君)의 성은 석(石)이고 이름은 분(奮)이다. 아버지 때에 조나라에서 한나라 온(溫) 땅으로 옮겨와 살았다.

유방이 항우를 공격하기 위해 하내(河內)를 지날 무렵, 그때 젊은 석분은 말단직으로 유방을 모시고 있었다. 석분은 겸손하고 예의가 바른 까닭에 유방이 좋아했다. 유방이 물었다.

"너는 집에 누가 있느냐?"

석분이 대답하였다.

"앞 못 보는 어머니와 거문고를 잘 타는 누이가 살고 있습니다."

유방이 말했다.

"그래, 나를 따라 전쟁터에 나갈 수 있겠느냐?"

석분이 대답했다.

"죽기를 각오하고 따르겠습니다."

이에 유방은 석분을 중연(中涓)으로 임명하여 공문서 전달을 담당토록 하였다. 그리고 그의 누이는 한나라 왕실 시녀의 직분인 미인(美人)으로 삼았다.

고조 유방이 죽고 효문제가 즉위하자 석분은 관직이 태중태부(太子太傅)에 이르렀다. 글재주나 학문은 부족했지만 공손하고 신중한 면에서는 누구도 견줄 자가 없었다.

효경제가 즉위하자 실권을 쥐고 있는 9명의 대신 반열인 구경(九卿)에 올랐다. 그러나 조정의 일을 너무 원칙대로 처리하여 황제가 멀리 하였다. 나중에 제후의 나라 승상으로 전근 보냈다.

석분은 석건, 석갑, 석을, 석경 네 아들을 두었다. 이들은 모두 품행이 선량하고, 효성이 지극하고, 일 처리에 신중하여 각각 2천석의 지위에 있었다. 효경제가 이에 관해 말했다.

"석분과 네 아들은 모두 2천석의 지위에 해당하니 신하된 영화가 지극하도다. 그런 뜻으로 석분을 만석군(萬石君)이라 칭한다."

이후 상대부에 이르렀으나 노령으로 인해 관직을 사임하고 귀향하였다.

석분은 관직에 있을 때 멀리 궁궐 문이 보이면 수레에서 내려 걸어 들어갔다. 또한 황제의 거마(車馬)를 보면 멀리서도 반드시 엎드려 경의를 표했다. 자식이 잘못을 하면 음식을 먹지 않았는데, 그럴 때면 자식들이 스스로 잘못을 알고 사죄하였다. 자식들이 집안에서 한가할 때라도 반드시 관을 쓰게 하였고, 단정하고 엄숙한 분위기를 지니도록 하였다.

말년에 황제께서 집으로 음식을 하사하면 반드시 예의를 갖추고서 무릎을 꿇고 허리를 굽혀 머리를 숙이고 먹었는데, 그 모습이 마치 황제 앞에서 하는 것과 똑같았다.

한나라 무제 건원 2년, 낭중령(郎中令) 왕장(王臧)이 유학을 숭배하여 황태후의 황로사상을 배척하고자 상소를 올렸다. 황태후가 이에 노하여 왕장의 죄를 캐내었다. 황제로 하여금 그 죄를 물어 왕장은 하옥되었고 결국 자결하고 말았다. 그런데 황태후는 만석군의 자식들이 유학을 숭배한 것에 대해서는 아무런 말이 없었다. 이들은 부모에 대한 효성이 지극하기로 소문이 자자했고, 그 행동이 신실하고 정성스러워 어느 선비도 견줄 수 없었기 때문이었다. 황태후의 추천으로 맏아들 석건은 낭중령으로, 작은아들 석경은 내사에 임명되었다.

그 무렵에 만석군 석분은 고향에 살고 있었다. 큰아들 석건은 닷새마다 집에 내려와 아버지를 섬겼다. 내려오면 부친의 속옷과 요강을 살펴보고 몸소 깨끗이 씻고 세탁한 후에 시종에게 건네주었다.

또한 석건은 낭중령으로서 황제에게 아뢸 일이 있을 때에는 주위 신하들을 물리치고 간절히 진언하였다. 그러나 조정 회의 때에는 마치 말을 못하는 사람같이 말씨가 어눌했다. 황제는 그런 그를 더욱 예우하였다.

만석군 석분이 능리(陵里)로 이사한 후, 내사(內史)인 아들 석경이 술에 취해 집에 들어와서도 수레에서 내리지 못했다. 그날 석분은 자식을 야단치지 않았다. 다음 날 아침부터 모든 식사를 거절하였다. 석경이 이를 알고 자신의 잘못을 깨달았다. 옷을 벗어 어깨를 드러낸 채로 죄를 청하였으나 그래도 아버지 석분은 용서하지 않았다. 형제들이 모두 찾아와 맨 어깨를 드러내고 죄를 청하자 그제야 책망하며 말했다.

"내사는 지위가 높고 귀한 벼슬이다. 마을에 들어오면 백성들이 두려위 모두 피해 숨는다. 그런데 수레에 앉아 제멋대로 행하니 이것이 올바른 행위라 할 수 있겠느냐?"

이후 자식들은 마을에 다다르면 모두 수레에 내려 걸어서 들어왔다.

만석군은 무제 5년에 세상을 떠났다. 큰아들 석건은 지극히 통곡하였기에 발인할 무렵에는 지팡이에 의지하여 겨우 걸을 수 있었다. 그는 만석군을 능가하는 효성스러운 자식이었다.

작은아들 석경은 황제의 수레를 모는 태복(太僕)이었다. 한번은 황제가 말이 몇 마리냐고 물었다. 그러자 채찍으로 힘차게 말의 수를 점검한 후에 대답하였다.

"여섯 필입니다."

석경은 형제 가운데 가장 대하기 편한 자였다. 그러나 바탕은 형제들과 같았다. 나중에 제나라 승상이 되었는데, 제나라 사람들이 모두 그를 우러러 보았다. 명령을 내리지 않아도 관리와 백성들이 모두 제 할일을 다하여 태평하였다. 후에 제나라에 석상사를 지어 그를 추모하였다.

원수(元狩) 원년(元年), 황제가 태자를 세우자 패군현 태수인 석경이 태자태부가 되었다. 7년 후 어사대부에 올랐다.

원정(元鼎) 5년 가을, 승상이 파면되자 황제가 조서를 내렸다.

"선제께서 만석군을 존중하셨고 그 후손들이 모두 효성스러운 까닭에 어사대부 석경을 승상에 임명하고 목구후(牧丘侯)에 봉한다."

하지만 석경은 충직하고 언행에 신중할 뿐이지 정권은 상홍양, 아관, 왕온서 등이 장악하고 있었다. 9년 동안 승상에 있으면서 개혁을 이루지는 못했다. 더구나 황제가 총애하는 신하인 소충(所忠)과 함선(咸宣)의 죄를 처벌하고자 했다가, 도리어 죄를 덮어쓰고 벌을 받아 속죄하기도

하였다.

원봉(元封) 4년, 관동 지역에 유랑민이 2백만 명에 이르고 호적이 없는 자가 40만에 이르렀다. 신하들은 이들을 변경 근처로 이주시킬 것을 주장하였다. 승상인 석경은 연로하여 직무를 수행할 수 없게 되자 상소를 올렸다.

"저는 황제의 총애를 받아 승상의 직무를 맡았으나 정사를 펼치기에는 부족한 자입니다. 곡식 창고는 비었고 백성들은 떠돌아다니니 그 죄가 마땅히 제게 있는 바이니 저를 처벌하여 주시옵소서. 또한 저는 물러가기를 희망하오니 현명하고 유능한 자를 임명하여 주시옵소서."

이에 황제가 말했다.

"나라가 안정되지 못하고 민심이 불안한 지금, 이 어려운 국면을 누구에게 맡기라는 말이오?"

황제가 책망하자 석경은 매우 부끄러워하며 다시 조정에 나가 공무를 처리하였다.

석경은 주도면밀하고 신중했지만, 백성들을 위한 정책을 내놓지는 못했다. 3년 후 세상을 떠났다. 그의 둘째아들 석덕(石德)이 뒤를 이어 태상(太常)에 올랐다. 그는 법을 어겨 참형에 처해질 위기였지만 감형되어 평민이 되었다. 이후 가문이 퇴락하고 말았다.


## 위관

위관(衛綰)은 대(代)나라 사람이다. 효문제 때 수레 모는 기술이 뛰어나 낭관(郎官)이 되었다. 이후 공을 세워 중랑장(中郎將)으로 승진하였다. 성품이 충실하고 언행이 신중한 자였다.

효경제(孝景帝)가 태자 시절에 조정의 신하들을 초대해 연회를 베풀었다. 위관 역시 초대를 받았으나 병이 났기에 갈 수가 없었다. 위관은 이 일에 대해 태자에게 항상 송구한 마음이었다.

효문제가 임종 무렵에 태자에게 부탁의 말을 남겼다.

"위관은 충성된 자이다. 그를 잘 대우하기 바란다."

효경제가 즉위하여 이전에 위관이 연회에 불참했던 일을 책망하지 않았다.

하루는 효경제가 상림원에 행차했을 때 위관과 동승하였다. 황제가 물었다.

"내가 그대를 동승하게 한 까닭을 아는가?"

위관이 대답하였다.

"저는 수레를 모는 재주로 총애를 받아 중랑장이 되었기에 그 깊은 까닭을 알지 못합니다."

황제가 물었다.

"내가 태자 시절에 그대를 연회에 오라 했지만 그대가 오지 않았다. 무슨 까닭인가?"

위관이 대답했다.

"죽을죄를 지었습니다. 사실 병이 났었습니다."

황제는 고개를 끄덕이며 더는 묻지 않았다. 그리고 위관에게 보검을 하사하였다. 그러자 위관이 말했다.

"전임 황제께서 제게 하사하신 보검이 이미 여섯 자루가 있습니다.

또 보검을 하사하시니 감히 받을 수 없습니다."

황제가 말했다.

"보검은 사람들이 가장 좋아하는 것이니 교환하거나 매매할 수도 있는데, 설마 아직까지 그대로 간직하고 있다는 것이냐?"

위관이 말했다.

"모두 그대로 간직하고 있습니다."

황제가 보검을 모두 가져오도록 하자, 역시 말대로 사용하지 않은 그대로였다.

위관은 낭관들에게 잘못이 생기면 자신이 나아가 잘못을 달게 받았고, 다른 중랑장과 논쟁하지 않았으며, 공로가 있으면 다른 이에게 양보하는 그런 자였다.

황제는 위관이 청렴하고 충성된 자라 여겨 하간(河間) 왕의 태부로 임명하였다. 얼마 후 오초칠국이 반란을 일으키자 군사를 이끌고 공을 세워 건릉후(建陵侯)에 봉해졌다.

이듬해 효경제가 태자 율경(栗卿)을 폐출시키고 그를 따르던 무리들을 모두 참수하였다. 이어 교동(膠東) 왕 유철(劉徹)을 태자로 세우며 위관을 태자태부로 삼았다. 이후 위관은 어사대부로 승진하였다. 5년 후, 승상에 올라 법도에 따라 정무를 처리했다.

위관은 국가 정책을 제안하지는 않았지만, 황제가 그를 총애한 까닭은 성실하고 충성스러운 자라 누구보다 어린 태자를 잘 보좌할 것이라 여겼기 때문이었다.

승상에 오른 지 3년 후, 경제가 죽고 무제가 즉위하였다. 그 무렵 무고하게 죄인이 된 자들이 많아, 위관 또한 직무를 수행할 수 없다고 여겨 면직당했다. 그 후 세상을 떴으며 그 아들 위신(衛信)이 작위를 계승하였다. 위신은 이후 법을 어겨 후작을 상실하였다.


## 직불의

직불의(直不疑)는 남양 사람이다. 문제 때 낭관이 되었다. 어느 날 직불의와 같은 방을 쓰고 있던 동료가 휴가를 얻어 고향에 돌아갔다. 마침 같은 방의 또 다른 동료가 황금을 가지고 있었는데 그만 그것이 없어지고 만 것이었다. 황금을 잃어버린 동료는 직불의가 훔쳐 갔다고 의심하고 따져 물었다. 그러자 직불의가 그 일에 대해 일절 다른 말 하지 않았다. 사죄를 하고 황금을 사서 돌려주었다.

얼마 후 고향에 내려간 동료가 돌아왔다. 그가 황금을 잃어버린 동료에게 말했다.

"급히 고향에 갈 돈이 필요해 내가 황금을 가져갔으니 용서해 주게."

하고는 자신이 이전에 가져간 그 황금을 그대로 돌려주는 것이었다. 황금을 돌려받은 동료는 너무도 부끄러워 옆에 있는 직불의를 감히 쳐다볼 수 없었다. 이 일로 사람들은 모두 직불의를 대단한 자라 여겼다.

또 한 번은 직불의가 태중태부로 승진하자 조정의 신하 중에 누군가 험담을 퍼뜨렸다.

"직불의는 형수와 정을 통하는 사악한 자이니 처벌해야 합니다."

직불의가 이런 소문을 듣고는 주변 동료들에게 말했다.

"나는 형이 없는데. 이걸 어째야 하나?"

그리고 끝내 자신의 주장을 밝히려 하지 않았다.

오나라와 초나라가 반란을 일으키자, 직불의가 군대를 이끌고 나아가 평정하였다. 그 공로로 어사대부에 올랐고 새후(塞侯)에 봉해졌다. 하지만 무제 때 과실로 인해 승상 위관과 함께 관직을 박탈당했다.

직불의는 도가사상에 심취하여 자신의 치적을 세우려 하지 않았고 명성을 알리기를 좋아하지 않았다. 그런 그의 행동을 사람들은 대단한 자라 칭송하였다.

이후 세상을 떠나자 그의 아들 직상여(直相如)가 후작을 계승하였다. 손자 직망(直望) 때 법을 어겨 작위를 상실하였다.


## 주문


주문(周文)은 이름이 인(仁)이다. 의술이 뛰어나 효문제를 알현하고 태자를 모시게 되었다. 이후 태중태부가 되었다. 태자가 즉위하여 효경제가 되자 주문은 낭중령에 임명되었다.

주문은 신중하고 입이 무거운 자라 다른 사람의 말을 누설하지 않았다. 항상 낡은 옷을 입었고 지저분한 차림이었다. 황제는 주문이 검소한 자라 여겨 총애하였다. 효경제가 침실에 들어가 후궁과 같이 있을 때에도 주문은 그 곁에 있었다. 황제에 관하여 어느 것 하나 죽을 때까지 결코 말하는 법이 없었다.

한번은 황제가 사람의 좋고 나쁜 것에 대해 물었다. 그러자 주문이 대답하였다.

"소인은 그런 것을 알지 못합니다. 폐하께서 친히 살피시옵소서."
라고 말하며 감히 남을 헐뜯으려 하지 않았다.

경제는 두 번이나 주문의 집을 방문하였고 많은 것을 하사하려 했지만 주문은 끝내 받지 않았다. 제후나 다른 신하들이 보내 주는 물건 또한 어느 것 하나 받지 않았다.

무제 때 다시 등용되었지만 병을 얻어 면직되고 고향에 내려와 노후를 보냈다. 자손들이 모두 높은 벼슬에 올랐다.


## 장숙


장숙(張叔)의 이름은 구(歐)이다. 형명학에 뛰어나 효문제 때에 등용되어 태자를 섬겼다. 사람됨이 충성되고 진지하였다. 효경제 때에 구경(九卿)에 올랐고 무제 때 어사대부에 등용되었다.

장숙은 고위직에 임명된 후로는 남을 처벌하는 안건에 대해 결코 말을 하지 않았다. 죄인에게 형벌을 판결하는 문서가 올라오면 되돌려 보내 다시 심리하도록 하였고, 다시 심리할 수 없는 사안은 부득이 허락하였으나 눈물을 흘리며 밀봉하였다. 신하들이 그를 덕망 있는 자라 칭송하였다.

늙어 병이 들자 벼슬에서 물러나 귀향하여 노후를 보냈다. 장숙의 자손들은 모두 큰 벼슬을 하였다.

태사공은 말한다.

"공자(孔子)가 말하기를 군자는 말을 하는 데 어눌하고 행동하는 데 민첩해야 한다고 했다. 이는 만석과 위관과 장숙 같은 이를 이르는 말이 아니겠는가? 성급하거나 모질지 않아도 교화는 이루어지는 것이고, 정치 또한 엄격하지 않아도 다스려질 수 있는 것이다.

직불의는 교묘하고 주문은 무책임하도다. 군자가 그들을 비웃는 것은 그들의 행위가 간교하고 아첨에 가깝다고 여기기 때문이다. 그러나 한편으로는 그들의 행동이 누구보다 후덕하니 군자라 아니 할 수 없도다!"

# 제44편 전숙열전

田叔者、趙陘城人也。其先、齊田氏苗裔也。叔喜劍、學黃老術於樂巨公所。叔為人刻廉自喜、喜遊諸公。趙人舉之趙相趙午、午言之趙王張敖所、趙王以為郎中。數歲、切直廉平、趙王賢之、未及遷。

會陳豨反……高祖往誅之、過趙、趙王張敖自持案進食、禮恭甚、高祖箕踞罵之。是時趙相趙午等數十人皆怒、謂張王曰、王事上禮備矣、今遇王如是、臣等請為亂。趙王齧指出血曰、先人失國、微陛下、臣等當蟲出。公等柰何言若是。毋復出口矣

"전숙은 성품이 청렴하고 강직한 자이다. 왕의 잘못을 보면 직언하여 깨치도록 하였다. 어진 이를 추천하는 것을 잊지 않았고, 백성을 다스리는 일은 덕으로 실행하였다."

●

## 전숙

전숙(田叔)은 조(趙)나라 형성(陘城) 사람이다. 그의 조상은 제(齊)나라 왕실 출신이다. 검술을 좋아하였고, 악거공(樂巨公)에게서 노자사상인 황로(黃老) 학술을 배웠다. 자신에게 엄격하고 청렴한 성품으로 덕망 있는 자들과 교제하기를 즐겼다.

누군가 전숙을 조나라 승상 조오(趙午)에게 추천하였다. 조오가 다시 왕에게 추천하여 낭중(郎中)에 임명되었다. 성실하고 청렴결백하였으나 더는 승진하지 못했다.

그 무렵 진희(陳豨)가 대(代)나라에서 반란을 일으켰는데 한나라 고조 유방이 직접 토벌하러 나섰다. 한나라 군대가 조나라를 지나가게 되자 조나라 왕 장오(張敖)는 고조 유방에게 예의를 갖추었다. 그러나 고조는 다리를 길게 뻗고 앉아 오만한 자세로 조나라 왕 장오를 까닭 없이 꾸짖었다. 이 광경을 옆에서 지켜 본 조나라 승상 조오 등 수십 명이 분개하고는 왕에게 아뢰었다.

"왕께서는 예의를 다하여 황제를 받들었는데, 황제가 이런 식으로 왕을 대하신다면 저희들로서는 다른 방책이 없습니다. 한나라에 반기를 들도록 허락해 주십시오."

그러자 조나라 왕 장오가 자신의 손가락을 깨물어 피를 내며 말했다.

"내 아버지가 나라를 잃었을 때 고조 폐하가 아니었다면 여러분의 몸은 모두 시체가 되어 구더기가 득실거렸을 것이오. 어떻게 감히 그런 말을 할 수 있는 것이오? 다시는 그런 말을 입에 담지 마시오!"

하지만 신하 관고(貫高)가 반기를 들고자 하는 신하들을 모아 놓고 말했다.

"왕께서는 덕망 있는 분이니 결코 황제를 배반하지 않을 겁니다."

결국 신하들은 몰래 고조 황제를 살해하기로 모의하였다. 그러나 일이 공교롭게도 사전에 발각되고 말았다. 고조 유방은 반란을 꾀한 조나라 왕과 신하들을 모두 체포하라고 조서를 내렸다. 군사들이 잡으러 오기 전에 조오 등 몇몇 신하들은 스스로 자결하고 관고(貫高)만이 체포되었다.

한나라에서 다시 조서가 내려왔다.

"만일 역적 조나라 왕을 따르는 자가 있다면 그 자의 삼족을 멸하겠다!"

그러나 맹서, 전숙 등 10여 명의 신하들이 스스로 적갈색의 수의를 입고 머리를 깎고 목에 쇠칼을 차고 조나라 왕을 따라 장안으로 들어왔다. 체포된 관고가 조나라 왕은 결코 알지 못하는 일이라고 진상을 분명하게 밝히자 조나라 왕은 풀려났다. 그러나 장오는 왕에서 폐위되고 선평후(宜平侯)로 좌천되었다.

장오가 풀려나면서 황제에게 자신의 가신 10여 명을 추천하였다. 황제가 그들을 불러 소견을 듣고 보니 한나라 신하들보다 뛰어났다. 이에 모두 태수와 제후의 승상으로 임명하였다.

이때 전숙은 한중(漢中) 태수로 옮겨갔다. 10년 후, 여태후가 죽자 대신들이 여씨 일족을 몰아내고 효문제(孝文帝)를 옹립하였다. 효문제가 즉위한 뒤 전숙을 불러 물었다.

"그대는 천하에 큰 덕을 지닌 자를 알고 있는가?"

전숙이 대답하였다.

"소신이 어찌 그것을 알겠습니까."

황제가 말했다.

"그대가 큰 덕을 지녔으니 응당 알 것이 아닌가?"

전숙이 머리를 조아리며 말했다.

"큰 덕을 지녔다고 하면 전임 운중(雲中) 태수인 맹서(孟舒)를 꼽을 수 있습니다."

그 무렵 맹서는 흉노가 변경을 쳐들어와 약탈을 일삼을 때 운중 지역이 가장 피해가 심해 그 죄를 물어 파면된 상태였다. 황제가 의아해하며 물었다.

"맹서는 운중 지역 태수로 10년을 근무하였소. 그런데 단 한 차례도 흉노의 침입을 지켜 내지 못했소. 또 흉노의 침입으로 까닭 없이 죽은 병사가 수백 명이나 되오. 사람이 그렇게 죽었는데 그가 어떻게 큰 덕을 지닌 자라고 말하는 것이오?"

전숙이 대답하였다.

"그것이 바로 맹서가 큰 덕을 지닌 자로 불리는 까닭입니다. 조나라 신하 관고 등 몇 사람이 모반을 꾀하다 발각되어 자결하거나 체포당하였습니다. 전임 황제께서는 조나라 왕을 따르는 자는 삼족을 멸하겠다고 분명히 조서를 내렸습니다. 그러나 맹서는 신하된 자로 스스로 삭발을 하고 목에 칼을 차고 조나라 왕을 따라나섰습니다. 그가 어찌 장차 운중 태수가 될 줄 알았겠습니까? 그곳에서 한나라와 초나라가 서로 대항하며 전쟁을 치를 때 운중의 병사들은 피로하고 고통스러워 지쳐 있었습니다. 흉노가 그 틈을 타고 변경으로 쳐들어오자 맹서는 지친 병사들에게 차마 나가서 싸우라고 말을 하지 못했습니다. 그러나 병사들이 스스로 일어서 목숨을 걸고 흉노와 싸웠습니다. 위급할 때에 아들이 아버지를 돕는 것과 같았고, 동생이 형을 돕는 것과 같았습니다. 이러한 이유로 전사한 병사가 수백 명이나 되었던 것입니다. 그러니 맹서가 큰 덕이 지닌 자가 아니고 무엇이겠습니까?"

말을 다 듣고 난 뒤 황제가 말했다.

"맹서는 현인이로다!"

황제는 맹서를 불러 다시 운중 태수로 삼았다.


몇 년 후, 경제(景帝)의 동생인 양(梁)나라 효왕이 자객을 보내 오나라 승상인 원앙을 살해했다. 경제는 전숙을 불러 이 사건을 조사하게 하였다. 전숙이 모든 사실을 파악하고 돌아와 보고했다. 경제가 물었다.

"양나라 효왕에게 그런 일이 있었는가?"

"차라리 소신을 죽여 주십시오. 불행히도 그런 일이 있었습니다."

"그 증거는 어디 있는가?"

"폐하께서는 너무 추궁하지 마시옵소서."

"그게 무슨 말인가?"

"지금 양나라 효왕을 처형하지 않으시면 한나라 법률은 모두 폐기된 것과 마찬가지입니다. 그러나 만약 처형하신다면 태후께서는 음식을 먹어도 맛을 모를 것이고, 잠자리에 들어도 편히 주무실 수 없을 것입니다. 이것은 폐하의 근심거리가 될 것입니다."

경제는 전숙을 현명한 자라 여겨 노(魯)나라 승상으로 임명하였다.

전숙이 노나라 승상으로 막 부임했을 때, 백성들로부터 100여 통의 제소가 들어왔다. 노나라 왕이 백성들 재물을 약탈해 갔다는 내용이었다. 전숙은 우선 제소한 자들 중 우두머리 격인 20명을 붙잡아 태형(笞刑)을 내리고 50대씩 때렸다. 그리고 나머지는 20대씩 때렸다. 그리고 그들에게 말했다.

"노나라 왕은 그대들의 군주가 아닌가? 어찌 감히 그대들의 군주를 비방하는 것인가?"

노나라 왕이 이 사실을 알고 심히 부끄러워 전숙을 불렀다. 그리고 백성들로부터 약탈한 돈을 꺼내 주면서 말했다.

"승상이 이 돈을 그들에게 돌려주시오."

전숙이 말했다.

"왕께서 빼앗은 것을 저에게 돌려주라고 하시니, 이는 왕은 나쁜 일을 하고 저는 좋은 일만 하는 것이 됩니다. 소신은 재물을 돌려주는 일에 관여하지 않겠습니다."

그러자 노나라 왕은 즉시 모든 것을 되돌려 주었다.

노나라 왕은 사냥을 특히 좋아하였다. 전숙은 그런 왕을 수행하면서 사냥터에 따라나섰다. 하지만 왕은 전숙에게 그냥 관사에 가서 쉬라고 말했다. 왕이 사냥터로 떠나고 나면 전숙은 사냥터 입구 햇볕이 내리쬐는 곳에 앉아 왕의 귀환을 기다렸다.

왕이 여러 차례 사람을 보내, 그렇게 기다리지 말고 가서 쉬도록 하라고 했지만 전숙은 듣지 않았다. 도리어 이렇게 말했다.

"우리의 왕께서 햇볕이 내리쬐는 사냥터에 계시는데, 내가 어찌 혼자 관사에 가서 편히 쉬겠는가!"

이 말을 전해들은 노나라 왕은 사냥 가는 횟수를 줄이게 되었다.

몇 년 후 전숙은 승상 재임 중에 죽었다. 노나라 왕은 황금 1백 근을 하사하여 제례에 쓰도록 하였다. 작은아들 전인이 이에 대답하였다.

"황금 1백 근 때문에 아버님의 청렴결백한 명예를 손상시킬 수 없습니다. 거둬 주시옵소서."

전인은 승상 보좌역인 사직(司直)으로 있었다. 몇 년 후 반란에 연루된 태자를 체포하기 위해 좌승상이 전인에게 성문을 굳게 지키라고 명했다. 그러나 전인은 이 명령을 지키지 못하고 태자를 놓아주고 말았다. 이에 형조에 넘겨져 사형에 처해질 순간이었다. 전인은 자신의 병사들을 이끌고 장릉으로 도망하였는데, 오히려 반란을 꾀하려 한다고 알려져 온 가족이 멸족하고 말았다.


태사공은 말한다.

"공자(孔子)가 어느 나라에 거하든지 반드시 그 나라의 정사를 듣는다고 한 이 말은 전숙을 두고 한 말이다. 그는 어진 이를 추천하는 것을 잊지 않았으며 덕망으로 군주의 잘못을 고치도록 하였다. 전인은 나와 친하였기에 아울러 논하였다."


## 전인

저선생(褚先生)은 한나라 때 박사였던 저소손(褚少孫)을 가리킨다. 저선생은 전인에 대해 다음과 같이 기록하였다.

전인(田仁)은 임안(任安)과 친했다. 임안은 형양 사람으로 어려서 고아가 되어 남의 수레 끄는 일을 하다가 장안(長安)에 들어왔다. 그곳에 머물면서 미천한 관리라도 되고자 했지만 기회가 닿지 않았다.

다시 무공(武功)으로 옮겨가 살았다. 무공은 작은 현으로 산골짜기 입구에 촉군(蜀郡)으로 통하는 길이 놓여 있었다. 임안은 이곳이면 호족이나 호걸들이 없으니 쉽게 벼슬을 할 수 있을 것이라 생각했다. 마을 사람들을 위해 스스로 도적 잡는 직위인 구도(求盜)가 되었고, 마을을 지키는 정부(亭父)가 되어 일했다. 나중에 마을 이장인 정장(亭長)이 되었다.

이뿐 아니라 마을사람들이 사냥을 하게 되면 임안은 사슴, 꿩, 토끼 등을 어렵고 혹은 쉬운 곳에 적절히 풀어놓았다. 이는 노인과 아이와 장정들의 사냥을 돕고자 한 것이었다. 마을사람들은 그의 배려에 모두 기뻐하며 말했다.

"자신에게 아무런 이익도 없는데, 저 임안이라는 자가 나서서 나누는 것은 참으로 공평하고 지략이 있도다!"

한번은 임안이 마을 사람들을 모이라고 했더니 그 수가 수백 명이었다. 임안이 이름을 하나씩 부르는데 오지 않은 사람이 누구인지 자세히도 알았고 이름도 모두 외웠다. 사람들은 임안의 기억력이 뛰어난 것에 모두 감탄하였다.

이후 마을의 원로인 삼로(三老)가 되었고, 읍장인 친민(親民)으로 추대되었으며, 다시 3백석의 작은 현의 태수가 되었다. 그러나 황제가 행차할 때 휘장 등을 준비하지 못한 이유로 질책을 당하고 면직되었다.

그러나 곧 위청 장군의 가신이 되었다. 이곳에서 전인을 만나게 되었다. 둘은 서로 마음이 맞아 친하게 지냈다. 하지만 둘 다 가난하여 장군의 비서인 가감(家監)에게 여비를 줄 수 없는 형편이었다. 그러다 보니 둘은 한직인 말사육장 일을 해야만 했다.

그곳에서 잠을 잘 무렵, 전인이 작은 목소리로 소곤거렸다.

"가감은 사람을 몰라보는구나!"

그러자 임안이 말했다.

"장군 또한 사람을 몰라보는데 어찌 가감이 알 수 있겠는가?"

얼마 후 위청 장군이 수행원 중에 이 둘을 데리고 평양공주를 방문하였다. 공주의 집에서 이 둘을 하인과 같은 자리에 앉게 하여 밥을 먹게 했다. 그러자 이 둘은 칼을 뽑아 자리를 잘라 따로 앉았다. 공주의 하인들이 모두 놀랐으나 감히 큰소리치지 못했다.

어느 날 조정에서 낭중을 선발한다는 조서가 내려왔다. 위청 장군은 자신의 가신들 중에서 집안이 부유한 자를 후보로 골랐다. 그리고 그들에게 말안장과 비단옷과 옥구검(玉具劍)을 갖추게 하여 궁궐에 들어갈 준비를 하라고 하였다.

그런데 마침 태중태부(太中大夫)인 조우(趙禹)가 위청 장군을 방문하였다. 장군은 좋은 기회라고 생각하고 낭중 후보생들을 오라고 하였다.

조우가 차례대로 그들을 면담하고 질문을 해 보았으나 지혜롭고 경험 있는 자가 아무도 없었다. 이에 조우가 말했다.

"장군의 가문에는 반드시 장군에 버금가는 인재가 있다고 들었습니다. 임금을 알지 못하면 그가 부리는 신하를 보고, 자식을 알지 못하면 그 자식이 사귀는 친구를 보라는 말이 있습니다. 지금 장군께서 천거하신 낭중들은 모두 부유한 집안 자식들인데 마치 나무 인형에 비단옷을 입힌 것과 같습니다. 이런 자들을 데리고 장차 무엇을 할 수 있겠습니까?"

그 말에 위청 장군이 집안 가신 백여 명을 모두 불렀다. 조우가 차례대로 면담하고 물어본 후에 드디어 임안과 전인 두 사람을 찾아내었다.

"이 두 사람만이 쓸 만합니다."

위청은 두 사람이 가난한 것이 불만스러웠다. 조우가 떠나가자 둘에게 말했다.

"각자 말안장과 비단옷을 준비하라."

두 사람이 대답했다.

"집이 가난하여 준비할 수 없습니다."

그러자 위청 장군이 화를 내며 말했다.

"어떻게 그렇게 말할 수 있는가? 내게 무슨 은덕이라도 베푸는 것만 같구나!"

결국 다른 방법이 없어 두 사람을 명단에 올려 황제에게 보고하였다. 황제와 면담이 정해지자 둘은 궁궐로 들어갔다. 재능과 지략을 시험하였는데, 두 사람은 서로 양보하기에 바빴다.

전인이 말했다.

"전투에서 기꺼이 목숨을 걸고 싸우는 것은 제가 임안을 따를 수 없사옵니다."

임안이 말했다.

"혐의를 조사하고, 시비를 판정하며, 백성들로부터 원망을 듣지 않게 하는 일은 제가 전인에게 미치지 못합니다."

무제가 두 사람의 말을 듣고는 크게 웃으며 말했다.

"훌륭하도다!"

임안에게는 북군을 지키게 하였고, 전인에게는 황하의 곡식을 운송하도록 하였다. 이 두 사람의 명성은 곧 천하에 드러났다. 이후 임안은 익주 자사(刺史)가 되었고, 전인은 승상 보좌역인 장사(長史)가 되었다.

한번은 전인이 상소를 올렸다.

"전국의 많은 태수들이 사리사욕만 채우고 있습니다. 특히 삼하(三河) 지역인 하내, 하동, 하남이 가장 심하니 소신이 삼하를 조사해 그 비리를 밝히도록 허락해 주시옵소서! 지금 삼하 태수는 황제의 총애를 받는 대신들과 승상과 어사대부와 친속 관계에 있으므로 법을 두려워하거나 꺼리지 않습니다. 그러니 먼저 삼하를 바로잡아서 전국의 태수들에게 경종을 울려야 합니다."

이 무렵 하남과 하내 태수는 어사대부 두주(杜周)의 친족이었고, 하동 태수는 승상 석경(石慶)의 자손이었다. 모두 권세가 집안이었다.

전인이 이 일을 맡고서 여러 차례 황실에 그 비리를 보고하였다. 그러자 두주와 석경의 집안에서 사람을 보내 전인에게 유감을 표시했다.

"감히 무슨 말을 하겠습니까만, 공연히 우리를 무고하여 욕되게 하지 마십시오."

하지만 이미 삼하 태수를 조사하고 심문하고 사형에 처한 후였다. 전인이 돌아와 이 사건을 보고하자 무제는 기뻐하였다. 권세가들을 두려워하지 않는 전인의 용기를 높이 사서 승상 사직(司直)의 벼슬에 임명했다. 이로써 전인의 위세가 천하에 알려졌다.

그 후 태자가 반란을 일으키자 승상이 친히 병사를 이끌고 평정하러 나섰다. 전인에게는 성문을 굳게 지키도록 했다. 하지만 전인은 황제와 태자는 골육지친으로 너무 박절하게 대하지 않는 것이 좋다고 생각하여 태자가 성 밖 제릉으로 나가는 것을 허락하였다.

이때 무제는 감천에 있었는데 어사대부를 보내 승상을 문책하였다.

"어째서 태자를 놓아주었는가?"

승상이 대답했다.

"사직 전인에게 성문을 굳게 지키라고 했는데 그가 태자를 놓아주었습니다. 하오니 전인을 체포하도록 허락해 주시옵소서!"

전인은 체포되어 심문을 받았고 사형에 처해졌다.

이때 임안은 북군(北軍)에 있었다. 태자의 행렬이 성 남문 밖에서 멈추었다. 태자는 임안을 불러 그에게 부절을 내주고 북군을 지휘하라고 하였다. 그러자 임안은 크게 절하고 부절을 받고는 성 안으로 들어가더니 문을 닫고 나오지 않았다.

나중에 무제가 이 말을 듣고는 임안이 부절을 받고 태자의 일에 부응하지 않은 이유가 무엇인지 궁금해했다. 그런데 뜻밖에도 임안이 북군 재정 담당을 때려 모욕을 준 일이 있었다. 그가 황제에게 상소를 올렸다.

"임안이 태자에게 부절을 받고 나서는, 더 깨끗하고 좋은 부절을 받기를 바란다고 말하였습니다."

상소를 다 읽고 난 후 무제가 말했다.

"임안은 약삭빠른 놈이다! 승패를 관망하다가 승리한 쪽에 영합하려는 두 마음을 가진 자다. 이제 간사한 마음을 확인했으니 어쩔 수 없구나!"

임안은 체포되어 형조에 넘겨지고 사형에 처해졌다.


저선생은 말한다.

"무릇 달은 차면 기울고 사물은 성하면 쇠락하는 것이 세상의 이치이다. 오직 앞으로 나아가는 것만 알고 뒤로 물러설 줄 모르면, 또는 오래도록 부귀의 지위에 있게 되면 재앙을 만나기 마련이다. 그러므로 범려(范蠡)는 월(越)나라를 떠나 관직에서 물러나 아무것도 받지 않았다. 오히려 그 이름이 후세까지 아름답게 전해지고 있으니 어느 누가 견줄 수 있겠는가! 관직에 나아가는 자들은 전인과 임안을 경계로 삼아야 할 것이다."

# 제45편
## 편작, 창공 열전

扁鵲者、勃海郡鄭人也、姓秦氏、名越人。少時為人舍長。舍客長桑君過、扁鵲獨奇之、常謹遇之。長桑君亦知扁鵲非常人也。出入十餘年、乃呼扁鵲私坐、間與語曰、我有禁方、年老、欲傳與公、公毋泄。扁鵲曰、敬諾。乃出其懷中藥予扁鵲、飲是以上池之水、三十日當知物矣。乃悉取其禁方書盡與扁鵲。忽然不見、殆非人也。扁鵲以其言飲藥三十日、視見垣一方人。以此視病、盡見五藏癥結、特以診脈為名耳。為醫或在齊、或在趙。在趙者扁鵲。

"편작은 질병을 진단하는 망(望)·문(問)·문(聞)·절(切) 등 방법을 임상에 실천 응용한 자였다. 특히 맥진(脈診)에 뛰어나 동양 맥학(脈學)의 창시자로 모셔지고 있다. 창공은 여러 의술을 두루 배웠으나 그중 편작의 맥법에 능통하여 천하의 명의로 이름을 떨쳤다."

•

## 편작

편작(扁鵲)은 발해군 막읍(鄭邑) 사람이다. 성은 진(秦)이고 이름은 월인(越人)이다. 젊은 시절에 부잣집 집사로 들어갔다. 그 집에 장상군(長桑君)이라는 나이 지긋한 손님이 있었는데 말과 행동이 기이했다. 편작은 그런 그에게 항상 예를 표하여 정중하게 모셨다.

장상군은 자신에게 늘 정성을 다하는 편작을 대단하다고 여겼다. 어느 날 편작을 불러 마주앉게 하고는 말했다.

"이보게, 사실 내게는 고대로부터 전해 오는 의술에 관한 비방 기록이 있다네. 나는 나이가 들어 더는 필요치 않고 해서, 이걸 누구에게 전해 주고자 했는데, 마침 이곳에서 자네를 만나게 되었네. 이 비방을 자네에게 줄 테니 존귀하게 사용하고 절대 남에게 함부로 말하지 말게나."

편작이 말했다.

"소인은 부족한 사람입니다. 어르신께서 이처럼 큰 은혜를 베풀어 주시니, 삼가 말씀대로 따르겠습니다."

이어 장상군이 품속에서 약을 꺼내 편작에게 주면서 말했다.

"이 약을 땅에 떨어지지 않은 깨끗한 이슬이나 빗물에 타서 마시게. 그러면 30일이 지나서 사물을 꿰뚫어 볼 수 있을 걸세."

그리고 자신의 보따리에서 고대로부터 비밀스럽게 전해진 의서를 꺼내 편작에게 주고는 대문을 나섰다. 그런데 장상군은 방금 대문을 넘어섰는데 그의 모습은 홀연히 사라지고 없었다.

편작이 장상군의 말에 따라 약을 복용하고 30일이 지나자 정말로 눈이 밝아졌다. 담에 가려 보이지 않던 사물과 사람들이 선명하게 보이는 것이었다. 이 재주를 가지고 환자를 진찰하니 오장(五臟) 속에 병의 뿌리까지 훤히 볼 수 있었다. 이후 의원이 되어 조나라로 들어가 환자를 치료하자 사람들이 그를 편작이라 부르게 되었다.


진(晉)나라 소공(昭公) 때 대부(大夫)들의 세력은 커지고 왕의 세력은 약했다. 그 무렵 국정을 장악하고 있던 대부 조간자(趙簡子)가 병이 들었다. 닷새가 지나도록 사람을 알아보지 못했다. 대신들이 모두 걱정하고 있다가 수소문을 하여 편작을 불러 들였다.

편작이 조간자의 병세를 살피고 나오니 신하인 동안우(董安于)가 물었다.

"대부의 병세가 어떠합니까?"

편작이 말했다.

"혈맥(血脈)이 정상이니 걱정하실 것 없습니다. 옛날 진(秦)나라 목공(穆公)께서도 이런 증세를 보였는데 7일이 지나서 정신이 맑아지셨습니다.

정신이 드신 날 공손지(公孫支)와 자여(子輿)에게 말하기를, 천제(天帝), 즉 하느님이 계신 곳에 갔었는데 정말 즐거웠다. 내가 오래도록 깨어나지 않은 것은 천제의 명을 받느라 그런 것이다. 천제께서 말씀하시길 진나라는 큰 난(亂)이 일어나 5대 동안 임금이 평탄치 못할 것이다. 그 뒤를 이은 임금이 천하의 패권자가 될 것이다. 그러나 그도 천하의 대업을 이루지는 못할 것이고, 그의 아들이 천하를 호령하리라. 공손지가 이 말을 잘 기록해 두었습니다. 진나라에 관한 기록인『진책(秦策)』은 이렇게 해서 편찬된 것입니다. 지금 대부 조간자의 병은 목공과 같은 병이니 사흘 안에 좋아질 것이고 깨어나면 반드시 무슨 말씀이 있을 것입니다."

이틀 반이 지나자 조간자가 깨어났다. 그리고 주위에 있는 신하들에게 말했다.

"나는 천제를 만나고 왔소. 그곳에서 여러 신선들과 놀며 각가지 악기를 연주하고 춤을 추며 아주 즐겁게 보냈소. 그런데 곰 한 마리가 나타나서 나를 헤치려 하자 천제께서 활을 쏘라 했소. 내가 활을 쏘아 곰을 맞추니 죽어 버렸소. 그러자 이번에는 큰 곰이 나타났소. 내가 또 쏘았더니 큰 곰이 죽었소. 천제께서 몹시 기뻐하시며 내게 바구니 두 개를 하사하셨는데 모두 장신구가 들어 있었소. 또 천제 옆에 내 아이가 있는 것을 보았는데, 천제께서 내게 북방의 개 한 마리를 주면서 아들이 장성하거든 주라고 하셨소. 또 진(晉)나라는 쇠약해져 7대로 내려가면 멸망할 것이고, 또 주(周)나라를 물리칠 것이지만 그것 또한 오래 보존하지 못할 것이라고 하셨소."

동안우가 이 말을 기록하고 편작이 한 말을 전해 주었다. 그러자 조간자가 편작에게 많은 전답을 상으로 내렸다.

　그 후 편작은 괵(虢)나라로 갔다. 마침 그곳 태자가 병에 걸려 죽었다. 그 소식을 들은 편작이 궁궐로 찾아가 의술을 맡은 중서자(中庶子)를 만나 물었다.
　"태자께서 돌아가셨다고 하던데, 도대체 무슨 병에 걸리셨습니까?"
　중서자가 말했다.
　"혈기(血氣)가 돌지 않고 꽉 막혀 있다가 갑자기 터져 나오면서 발작을 일으켜 몸 속 내장을 해쳐 생긴 병입니다. 정기(精氣)가 사기(邪氣)를 이기지 못해서, 그 사기(邪氣)가 체내에 쌓여 발산되지 못했기 때문에 양(陽)의 움직임이 느려지고 음(陰)의 움직임이 급해져 돌연사한 것입니다."
　편작이 물었다.
　"언제쯤 돌아가셨습니까?"
　중서자가 대답했다.
　"닭이 울 무렵입니다."
　편작이 다시 물었다.
　"입관(入棺)은 하셨습니까?"
　중서자가 대답했다.
　"돌아가신 지 아직 반나절이 안 되어 아직 안 했습니다."
　편작이 이에 말했다.
　"저는 제(齊)나라 발해 출신 진월인이라고 합니다. 태자께서 돌아가셨다니, 제가 그 모습을 한 번 뵐 수가 있을까요? 저는 의원입니다."
　중서자가 말했다.

"선생은 마치 태자를 살려 낼 수 있는 것처럼 함부로 말을 하는 것 같소. 옛날 유부(俞跗)라는 의원은 병을 고치는 데 끓인 약인 탕액(湯液), 맑은 술인 예쇄(醴灑), 돌로 만든 침인 참석(鑱石), 도가 체조인 교인(撟引), 몸을 두드리는 안마인 안올(案扤), 몸에 붙이는 약인 독위(毒熨)를 사용하지 않고 옷을 풀어헤쳐 진찰해 보는 것만으로 병의 징후를 알았소. 오장(五臟)에 있는 수혈에 따라 피부를 가르고 살을 열어, 막힌 맥을 통하게 하고, 끊어진 힘줄을 잇고, 척수와 뇌수를 누르고, 고황과 횡격막을 바로 하고, 오장을 씻어 내어, 정기를 다스리고 신체를 바꾸어 놓았다고 합니다. 선생의 의술이 이러하다면 모를까, 그렇지 못하다면 세상의 웃음거리가 될 뿐이오."

그러자 편작이 말했다.

"그대가 말하는 의술은 가느다란 관을 통해 하늘을 보는 것이고, 좁은 틈으로 무늬를 쳐다보는 것이오. 나는 환자의 맥을 짚거나, 기색을 살피거나, 목소리를 듣지 않아도 병이 어디서 생겼는지 말할 수 있소. 양에 관한 증상은 음에 관한 증상을 미루어 알 수 있고, 음에 관한 증상은 양에 관한 증상을 보면 알 수 있는 것이오. 몸속의 병은 겉으로 드러나는 것이니 굳이 천 리 먼 곳까지 가서 진찰할 필요가 없습니다. 그대의 말만 듣고도 알 수 있으니, 지금 태자의 귓속에서는 소리가 날 것이고, 코는 벌름거리고 있을 것이고, 두 다리를 거슬러 올라가 음부에 이르면 아직 따뜻한 기운이 남아 있을 겁니다. 하오니 제가 태자를 한 번 살피게 하여 주십시오."

중서자가 그 말을 듣고 놀라 황급히 임금에게 전하였다. 그러자 임금이 궁문까지 마중 나와 편작을 접견했다.

"선생의 고귀한 의술은 들은 지 오래되었습니다. 이 작은 나라에 오시어 저를 도와주겠다고 하시니 고마울 따름입니다. 선생이 계시니 이제 제 아들이 다시 살아날 것이라 확신이 듭니다."

하고는 억누를 수 없는 슬픔에 임금은 흐느껴 울었다. 편작이 말했다.

"태자의 병을 시궐(尸蹶)이라 합니다. 피가 위로 올라와 정신이 혼미한 가사 상태입니다. 양기가 음기 속으로 흘러내려 경맥이나 낙맥을 막히게 하여 통하지 않는 것입니다. 양맥이 고동하거나 발양하지 못하고 음맥이 끊어져 역할을 못하니 몸이 죽은 것처럼 움직이지 않는 것입니다. 양기가 음기로 들어가 오장을 누르는 자는 살고, 음기가 양기로 들어가 오장을 누르는 자는 죽습니다. 명의는 이런 병을 치료할 수 있지만 서툰 의원은 보고 의심할 뿐입니다."

이에 편작이 태자에게 다가갔다. 제자 자양에게 숫돌에 침을 갈게 하여 그것을 태자의 손발에 있는 삼양(三陽), 즉 태양, 소양, 양명의 자리에 차례로 찔렀다. 이어 질병이 숨어 있는 다섯 부위인 오회(五會)를 찔렀다. 그리고 한참 지나자 죽은 태자가 깨어났다. 제자 자표(子豹)에게 오분(五分)의 위(熨)와 팔감(八減)의 약제를 섞어서 달이게 하여 그것을 양쪽 겨드랑이에 붙였다. 잠시 후에 태자가 자리에 일어나 앉았다. 이후 음양을 조절한 탕약을 스무 날 동안 마시게 하니 태자의 몸이 원래대로 돌아왔다.

이로 인해 편작은 죽은 자도 살리는 명의라는 명성을 듣게 되었다. 그러나 편작은 말한다.

"나는 죽은 자를 살리지는 못한다. 다만 스스로 살 수 있는 사람을 일어나게 해 줄 뿐이다."

편작이 제(齊)나라로 가서 환후(桓侯)를 뵙고 말했다.

"왕께서는 피부에 병이 있는데 지금 치료하지 않으시면 더욱 깊어질 것입니다."

환후가 말했다.

"나는 병이 없소."

편작이 물러가자 환후가 신하들에게 말했다.

"병이 없는 나보고 병이 있다고 하니, 저자는 의원이라 행세하며 사기나 치고 이익을 탐하는 놈이 아닌가?"

닷새 후에 편작이 환후을 다시 뵙게 되었다.

"왕의 병은 이미 혈맥에 이르렀습니다. 지금 치료하시지 않으면 더욱 깊은 곳까지 이를 것입니다."

왕이 말했다.

"내게는 병이 없소!"

편작이 물러가자 왕은 기분이 좋지 않았다.

다시 닷새가 지나자 편작이 환후를 뵙게 되었다.

"왕의 병이 장(腸)과 위(胃) 사이까지 들어갔는데 지금 치료하지 않으시면 더욱 깊어질 것입니다."

그래도 환후는 병이 없다고 하였다. 편작이 물러가자 환후는 기분이 좋지 않았다.

다시 닷새 후에 편작이 환후를 뵈었는데 이번에는 바라보기만 하고 말없이 물러나왔다. 환후가 의아히 여겨 사람을 보내 그 까닭을 물었다. 편작이 말했다.

"병이 피부에 있는 동안에는 탕약과 고약으로 고칠 수 있습니다. 혈맥에 있을 때에는 침으로 고칠 수 있습니다. 병이 장과 위에 있을 때에는 약주로 고칠 수 있습니다. 그러나 병이 골수(骨髓)에 들어가 버리면 염라대왕이라도 어쩔 수 없습니다. 그런데 지금 병이 골수에 들어가 있습니다. 그래서 말씀을 드리지 않은 것입니다."

그로부터 닷새 후 환후가 갑자기 병이 들어 편작을 찾았다. 그러나 편작은 이미 자취를 감추고 사라진 뒤였다. 환후는 곧 죽고 말았다.

병의 징후를 미리 알아 명의에게 치료받을 수 있으면 질병은 치유된다. 사람이 걱정하는 것은 병이 많은 것이고, 의원이 걱정하는 것은 치료 방법이 적은 것이다. 그래서 고칠 수 없는 여섯 가지 병이 있다. 교만하여 병의 원리를 논하지 않는 것이 첫 번째 불치병이다. 몸을 함부로 하고 재물을 중히 여기는 것이 두 번째 불치병이다. 의식을 적절히 하지 못하는 것이 세 번째 불치병이다. 오장(五臟)에 있는 음과 양의 기가 불안정한 것이 다섯 번째 불치병이다. 무당의 말을 믿고 의원을 믿지 않는 것이 여섯 번째 불치병이다. 이 여섯 가지 중 어느 하나라도 있다면 병은 좀처럼 낫기 어렵다.

편작의 이름은 곧 천하에 알려졌다. 그가 한단에 갔을 때에는 부인들을 소중히 여겨 부인과를 열었고, 낙양에 가서는 노인을 공경하여 노인병 의사가 되었다. 함양에 가서는 아이를 사랑하여 소아과 의원이 되었다. 이렇게 각지의 인정과 풍속에 맞춰 의료 과목을 바꾸었다.

그러나 진(秦)나라의 태의령(太醫令) 이혜(李醯)가 자신의 의술이야말로 천하제일이라고 여겼는데 편작에게 미치지 못하다는 것을 알게 되었다. 이에 몰래 자객을 보내 편작을 칼로 찔러 죽였다.

지금까지 전해 오는 모든 맥법(脈法)은 편작의 이론과 방법에서 비롯된 것이다.


## 창공

창공(倉公)은 제나라 임치 사람이다. 성은 순우(淳于), 이름은 의(意)다. 죽은 후에 시호가 태창공(太倉公)이라 하여 창공이라 부른다. 젊어서 의술을 좋아해 같은 고향 사람 양경(陽慶)에게 의술을 배웠다. 양경이 70세가 넘자 제자인 순우의에게 비방이 담긴 의서(醫書)와 약서(藥書), 황제(黃帝)와 편작(扁鵲)이 남긴 맥서(脈書)를 물려주었다.

순우의는 가르침을 받고 비방서를 연구한 끝에 사람의 얼굴에 나타나는 다섯 가지 빛깔을 보고 병을 진단하는 법을 알아냈다. 얼굴 빛깔을 보고 생사를 판단하고, 증세를 알아내고, 약을 쓰는 이 치료법은 그 당시 매우 정밀하고 정확했다. 그러나 순우의는 사방의 친구들과 교류하느라 자신의 본분을 잊고 환자를 보지 않았다. 그로 인해 사람들에게 원망을 듣기도 했다.

문제(文帝) 4년, 어떤 사람이 순우의를 고발하는 상소를 올렸다. 그로 인해 형벌에 처해지는 신세가 되어 장안(長安)으로 압송되어 가게 되었다. 순우의에게는 딸이 다섯 있는데 이들이 울며 따라오자 순우의가 크게 꾸짖으며 말했다.

"너희 놈들은 다 필요 없다. 아들이 하나라도 있었다면, 이 긴급한 때에 쓸모가 있으련만!"

그러자 딸 넷은 돌아갔다. 하지만 막내딸 제영(緹縈)이 아버지를 애처

롭게 여겨 장안까지 따라갔다. 그리고 조정에 상소를 올렸다.

"제 아버지는 관직에 있을 때 청렴하고 공정하여 제나라 사람이면 누구나 칭찬하였습니다. 그런데 지금 법을 위반해 형벌을 받게 되었습니다. 막내딸인 제가 마음 아파하는 것은 죽은 자는 다시 살아날 수 없고, 형벌을 받으면 몸이 원래대로 될 수 없다는 것입니다. 스스로 잘못을 고치고자 해도 그렇게 할 방법이 없으니 어찌 마음이 찢어지지 않겠습니까? 원컨대 제 한 몸을 관비(官婢)로 바쳐 아버지가 받게 될 형벌을 대신 갚고자 합니다. 부디 저의 아버지가 스스로 행실을 고쳐 살아갈 수 있도록 허락해 주시옵소서!"

효문제가 상소를 읽고는 딸의 마음을 불쌍히 여겨 순우의를 풀어 주었다. 그리고 그해에 신체에 가해지는 육형(肉刑)이 백성들에게 너무 잔인하다고 여겨 황제가 폐지하였다.

순우의가 집에 돌아오고 얼마 후, 황제가 의술에 관해 묻기 위해 조서를 내려 호출하였다. 조서의 질문은 다음과 같았다.

"순우의에게 묻는다. 그대가 병을 치료해서 생사 간에 효험이 있었던 자는 몇 사람인가? 치료한 환자는 누구인가? 그 치료 의술에서 뛰어난 점은 무엇인가? 그대가 잘 치료하는 병은 무엇인가? 의서는 가지고 있는가? 어디서 몇 년 동안 의술을 배웠는가? 효험이 있는 자는 무슨 병이었고, 어느 마을에 사는가? 약을 쓴 후에 병세는 어떠했는가? 모두 자세히 대답하라."

이에 순우의가 답장을 올렸다.

"저는 젊어서 의술을 좋아했습니다. 처음에 배운 의학과 약학을 가지고 시험했을 때 효험이 없는 경우가 많았습니다. 고후(高后) 8년 무렵, 고향 임치현 원리에서 양경 선생을 만나게 되었습니다. 그분이 나이 70이 되었을 때 제게 말하기를, 지금까지 네가 배운 의서를 모두 버려라. 나는 황제(黃帝)와 편작(扁鵲)의 의서를 가지고 있다. 거기에는 사람의 얼굴에 나타나는 다섯 가지 색깔을 보고 병을 치료하는 법이 있고, 약을 쓰는 법이 있는데 매우 정밀하다. 이것을 너에게 하나하나 가르쳐 주고자 한다. 그래서 저는 너무도 분에 넘치는 일이라 감격하여 두 번 절하고 따랐습니다.

이후 그분에게서 맥서(脈書), 상경(上經), 하경(下經), 오색진(五色診), 기해술(奇咳術), 규도음양외변(揆度陰陽外變), 약론(藥論), 석신(石神), 접음양(接陰陽) 등 비책이 담긴 의서를 전수받았습니다. 책을 받고 통독하고 분석하고 시험하기를 1년 남짓하였습니다. 이듬해 시험해 보았으나 효험은 있어도 정확하지 못했습니다. 3년이 지나자, 병자를 치료하고 생사를 예측한 것이 모두 정밀하여 효험이 뚜렷했습니다. 양경 선생이 돌아가신 지가 10년이 되고, 그분에게 3년을 배웠으니 올해 제 나이 39세입니다."

이어 순우의는 자신이 치료한 바를 상세히 서술하였다.

제나라 시어사(侍御史) 성(成)이 두통을 호소하기에 맥을 짚었습니다.

"이 병은 매우 중해 말하기 어렵습니다."

하고 나와서 그 동생 창(昌)에게 사실대로 말했습니다.

"형의 병은 악창 종기인 저(疽)입니다. 장(腸)과 위(胃) 사이에 생겨서 닷새 후에는 그것이 부풀어 오르고, 다시 여드레가 지나면 고름을 쏟고 죽을 것입니다."

시어사의 병은 과도한 음주와 지나친 성행위로 인해 생긴 것인데, 결국은 예상대로 죽었습니다. 제가 그 병을 알게 된 것은 그의 맥을 짚었을 때 간(肝)의 기를 느꼈기 때문입니다. 간의 기가 탁하고 고요한 것은 체내의 병입니다. 맥법(脈法)에 따르면, 맥이 길고 팽팽하면 병이 주로 간장(肝臟)에 있는 것입니다. 팽팽하면서 고르다면 병이 경맥(經脈)에 있고, 불규칙하다면 낙맥(絡脈)에 이상이 있는 것입니다. 경맥에 이상이 있으면 뼈와 근육에서 생긴 병이고, 맥박이 불규칙하면 과도한 음주와 방사에 의해 생긴 것입니다.

또 시일을 안 까닭은 그의 맥을 짚었을 때 소양에 대맥이 나타났기 때문인데, 대맥의 출현은 경맥에서 낙맥까지 병이 발전하게 된 것입니다. 즉 전신에 병세가 퍼졌으니 죽게 된 것입니다. 그가 머리가 아픈 까닭은 낙맥이 막혀 열기가 위로 올라왔기 때문이었습니다.


제나라 왕의 손자가 병이 들어 맥을 진찰했습니다. 기격병(氣鬲病)이었습니다. 이 병은 가슴이 답답하고 음식을 목구멍에 넘기지 못하여 때로는 담(痰)을 토하게 합니다. 근심이 많고 먹기를 싫어하여 걸린 것입니다.

그 아이에게 기를 내리는 하기탕(下気湯)을 지어 마시게 했더니 하루 만에 기가 내려가고, 이틀 만에 식욕이 돌았고, 사흘 만에 완전히 나았습니다. 그 병을 알아낸 것은 마음의 병이 맥에 느껴졌기 때문입니다. 심맥(心脈)이 무겁고 탁하며 빨랐습니다. 이것은 양기가 얽혀 생긴 병입니다.

맥법에 손가락으로 맥을 짚으면 빨라졌다가, 손가락을 떼면 느려지는 것은 병이 마음에 있는 것이라 하였습니다. 마음이 번민하게 되면 양의 열이 심해져 음식이 넘어가지 않게 되는 것입니다. 슬픔이나 근심이 크면 낙맥이 병들어 피를 토하고 죽게 되는 것입니다.

제나라의 낭중령(郎中令) 순(循)이 병이 들었습니다. 의사들은 기가 거꾸로 올라가 심장에 들어간 것이라 여겨 침을 놓았습니다. 제가 진찰해 보니 허리나 아랫배가 아픈 용산(涌疝)이라 대소변을 보기 어렵다고 말했습니다. 그러자 순이 화장실에 간 지가 사흘이나 된다고 했습니다.

그에게 열을 가지런하게 하는 화제탕(火劑湯)을 마시게 했습니다. 한 번 마시니 대소변을 보았고, 두 번 마시니 대소변을 시원하게 보게 되었습니다. 세 번 마시니 병이 나았습니다. 이 병은 지나친 방사로 인해 생긴 것입니다. 그의 맥을 짚었을 때 격하고 빨랐습니다. 맥이 빠르면 물이 소용돌이치듯이 열이 끓어오릅니다. 열이 오르면 오줌이 붉어지나 오장의 맥이 느껴지지 않았기에 용산(涌疝)이라 진단한 것입니다.

제나라 중어부(中御府) 장관인 신(信)이 병이 들어 맥을 짚었습니다.
"열병입니다. 더위에 땀을 흘려 맥이 약해진 것일 뿐 생명에는 지장이 없습니다. 아마도 찬 냇물에 목욕하여 한기를 느껴 생긴 병입니다."
그러자 신이 말했습니다.
"그렇습니다. 작년 겨울에 초나라로 가는 도중 거현(莒縣) 양주 물가에 이르렀을 때 그곳 다리가 부서져 있었습니다. 수레를 세워 건너가기를 주저하고 있는데, 말이 놀라 물속에 빠지고 더불어 나도 빠져 죽을 뻔했습니다. 아전이 달려와 구해 주었지만 옷이 흠뻑 젖어 한기가 몰려왔고, 이어 열이 불같이 올랐습니다. 지금까지 밖에 나가 바람을 쐴 수 없을 정도입니다."

화제탕을 달여 마시게 하였는데 한 번 마시자 땀이 없어졌고, 두 번 마시자 열이 내리고, 세 번 마시자 병이 나았습니다. 스무 날을 복용하자 몸에서 병이 사라졌습니다.

맥법에 열병이 음기와 양기가 뒤섞여 있을 때에는 죽는다고 하였습니다. 하지만 그는 양이 음에 들러붙어 있는 병음(幷陰)의 경우로 치료할 수 있었습니다. 이런 병은 치료가 늦어지면 한열병(寒熱病)으로 변해 버립니다.

제나라 태후(太后)가 병이 들어 맥을 짚었습니다. 열병인 풍단(風癉)이었습니다. 열이 방광에 머물러 있어 대소변이 어렵고 소변이 붉어진 것입니다. 태후에게 화제탕을 들게 하였습니다. 한 번 마시니 대소변을 보게 되고, 두 번 마시니 병이 나아서 원래대로 돌아왔습니다.

이 병은 옷을 벗고 땀을 말리는 것에서 얻은 병입니다. 태후의 맥을 짚어 보니 축축한 기가 느껴졌습니다. 맥법에 따르면 맥을 세게 짚을 때 맥박이 크고 단단하고, 가볍게 짚었을 때 크고 강한 것은 병이 신장에 있다고 했습니다. 그런데 태후의 경우는 반대로 맥이 크고 조급했습니다. 맥이 큰 것은 방광에 병이 있는 것이고, 맥이 조급한 것은 내열에 의한 것입니다. 이 때문에 소변이 붉은 것이었습니다.

제나라의 조산부(曹山跗)라는 자가 병이 들어 제가 맥을 짚었습니다. 폐(肺)의 소단(消癉), 즉 갈증으로 물을 많이 마셔 몸이 마르는 병인데다 한열병까지 같이 있었습니다. 제가 말했습니다.

"이 병은 치료할 수 없습니다. 침이나 뜸으로 나을 병이 아니니 적절하게 음식을 잘 드십시오."

이 병은 사흘 후에 발광해 함부로 이리저리 돌아다니고, 다시 닷새가 지나면 죽는다고 의법에 적혀 있습니다. 이는 몹시 화가 난 상태에서 성행위를 하여 얻은 병입니다. 그의 맥을 짚었을 때 폐의 기가 열을 띠고 있었습니다.

맥법에 따르면 맥이 고르지 않고 무력하면 몸이 마른다고 했습니다. 이는 오장과 간이 모두 병들었기 때문입니다. 맥이 고르지 못하니 피가 간에 머무르지 못하고 낙맥이 끊어졌기에 치료할 수 없다고 한 것입니다.

또 한열병은 어느 의원이 그에게 약을 먹이니 잘못되어 설사를 하여 뱃속이 비게 되었습니다. 그런데 소음에 뜸을 거듭 떠서 간이 상하여 얻은 것입니다. 그러니 환자가 정신이 나갔고 해서 침도 뜸도 아무 소용이 없다고 한 것입니다. 사흘 후에 발광할 것을 안 것은 낙맥이 끊어지면 양명맥(陽明脈)이 상하게 되어 미치게 되는 것입니다. 닷새 후에 죽게 된다는 것은 간의 원기는 닷새면 다하기 때문이었습니다.


제나라 중위(中尉) 반만여(潘滿如)가 아랫배에 통증을 느껴 제가 맥을 짚었습니다. 기생충이 뭉쳐 생긴 병인 유적하(遺積瘕)였습니다. 그의 부하에게 말했습니다.

"방사를 그치지 않으면 한 달 안에 죽게 될 것입니다."

그 후 스무 날이 지나자 소변에 피가 비치고서 죽었습니다. 그의 병은 지나친 음주와 과도한 방사로 인해 생긴 것입니다.

그의 맥은 가라앉고, 작고, 약했습니다. 이 세 가지가 한꺼번에 오는 것은 비장에 병이 있는 비기(脾氣)입니다. 비기가 오면 오장이 차례로 상승하여 30일이면 죽게 됩니다. 이 세 가지 맥박이 같이 뛰면 한 달 안에 죽겠지만, 같이 뛰지 않으면 그보다 빨리 죽을 것이고, 뛰다가 멈추었다 하면 죽음에 가까운 것입니다.

양허후(陽虛侯)의 재상 조장(趙章)이 병이 들어 저를 불렀습니다. 그곳 의원들은 한기로 인해 설사를 일으키는 병인 한중(寒中)이라 했습니다. 제가 맥을 짚어 보니 동풍(迵風)이었습니다. 동풍이란 먹은 음식이 배에 머무르지 못하고 모두 밖으로 나오는 병입니다. 의서에 따르면 닷새면 죽는다고 되어 있는데 그는 열흘 후에 죽었습니다. 그 병은 술 때문에 생긴 것입니다.

그의 맥은 일정치 못하여 장기가 제 기능을 다하지 못하고 있었습니다. 제 스승께서 말씀하시길 음식을 잘 섭취하는 자는 죽을 날짜를 넘겨 죽고, 음식을 잘 먹지 못하는 자는 죽음이 이르기 전에 죽는다고 했습니다.

제북왕(濟北王)이 병이 들어 저를 불렀습니다. 맥을 짚어 보니 풍궐흉만(風蹶胸滿)이었습니다. 가슴이 꽉 찬 듯이 답답한 병을 말합니다. 제가 약주를 만들어 석 잔 복용하게 했더니 병이 나았습니다. 이 병은 땀을 흘린 채로 땅바닥에 그냥 누워서 걸린 것입니다.

제북왕의 맥에는 풍기가 있고 탁했습니다. 풍기가 음기에 들어가니 한기가 생기고 그로 인해 열이 나타나 가슴이 답답한 것입니다. 또 맥에서 음기가 느껴져 병이 몸속에 있으니 축축한 식은땀을 흘리게 된 것입니다.

제나라 사공(司空)의 부인 출오(出於)가 풍이 들자, 의원들은 병이 폐에 있다고 생각해 발 소양맥(少陽脈)에 침을 놓았습니다. 제가 맥을 짚어 보고 말했습니다.

"이것은 방광에 산기가 머물고 있는 질병으로 대소변을 보기 어렵고, 오줌이 붉고, 배가 붓는 질병입니다."

그녀의 병은 소변을 보고 싶은데도 보지 못하고 참은 채로 방사를 치렀기 때문입니다. 그녀의 맥은 크고 힘찼지만 순조롭지 못했습니다. 이는 방광에 산기(酸氣)가 있기 때문이고 배가 부어오른 것은 낙맥이 아랫배에 맺혀 있기 때문입니다.

즉시 그녀의 양발 궐음맥(厥陰脈)에 침을 떠 주었는데 오줌을 싸게 되었고, 며칠 후 오줌 색깔이 맑아졌으며, 아랫배의 통증도 사라졌습니다. 이어 화제탕을 만들어 먹였더니 사흘 후에 산기가 흩어지고 나았습니다.

고(故) 제북왕(濟北王)의 유모가 발에 열이 나고 답답하다고 해서 제가 맥을 짚었습니다.

"이 병은 열궐(熱厥)입니다."

하고 좌우 발 한가운데 세 곳에 침을 놓고 그 자리를 피가 나지 않도록 세게 눌렀더니 병이 나았습니다. 그녀의 병은 술을 너무 많이 마셔 생긴 것입니다.

이에 왕이 모든 시녀들의 맥을 보게 했습니다. 수(豎)라는 시녀는 병이 없다고 했습니다. 하지만 제가 맥을 보니 달랐습니다. 그래서 시녀의 장(長)에게 말했습니다.

"수 시녀는 비장이 나쁘니 과로해서는 안 됩니다. 행여 과로하면 봄날에 피를 토하고 죽을 것입니다."

그리고 이어 왕에게 물었습니다.

"이 시녀는 무슨 재주가 있습니까?"

왕이 대답하였습니다.

"방술에 뛰어나고 다재다능하오. 민가에서 그녀의 동년배 네 명과 함께 비싼 돈을 주고 사온 것이오. 그런데 그녀에게 병이 있는 것이오?"

제가 대답했습니다.

"그녀는 큰 병을 앓고 있습니다. 죽을병입니다."

왕이 수를 가까이 오라 하고는 안색을 살펴보니 아무런 이상이 없었습니다. 그래서 평소처럼 데리고 있었습니다.

봄날 아침, 왕이 화장실에 가는데 수가 따라나섰습니다. 그런데 왕이 나왔는데도 수가 보이지 않는 것이었습니다. 사람을 시켜 수를 찾아보게 했더니 화장실에서 피를 흘리고 죽어 있었습니다. 그녀의 병은 땀을 너무 많이 흘린 탓에 생긴 것입니다. 땀을 많이 흘리는 것은 병이 몸속에서 심해진 상태입니다. 모발이나 안색은 윤기가 흐르고, 맥도 약하지 않지만 내관에 병이 있었던 것입니다.

제나라 중대부가 치통을 앓고 있을 때, 제가 왼손 양명맥(陽明脈)에 뜸을 떴습니다. 그리고 고삼탕(苦參湯)을 만들어 하루 세 되씩 입을 가시게 했더니 5일 만에 나았습니다. 이 병은 입을 벌린 채 바람을 맞으며 자고, 식후에 입을 가시지 않았기 때문에 생긴 것입니다.

치천왕(菑川王)의 미인(美人)이 해산하지 못하자 저를 불렀습니다. 제가 가서 미치광이 풀로 달인 낭탕약(莨蕩藥)을 한 잔 마시게 하였더니 곧바로 해산하였습니다. 맥을 짚어 보니 조급했습니다. 그것은 다른 병이 있기 때문인데, 즉시 담석 제거 술인 소석(消石)을 한 모금 마시게 했더니 피가 나왔습니다. 그때 같이 콩알 크기의 덩어리가 5, 6개 나왔습니다.

제나라 재상의 가신(家臣)이 왕을 알현하러 궁궐에 들어가는데 하인이 따라나섰습니다. 그 하인은 나중에 보니 궁궐 문 밖에서 음식을 먹고 있었습니다. 그런데 얼굴에 병색이 가득했습니다.

저에게 의술을 배우고 있는 평(平)이라는 환관에게 말했습니다.

"저 자는 비장의 기가 상해 봄이 되면 가슴이 막혀 음식을 먹고 마실 수 없을 겁니다. 여름이면 혈변을 보고 죽을 것입니다."

그러자 평이 재상에게 가서 가신의 하인 이야기를 전했습니다.

"저 하인은 병이 중해 죽을 날이 멀지 않았답니다."

재상이 물었습니다.

"그대는 어찌 아는가?"

평이 제게 들은 대로 대답했습니다. 그러자 재상이 가신을 불러 말했습니다.

"그대가 데려온 저 하인은 병이 있는가?"

가신이 대답하였습니다.

"병이라니요? 아픈 곳이라곤 하나도 없습니다.

그러나 봄이 되자 그 하인은 혈변을 보고 죽었습니다.

하인의 병을 알게 된 것은 비장의 기가 오장으로 옮겨 들어가 얼굴 각 부위에 교차해 나타났기 때문입니다. 비장이 상한 사람은 멀리서 바라보면 안색이 누런색을 띠지만 자세히 보면 짙은 잿빛을 보입니다.

많은 의원들은 그 병을 알지 못하고 회충 때문이라고 말합니다. 봄이 되면 죽을 것이라고 한 것은 병든 얼굴색은 황색인데, 황색은 토(土)의 기(氣)이고, 토는 목(木)을 이기지 못하므로 그렇게 말한 것입니다.

맥법에 병이 중한데도 맥박이 정상인 것을 내관(內關)이라고 했습니다. 내관의 병은 아픈 것을 모르고 아무런 고통을 느끼지 않습니다. 만약 다른 병이 하나 더해지면 일찍 죽겠지만, 마음이 즐겁고 순리에 따라 산다면 한 계절을 연장할 수 있습니다. 이 하인이 4월에 죽은 것은 마음이 편했고 살도 쪄 있었기 때문입니다. 이 병은 여러 차례 땀을 흘리고, 다시 추우면 불을 쬐고, 또 나가서 센 바람을 쐬었기 때문입니다.

치천왕(菑川王)이 병이 들어 제가 진맥하게 되었습니다. 그리고 아뢰었습니다.

"이 병은 궐(蹶)인데 증상이 심해 두통이 나고, 몸에 열이 나 사람을 괴롭히는 것이 특징입니다."

즉시 찬물로 머리를 식히고, 양 발 양명맥에 세 군데씩 침을 놓았습니다. 그러자 병이 나았습니다. 이 병은 머리를 감고 나서 마르기 전에 잠을 잤기 때문입니다. 궐(蹶)이라고 한 것은 열이 머리에서 어깨까지 역행했기 때문입니다.

제나라 황장경(黃長卿)의 집에 초청되어 갔을 때, 왕후의 동생인 송건(宋建)을 보게 되었습니다. 제가 말했습니다.

"그대는 병이 있군요. 며칠 전부터 등허리가 아파 위를 쳐다볼 수도 없었을 겁니다. 병이 막 신장으로 들어가 혈기를 막으려고 하는데 오장으로 들어가기 전에 서둘러 치료하십시오."

그러자 송건이 말했습니다.

"실은 4, 5일 전부터 등허리가 아팠소. 황씨 집안 사위들이 우리 집 곳간에 네모난 돌을 들어 올리는 놀이를 하기에 나도 들어보려고 했소. 하지만 조금도 들어 올릴 수 없었다오. 그날 저녁부터 등허리가 아프더니 소변도 볼 수 없게 되었고, 지금까지 낫지를 않소."

송건의 병은 무거운 것을 들다 생긴 병입니다. 제가 그의 병을 알게 된 것은 그의 안색을 보니 광대뼈 부위가 메말라 윤기가 없고, 허리 아래가 수척해 보였기 때문입니다. 제가 허리를 유연하게 하는 유탕(柔湯)을 만들어 복용했더니 열여드레 만에 병이 나았습니다.


제북왕의 시녀 한녀(韓女)가 허리와 등이 아프고, 오한이 났다 열이 올랐다 하자 의원들은 모두 한열병(寒熱病)이라 했습니다. 제가 맥을 짚어보니 달랐습니다. 몸이 차서 월경이 통하지 않았기 때문입니다. 즉시 좌약을 사용하였더니 곧 월경이 통하고 병이 나았습니다.

이 병은 남자를 가까이 하고자 했으나 그렇지 못해서 월경이 막혔던 것입니다. 그녀의 맥박은 여리고 느리며 끊어지곤 했습니다.


임치현(臨菑縣) 범리(氾里)에 사는 박오(薄吾)라는 여자가 중병에 걸렸을 때 모두들 한열병이 심해 죽을 것이라 했습니다. 제가 맥을 짚어 보니 요하(蟯瘕)였습니다. 요하란 배가 부풀어 오르고, 피부가 누렇게 거칠어지고, 손으로 만지면 환자가 아파합니다. 제가 팥꽃나무 술인 원화(芫華) 한 잔을 복용하게 했더니 곧 요충이 몇 되나 나오고, 30일 만에 병이 나았습니다.

이 병은 한기와 습기 탓에 걸린 것입니다. 한기와 습기가 몸에 꽉 차발산하지 못하면 벌레로 변합니다. 그녀의 살갗 부위가 거칠고 머리카락이 푸석푸석한 것은 기생충의 증세입니다.


제나라 순우사마(淳于司馬)가 병들었을 때, 제가 맥을 짚어 보니 동풍(迵風)이었습니다. 동풍은 음식물이 목구멍을 넘어가기만 하면 설사로 나가 버리는 것입니다. 이는 음식을 배불리 먹고 빨리 달렸기 때문에 걸린 것입니다. 순우사마가 말했습니다.

"왕궁에 가서 말의 간을 대접받아 배불리 먹었습니다. 그런 후 술이 나오는 것을 보고 황급히 도망쳐 집으로 왔습니다. 그러자 수십 번 설사를 했습니다."

제가 화제탕과 쌀죽을 마시면 7일이면 나을 것이라 알려 주었습니다. 이때 진신(秦信)이라는 의원이 옆에 있다가 제가 돌아가자 도위(都尉)에게 물었습니다.

"창공은 무슨 병이라고 했습니까?"

이에 도위가 말하기를

"동풍이라고 합니다."

그러자 진신이 웃으면서 말하기를

"창공은 모를 거요. 순우사마는 아흐레 후에 죽을 것이요."

그런데 아흐레가 지나도 순우사마가 죽지 않았습니다. 제가 다시 가서 보고 화제탕에 미즙을 섞어 복용하게 했습니다. 그러자 7일 만에 병이 나았습니다.

제나라의 중랑(中郎) 파석(破石)이 병들었을 때 제가 맥을 짚고 말했습니다.

"폐가 너무도 상해서 이 병은 치료할 수 없습니다. 열흘 후 소변에 피가 섞여 나오고 죽을 것입니다."

그러자 열하루 되던 날 소변에 피가 섞여 나오고 죽었습니다. 파석의 병은 말에서 떨어져 돌 위에 넘어졌기 때문에 생긴 것입니다. 그의 맥을 짚었을 때 맥이 갈라져서 뛰었고 안색이 붉었습니다. 그가 예측한 날짜에 죽지 않은 것은 환자가 곡기를 잘 섭취하면 시기를 넘어서 죽고, 곡기를 들지 못하면 그전에 죽는다는 말처럼, 그가 기장을 즐겨 먹어 그것이 폐를 보호했기 때문입니다.

고요하고 어두운 곳을 좋아하는 자는 피를 아래로 쏟고 죽고, 번잡하고 밝은 곳을 좋아하는 자는 토하고 죽는다는 말처럼 그는 오랫동안 책상에 앉아 잤기 때문에 피를 아래로 흘리고 죽은 것입니다.

제나라 왕의 주치의인 시의(侍醫) 수(遂)가 병들어 가보니 진찰을 부탁하는 것이었습니다. 그는 직접 처방을 지어 단사, 웅황, 백반, 증청, 자석 등의 오석(五石)을 달여 먹고 있었습니다. 그래서 제가 맥을 짚어 보고 말했습니다.

"시의께서는 몸속에 열이 차 있는 병입니다. 약론(藥論)에 의하면 몸에 열이 차 있고 소변을 보지 못하는 자는 오석을 복용해선 안 된다고 했습니다. 그러니 즉시 복용을 중단하시기 바랍니다. 또한 얼굴빛을 보니 종기가 날 것 같습니다."

그러자 수가 말했습니다.

"편작은 음석(陰石)으로 음성(陰性)의 병을 치료하고, 양석(陽石)으로 양성(陽性)의 병을 낫게 한다고 했습니다. 약석(藥石)에는 음, 양, 수, 화 등 각각의 약제가 있습니다. 몸속에 열이 있으면 순한 음석으로 약제를 지어 치료하고, 몸속에 한기가 있으면 강한 양석으로 약제를 지어 치료해야 하는 것 아니겠습니까?"

제가 말했습니다.

"편작이 그렇게 말을 했다 하더라도 반드시 주의 깊게 진찰해야 합니다. 말하자면 도량을 사용해 규격과 거리와 무게를 재는 것처럼 얼굴색과 맥의 상태, 겉과 안, 여분과 부족, 순과 역 등을 고려하고 동정(動靜)과 호흡의 조화를 참작한 후에 석약(石藥) 사용 여부를 논할 수 있는 것입니다. 약론에 의하면 양성의 병이 속에 있고 음성의 증상이 밖으로 드러난 경우에 강한 약이나 침을 써서는 안 된다고 했습니다. 진법에도 소음(少陰)의 한기(寒氣)가 내열에 응해서 겉으로 드러나고, 소양(少陽)의 열이 안에 차 있는 경우는 강한 약을 써서는 안 된다고 했습니다. 강한 약이 몸속에 들어가면 양기를 움직이게 되고, 이로 인해 음성의 병은 약해지고 양성의 병은 중해집니다. 이어 나쁜 기운이 밖으로 흘러 경맥의 혈에 깊은 통증을 주어 분노가 폭발하듯 종기가 터져 나오는 것입니다."

백일이 지나자 수의 젖가슴에 종기가 생겼는데, 이것이 뼈를 파고 들어가 그만 죽고 말았습니다. 서툰 의사는 사람과 질병에 따라 치료 법칙이 다르다는 것을 배우지 않아 실제 질병 치료에서 미숙한 것입니다.

제나라 왕이 양허(陽虛) 지역의 제후로 있었을 때 중병을 앓았습니다. 많은 의사들이 열이 일어나는 궐(厥)이라 여겼습니다. 제가 맥을 짚어 보니 마비가 오는 비(痹)였습니다.

환자는 숨이 차오르고 기가 거꾸로 올라와 음식을 먹을 수 없었습니다. 살펴보니 오른쪽 겨드랑이 아래에 술잔을 엎어놓은 것처럼 병의 뿌리가 볼록히 드러났습니다. 즉시 화제죽(火劑粥)을 복용하게 하니 엿새 후에 기가 내려갔습니다. 다시 환약(丸藥)을 복용하게 하니 엿새 만에 병이 나았습니다.

이 병은 방사를 절제하지 못해서 걸린 것인데 의사들은 경맥이론으로 이 병을 해석하는 것은 몰랐고, 단지 병의 소재만 알고 있었을 따름입니다.

이전에 안양현 무도리에 사는 성개방(成開方)이라는 자의 맥을 짚은 적이 있습니다. 자신은 병이 없다고 했지만 결과는 달랐습니다. 그의 가족에게 말했습니다.

"기가 뒤섞인 답풍(遝風)으로 몸이 고통을 받아, 3년 후에는 손발을 쓰지 못하고 벙어리가 될 것입니다. 그리고 벙어리가 되면 곧 죽습니다."

지금 그는 손발을 못 쓰고 말을 못 하지만 죽지는 않았습니다. 이 병은 술을 자주 마시고 센바람을 쐬었기 때문에 걸린 것입니다. 맥법과 기해술(奇咳術)에 보면 오장의 기가 서로 거스르는 자는 3년 안에 죽는 다고 했습니다. 그의 맥을 짚었을 때 신기(腎氣)와 폐기(肺氣)가 거스르고 있었기에 알았던 것입니다.

안릉 판리에 사는 공승(公乘) 항거(項處)가 병이 들어 맥을 짚었습니다. 아랫배가 아픈 모산(牡疝)이었습니다. 이 병은 방사를 절제하지 않아 걸린 것입니다. 항거에게 말했습니다.

"힘든 일은 절대로 하지 마시오. 만약 힘든 일을 하시면 피를 토하고 죽을 것입니다."

그 후 항거는 공차기를 하다가 땀을 흠뻑 흘렸습니다. 그리고 허리에 한기를 느끼더니 피를 토하고 말았습니다. 그날 그를 다시 진찰하고 가족들에게 말했습니다.

"내일 저녁에 임종을 준비해야 할 것입니다."

그는 다음 날 죽었습니다.

항거의 병은 맥을 짚었을 때 반양맥(反陽脈)이었습니다. 이는 아랫배의 통증이 폐까지 연결되어 있는 모산인 것입니다.

소신이 이 밖에도 고친 병이 많습니다만 대부분 잊어버려 더는 말씀 드릴 것이 없습니다.

황제가 물었다.

"치료한 병 가운데 병명은 같지만 진단이 다르고, 또 어떤 자는 살기도 하고 죽기도 한 것은 무슨 까닭인가?"

순우의가 대답하였다.

"병명이 많아 잘 알 수 없습니다. 하지만 옛날 성인이 진맥법을 만들어 도량을 사용해 크기와 양과 무게를 정했습니다. 그리고 사람의 맥을 구별해 각각 명칭을 붙였고, 또 자연의 변화와 인체의 변화를 참고하였습니다. 이렇게 해서 여러 가지 진단을 내릴 수 있었던 것입니다. 제가 진찰한 것은 모두 진찰부에 기록해 두었습니다. 그렇기 때문에 병의 경과를 확실히 알 수 있는 것입니다."

황제가 물었다.

"병을 진찰해 생사의 시기를 판정한 것이 때로 맞지 않은 것은 무슨 연유인가?"

순우의가 대답하였다.

"그것은 병자가 복용해서는 안 되는 약을 복용했거나, 해서는 안 될 침이나 뜸을 맞았기 때문이고, 음식과 정서가 절도를 잃었기 때문에 기일이 아닌데 죽은 것입니다."

황제가 말했다.

"일찍이 그대를 부른 왕이나 제후나 대신들이 있는가? 또 제나라 문왕(文王)이 병들었을 때 그대에게 진료를 구하지 않은 것은 무슨 연유인가?"

순우의가 대답하였다.

"조(趙)나라 왕, 교서왕(膠西王), 제남왕(濟南王), 오(吳)나라 왕이 저를 불렀지만 가지 않았습니다. 제나라 문왕이 병들었을 때는 제가 가난했기에 다른 사람을 치료하고 있었습니다. 그러나 언제나 두려웠던 것은 제게 관직을 내려 특정 지역에 메여 두는 것이었습니다. 그래서 여기저기 친척과 지인들의 집으로 옮겨 다니며 그때마다 의술에 능한 자에게 배우기를 계속하였습니다. 그러다 양허후(陽虛侯)를 만나 장안으로 들어온 것입니다."

황제가 물었다.

"문왕이 병이 들어 다시는 일어날 수 없게 된 이유를 아는가?"

순우의가 대답하였다.

"문왕의 병은 진찰하지 못했습니다. 그러나 나중에 들으니 천식과 두통이 심해 눈이 안 보인다고 했습니다. 저는 그것은 병이 아니라고 생각했습니다. 비만으로 인해 몸이 잘 움직일 수 없게 되고, 뼈와 살이 조화를 이루지 못하면 천식이 생기는 것이므로 의약으로 고칠 수 없는 것이었습니다. 맥법에 말하기를 스물에는 혈맥이 왕성해 달리는 것이 좋고, 서른에는 빠른 걸음으로 걷는 것이 좋고, 마흔에는 조용히 앉아 있는 것이 좋고, 쉰에는 편안히 누워 있는 것이 좋고 예순 이상이면 원기를 감추는 것이 좋다고 했습니다. 그런데 문왕은 스무 살도 안 되었기에 맥으로 보자면 달려야 할 나이입니다. 하지만 걷는 것이 느렸고 자연법칙에 순응할 줄 몰랐습니다. 나중에 들으니 뜸을 뜨고 나서 병이 심해졌다고 합니다. 이것은 진단이 잘못된 것입니다. 뜸으로 인해 정기(正氣)가 나가고 사기(邪氣)가 들어온 것이라 봅니다. 더는 회복할 수 없는 노릇이니 결국 죽은 것입니다. 기를 발산시키도록 음식을 조절하고, 산책을 다니고, 체력을 움직이고 했어야 했는데 말입니다. 그래서 스물을 역무(易貿)라 합니다. 혈기를 누를 수 없기 때문에 침을 놓거나 뜸을 떠서는 안 된다는 나이입니다.

황제가 물었다.

"그대의 스승 양경(陽慶)은 누구에게 전수받았는가? 또 그의 명성은 어떠했는가?"

순우의가 대답하였다.

"양경 선생께서 누구에게 전수받았는지는 모릅니다. 의술이 뛰어나기
는 했지만 집이 부유하여 남의 병을 고쳐 주려 하지 않았습니다. 그래
서 이름이 알려지지 않은 것입니다. 또 당신에게 의술을 배운 것을 당
신 자손이 알지 못하게 하라고 말씀하셨습니다."

황제가 물었다.

"양경은 그대의 어떤 점이 마음에 들어 의술을 전수해 주었는가?"

순우의가 대답하였다.

"제가 젊었을 때 의술을 좋아했는데, 지천(菑川) 당리(唐里)의 공손광(公
孫光)이라는 분이 의술에 능통하다고 들어 찾아가 섬겼습니다. 의방(醫
方)과 음양변화이론(陰陽變化理論)과 구전되어 온 비법을 배웠습니다. 나
중에 공손광 선생께서 나이가 들어 의술에 전념할 수 없게 되자, 가지
고 계신 비법마저 제게 전수하여 주셨습니다. 그리고 절대 남에게 가르
쳐 주지 말라 하셨습니다. 저보고 나라 안에서 제일 가는 의사가 될 것
이라고 하셨는데, 임치현(臨菑縣)에 사는 뛰어난 의원이 한 분 있다고 말
씀하면서, 그의 의술은 기묘해 세상에 알려지지 않았다고 했습니다. 그
분이 바로 양경 선생이었습니다. 제가 처음에 배우려 하자 그릇이 못된
다고 허락하지 않았습니다. 때마침 양경 선생의 아들 은(殷)이 공손광
선생을 찾아와 왕께 말을 헌상해 주도록 부탁하러 왔습니다. 그 기회
에 저는 은과 친하게 지냈습니다. 그러자 공손광 선생께서 은에게 말하
기를, 순우의는 의술을 좋아한다. 그를 잘 대우하라. 성인(聖人)의 도를
앙모하는 선비인 것이다. 그리고 서찰을 써 주어 양경 선생을 찾아가게

도와주셨습니다. 그 후 제가 스승으로 섬기면서 따랐기에 저를 어여쁘게 봐 주신 것입니다."

황제가 물었다.

"관리건 백성이건 그대에게 의술을 사사한 자가 있는가? 또 그대에게 배운 자가 있다면 어디 사는 누구인지 말하라."

순우의가 대답하였다.

"임치현 사람 송읍(宋邑)이라는 자가 있습니다. 그에게 1년 남짓 오색진(五色診)을 가르쳤습니다. 제북왕이 태의(太醫)인 고기(高期)와 왕우(王禹)를 제게 보내 배우게 할 때에는 수족 경맥과 침과 뜸의 부위를 1년 정도 가르쳤습니다. 치천왕이 풍신을 보내 의술을 배우게 했을 때에는 안마와 약제의 조제를 가르쳤습니다. 고영후(高永侯)의 집사인 두신(杜信)이 배우러 왔을 때에는 오색진을 2년 가르쳤습니다. 임치현의 당안(唐安)이 배우러 왔을 때에는 오색진, 경맥의 분포와 부위, 기해술, 음양의 변동에 따른 이치를 가르쳤습니다. 그런데 그는 다 배우기도 전에 제나라 시의(侍醫)가 되었습니다."

황제가 물었다.

"병을 진단할 때 실수는 없었는가?"

순우의가 대답하였다,

"저는 먼저 맥을 짚고 나서 치료를 합니다. 맥이 쇠약하면 치료가 순조롭지 못합니다. 맥을 정밀하게 볼 수 없을 때는 생사를 단정 짓는 일과 치료에 대해 때때로 실수를 하기도 합니다. 저 또한 완벽하지는 못합니다."

태사공은 말한다.

"여자는 미인이거나 못생겼거나 궁궐에 들어가기만 하면 질투를 받게 되고, 선비는 현명하거나 어리석거나 조정에 들어가기만 하면 의심을 받는다. 그래서 편작은 뛰어난 의술 때문에 목숨을 잃었고, 창공은 흔적을 감추고 몸을 숨겼어도 형벌을 받게 되었다. 그는 막내딸 제영의 눈물겨운 상소로 편안하게 되었다. 노자(老子)는 아름답고 좋은 것은 상서롭지 못하다고 했다. 이는 편작을 두고 한 말이 아니겠는가? 창공과 같은 사람도 이에 가깝다고 할 수 있겠다."

巻一百六。吳王濞列傳

吳王濞者、高帝兄劉仲之子也。高帝已定天下七年、立劉仲為代王。而匈奴攻代、劉仲不能堅守、棄國亡、閒行走雒陽、自歸天子。天子為骨肉故、不忍致法、

郃陽侯。高帝十一年秋、淮南王英布反、東并劫其國、西度淮、擊楚、高帝自將往誅之。劉仲子沛侯濞年二十、有気力、以騎將從破布軍蘄西、會甀、布走。荊王劉賈為布所殺、無後。上患吳、會稽輕悍、無壯王以填之、諸子少、乃立濞於沛為吳王、王三郡五十二城。已拜受印、高帝召濞相之

> "마음대로 이익을 거두는 자는 탐욕이 끝이 없기 마련이다. 오나라 왕 유비는 넘치는 이익을 그칠 줄을 몰라 스스로 재앙을 당한 것이다."

●

## 유비

오(吳)나라 왕 유비(劉濞)는 유중(劉仲)의 아들이다. 유중은 한나라 고조 유방의 형이다. 즉 유비는 유방의 조카인 셈이다. 유방이 천하를 평정하고 7년 후, 형 유중을 대(代)나라 왕에 세웠다. 어느 날 흉노가 쳐들어오자 유중은 나라를 지키지 못하고 도망쳤다. 얼마 후 낙양(雒陽)으로 돌아와 고조 유방에게 자수했다.

고조는 형 유중을 어떻게 처리해야 할지 고민이었다. 차마 법대로 참수하지는 못하고 왕위를 폐위시켜 합양 지역의 제후인 합양후(郃陽侯)로 삼았다.

한나라 고조 11년 가을, 회남왕(淮南王) 영포(英布)가 반란을 일으켰다. 형(荊) 땅의 왕인 유고(劉賈)를 죽이고 그 지역을 점령하였다. 다시 회수를 건너 초나라를 공격하였다. 이에 고조 유방이 군사를 이끌고 토벌에 나섰다. 유비는 그 무렵 나이 스무 살이었고 패 지역의 제후였다. 기마부대 장군으로 유방에게 종군하여 회추에서 영포의 군대를 격파하였다. 영포는 운 좋게 도망하였다.

오나라 회계 지역 사람들은 본래 날째고 사나운 것이 특징이었다. 고조 유방은 이들을 제압할 힘 있는 인물이 없음을 걱정하였다. 더구나 고조의 아들은 아직 어렸다. 할 수 없이 형의 아들 유비(劉濞)를 오나라 왕으로 삼고 3개 군 53개 성을 다스리게 했다.

고조가 유비에게 왕의 옥새를 하사하면서, 그 얼굴을 자세히 뜯어보며 말했다.

"너의 얼굴에는 반란의 기미가 숨겨져 있다."

고조의 목소리는 마치 유비를 왕으로 삼은 것을 후회하는 듯했다. 그러나 유비의 등을 토닥거려 주며 다시 한 번 경계를 주었다.

"앞으로 50년 후에 동남쪽에서 난을 일으킬 자가 있다면 바로 너일 것이다. 천하는 모두 유씨 것이며 한 집안이다. 너는 삼가고 조심하여 결코 모반하지 않도록 하여라."

유비가 머리를 조아리며 말했다.

"결코 그러한 일은 없을 것입니다."

고조 유방이 죽고, 유방의 부인 고후가 죽고, 혜제(惠帝)의 시기를 지나자 천하가 비로소 안정되었다.

오나라 예장군(豫章郡) 지역에는 구리 광산이 있었다. 유비는 각 지역의 도망자들을 불러 모아 이 광산을 이용해 몰래 돈을 주조했다. 또 바닷물을 끓여 소금을 만들었다. 그로 인해 백성들로부터 세금을 걷지 않아도 나라 재정이 풍족해졌다.

효문제(孝文帝) 때, 오나라 태자인 유비의 아들이 황실 조정에 들어가 황제를 알현하였다. 그리고 이어 황태자를 모시고 연회를 즐기다가, 지금의 주사위 놀이와 비슷한 쌍륙놀이를 하게 되었다. 오나라 태자는 평소 천성이 교만하여 놀이 중에 그만 황태자에게 오만불손하게 굴었다. 황태자가 무엄하다고 하면서 쌍륙놀이판을 오나라 태자 얼굴에 던져 버리고 말았다. 그런데 오나라 태자가 그것에 맞고는 불운하게도 숨지고 말았다.

황실에서 유비의 아들 시신을 오나라로 보내 장사 지내게 했다. 유비는 아들의 유해를 보고는 참담하여 크게 분노하여 말했다.

"천하는 모두 같은 유씨 집안이다. 장안에서 죽었으면 장안에서 장사 지내야 하는 것이지 왜 꼭 이곳에 와서 장사 지내야 한단 말인가?"

하고는 아들의 유해를 장안으로 돌려보냈다. 이때부터 유비는 병을 핑계 삼아 황실 조회에 나가지 않았다. 조정 대신들은 유비가 자식을 잃은 슬픔 때문에 병이 들어 그런 것이라 생각했다. 그런데 조사해 보니 그것이 아니었다. 유비가 이상한 생각을 가지고 있다는 보고가 올라왔다. 황실은 오나라에서 오는 사신들을 모두 잡아 문책했다.

이 소식을 들은 유비는 은근히 두려웠다. 자신이 음모를 꾸미고 있는 것이 들키지나 않았는지 하는 마음에서였다. 가을 정기 황실 입조에 유비가 사신을 대신 보내자 황제는 크게 꾸짖었다. 이에 오나라 사신이 대답하였다.

"사실 오나라 왕께서는 병이 난 것이 아닙니다. 황실에서 오나라 사신들을 잡아 문책하시니 두려워 병을 핑계된 것입니다. 연못 속의 고기를 살피는 것은 상서롭지 못한 일이라고 하였습니다. 처음에는 태자를 잃은 슬픔에 병을 핑계 대었으나, 이제는 황제께서 벌을 내릴까 두려워 병을 핑계 댄 것입니다. 바라옵건대 오나라 왕이 다시 시작할 수 있도록 선처해 주시옵소서."

황제는 고심한 후에 오나라 사신들을 모두 사면해 돌려보내고, 유비에게는 편안한 의자와 지팡이를 하사하여 연로하시니 입조하지 말라하였다.

황제가 자신에 대한 경계를 풀자 유비 또한 모반에 대한 생각을 그만두었다. 그러나 돈을 주조하고 소금을 만든 덕분에 나라 재정이 넉넉하여, 유비는 군대에 복무하면 그에 해당하는 급여를 주겠다고 천하에 알렸다. 그러자 천하 각지에서 젊은이들이 군사가 되고자 몰려들었다.

이어 유비는 나라 안에 재능 있는 자를 챙겼고, 어진 이들에게 상을 내렸으며, 다른 나라에서 도망 온 자들도 받아들였다. 40년을 이같이 하자 백성들을 마음대로 다스리게 되었다.


효문제(孝文帝) 때, 오나라는 황실의 권위에 따르지 않고 제멋대로 굴었다. 이에 대해 재정을 담당하는 태자가령(太子家令) 조조(晁錯)가 오나라의 영토를 삭감해야 한다고 주장했다. 천성이 관대한 황제는 차마 그렇게 하지 못했다. 그러자 오나라는 갈수록 더 방자하게 굴었다.

문제가 죽고 경제(景帝)가 즉위하자 조조는 검찰총장 격인 어사대부(御史大夫)에 임명되었다. 이에 경제에게 아뢰었다.

"고조께서 천하를 평정하셨을 때에는 형제가 적고 자제들은 아직 어렸습니다. 그래서 같은 성씨를 왕으로 봉했습니다. 서자인 도혜왕(悼惠王)을 제나라 70여 성의 왕으로 삼으셨고, 그 동생 원왕(元王)을 초나라 40여 성의 왕으로 삼으셨습니다. 고조의 형 유중의 아들 유비를 오나라 50여 성의 왕으로 삼았습니다. 이렇게 세 서얼을 왕에 봉해 천하의 반을 나누어 주셨던 것입니다.

그런데 지금 오나라 왕은 거짓으로 병을 핑계 대고 조정에 입조하지 않고 있습니다. 법에 따르면 당장에 참수할 일이지만 문제께서는 이해하고 넘어가셨습니다. 은덕이 이토록 크니 유비 또한 허물을 고치고 새 사람이 되어야 했습니다. 그런데 오히려 더욱 교만하고 황실을 능멸하고 있습니다. 불법으로 돈을 주조하고 소금을 만들어 그 재정을 바탕으로 도망자들을 모아 반란을 일으킬 준비를 하고 있습니다. 지금이라도 당장에 그 영토를 삭감하면 반란의 시기는 빨라지겠지만 나라가 입을 재앙은 작을 것입니다. 하지만 영토를 삭감하지 않으면 반란의 시기는 느려지겠지만 그 재앙은 더욱 클 것입니다."

경제 3년, 오나라 왕이 입조하였다. 조조는 지난 해 박태후(薄太后)의 상중(喪中)에 오나라 왕이 몰래 간음한 죄를 물어 참수를 청원하였다. 하지만 경제는 사형은 면해 주고 오나라의 동해군(東海郡) 땅을 몰수하였다.

이러한 여세를 몰아 오나라에는 무례함을 책임 지워 예장군(予章郡)과 회계군(會稽郡)을 몰수하였다. 또 조나라는 2년 전에 죄를 물어 하간군(河間郡)을 몰수하였다. 교서왕(膠西王)은 작위를 팔아먹은 비리가 있어 여섯 개 현을 몰수하였다.

오나라 땅 일부가 황실에 몰수되자 유비는 크게 두려워하여 반란을 다시 궁리하게 되었다. 그러나 생각해 보니 거사를 도모할 사람이 없었다. 그런 와중에 교서왕(膠西王)이 용기가 있고 기개가 있어 제나라 모든 제후들이 두려워한다는 말을 듣게 되었다. 중대부(中大夫) 응고(應高)를 사신으로 보내 설득하도록 하였다.

응고는 너무도 비밀스러운 일이라 교서왕에게 구두(口頭)로 왕의 뜻을 전하였다.

"오나라 왕께서는 장래에 닥칠 우환을 걱정하여 그 마음을 전하고자 저를 보내셨습니다.

교서왕이 물었다.

"내게 무엇을 알려 주시려는 것이오?"

응고가 대답하였다.

"지금 황제께서는 간신과 사악한 신하들에 가려져 충신의 말을 듣지 않으십니다. 법을 제멋대로 고쳐 제후들의 땅을 몰수하고, 그 거둬들이는 영토가 갈수록 많아지니 이는 마치 선량한 백성을 주살하는 것과 다를 바 없습니다. 창고에 있는 겨를 슬쩍 핥다 보면 저절로 쌀에 이른다고 했습니다. 오나라와 교서는 이름난 제후국입니다. 그런데 하루아침에 영토가 몰수되어 이제는 안녕과 자유를 누릴 수 없게 되었습니다. 오나라 왕께서는 황실에 입조하지 못한 지 20년이 지났습니다. 항상 죄인처럼 의심을 받고 늘 두려운 시간을 보내 왔습니다. 그런데 가만히 듣자니 왕께서도 작위에 관한 일로 땅을 몰수당했다고 하는데 이는 해도 해도 너무 지나친 처사라 사료됩니다. 그러나 걱정은 그뿐만 아니라 또 다른 구실로 오와 교서의 땅이 몰수당할까 두렵기 그지없다는 것입니다."

교서왕이 말했다.

"내 맘도 그와 같소. 그래, 오나라 왕께서는 장차 어떻게 하시려는 것이오?"

응고가 대답하였다.

"미워하는 것이 같은 자는 서로 돕고, 좋아하는 것이 같은 자는 서로 붙들고, 뜻을 같이 하는 자는 서로 끌어 주고, 소원이 같은 자는 같이 달려가고, 이익을 나눌 수 있는 자는 서로를 위해 죽을 수 있다고 했습니다. 오나라 왕께서는 지금 근심 중에 있습니다. 만약 왕께서 순리를 좇고 계시다면 천하의 근심거리를 제거해 주시기를 바라고 계십니다."

교서왕이 깜짝 놀라며 말했다.

"내가 어찌 그런 일을 할 수 있단 말이오? 지금 황제께서 나를 옥죄고 있어 만약 내가 따르지 않으면 죽음이 있을 뿐이오. 어찌 황제를 받들지 않을 수 있겠소?"

응고가 말했다.

"황제를 미혹하고, 제후를 침탈하며, 충신을 가리는 자가 바로 저 어사대부 조조입니다. 전국의 제후들은 지금 증오와 원망이 가득합니다. 일이 극한에 이르렀으니 하늘에는 혜성이 나타나고 땅에는 황충(蝗蟲)이 자주 나타나는 것입니다. 이는 만세에 한 번 있는 때입니다. 천하 백성이 근심하니 성인이 일어나야 할 시기인 것입니다. 오나라 왕께서는 안으로 조조를 토벌할 것을 명분으로 하고, 밖으로 교서왕과 함께 천하를 나누어 다스리고자 하는 것입니다. 왕께서 한 마디 승낙만 하시면 오나라 왕께서는 초나라로 하여금 함곡관(函谷關)을 공격하게 하고 형양(滎陽)과 오창(敖倉)의 양곡 창고를 선점하여 한나라를 칠 것입니다. 그런 후에 두 대왕께서 천하를 나누어 가지는 것이 또한 좋지 않으십니까?"

교서왕이 잠시 고민하며 말했다.

"아주 좋은 생각이오."

이에 응고가 그 대답을 가지고 돌아가 유비에게 보고하였다. 유비는 그래도 미덥지 못한 면이 있어 자신이 직접 교서왕을 만나 맹약을 맺었다.

교서왕의 한 신하가 왕이 모의한다는 말을 듣고 간언을 올렸다.

"한 사람의 황제를 모시는 일은 지극히 편한 일입니다. 지금 대왕께서 오나라와 함께 하는 일이 성공한다고 해도, 두 군주로 갈라져 다시 다툴 것이니 근심거리는 바로 여기서 만들어지는 것입니다. 또 제후의 영토는 한나라의 10분의 1도 안 됩니다. 그런데 반란에 동참해 태후마마를 비롯한 모든 가솔들의 마음을 상심케 하시니 이는 좋은 계획이 결코 아닙니다."

그러나 교서왕은 그 말을 듣지 않았다. 드디어 제(齊)나라, 치천(菑川), 교동(膠東), 제남(濟南), 제북(濟北) 등에 사신을 보내 입장을 타진하고 동참을 허락받았다. 그러나 한 곳에 관해서는 다들 조심스럽게 말했다.

"성양(城陽) 땅의 경왕(景王)은 의리 있는 사람이다. 그는 여태후가 죽자 그 여씨 일족들을 몰아내는 일에는 함께 하였다. 비록 이번 일에는 참여하지 않는다고 하나, 일이 성취되면 그에게 땅을 조금 나누어 주도록 하자."

얼마 후, 오나라의 회계군과 예장군 영토를 몰수한다는 문서가 도착하였다. 유비는 분노하여 정월(正月) 병오일(丙午日)에 드디어 군사를 일으켰다. 우선 한나라에서 오나라로 파견된 관리들을 모두 죽였다.

그리고 여섯 제후국들과 함께 연합군을 이루어 서쪽 장안으로 향했다. 그러나 도중에 제나라 왕이 모반을 후회해 약을 마시고 자살하였다. 또 제북왕은 신하들이 위협하고 협박하는 바람에 군사를 일으키지 못했다.

교서왕이 우두머리가 되어 교동, 치천, 제남과 함께 임치현(臨菑縣)을 공격하였다. 그러자 조나라 왕도 마침내 모반에 참여하게 되었고, 흉노와 연합하고자 사자를 보내기까지 했다.

일곱 나라 연합군이 일어나자 유비가 명령을 내렸다.

"내 나이가 62살인데 몸소 선봉에 섰소. 내 자식은 14살인데 역시 병사 중에 선봉에 섰소. 이제 나와 나이가 같은 자부터 내 자식과 같은 자에 이르기까지 모두 일어설 것이다!"

그러자 20만 대군이 일제히 환호하였다. 이어 멀리 남쪽 민월(閩越)과 동월(東越)에서도 병사를 일으켜 연합군을 뒤따랐다.


경제 3년, 정월 갑자일(甲子日)에 오나라가 군사를 일으켜 회수를 건넜다. 이어 초나라와 연합하여 제후들에게 서신을 보냈다.

"오나라 왕 유비, 삼가 여러 제후들에게 문안드립니다. 지금 황실에 역적이 있습니다. 아무런 공로도 없으면서 높은 자리에 앉아 제후들을 능욕하고 처벌하고 있습니다. 선제의 자손을 끊고 간교한 무리들을 임용해 천하를 어지럽게 하는 자입니다. 이에 역적을 주살하고자 하니 삼가 가르침을 주시기 바랍니다. 저의 나라가 협소하지만 병사 50만 명은 모을 수 있습니다. 평소 남월과 30년을 사귀었으니 거절하지 않는다면 30만 병력을 얻을 수 있습니다.

저는 여러분의 좋은 의견에 따르고자 합니다. 우선 장사왕께서는 장사 이북을 평정하시고 촉과 한중으로 나아가십시오. 제남왕과 조나라 왕은 하간(河間), 하내(河內)를 평정하시고 낙양에서 합류해 주십시오. 연왕께서는 대(代)와 운중(雲中)을 평정하시고 흉노의 군대를 통솔하여 소관(蕭關)으로 들어가십시오. 그리고 모두 장안으로 진격해 황실을 바로잡도록 합시다. 제가 먹고 입는 것을 30년 절약하여 이 거사를 준비하였습니다. 이에 여러 제후들에게 알려 드립니다.

적의 대장을 베어 죽이거나 사로잡는 자에게는 황금 5천 근과 만 호의 땅을, 일반 장수를 죽이거나 사로잡는 자에게는 황금 3천 근과 5천호의 땅을, 부장과 비장인 경우 황금 2천 근과 땅 2천 호를, 그리고 그 아래부터는 황금 1천 근과 땅 1천 호를, 황금 5백 근과 5백 호의 땅에 봉하겠습니다. 또한 한나라 전 지역에서 항복을 받아오는 경우, 군졸이 1만 명, 읍이 1만 호인 경우 대장의 경우와 같이 대우할 것입니다. 그 다음은 순차대로 정할 것입니다. 원래 작위와 식읍이 있는 자는 공로에 따라 새로이 더 보태 줄 것입니다. 원컨대 분명히 군사들에게 알려 주십시오. 감히 속이지 않을 것입니다."

황제는 7개 나라가 반란을 일으켰다는 보고를 받자 두려웠다. 즉시 태위(太尉) 주아부(周亞夫)에게 군사를 이끌고 오나라와 초나라를 치게 하였다. 역기(酈寄) 장군으로 하여금 조나라를 치게 하고, 난포(欒布) 장군으로 하여금 제나라를 치게 하고, 대장군(大將軍) 두영(竇嬰)으로 하여금 형양에 주둔해 군대를 통솔하게 하였다.

대장군 두영은 진압 군대를 파견하기 전에 오나라 승상을 지낸 원앙(袁盎)을 황제에게 추천하였다. 황제가 반란의 원인과 대책에 대해서 고견을 듣고자 원앙을 불렀다.

원앙이 황실에 들어서자 마침 황제는 어사대부 조조로부터 병력과 군량미에 대한 보고를 받고 있었다. 원앙을 보자 대뜸 물었다.

"그대는 이전에 오나라 승상을 지냈다고 하니, 그곳의 전녹백(田祿伯)이 어떤 자인지 잘 알겠구려. 그래, 그대는 이 반란을 어떻게 생각하시오?"

원앙이 말했다.

"폐하께서는 두려워하실 것이 없습니다. 반란은 쉽게 물리칠 수 있을 겁니다."

황제가 말했다.

"유비는 돈을 주조하고 소금을 만들어 천하의 호걸들을 불러 모았소. 그는 철저히 준비하여 반란을 일으켰는데 어찌 쉽게 물리칠 수 있단 말이오?"

원앙이 대답했다.

"오나라가 돈을 주조하고 소금을 만들어서 이익을 얻기는 했습니다. 하지만 어찌 호걸을 얻을 수 있는 수준이겠습니까? 만약에 천하의 호걸을 불러 모았다면 그들이 유비로 하여금 의를 행하게 할 것이지 반란을 행하게 하지는 않았을 겁니다. 그러니 유비의 주변 세력은 무뢰배들과 간교한 자들이라 반란을 일으킨 것입니다."

옆에서 이 말을 듣고 있던 어사대부 조조가 말했다.

"원앙의 말이 옳습니다."

그러자 황제가 다시 원앙에게 물었다.

"그래, 어떤 대책을 세우면 되겠소?"

원앙이 말했다.

"청컨대 좌우 신하들을 모두 물리쳐 주십시오."

그러자 황제가 신하들을 모두 내보내고 조조 혼자 남았다. 원앙이 다시 말했다.

"소신이 지금 말씀드리는 것은 신하가 들어서는 안 될 말입니다. 그러니 모두 물리쳐 주십시오."

황제가 손짓하자 조조가 물러가는데 몹시 원망하는 표정이었다. 원앙이 말했다

"오나라와 초나라가 주고받은 글에는 어사대부 조조가 마음대로 제후들의 땅을 삭탈하고 있다고 적혀 있습니다. 반란의 명분은 바로 이것입니다. 그래서 반란군들은 조조를 베어 죽이고 자신들의 옛 땅을 회복하자고 하는 것입니다. 지금 대책이라고 하면 먼저 조조 한 사람을 처형하고 다음에 제후들의 옛 땅을 회복시켜 주는 것입니다. 그러면 칼에 피 묻히는 일 없이 반란은 끝나고 말 것입니다."

이 말에 황제가 한참을 침묵하고 있다가 입을 열었다.

"내가 한 사람을 버리고 천하에 사과해야 한단 말인가?"

원앙이 말했다.

"소신의 계획으로는 이보다 나은 것이 없습니다. 황제께서는 깊이 헤아려 주시옵소서."

황제는 이에 고개를 끄덕였다. 그리고 원앙을 반란군 사신으로 보내고자 급히 태상에 임명하였다.

10일 후, 원앙이 행장을 갖추어 떠날 준비를 하고 있었다. 황제는 중위(中尉)를 시켜 조조를 수레에 태워 장안 동쪽으로 순시를 떠나도록 했다. 장안 동쪽에 이르자 조조는 자신이 속은 것을 알았다. 하지만 이미 때는 늦었다. 조조는 관복을 입은 채로 그 자리에서 참수당하고 말았다.

원앙은 계책대로 오나라에 찾아가 이 소식을 알리고, 황제의 조서를 전했다. 이에 유비가 자신을 설득시키러 온 걸 알고는 웃으며 대답

하였다.

"나는 이미 동쪽의 황제다. 그러니 내가 누구에게 절할 수 있겠는가?"

하고는 원앙을 만나려 하지 않았다. 도리어 원앙을 위협해 자신의 장수로 삼고자 했다. 원앙이 이를 거절하자 죽이려 하였다. 다행이 이 사실을 미리 알려 주는 이가 있어서 원앙은 밤중에 몰래 빠져나와 도망쳤다. 그리고 황제에게 돌아와 상황을 보고했다.

태위 주아부 장군이 형양에서 군사를 몰아 낙양에 이르렀을 때 의로운 협객으로 소문난 극맹(劇孟)을 만나게 되었다. 이에 기뻐하며 말했다.

"일곱 나라가 반란을 일으킨 이때에 내가 수레를 타고 낙양까지 무사히 이를 것이라 생각하지 못했소. 난 반란군들이 극맹 그대를 포섭했으리라 생각했소. 그런데 그대가 이토록 무사하니 나는 더는 두려울 것이 없소이다."

이어 주아부가 회양에 도착하여 이전 아버지의 빈객이었던 등도위(鄧都尉)에게 계책을 물었다.

"유비를 섬멸할 좋은 계책을 알려 주십시오!"

등도위가 말했다.

"오나라 군사는 정예부대이니 맞서 싸워 승패를 가른다는 것은 어려운 일일 겁니다. 또 초나라 군사는 성급하여 싸움이 오래 갈 수 없습니다. 지금 장군께서 할 수 있는 최상의 비책은 동북쪽 창읍(昌邑)에서 도랑을 깊게 파고 성벽을 높게 쌓아 방비를 튼튼히 하는 것뿐입니다. 오나라가 양나라를 치게 되면 혈전이 벌어져 군사들은 지치고 식량은 고갈될 것입니다. 이때 날랜 병사들을 보내 오나라의 보급로를 차단하시면 싸움은 쉽게 이길 것입니다."

주아부가 그 계책을 따르기로 하였다.

한편 유비가 막 출병하려 할 때 장군 전녹백이 아뢰었다.

"전술 없이 모든 병사가 다 같이 서쪽으로 나아가기만 하면 공을 이루기 어렵습니다. 소신에게 5만의 군사를 따로 주시면 장강 회수를 따라 올라가 회남(淮南)과 장사(長沙)를 손에 넣고 무관(武關)에 입성해 대왕과 합류하겠습니다."

이 의견에 대해 오나라 태자가 만류하며 나섰다.

"지금 반란의 상태에서 병사를 분산하는 것은 지극히 위험한 일입니다. 만약에라도 장군이 왕을 배반하면 반란은 힘을 잃고 말 것입니다. 하오니 군대를 내주어서는 아니 됩니다."

유비는 태자의 의견을 받아들였다.

이어 젊은 장군 환(桓)이 유비에게 아뢰었다.

"한나라는 수레와 기병이 많지만 우리는 보병이 많습니다. 기병은 평지에서 유리하지만 보병은 험난한 지형에서 유리합니다. 하오니 왕께서는 함락되지 않은 성들은 그냥 내버려 두시고 서둘러 낙양의 무기고와 오창의 곡식 창고를 점거해야 합니다. 그러면 비록 함곡관에 들어가지 않더라도 천하는 이미 평정된 것이나 다름없습니다. 만일 진군을 지체하시면 한나라 기병이 달려들어 계획이 실패하고 말 것입니다."

유비가 연로한 장군들에게 이 의견에 대해 자문을 구하였다. 그러자 다들 이렇게 대답하였다.

"그것은 젊은 사람이 적의 예봉을 꺾을 때나 사용할 계책이지 큰 계획은 못 되옵니다."

그러자 유비는 환장군의 계책을 받아들이지 않았다.

반란군이 아직 회수를 건너기 전이었다. 여러 호걸과 인재들이 장군, 교위, 척후, 사마 등의 자리를 얻어 등용되었지만 주구(周丘)라는 자는 아직 자리를 얻지 못했다.

주구는 하비(下邳) 사람이다. 죄를 짓고 오나라로 도망 와서 술장사를 하였다. 하지만 행실이 좋지 못해 임용에서 탈락한 것이었다. 이에 불만을 품은 주구가 유비에게 나아가 아뢰었다.

"소신은 무능해 이번 거사에 어떤 임무도 맡지 못했습니다. 그렇다고 감히 통솔할 군대를 달라고 요구하는 것도 아닙니다. 단지 대왕의 표시가 있는 부절(符節) 하나를 얻기 바랄 뿐입니다. 그걸 주신다면 반드시 대왕께 보답을 하고자 합니다."

이에 유비가 부절 하나를 주었다. 주구는 그것을 가지고 하비성으로 달려갔다. 반란군이 쳐들어올지 모른다는 소식에 하비성은 굳게 닫혀 있었다. 성문 앞에서 주구가 큰소리로 현령을 찾았다. 이에 현령이 몇몇 군사를 이끌고 성문 앞에 나타났다. 전혀 방비하지 않은 상태였다. 그 순간 주구와 함께 온 자들이 달려들어 현령을 포박했다. 주구가 죄명을 알려 주고 단숨에 현령의 머리를 베어 버렸다. 그리고 성안의 관리들을 향해 말했다.

"나는 오나라 왕의 부절을 갖고 이곳에 왔소. 곧 오나라 반군이 이곳에 도착할 겁니다. 도착하면 맨 먼저 성 안의 관리들 모두 죽일 겁니다. 그건 밥 한술 뜨는 시간이면 충분합니다. 그러나 가장 먼저 항복하는 자는 살려주어 그 가정과 혈족들이 온전하도록 할 것이며, 능력이 있는 자라면 벼슬 또한 다시 얻을 수 있을 겁니다. 내가 이 부절로 분명히 약속하니 지혜롭게 판단하기 바랍니다."

이 소식을 들은 하비성 백성들과 관리들이 모두 항복하였다. 이렇게 해서 하룻밤 만에 주구를 따르는 자가 3만 명에 이르렀다. 이 사실을 유비에게 보고하였다. 그리고 이어 주구가 북쪽 성양(城陽)에 이르렀을 때에는 따르는 무리가 10만에 이르렀다.

이 무렵 유비가 한나라에 패하여 도주한다는 소식이 전해졌다. 주구는 즉시 하비성으로 되돌아가고자 했다. 하지만 불행하게도 등에 종기가 심해져 가는 도중 죽고 말았다.

처음 유비가 회수를 건넜을 때에만 해도 기세가 대단하였다. 양나라 효왕의 장군 여섯을 모두 몰살시킬 정도였다. 효왕이 위급하여 태위 주아부에게 구원을 요청하였으나 들어주지 않았다. 이에 황제에게 사신을 보내 주아부를 헐뜯는 말을 전하였다. 황제가 듣고는 주아부에게 양나라를 구하라고 하였다. 하지만 주아부는 자신의 생각이 합당하다고 여겨 구하지 않았다.

오나라가 서쪽으로 진격하려 할 때 양나라의 장우(張羽) 장군이 막아섰다. 수비가 너무도 견고해 오나라는 감히 이길 수 없었다. 결국 주아부 쪽으로 방향을 돌려 싸우고자 했으나 주아부는 성을 굳건히 지킨채 싸우려 하지 않았다.

시간이 흐르자 오나라 병사들은 양식이 다 떨어졌다. 별 수 없이 어둠을 틈타 주아부를 공격하였다. 이때 오나라는 꾀를 내어 동남쪽에서 소란을 피웠다. 주아부의 군사들이 서북쪽을 수비하고 있다가 동남쪽으로 옮겨가는 척했다. 그러자 오나라 군대가 기세를 몰아 서북쪽으로 쳐들어왔다. 하지만 주아부 군대는 오나라의 계략을 미리 알고 있는터라 도리어 기습 공격하여 몰살시켰다. 오나라 군대는 결국 크게 패하였고, 병사들은 뿔뿔이 흩어졌다. 유비는 가까스로 도주하였다. 이에 황제는 장군들에게 다음과 같은 조서를 내렸다.

"하늘은 선한 일을 행한 자는 복으로 갚아 주고, 악한 일을 행한 자는 재앙으로 갚아 준다. 유비는 대역무도하게 반란을 일으켰으니 그 죄를 다스리고자 한다. 장군들은 마땅히 병사들을 독려해 반역의 무리를 무찌르도록 하라. 반란군 중 3백 석 이상 벼슬이 되는 자는 모두 죽여 놓아주지 말라. 이 조서에 따르지 않는 자는 모두 허리를 벨 것이다."

유비는 장강을 건너 동월(東越)에 몸을 의탁했다. 그러자 한나라에서 이 사실을 알고 간첩을 보내 많은 금은보화로 동월을 꾀어냈다. 동월 왕은 유비에게 내색을 하지 않고 있다가 유비가 외출할 때 사람을 시켜 창으로 찔러 죽였다. 그리고 그 머리를 그릇에 담아 한나라에 진상하였다. 유비의 아들 자화(子華)와 자구(子駒)마저 민월(閩越)로 달아나자 오나라는 결국 무너졌다. 또한 초나라 왕 유무는 군대가 패하자 결국 자살하였다.

반란군 교서, 교동, 치천 세 왕이 제나라를 포위하였지만 석 달이 넘도록 함락시키지 못했다. 이때 한나라 군대가 반란군을 섬멸하고자 도착하였다. 장군 한퇴당(韓頹當)이 반란군 교서왕에게 서신을 보냈다.

"나는 조칙을 받들어 불의를 벌하고자 왔다. 반란군 중에 항복하는 자는 용서하지만 항복하지 않는 자는 멸할 것이다."

이에 반란군이 잠시 우왕좌왕하더니 상황이 불리함을 깨닫고 항복하였다. 교서왕이 나아가 머리를 조아리며 말했다.

"장군을 먼 이곳까지 오게 했으니 죄를 청하고자 합니다."

한퇴당이 말했다.

"왕은 왜 반란을 일으켰는지 말하라."

교서왕이 대답하였다.

"어사대부 조조는 황제께서 정권을 맡긴 신하였습니다. 그런데 그가 마음대로 황제의 법을 개정하고 제후의 영지를 삭탈했습니다. 이는 의롭지 못한 처사로 이에 일곱 나라가 조조를 주벌하려 일어났습니다. 그런데 지금 들으니 조조가 이미 죽었다고 하니 병사를 거두고자 합니다."

한퇴당이 말했다.

"조조가 옳지 못한 것을 알았다면 먼저 황제께 간언해야 했다. 그리고 황제께서 명하지 않으셨는데 마음대로 병사를 일으켜 천하를 어지럽힌 것은 조조를 주벌하려는 것이 아니라 다른 의도가 있는 것이 아닌가?"

그리고 황제의 조서를 꺼내 읽어 주고는 엄히 말했다.

"왕은 어떻게 처신해야 하는지 잘 생각하라."

교서왕이 말했다.

"신은 죽어도 죄가 넘치나이다."

하고는 자결하고 말았다. 교동왕, 치천왕, 제남왕도 모두 죽었다. 그 나라들은 폐지되고 한나라 영토에 편입되었다. 조나라 왕도 자살했다. 제북왕은 부하의 협박으로 참여하지 않아 목숨을 건져 치천왕이 되었다. 정월에 반란군 모두 패하고 말았다.


태사공은 말한다.

"유비가 오나라 왕이 된 것은 그이 아버지가 강등되었기 때문이다. 그가 비록 멸망하고 말았지만 산과 바다의 이익을 마음대로 거두어 들였기에 반란의 기회를 얻은 것이다. 조조는 국가를 위해 멀리 내다보았으나 화가 먼저 그에게 찾아왔다. 원앙은 권모에 능하고 유세를 잘하였으나 후에 그 몸이 욕되고 말았다. 그래서 옛날에 제후의 땅은 백리를 넘지 않았고, 산과 바다가 있는 곳에는 제후를 봉하지 않았다. 오랑캐를 가까이 하여 친속을 소원하게 말라는 말은 오나라를 가리키는 것일까? 권모(權謀)에 앞장서지 말라. 오히려 재앙을 받을 것이다. 이는 원앙이나 조조와 같은 경우를 두고 한 말이 아닐까?"

卷二百七。

魏其族竇嬰者、孝文後從兄子也。父世觀津人。喜賓

客。孝文時、嬰為吳相、病免。孝景初即位、為詹

事。

# 제47편

# 두영, 전분 열전

梁孝王者、孝景弟也、其母竇太后愛之。梁孝王朝、

因昆弟燕飲。是時上未立太子、酒酣、從容言曰、千

秋之後傳梁王。太後驩。竇嬰引卮酒進上、曰、天下

者、高祖天下、父子相傳、此漢之約也、上何以得擅

傳梁王。太後由此憎竇嬰。竇嬰亦薄其官、因病免。

太後除竇嬰門籍、不得入朝請。孝景三年、吳楚反、

"황실의 외척이 되어 존귀하게 된 자가 있는가 하면, 한 번의 모험으로 명성을 얻은 자도 있다. 하지만 운이란 언제 어떻게 변할지 아무도 알지 못하는 것이다. 그러니 높은 자리에 있을수록 겸손한 자는 제 명을 다하겠지만, 겸손하지 않으면 목숨이 당겨지는 것이다."

•

## 두영

위기후(魏其侯) 두영(竇嬰)은 관진(觀津) 사람이다. 효문제의 아내인 두태후(竇太后)의 오촌 조카이다. 효문제 때 오나라 승상으로 있다가, 효경제가 즉위하자 황후와 태자를 보필하는 첨사(詹事)에 임명되었다.

효경제의 동생인 양(梁)나라 효왕(孝王)은 어머니 두태후(竇太后)가 매우 총애하는 아들이었다. 한번은 효왕이 황제인 형과 술을 마시게 되었다. 이 무렵 효경제는 아직 태자를 세우지 않았는데, 술자리가 무르익고 흥이 오르자 별 생각 없이 말을 던졌다.

"오랜 후에 황제의 자리를 네게 물려주겠다!"

어머니 두태후가 이 말을 듣고 몹시 기뻐했다. 그러자 신하인 두영이 술잔을 들어 황제에게 올리면서 말했다.

"천하는 고조 황제의 천하로서 부자간에 전하는 것이 한나라의 법통입니다. 그런데 황제께서는 무슨 근거로 함부로 동생에게 제위(帝位)를 전하신단 말씀입니까?"

옆에서 이 말을 들은 두태후는 기분이 나빴다. 그날부터 두영을 미워하게 되었다. 두영 역시 두태후의 눈치를 알고 병을 핑계로 관직을 사임하였다. 그런데 두태후는 아예 두영을 황실 호적에서 삭제시켜 황실로 문안 오는 것조차 막아 버렸다.

효경제 3년, 오나라와 초나라가 반란을 일으켰다. 황제는 일족과 외척 가운데 인재를 찾았으나 아무리 찾아도 두영만큼 현명한 자가 없었다. 결국 두영을 불렀다. 두영이 궁궐에 들어와 황제께 알현하고 말했다.

"소신은 병 때문에 중책을 맡기 어렵습니다."

황제가 말했다.

"천하가 지금 위급한 시기요. 어찌 황실의 외척으로 사양만 한단 말이오?"

하고는 두영을 대장군으로 임명하고 금 1천 근을 하사하였다. 이때 두태후가 이전에 두영에게 대했던 자신의 행동을 부끄러워했다.

두영은 이어 원앙과 난포 등 이름난 신하와 용맹한 장수들을 황제께 추천하였다. 그리고 황제께 받은 금은 군영 안 휴게소에 진열해 두고 관리가 필요한 만큼 가져다 쓰도록 하였다. 두영은 조금의 금도 집안에 가져가지 않았다.

두영은 형양에 군대를 주둔하면서 반란군을 차례로 격파하였다. 황제는 그 공로로 두영을 위기후(魏其侯)에 봉했다. 이후 여러 유세객들과 선비들이 다투어 두영을 찾아왔다. 더구나 조정에서 국사를 논할 때면 어느 누구도 두영에게 함부로 하지 못했다.

효경제 4년, 율희에게서 난 큰아들 유영을 태자로 세우고, 두영을 태자부(太子傅)로 삼았다. 그러나 3년 후에 태자를 폐위하였다. 이는 옳지 않은 일이라며 두영이 여러 차례 간언하였으나 받아들여지지 않았다.

실망한 두영은 병을 핑계로 물러나 남산 기슭에 은둔하며 지냈다. 여러 신하들과 선비들이 찾아와 다시 조정에 들어올 것을 권유하였지만 듣지 않았다. 이러던 차에 양(梁)나라 사람 고수(高遂)라는 자가 찾아와 말했다.

"장군께서는 태자를 폐위한 것은 옳지 못한 일이라고 황제에게 분명히 간언하였습니다. 그러나 그 의견이 받아들여지지 않았습니다. 그렇다고 태자부로 계셨던 장군께서 폐위된 태자를 위해 죽을 수는 없는 노릇입니다. 병을 핑계로 벼슬에서 물러나 계시면서 아름다운 시녀들이나 옆에 끼고 멀리 조정의 행태를 비판하시니 이는 도리어 황제의 허물을 드러내는 일입니다. 장군을 부귀하게 할 수 있는 것은 황제이시고, 지금 장군을 가까이 두고자 하는 분은 두태후이십니다. 만약에 황제와 태후가 모두 마음을 바꿔 장군에게 분노하는 날에는 장군의 일족은 누구 하나도 살아남지 못할 것입니다. 다시 한 번 생각하실 것을 간청드립니다."

그 말을 들은 두영은 생각을 바꿔, 마침내 몸을 일으켜 황실 조회에 참석하였다.

효경제 때 승상인 유사(劉舍)가 해임되었다. 그러자 두태후가 두영을 승상으로 천거하였다. 이에 효경제가 말했다.

"어머니께서는 어찌 제가 자리에 인색해 두영을 승상에 쓰지 않는다고만 생각하십니까. 두영은 행동이 경솔하기에 승상으로써 막중한 임무를 맡기에는 부족한 자입니다."

결국 효경제는 두영을 등용하지 않고 위관(衛綰)을 승상으로 삼았다.


## 전분

무안후(武安侯) 전분(田蚡)은 장릉 출신으로 효경제의 아내인 황후와 남매 관계이다. 어머니는 같았지만 아버지는 서로 달랐다. 평범한 낭관(郎官)의 신분이었을 때 대장군 두영을 모시고 있었는데, 그 시중드는 것이 마치 부모를 대하 듯 지극정성이었다. 효경제 말년에 태중대부(太中大夫)에 올랐다.

효경제가 죽자 그날로 황후가 태후에 올라 정치를 대신하니 곧 왕태후(王太后)였다. 이때 전분이 내놓은 정책을 많이 채택하였다. 3년 후, 전분과 전승은 모두 태후의 동생이라 무안후와 주양후에 봉해졌다.

건원 원년, 승상 위관이 병으로 물러났다. 그러자 황제는 승상과 태위 임명을 고민하게 되었다. 이 소식을 들은 전분 문하에 있는 적복(籍福)이라는 자가 전분에게 말했다.

"두영은 현재 존귀한 분입니다. 그래서 천하의 선비들이 그를 따르고 있습니다. 하지만 장군께서는 이제 막 일어나는 세력입니다. 그러니 두영만 못합니다. 만약 황제께서 장군을 승상으로 삼는다고 하시면 반드시 두영에게 양보하십시오. 두영이 승상이 되면 장군께서는 반드시 태위에 오를 것입니다. 태위와 승상은 존귀하기가 동등합니다. 그리고 장군께서는 승상의 자리를 양보했다는 명성을 얻을 수 있으니 잃을 것이 전혀 없는 것입니다."

전분이 태후를 찾아가 이 말을 전하였다. 그리고 태후가 은연중에 황제에게 다시 이 말을 전하였다. 과연 황제가 인사를 발표하자 두영은 승상이 되고 전분은 태위가 되었다.

그러자 적복이 두영을 찾아가 축하하고, 이어 조의를 표하며 말했다.

"승상께서는 선한 것을 좋아하시고 악한 것을 미워하십니다. 아마도 그런 승상을 많은 사람들이 칭송하여 이 자리에 오르셨을 것입니다. 앞으로도 승상께서는 악한 것을 미워하실 것입니다. 그런데 천하에 악한 자가 무수히 많습니다. 이들이 장차 승상을 비방할 것입니다. 이전에는 악인도 포용해서 이 자리에 오르셨지만, 이제 그렇지 못한다면 곧 중상모략과 비방을 받고 자리에서 물러날 것입니다."

하지만 두영은 그 말을 듣지 않았다.

두영과 전분은 모두 유학(儒學)을 선호했다. 유학파인 조관(趙綰)을 추천해 어사대부로 삼고, 왕장(王臧)을 추천해 낭중령(郎中令)에 삼았다. 또 노나라의 대 유학자 신공(申公)을 맞아들여 가르침을 받기도 했다. 제후들은 자신의 영지로 돌아가게 하고, 구역을 구분 짓는 관(關)을 폐지하였다. 천하는 바야흐로 태평한 시절이었다.

외척과 왕실 가운데 행실이 바르지 못한 자는 견책하고 족보에서 삭제하였다. 이에 불만과 비방하는 소리가 두태후에게까지 들렸다. 두태후는 유학은 낮게 여기고 노장사상인 황로 도가를 높게 여겼다. 이 때문에 두영과 사이가 벌어졌다.

건원 2년, 어사대부 조관이 두태후에게 보고하는 사례를 없애자고 황제에게 청원하였다. 이에 두태후가 크게 노하여 조관과 왕장을 내쫓고, 승상 두영과 태위 전분을 해임하도록 하였다. 황제는 이에 허창을 승상으로 임명하고 장청책을 어사대부로 삼았다.

전분은 직책을 잃었지만 효무제의 총애로 국정 여러 방면에 참여할수 있었다. 그중 정책이 채택되어 좋은 성과를 얻기도 했다. 그러자 차츰 선비들이 두영을 떠나 전분에게 몰려들었다. 자신을 지지하는 세력이 점점 넓어지자 전분은 차츰 방자해져 갔다.

건원 6년, 두태후가 죽자 승상 허창과 어사대부 장청책은 상례를 잘못 처리하여 해임되었다. 드디어 전분이 승상에 오르고, 한안국(韓安國)이 어사대부에 올랐다.

전분은 키가 작고 못생겼는데, 승상에 오르자 태도가 매우 오만해졌다.

'제후들은 나이가 많고, 황제는 나이가 어리니 아마도 신하들은 황제를 우습게 여길 것이다. 내가 이번 기회에 제후들의 기세를 꺾어 확실히 복종하도록 만들겠다.'

이 무렵 전분은 권력을 모두 쥐고 있어 황제조차도 함부로 할 수 없었다. 아무런 재능과 능력이 없는 자도 승상 전분이 추천하면 단숨에 2천 석의 신분을 얻을 수 있었다. 따라서 모든 인사는 전분의 허락을 받아야만 했다.

하루는 황제가 말했다.

"승상은 관리 임명이 끝났습니까, 아니면 아직도 남았습니까? 이제 나도 관리를 임명해 보고 싶소이다!"

또 한 번은 승상이 집을 늘리려고 이웃한 신하의 집을 얻고자 청하자, 황제가 화를 내며 말했다.

"승상은 어찌하여 무기고를 달라고 하지 않는 거요?"

전분의 형이 찾아와 술자리를 하게 되었다. 전분은 승상이니 자신은 동쪽에 높이 앉고 형은 남쪽 아래에 앉게 하였다. 전분은 이렇게 생각했다.

'한나라의 승상은 존귀한 자이니 형제라고 해서 사사로이 굽힐 수 없는 일이다.'

이후로 더욱 교만해져 나라 안에서 가장 큰 집을 소유하였고, 밭이나 임야 또한 가장 비옥하였으며, 전국의 물건 파는 사람들이 전분 집 앞에 날마다 길게 행렬을 섰다. 그 집에서 일하는 시녀와 일꾼들은 헤아릴 수 없었다. 또 제후들이 진상한 금은보석과 진기한 물건들이 집안 곳곳에 셀 수도 없이 많았다.

이 무렵 두영은 두태후라는 큰 후광을 잃고 황제와도 소원하게 지냈다. 권력을 잃자 손님들도 떠나갔다. 단지 관(灌) 장군만이 옛 정분을 잊지 않고 찾아와 주었다. 두영은 그런 관 장군에게 후하게 예우하였다.

관 장군은 관부(灌夫)를 말한다. 관부는 영음 사람이다. 그의 아버지 장맹(張孟)이 영음후(潁陰侯) 관영(灌嬰)의 가신이 되어 2천 석 신분에 오르자 성을 관으로 바꾸었다.

오나라와 초나라가 반란을 일으켰을 때, 관영은 태위(太尉) 휘하의 장군이었다. 그는 자신의 가신 관맹을 교위(校尉)로 삼을 것을 청하였다. 이때 관부가 1천 명의 군사를 이끌고 아버지 관맹을 도와 싸움에 나섰다. 관맹은 비록 나이가 많았지만 싸움에서는 용맹한 자였다. 더구나 자신을 추천한 관영에 대한 보답으로 오나라 진영에서 장열하게 싸우다 전사하였다.

그 당신 군법에는 부자가 함께 종군하여 한 사람이 전사하면 유해와 함께 돌아가게 되어 있었다. 그러나 관부는 아버지 유해를 따라 돌아가려 하지 않았다. 관영 장군에게 의연하게 말했다.

"바라옵건대, 오나라의 왕이든 장군이든 그들의 목을 베어 아버지의 원수를 갚게 하여 주십시오!"

관부가 갑옷을 입고 창을 쥐고 나서자 그 패기에 따르는 자가 수십 명이었다. 그러나 군영을 벗어나 오나라 진지로 향할 때에는 다들 주저하고, 단지 관부를 섬기는 부하 몇 명만이 따르고 이었다.

오나라 진영에 이르러 수십 명을 죽이고 상처를 입혔지만 더는 나아갈 수 없었다. 다시 한나라 군영으로 돌아왔을 때 부하들은 모두 죽고 기병 한 명과 자신만 살아남았다. 관부 자신도 10여 군데 상처를 입었지만 다행히 목숨을 건졌다.

얼마 후 상처가 치유되자 관부가 다시 관영 장군에게 청원했다.

"이제는 오나라 군영이 어떤지 확실히 알았으니, 다시 가서 그들을 목 베게 하여 주십시오!"

관영 장군은 관부가 담력도 크고 의협심도 강해 이번에 가면 목숨을 잃을 것이 염려스러워 태위께 정황을 보고하였다. 이에 태위가 그 용기를 가상히 여겨 출전을 금하였다. 이 일로 관부의 이름이 널리 알려졌다.

관영이 관부의 공로를 조정에 추천하였다. 황제가 이를 인정하여 중랑장(中郎將)에 임명하였다. 그러나 몇 달 후에 관부가 법을 어겨 물러났다. 이후 장안에 머물렀는데 그곳에 사는 귀족들이 예전 관부의 용맹함을 모두 칭송하였다.

효경제 때에 관부는 대(代)나라 승상에 올랐다. 이어 한나라 무제가 즉위하자 군사요충지인 회양(淮陽) 태수로 임명되었다. 이후 조정에 들어가 태복이 되었다.

한번은 장락궁의 관리 책임자인 두보(竇甫)와 술을 마시게 되었다. 그런데 두보가 배운 것이 없어서 예절이 온전치 못하였다. 이에 관부가 그만 화를 못 이기고 두보를 두들겨 패고 말았다. 알고 보니 두태후가 두보의 누이였다. 황제는 그 일로 관부를 연(燕)나라 승상으로 옮기도록 했다. 몇 년 후에 관부는 다시 법을 어겨 관직에서 물러났다.

관부는 술버릇이 좀 나빴으나 인품이 강직하여 꾸미기를 좋아하지 않았다. 신분이 높고 권력을 가진 자들에게 아부하지도 않았고, 신분이 낮고 힘이 없는 자들에게는 공경하고 동등하게 대했다. 그래서 선비들 중에 관부를 칭송하는 자가 많았다.

관부는 다른 사람과의 약속은 소중히 여겼고 약속하면 반드시 실천하였다. 그와 교류하는 자는 대부분 호걸이거나 배짱이 큰 자들이었다. 관부는 영천에서 세도를 크게 부렸는데 집안에 많은 재산을 쌓아 두고 매일 수백 명의 식객을 대접하기도 했다. 그곳 어린아이들이 이렇게 노래했다.

"영천의 물이 맑으면 관씨는 편하다네. 영천의 물이 흐리면 관씨는 멸족을 당한다네."

하지만 관부가 아무리 재산이 많다고 하더라도 세력을 잃었기 때문에 점차 찾아오는 사람들이 줄어들었다. 이 무렵 두영 또한 권세를 잃은 후라 둘은 서로를 의지 삼아 교류하며 지냈다. 두 사람이 서로 존중하고 이끌어 주는 것이 마치 부자지간 같았다. 서로 늦게 알게 된 것을 한스럽게 여길 정도였다.

한번은 관부가 상을 당했을 때 승상 전분이 찾아와 말했다.

"내 그대와 함께 두영을 만나려고 하는데, 그대가 상중이니 어쩌면 좋겠소?"

관부가 말했다.

"두영을 방문하고자 하시는데 어찌 제가 상중인 것을 핑계 삼겠습니까. 제가 두영에게 알릴 터이니 승상께서는 내일 아침에 와 주십시오."

전분이 허락하자 관부는 이 내용을 두영에게 알렸다. 그러자 두영과 그 부인이 밤새 청소를 하고 새벽까지 접대 준비를 마쳤다. 날이 밝자 하인들로 하여금 승상을 영접하게 도열시켰다. 그러나 해가 중천에 뜨도록 승상은 나타나지 않았다.

두영이 관부에게 말했다.

"승상께서 잊은 것이 아니요?"

관부가 언짢아하며 말했다.

"나는 상중인데도 요청에 응했는데, 약속을 했으면 승상이 마땅히 와야 하는 것이 아닌가요?"

하고는 관부가 직접 수레를 몰고 승상을 맞으러 갔다. 관부가 문 앞에 이르렀을 때 승상은 아직 자리에 누워 있었다. 관부가 아뢰었다.

"승상께서 두영을 방문하시겠다고 허락하셨기에 지금 두영 부부는 밤새 음식을 준비해 놓고 감히 식사도 못하고 있습니다."

그 말을 듣자 전분이 깜짝 놀라며 사과했다.

"내가 어제 그대와 한 약속을 취중에 잊어 먹었구려. 미안하게 됐소." 하고는 수레에 올라탔다. 그런데 수레가 너무도 느리게 가는 것이었다.

관부는 화가 났지만 꾹 참을 수밖에 없었다.

두영 집에 도착하자 주연이 베풀어지고 술자리가 무르익었다. 관부가 일어나 춤을 추자고 전분에게 권했다. 그러나 전분은 일어나지 않았다. 이에 관부가 전분을 능멸하는 말을 뱉었다. 이때 두영이 관부가 취한 것을 알고는 부축하여 보냈다. 그리고 승상 전분에게 대신 사과하였다. 승상은 밤이 이슥하도록 술을 마시고 즐겁게 놀다가 돌아갔다.

어느 날 승상 전분이 가신 적복(籍福)을 두영에게 심부름 보냈다. 그것은 두영이 가진 남쪽 땅을 달라는 요구였다. 두영이 몹시 원망하며 거절하였다.

"내가 늙어 아무리 황제에게 버림받았다고 하더라도, 권세가 있다고 남의 땅을 함부로 탈취할 수 있는 것이오? 비록 승상이 귀한 신분이기는 하지만 그건 안 될 말이오."

두영이 분한 마음에 관부에게 이 말을 전했다. 그러자 관부가 심부름 온 적복을 크게 꾸짖었다. 적복은 승상과 두 사람 사이가 나빠지는 것을 우려하여 이 사실을 숨기고 돌아가 좋게 보고하였다.

"두영은 곧 죽을 것입니다. 참기 어려운 것도 아니니 잠시만 기다리시지요."

하지만 며칠 후 전분이 이 사실을 알고 노하여 말했다.

"일찍이 두영의 아들이 사람을 죽였을 때 내가 살려 주었다. 나는 두영을 섬길 때 안 된다고 한 일이 없었다. 그런데 어찌 내게 몇 고량의 밭을 아낀단 말인가? 또 관부는 무엇 때문에 참견하는가? 내 다시는 땅을 요구하지 않겠다."

승상 전분은 이로써 두영과 관부를 원망하게 되었다.

무제 4년, 승상 전분이 황제에게 아뢰었다.

"관부가 영천에서 세도 부리는 것이 도가 지나치다고 합니다. 그곳 백성들이 고통받고 있다고 하니 철저히 조사하도록 해 주십시오."

황제가 말했다.

"그것은 승상의 직무이니 승상이 처리하시오."

그 무렵 관부 역시 승상을 위험스럽게 여겼다. 그래서 몰래 승상의 비밀을 파악하고 있었다. 그 비밀에는 승상이 불법으로 이익을 구한 것과 회남왕에게 황금을 받고 나눈 암묵적 이야기들도 포함되어 있었다. 결국 둘은 서로의 공방을 끝내고 화해할 수밖에 없었다.

그해 여름, 승상 전분이 연(燕)나라 공주를 부인으로 맞이하였다. 태후가 조서를 내려 종실과 제후들은 모두 축하하도록 하였다. 두영이 관부를 찾아가 함께 가자고 하였다. 하지만 관부가 거절하며 말했다.

"제가 술자리에서 여러 번 실수하여 승상에게 잘못이 많습니다. 게다가 지금은 승상과 사이가 안 좋은 편입니다."

두영이 말했다.

"그런 일은 이미 다 해결되었네."

하고는 관부와 동행하여 참석하였다.

축하연 술자리가 무르익자 승상 전분이 일어나서 건배를 제안했다. 그러자 모두 자리에서 일어나 축배를 들었다. 이어 두영이 건배를 제안했다. 그러자 단지 친분이 있는 몇몇 사람만 일어날 뿐이었다. 그것을 본 관부는 기분이 상했다. 이내 자리에서 일어나 한 사람씩 차례대로 술잔을 올렸다. 그러다가 전분에게 이르렀다. 전분이 말했다.

"잔을 가득 채우면 마실 수 없다네."

관부는 그 말이 기분 나빴다. 하지만 웃으며 말했다.

"승상께서는 높은 분이 아니십니까? 당연히 넘치게 드셔야지요."

하지만 승상 전분은 잔을 받아 놓고 마시지 않았다. 이어 관부가 옆 사람에게 술잔을 올리는데 그는 장군 이광(李廣)이었다. 그런데 이광은 관부가 다가온 것을 알고도 모르는 척하며 옆에 있는 정불식(程不識) 장군과 귓속말을 속삭이고 있었다. 이에 관부가 장군 이광에게 욕을 퍼부었다.

"이 계집애 같은 놈아! 평소 정불식이라면 한 푼의 가치도 없는 놈이라고 비방하면서, 내가 잔을 권하니까 정불식과 친한 척 귓속말이나 주고받다니!"

그러자 승상 전분이 관부를 꾸짖으며 말했다.

"정불식과 이광은 그래도 동궁과 서궁, 두 궁궐의 최고 책임자인 위위(衛尉)이다. 어찌 이 많은 사람 앞에서 무례하게 욕할 수 있단 말인가. 관부는 어찌 그것을 모른단 말인가!"

그러자 관부가 말했다.

"오늘 내 머리가 달아나고 내 가슴이 베어진다고 해도, 내가 정불식과 이광을 어찌 알겠소이까?"

두영이 일어서서 관부에게 그만하라고 일렀다. 이에 좌중들이 염려스러워 하나둘 자리에서 일어나기 시작했다. 연회장은 차츰 소란스러워졌다. 참석자들이 모두 자리에서 일어나자, 결국 연회장은 엉망이 되고 말았다. 그 광경을 본 승상 전분은 화가 치밀어 올랐다.

"이것은 내가 관부의 잘못을 늘 가볍게 받아 주었기 때문이다. 하지만 이번에는 용서할 수 없도다!"

곧 기병을 시켜 관부를 체포하도록 했다. 그러자 관부는 저항하며 막아섰다. 연회장을 나가려는데 적복이 다가와 관부의 목덜미를 세게 눌러 굴복시키려 했다. 이에 관부가 화를 내며 고함을 질렀다. 하지만 기병들이 포박하여 가두고 말았다. 승상 전분이 자신을 보좌하는 장사(長史)들에게 말했다.

"지금은 관부를 불경죄로 붙잡아 두었지만, 이전 일까지 철저히 조사하여 그 죄를 모두 밝히도록 하라!"

두영이 관부를 구하려 여러 가지 애를 썼지만 해당 관리들이 모두 승상의 눈치를 살피고 있어 쉽게 만날 수가 없었다. 더구나 관부가 붙잡혔으므로 승상의 비리를 고발할 수도 없게 되었다.

관부의 부인이 두영에게 찾아와 사정하며 말했다.

"제 남편을 제발 구해 주십시오!"

두영이 말했다.

"내가 가진 것을 모두 잃는 한이 있더라도, 결코 관부를 죽게 내버려 두지 않을 것이오!"

이에 두영이 황제께 상소를 올렸다.

"관부가 취중에 한 일은 형벌을 내릴 아무런 이유가 없습니다. 폐하께서는 통촉하여 주시옵소서!"

황제가 말했다.

"그런 일이라면 태후가 있는 동궁(東宮)에 가서 해명하시오!"

두영이 태후에게 찾아가 아뢰었다.

"관부가 술에 취해서 벌어진 일인데 승상이 무리하게 죄를 덮쳐 씌운 것입니다. 더구나 작은 실수를 가지고 횡포가 방자하다더니, 대역무도

하다더니 하며 마치 큰 죄를 지은 것처럼 키운 것입니다."

그리고 승상의 허물도 같이 고하였다.

"전분이 승상 자리에 앉고 나서 제대로 된 국가 정책이 단 한 가지도 없었습니다. 그는 오로지 재물만을 탐하여 지금 나라 안에서 가장 큰 집을 소유하고 있습니다. 옛 신하들과 선비들이 나라를 걱정하면, 승상은 그것을 조정을 비방하는 행위라 의심만 하였습니다. 백성은 보이지 않고 오로지 황제와 태후의 눈치를 살필 뿐입니다. 태후께서는 이 사건을 현명히 판단해 주시리라 믿습니다."

관부의 사건을 가지고 결국 황제가 신하들에게 물었다.

"두 사람 중에 누가 옳은가?"

어사대부 한안국이 나서며 말했다.

"관부는 아버지가 나라를 위해 목숨을 바쳤고, 자신 또한 적진에 뛰어들어 수십 군데 상처를 입어 삼군의 사기를 높인 인물입니다. 이번 일은 큰 죄를 지은 것도 아니고, 술잔을 올리려다가 생긴 것이니 형벌을 내릴 사안이 아닙니다. 따라서 위기후 두영의 말이 옳습니다. 하지만 승상의 말을 들으면 관부가 집안에 재산을 쌓아 놓고 영천에서 세도를 부리는 것이 황실을 모욕하는 행위이니 이는 큰 죄인 것입니다. 따라서 승상의 말 또한 맞습니다. 오로지 영명하신 폐하께서 판단하실 일입니다."

누구는 두영의 말이 옳다고 했고, 누구는 승상의 말이 옳다고 했다. 나머지는 감히 답하지 못했다. 그러자 황제가 내사(內史) 정당시(鄭當時)를 꾸짖으며 말했다.

"그대는 평소 여러 차례 위기후 두영과 승상 전분의 장단점을 말하더니, 오늘은 어찌 끌려가는 망아지처럼 말이 없는가? 아무래도 그대 먼저 목을 베어야겠소!"

조정회의를 마치고 황제는 왕태후에게 식사를 올렸다. 그러자 왕태후가 말했다.

"내가 살아 있는데도 사람들이 내 동생을 깔아뭉개니, 하물며 내가 죽으면 내 혈육은 모두 죽은 생선이 되고 말 것이오. 또 살아 있는 황제도 제 마음대로 흔들려 하는 이런 무리들을 어찌 믿을 수 있겠습니까?"

이에 황제가 사과하며 말했다.

"두영과 전분은 모두 황실의 외척이니 조정에서 논의한 것입니다. 어찌 일개 형리가 결정하겠습니까."

이때 낭중령 석건(石建)이 냉철히 사리를 따져 두 사람의 일을 아뢰었다.

승상 전분이 궁궐을 나와 어사대부 한안국을 만나 말했다.

"그대는 어찌 애매한 태도를 취한단 말이오?"

한안국이 한참 후에 말했다.

"승상께서는 어찌 자중하지 않습니까? 두영이 저렇게 말을 하고 다니면 달라야 할 것이 아닙니까. 황제에게 아뢰어 '제가 부족하니 승상 직을 그만두겠습니다.'라고 하셔야 하는 것 아닙니까? 그렇게 한다면 황제께서는 승상의 겸양을 칭찬하실 것이고 더욱 신임하실 것입니다. 그러면 두영은 스스로 부끄러워 혀를 깨물어 자결하고 말 것입니다. 그런데 두영이 승상을 비방한다고, 승상 또한 두영을 비방하니 마치 장사치나 계집애들 말다툼과 다를 게 무엇이겠습니까. 어찌 그리도 대세의 이치를 모르십니까?"

그러자 승상이 사죄하며 말했다.

"다툴 때는 마음이 급하여 그런 큰 대책을 생각하지 못했소이다."

이때 황제가 두영이 한 말을 조사하게 하였는데 전분에 관한 것들이 상당 부분 허위로 밝혀졌다. 결국 두영은 기만죄로 감금되었다. 그러자 관부의 죄는 날로 다급해졌다. 이에 두영이 조카를 시켜 황제에게 상소를 올리게 하였다. 하지만 상소를 올리는 것 또한 순탄치 못하여 결국 관부는 처형당하고 그 일족은 모두 멸하고 말았다.

두영이 이 소식을 듣고 분노가 끓어올라 이로 인해 중풍을 앓게 되었다. 곡기를 끊고 죽으려 했으나 황제가 죽일 뜻이 없다는 것을 알고 다시 음식을 들었다. 며칠 후, 조정에서 위기후 두영은 죽이지 않기로 결정하였다. 그러나 두영을 음해하는 또 다른 유언비어가 떠돌았다. 황제가 이를 듣고 두영을 참수하고 말았다.

한편 승상 전분은 어느 날부터 정신이 나가, 눈만 뜨면 울고 소리치며 잘못했다고 사죄하는 병을 앓았다. 무당을 보내 알아보니 죽은 두영과 관부의 귀신이 전분을 죽이려 한다는 것이었다. 얼마 후, 결국 승상 전분은 죽고 말았다. 그의 아들이 작위를 이었으나 황실에 짧은 옷을 입고 들어가 불경죄에 걸리는 바람에 박탈되었다.

이전에 회남왕(淮南王) 유안이 모반을 꾀하다 발각되어 그 죄가 다스려졌다. 회남왕이 황실에 들어왔을 때 전분은 태위로서 영접하였다. 그리고 멀리까지 배웅 나가며 말했다.

"지금 황제께서는 아직 태자가 없습니다. 고조 황제의 손자로서 대왕만큼 현명하신 분이 어디 있겠습니까. 만약 황제께서 돌아가시면 그 자리에 대왕이 즉위하지 않으면 어느 누가 그 자리에 오르겠습니까?"

회남왕이 크게 기뻐하여 황금과 재물을 하사하였다. 이 사실을 나중에 알게 된 황제는 이렇게 말했다.

"전분이 살아 있다면 그 일가는 멸족당했을 것이다!"

태사공은 말한다.

"위기후 두영과 무안후 전분은 모두 외척으로 존귀하게 되었다. 관부는 한 번의 모험으로 이름을 떨쳤다. 그러나 두영은 시운이 변하는 것을 알지 못했고, 관부는 학식이 없어 겸손을 배우지 못했다. 그로 인해 두 사람은 서로 도와가며 재앙을 불러왔다.

전분은 권세를 좋아했으나 연회석에서 한 잔 술로 생긴 사사로운 일을 가지고 두영과 관부를 모함함으로 자신의 수명 또한 앞당겼다. 후세 사람들이 어찌 그런 어리석은 자를 옹호하겠는가? 나쁜 말을 듣지 않으면 다행이 아닌가. 슬프도다! 재앙은 반드시 그 근원이 있는 것이다."

# 제48편

# 한안국 열전

禦史大夫韓安國者、梁成安人也。後徙睢陽。嘗受韓
子雜家說於騶田生所。事梁孝王為中大夫。吳楚反
時、孝王使安國及張羽為將、扞吳兵於東界。張羽力
戰、安國持重、以故吳不能過梁。吳楚已破、安國、張羽名
顯。

梁孝王、景帝母弟、竇太後愛之、令得自請置相、
二千石。出入遊戲、僭於天子。天子聞之、心弗善
也。太後知帝不善、方怒梁使者、弗見、案責王所
為。韓安國為梁使、見大長公主而泣曰、何梁王為人

"한안국은 충의와 재능으로 출세했지만 평생을 우유부단하게 보냈다.
하지만 그로 인해 커다란 불행 없이 지냈으니 그 또한 복이라 아니 할
수 없다."

●

## 한안국

한안국(韓安國)은 양(梁)나라 성안현(成安縣) 사람이다. 자는 장유(長孺)
다. 일찍이 추현(騶縣)에 사는 전생(田生)에게서 한비자와 잡가의 학설을
배워 양(梁)나라 효왕(孝王)을 섬겼다.

오나라와 초나라가 반란을 일으켰을 때, 한안국과 장우(張羽)가 양나
라 동쪽 국경을 방어하였다. 장우는 필사의 의기로 싸웠고, 한안국은
신중하게 지켰기 때문에 오나라 군대가 도저히 양나라를 지나갈 수 없
었다. 나중에 반란군이 모두 진압된 이후에 한안국과 장우의 활약이
널리 알려지게 되었다.

양나라 효왕은 황제인 한나라 경제의 친동생이다. 어머니 두태후(竇太
后)가 총애하는 것을 믿고 양나라의 2천석 이상 되는 관리를 조정에 아
뢰지도 않고 자신이 마음대로 천거하여 썼다. 그 행동이 분수에 넘쳐
마치 황제와 같았다. 경제는 이러한 사실을 알고 속으로 무척 불쾌하게

여겼다.

두태후가 이것을 눈치 채고 양나라에서 오는 사신들을 일절 접견하지 않았다. 도리어 사신들에게 화를 내며 효왕의 분수에 넘는 행동을 꾸짖었다. 그런 와중에 한안국이 양나라 사신으로 한나라에 들어왔다. 황제와 태후를 제쳐 두고 맨 먼저 대장공주(大長公主)를 알현하고는 크게 울면서 호소하였다.

"양나라 효왕이 부모에게 효도하고 신하로서 황제께 충성을 다하는데, 어찌 태후께서는 알아주지 않는 것인지 모르겠습니다. 이전에 일곱 나라가 반란을 일으켜 함곡관(函谷關)으로 진격할 때, 저희 양나라는 한나라 황실과 친하다는 이유로 유독 큰 고통을 당하였습니다. 하지만 효왕께서는 황제를 걱정하며 근심의 눈물을 매일 흘리셨습니다. 그리고 저를 비롯한 여러 장수들로 하여금 반군을 꼭 격퇴하도록 명하셨습니다. 효왕의 이런 처신과 행동으로 반란군은 감히 함곡관으로 들어가지 못하고 패하여 도주하고 말았습니다. 이것은 분명 효왕의 공로입니다.

지금 태후께서는 작은 예절과 세세한 예법을 가지고 효왕을 책망하고 계십니다. 그러나 아버지와 형님이 모두 황제였기에 어려서부터 효왕이 듣고 본 곳은 모두 성대한 것뿐입니다. 그런데 나가고 들어올 때 경계하고 금하라고 하시니 그것이 어찌 단시일에 이루어질 수 있겠습니까. 또한 효왕의 수레와 깃발은 모두 황제께서 내리신 것입니다. 효왕은 단지 천하 사람들에게 황제와 태후께서 자신을 총애하는 것을 과시하고자 했을 뿐입니다.

그런데 태후께서는 양나라 사신이 오면 문책만 하십니다. 효왕께서는 이를 두려워하여 밤낮으로 울며, 황제와 태후를 사모할 뿐 어찌해야 할지 모르고 계십니다. 아들로서 부모에게 효도하고, 신하로서 황제에게 충성을 다하는데 태후께서는 어찌 그리도 몰라주시는 것인지 답답하기 그지없습니다."

대장공주가 이 말을 그대로 태후에게 전하였다. 그러자 태후가 듣고는 기뻐하며 말했다.

"효왕을 위해 이 말을 그대로 황제에게 아뢰어라!"

황제 또한 이 말을 전해 듣고는 마음속의 응어리가 풀어졌다. 관을 벗고 태후에게 말하였다.

"형으로서 동생을 잘 가르치지 못하여 어머니에게 근심을 끼쳤습니다."

이후 태후는 양나라 사신을 모두 접견하고 후하게 상을 내렸다. 효왕은 더욱더 총애받았다. 한안국은 이 일로 금 1천 냥을 하사받았고, 이름이 널리 알려지게 되었다.


얼마 후, 한안국이 법을 위반해 몽현(蒙縣) 감옥에 수감되었다. 그곳 옥리(獄吏) 중에 전갑(田甲)이라는 자가 한안국을 모욕하고 무례하게 굴었다. 이에 한안국이 말했다.

"불이 꺼진 재라고 어찌 다시 타지 않겠는가?"

그러자 전갑이 말했다.

"네놈이 다시 탄다면, 내가 즉시 거기에다 오줌을 누어 꺼버리겠다!"

얼마 후, 양나라 내사(內史) 자리에 적임자가 없었다. 황실에서 사자를 보내 한안국을 내사로 임명하니 죄수의 몸에서 풀려나 2천 석의 녹을 받는 관리가 되었다. 이 소식을 들은 전갑이 목숨이 위태로운 것을 알고 도망쳐 달아났다. 그러자 한안국이 포고를 내렸다.

"전갑은 당장 관직에 복귀하지 않으면 너의 일족 모두를 멸하고 말 것이다!"

며칠 후 전갑이 모습을 드러내고 바짝 엎드려 사죄하였다. 그러자 한안국이 웃으면서 말했다.

"어디 소변을 볼 테면 보거라. 내 하찮은 네놈과 무엇을 따지고 살겠는가?"

하고는 전갑을 잘 대우해 주었다.

양나라에 내사 자리가 비었을 때, 효왕은 제나라 사람 공손궤(公孫詭)를 황실에 추천하였다. 하지만 두태후가 이를 알고 한안국으로 임명한 것이었다.

이 무렵 공손궤는 양승(羊勝)과 더불어 양나라를 위한 모략을 꾸미고 있었다. 아직 태자가 정해진 바가 없으니 경제에게 다음 황위 계승자로 효왕을 삼아 줄 것과, 양나라의 영토를 늘려 줄 것을 요구하였다.

그런데 의외로 한나라 대신들이 모두 반대하였다. 공손궤는 자객을 보내 그 반대의 핵심인물인 원앙을 칼로 찔러 죽였다. 경제가 이들의 무모한 행동을 전해 듣고 명을 내렸다.

"당장, 그 두 놈을 체포해 오도록 하라!"

한나라의 사신들이 속속 양나라에 도착해 그 둘을 잡으려고 탐색했으나 한 달이 넘도록 잡지 못했다. 그런데 누군가 공손궤와 양승이 숨어 있는 곳을 알려 주었다. 한안국이 듣고 보니 양나라 효왕의 거처였다. 곧바로 효왕을 찾아가 눈물을 흘리며 아뢰었다.

"임금이 욕을 당하면 신하는 마땅히 죽어야 합니다. 지금 왕께서 어진 신하가 없어 일이 이렇게 어지럽게 되었습니다. 공손궤와 양승을 잡지도 못하고 그 자취조차 모르고 있으니, 신하된 자로서 어찌 얼굴을 들고 다닐 수 있겠습니까. 청컨대 왕께서는 제게 죽음을 내려 주십시오."

효왕이 이에 물었다.

"그대는 어찌 그렇게까지 생각하는 것이오?"

한안국이 눈물을 줄줄 흘리며 말했다.

"대왕께서는 황제와의 관계를 스스로 헤아려 보시기 바랍니다. 태상황(太上皇)과 고제(高帝), 황제와 임강왕(臨江王)의 관계에 비교할 수 있겠습니까?"

효왕이 말했다.

"그들과 비교할 수는 없도다."

한안국이 말했다.

"태상황과 고제, 황제와 임강왕은 부자 관계입니다. 그러나 고제께서 석자의 보검을 들고 천하를 쟁취하시자, 태상황은 돌아가실 때까지 국정을 주관하지 못하고 역양(櫟陽)에 머물러 계셨습니다. 임강왕은 원래 태자의 자리에 있었으나 말 한 마디 잘못으로 폐출되어 임강왕으로 내려앉은 것입니다. 후에 왕궁의 담장을 침해한 일로 체포되어 주위부에서 조사받던 중 자살하였습니다. 무엇 때문에 그렇게 했겠습니까? 천하는 사사로운 정으로 공적인 일을 다스릴 수 없는 것입니다. 친아버지가 호랑이가 되지 않고, 친형이 이리가 되지 않는다고 어떻게 장담할 수 있겠습니까? 대왕께서 지금 간사한 신하의 말을 쫓아 나라를 어지럽게 하셨습니다. 황제께서는 태후 때문에 차마 대왕께 벌을 내리지 못하고 계십니다. 태후께서 밤낮으로 울며 대왕께서 개과천선하기를 고대하고 계시나 대왕께서는 아직도 깨닫지 못하고 계십니다. 어느 날 태후께서 갑자기 돌아가시기라도 하면 그때 대왕께서는 누구를 의지할 수 있겠습니까?"

말이 채 끝나기도 전에 효왕은 눈물을 글썽이며 말했다.

"내 지금 당장 공손궤와 양승을 내어 주겠소!"

효왕의 거처에 숨어 있던 공손궤와 양승이 이 소식을 듣고 결국 어쩌지 못하고 자결하고 말았다. 한나라 사신이 돌아가 이 사실을 보고하였다. 이로써 양나라의 일이 해결되었는데 이는 모두 한안국의 역량이었다. 경제와 태후는 한안국을 더욱 중히 여겼다. 얼마 후 양나라 효왕이 죽고 공왕(恭王)이 즉위했다. 한안국은 이 무렵 법을 위반해 벼슬을 잃고 집에 있었다.


한무제 무렵, 전분(田蚡)이 외척의 총애를 받아 태위(太尉)에 올라 권력을 휘둘렀다. 그러자 한안국이 전분을 찾아가 5백 금을 예물로 바쳤다. 그러자 전분이 태후에게 한안국에 대해 좋게 말했다. 황제 역시 한안국을 좋게 보았기에 즉시 불러 북지(北地) 도위(都尉)로 삼았다. 후에 다시 대사농(大司農)으로 전임시켰다.

민월(閩越)과 동월(東越)이 한나라를 공격해 오자 한안국과 대행령(大行令) 왕회(王恢)가 군사를 이끌고 출정하였다. 그러나 월 땅에 이르기도 전에 월나라에서 반란이 일어났다. 반란군이 그들의 왕을 죽이고 한나라에 투항했으므로 출정한 한나라 군대는 곧 철수하였다. 이후 전분은 승상에 오르고 한안국은 어사대부에 올랐다.

이번에는 북쪽 흉노가 화친을 청하여 왔다. 그러자 여러 신하들이 논의하였다. 그중 변방 관리로 오래 근무하여 누구보다 흉노의 사정을 잘 아는 왕회가 말했다.

"우리가 흉노와 화친한다고 해도, 몇 년 지나면 그들은 또다시 맹약을 저버리고 말 것입니다. 그러니 화친을 허락하지 마시고 군대를 보내 그들을 섬멸하는 것이 낫습니다."

그러자 한안국이 나서서 말했다.

"천 리 밖으로 나가서 싸우는 군대는 좋은 결과를 얻지 못합니다. 지금 흉노는 발 빠른 군마가 있어 무리 지어 날아오르고 옮겨갑니다. 기동성이 좋은 그들을 우리 군대가 좀처럼 제압하기 어렵습니다. 그리고 우리가 흉노의 땅을 점령한다고 해도 나라의 영토를 넓혔다고 할 수 없습니다. 흉노의 백성들을 얻었다고 해서 국력을 강화시켰다고 할 수 없습니다. 그들은 상고시대부터 우리 백성이 아닙니다. 그런데 우리가 수천 리 밖에서 그들과 이익을 다툰다면 병사와 말은 모두 지쳐 제대로 된 싸움은 해 보지도 못할 것입니다. 그러니 흉노를 치는 것은 우리에게 너무도 불리한 결정입니다. 이는 화친하는 것만 못합니다."

논의에 참가한 신하들 대부분이 한안국의 의견에 동조하였다. 이어 황제가 흉노와의 화친을 허락하였다.


이듬해, 안문근(雁門郡) 마읍(馬邑)에 사는 섭옹일(聶翁壹)이라는 자가 왕회를 찾아와 말했다.

"흉노가 변경 사람들과 친하게 지내면서 화친조약을 믿고 있습니다. 이 기회에 그들을 유인해 공격하는 것이 좋겠습니다."

왕회가 이 말을 황제에게 전하자 허락을 받았다. 그리하여 섭옹일을 첩자로 삼고 흉노로 도망가게 하였다. 섭옹일이 흉노의 왕 선우(單于)를 만나 말했다.

"저를 마읍에 보내 주시면 그곳 모든 관리를 베어 죽이고 성 전체를 흉노에 투항시킬 수 있습니다. 그러면 선우께서는 큰 재물을 얻으실 것입니다."

선우가 그 말을 믿고 그대로 실행토록 하였다. 그러자 섭옹일이 마읍에 돌아와 사형수 몇 명을 목 베어 그들의 머리를 성문에 매달아 놓았다. 그리고 선우의 사신에게 증거로 내보이며 말했다.

"마읍의 모든 관리들을 목 베었으니, 선우는 서둘러 쳐들어오라!"

그러자 선우가 변방의 요새를 뚫고 10만 명의 기병을 거느리고 쳐들어왔다.

이때 한나라 군대는 효기장군(驍騎將軍)에 이광(李廣), 경거장군(輕車將軍)에 공손하(公孫賀), 장둔장군(將屯將軍)에 왕회, 재관장군(材官將軍)에 이식, 호군장군(護軍將軍)에 한안국 등으로 편성하여 전차, 기병, 보병 등 모두 30여만 명이 마읍 성 옆 산속에 포진하고 있었다. 흉노의 선우가 마읍에 들어서면 일제히 공격하기로 단단히 약속을 한 상태였다.

선우는 장성(長城) 무주(武州) 변방으로 진입했다. 마읍 1백 리 지점에 이르도록 약탈을 계속하였다. 그런데 민가에는 가축들만 보일 뿐 아무리 둘러보아도 사람은 보이지 않았다. 선우는 이를 괴이하게 여겼다. 마침 무주에서 봉화대를 지키는 한나라 장수 하나를 사로잡았다. 선우가 칼을 그의 목에 대며 물었다.

"한나라 병사들이 다 어디 있느냐? 사실대로 말하지 않으면 당장 이 칼이 네 목을 베고 말 것이다!"

장수가 벌벌 떨며 사실대로 말했다.

"한나라 군대는 마읍 성 옆에 매복하고 있습니다."

이에 선우가 좌우 신하들을 둘러보며 말했다.

"하마터면 한나라의 계략에 속을 뻔했다."

하고는 군사를 이끌고 서둘러 흉노로 되돌아갔다. 그러면서 중얼거렸다.

"내가 그놈을 사로잡은 것이 하늘의 뜻이구나!"

그러자 요새 근방을 정탐하던 한나라 전령이 마읍으로 달려와서 선우의 군대가 돌아갔다고 전했다. 이에 한나라 군대가 선우의 뒤를 추격하고자 했으나 이미 따라잡을 수 없다는 판단을 내려 그만두었다. 더구나 선우의 후방 부대를 공격하기로 되어 있던 왕회의 부대마저 접전을 벌일 경우 패할 것이 두려워 철수하고 말았다. 이 흉노 정벌에서 한나라 군대는 누구도 공을 세우지 못했다.

황제는 왕회가 제멋대로 군대를 이끌고 퇴각한 것에 대해 크게 노했다. 그러자 왕회가 자신이 퇴각한 이유를 설명했다.

"흉노 선우의 군대가 마읍에 들어오면 제가 이끈 부대는 선우의 후방을 치기로 했습니다. 그런데 선우가 어떤 정보에 의해서 마읍에 들어오지 않고 돌아갔습니다. 제가 3만 군사를 이끌고 그들을 쫓아가 대적하려 했지만 그것은 치욕을 자초하는 지극히 어리석은 행동이라 생각했습니다. 물론 그렇게 했을 때 저는 조정에 돌아오면 죽으리라는 것도 알고 있었습니다. 그러나 폐하의 3만 군사는 다음을 위해서 온전하게 보존하였으니 통촉하여 주시옵소서!"

이에 황제는 왕회를 법에 따라 처리하도록 정위(廷尉)에게 넘겼다. 정위는 왕회에게 적을 피하고 굴복한 두요(逗橈)죄를 적용하여 참수를 판결하였다. 그러자 왕회는 살고자 하는 욕심으로 승상 전분에게 1천금의 큰 뇌물을 바치며 살려 달라고 하였다.

승상 전분이 감히 황제에게 아뢰지 못하고 먼저 태후를 찾아가 하소연하였다.

"흉노 선우를 치기 위한 계략은 맨 먼저 왕회가 꾸몄습니다. 그런데 그 군사작전이 성공하지 못했다고 해서 왕회를 죽인다면, 이는 흉노를 위해 원수를 대신 갚아 주는 꼴이 아니고 무엇이겠습니까?"

마침 황제가 찾아오자 태후가 그 말을 전하였다. 그러자 황제는 다음과 같이 말했다.

"처음에 일을 계획한 자는 왕회입니다. 그 때문에 천하의 군사 수십만 명을 동원하였습니다. 설사 선우는 사로잡을 수 없다고 하더라도, 왕회가 그의 후방 부대를 공격하였다면 어느 정도 전과를 올렸을 것입니다. 그렇다면 출전한 장군들과 군사들도 어느 정도 위로가 되었을 것입니다. 그러나 왕회는 겁을 먹고 스스로 철수하고 말았을 뿐입니다. 그러니 그를 죽이지 않으면 모든 군사에게 사죄할 길이 없습니다."

왕회가 황제의 그 말을 전해 듣고는 끝내 옥에서 자결하고 말았다.

한안국은 재물을 탐하기는 했으나 그가 추천한 선비들은 청렴결백하고 어질고 능력 있는 이들이라 뒷말을 듣지 않았다. 양나라 출신의 호수(壺遂), 장고(臧固), 질타(郅他)를 천거했을 때 한나라에서 모두 천하의 명사들이라 칭찬하였다. 이런 까닭에 선비들이 한안국을 칭송하고 흠모하였다. 황제 역시 한안국을 나라를 다스릴 큰 인물이라고 여겼다.

한안국이 어사대부를 4년 남짓 지냈는데, 승상 전분이 죽자 그 직무를 대행하게 되었다. 그러던 중에 황제의 수레를 안내하다가 수레에서 떨어져 절름발이가 되고 말았다.

황제는 한안국을 승상으로 삼고자 신하를 보내 그 상태가 어떤지 알아보게 하였다. 신하가 보니 한안국의 절룩거리는 것이 정도가 심했다. 황제는 보고를 받고 즉각 평극후(平棘侯) 설택(薛澤)을 승상으로 삼았다.

몇 달 후에 한안국의 절룩거리는 것이 조금 나았다. 황제는 한안국을 다시 중위(中尉)로 임명했다가 다시 위위(衛尉)로 승진시켰다.


거기장군(車騎將軍) 위청(衛靑)은 농성(籠城)에서 흉노를 격파하였지만, 장군 이광(李廣)은 흉노의 포로가 되었다가 탈출하였고, 공손오(公孫敖)는 흉노와 싸우다 많은 병사를 잃었다. 이 둘은 모두 참수형에 처해져야 했으나 재물로 죄를 속죄하고 평민이 되었다.

이듬해 흉노가 변경을 쳐들어와 요서(遼西)의 태수를 죽였으며, 안문(雁門)까지 밀고 들어와 죽이고 약탈해 간 사람이 수천 명에 이르렀다. 이에 거기장군 위청이 그들을 공격하고자 안문으로 나아갔다. 그때 한안국은 재관장군(材官將軍)으로 어양(漁陽) 땅에 주둔하고 있었다.

마침 한안국의 부하들이 흉노 병사를 한 명 포로로 잡아왔다. 한안국이 그에게 흉노의 행방을 물었다. 그러자 멀리 퇴각하였다고 말했다. 한안국은 즉시 상소를 올렸다.

"지금은 한창 농사철이니 잠시 군대를 풀어 농사일을 돕게 해 주십시오."

황제가 이 말에 따라 군사들을 풀어놓았다. 그러나 한 달이 조금 더 지나 흉노가 대거 쳐들어왔다. 이때 한안국의 군영에는 7백 명이 있었는데 흉노의 공격에 그만 후퇴하고 말았다. 흉노는 1천 명의 사람과 수

많은 가축을 약탈해 갔다.

황제가 이 소식을 듣고 노하여 한안국을 문책하였다. 한안국은 즉시 동쪽으로 옮겨 우북평(右北平)에 주둔하였다. 이는 지난 번 흉노의 포로를 문책하였더니 다음은 동쪽을 공격해 올 것이라고 말했기 때문이었다.

한안국은 어사대부이자 호군장군에서 점차 관직이 아래로 깎였는데, 반면에 젊은 장군 위청은 공을 세워 나날이 높아져 갔다. 더구나 한안국은 흉노에게 속아 희생과 손실이 많아지자 스스로 매우 부끄러워하고 있었다. 다행이 죄를 면해 관직을 잃지 않았다. 하지만 동쪽 변경에 주둔하니 마음이 답답하고 우울하던 차에 병이 들었다. 그리고 원삭(元朔) 2년, 어느 날 밤 피를 토하고 죽고 말았다.

태사공은 말한다.

"내가 상대부(上大夫) 호수(壺遂)와 함께 율력을 제정하는 일을 했을 때, 한안국의 충의와 그 중후한 마음을 보았다. 세상 사람들이 양(梁)나라에 인재가 많다고 한 것은 거짓이 아니었다.

느닷없이 호수를 떠올리는 것은 황제가 그를 신임하여 한나라 승상으로 삼으려고 했을 때 세상을 떠났기 때문이다. 그렇지 않았다면 승상이 되어 그 청렴한 마음과 바른 품행으로 공경받는 군자가 되었을 것이다. 한안국과 더불어 참으로 아까운 인재였다."

# 제49편

## 이광장군열전

李將軍廣者、隴西成紀人也。其先曰李信、秦時為將、逐得燕太子丹者也。故槐里、徙成紀。廣家世世受射。孝文帝十四年、匈奴大入蕭関、而廣以良家弟從軍、用善騎射、殺首虜多、為漢中郎。廣從弟李蔡亦為郎、皆為武騎常侍、秩八百石。嘗從行、有所衝陷折関及格猛獸、而文帝曰、惜乎、子不遇時。如令子當高帝時、萬戶侯豈足道哉。及孝景初立、廣為隴西都尉、徙為騎郎將。吳楚軍時、廣為驍騎都尉、從太尉亞夫擊吳楚軍、取旗、顯

"내가 이광 장군을 본 적이 있는데 성실하고 순박하기가 마치 시골사람 같았다. 말도 또한 어눌했다. 그가 죽었을 때 천하 모든 사람들이 애통해하며 울었는데 그의 충실한 마음을 진정으로 알아주었던 것이다."

●

## 이광

이광(李廣)은 농서군(隴西郡) 성기현(成紀縣) 사람이다. 집안 대대로 궁술을 익히는 전통이 있어 그 무렵 활쏘기의 명수로 알려졌다. 그의 선조는 진(秦)나라 때 연(燕)나라의 태자 단(丹)을 추격해 사로잡은 장군 이신(李信)이다.

효문제 14년, 흉노족이 대거 침략하자 이광은 군에 입대하였다. 기마술과 궁술이 뛰어나 전쟁에서 사로잡거나 참수한 적군이 헤아릴 수 없이 많았다. 이 공로로 중랑(中郞)에 임명되었다. 이광의 사촌동생 이채(李蔡) 역시 중랑이 되었으며, 둘은 똑같이 무기상시(武騎常侍)에 올라 봉록이 8백 석에 이르렀다.

한번은 효문제가 행차할 때 이광이 수행을 맡았다. 뒤따라오던 수레에 맹수 우리를 실었는데, 그 우리의 빗장이 부러지면서 사나운 맹수가 튀어나왔다. 그때 이광이 맹수와 맞서 싸워 때려죽였다. 효문제가 그것을 보고 감탄하며 말했다.

"아깝도다! 만일 고조께서 살아 계셨다면 그대는 만호의 제후가 되고도 남았을 터인데!"

이후 효경제(孝景帝)가 즉위하자 이광은 농서군 도위(都尉)에서 기랑장(騎郎將)으로 전임되었다. 오(吳), 초(楚) 7국의 난 때, 기마부대장인 효기도위(驍騎都尉)가 되어 태위(太尉) 주아부 장군을 따라 반란군을 격파하였다.

하지만 이때 이광은 양나라 효왕으로부터 장군의 인수를 받은 터라 황실에서는 포상을 받지 못했다. 이후 자리를 옮겨 상곡군 태수로 전임되어 날마다 흉노와 교전을 해야 했다. 황실의 신하 중 공손공야(公孫昆邪)가 이를 알고 황제에게 울면서 아뢰었다.

"폐하, 이광은 천하에 둘도 없는 장군입니다. 그런데 흉노와 저렇게 자주 싸움을 하고 있으니 행여나 그를 잃을까 두렵습니다. 통촉하여 주시옵소서!"

이에 황제가 이광을 상군(上郡) 태수로 전임시켰다. 이후 이광은 농서(隴西), 북지(北地), 안문(雁門), 대군(代郡), 운중(雲中)의 태수를 지냈는데, 어느 곳에서나 흉노와 용감히 맞서 명성이 드높았다.

한번은 흉노가 상군으로 대거 쳐들어왔다. 황제는 환관 중귀인(中貴人)에게 이광을 거느리고 군사를 통솔하여 흉노를 무찌르도록 했다. 중귀인이 기병 수십 명을 거느리고 제멋대로 말을 달리다가 뜻밖에 흉노 병사 세 명을 만나 싸우게 되었다. 흉노 병사들이 몸을 돌려 활을 쏘자 중귀인은 상처를 입고 수행했던 기병들은 모두 몰살당했다. 중귀인이 있는 힘을 다해 도망쳐 이광에게 상황을 알렸다. 이에 이광이 말했다.

"세 놈이 기병 수십 명을 이겨내다니, 그놈들은 틀림없이 독수리를 쏘아 잡는 사냥꾼일 겁니다."

하고는 곧바로 기병 1백 명을 거느리고 중귀인에게 상처를 입힌 그 흉노 병사를 쫓아갔다. 마침 그들이 말을 잃어버려 걷고 있었기에 몇십 리도 못 가서 발견하였다. 이광이 부하들에게 좌우로 넓게 포진하라고 명령하고, 친히 활을 쏘아 둘은 죽이고 하나는 사로잡았다. 생포한 자의 말을 들어보니 그들은 과연 흉노의 독수리 사냥꾼이었다.

이광이 생포한 자를 단단히 결박하라 명하고 말에 오르자, 한순간 눈앞에 흉노의 기병 수천 명이 둘러 있는 것이었다. 그런데 그들은 이광을 보고 공격은커녕 도리어 자신들을 유인하러 온 부대인 줄 알고 허겁지겁 놀라 산으로 달아나기 바빴다.

이광의 기병들 역시 크게 놀라 급히 말을 되돌려 도망가려 했다. 그러자 이광이 엄하게 말렸다.

"멈춰라! 지금 우리들은 본진에서 수십 리 떨어져 있다. 만약 우리가 급히 도망친다면 흉노는 우리를 추격해 전부 몰살시킬 것이다. 하지만 우리가 여기서 유유자적하게 머물고 있으면 흉노는 우리를 유인부대인 줄 알고 감히 공격해 오지 못할 것이다."

이어서 이광은 기병에게 소리쳐 명령했다.

"부대 전진!"

그렇게 흉노의 진지에서 2리 정도 떨어진 곳에 멈춰 섰다. 이어 다시 명령을 내렸다.

"모두 말에서 내려 안장을 풀어라!"

그러자 기병 중 하나가 의아해하며 물었다.

"장군! 적들은 수가 많고 가까이 있는데 만일 급박한 상황이 생기면 어떻게 하시려고 안장을 풀라 하십니까?"

이광이 대답했다.

"저놈들은 행여 우리가 달아나면 유인부대가 아니라고 여겨 쫓아올 것이다. 그러나 우리가 안장을 풀면 저놈들은 우리가 유인부대인 줄 알고 감히 덤비려 하지 않을 것이다."

과연 안장을 풀자 흉노 병사들이 공격해 오지 않았다. 해가 저물 무렵, 백마를 탄 흉노 장수 하나가 앞에서 오고 가며 순시하고 있었다. 이광이 기병 열 명과 함께 그 장수의 빈틈을 노리고 있었다. 그러더니 한순간 말에 올라 쏜살같이 내달려 흉노 장수의 목을 베고 되돌아왔다. 눈 깜짝할 사이였다. 그리고 다시 안장을 풀고 기병병사들에게는 편히 눕도록 했다.

이때가 막 해가 저물 무렵이었는데, 흉노 병사들은 기이하게 생각할 뿐 감히 공격해 오지 못했다. 한밤중이 되자, 혹시라도 부근에 매복하고 있는 한나라 병사들이 공격해 올지 모른다고 생각했는지 흉노군은 모든 군사를 이끌고 멀리 철수해 버렸다.

날이 밝자 이광은 비로소 본진이 있는 곳으로 되돌아왔다. 본진에서는 이광의 행방을 몰랐기 때문에 뒤쫓지 못했던 것이다.


경제가 죽고 무제(武帝)가 즉위하였다. 황제의 측근들이 이광을 명장이라며 추천하였다. 이에 무제는 이광을 상군 태수와 황제 가족이 머무는 미앙궁(未央宮)을 호위하는 대장 위위(衛尉)를 겸하게 하였다. 이때 정불식(程不識) 장군이 황제가 머무는 장락궁(長樂宮)을 호위하는 위위가 되었다.

정불식 또한 이광과 마찬가지로 변방 지역 태수를 역임했고 주둔군의 장군이었다. 이 둘은 흉노족을 공격할 때에 현격한 차이를 보였다. 이광은 행군 중에 엄격한 대오(隊伍)의 편성이나 진형(陣形)을 갖추지 않았고, 좋은 물이나 좋은 풀이 있는 곳이면 병사들을 쉬고 자유롭게 행동하도록 했다. 밤에는 경계를 쳐서 근무하지도 않았고, 병영 내에서 문서나 장부 같은 일을 과감히 생략하였다. 그러나 척후병과 경계병을 멀리 배치했기 때문에 피해를 입은 적이 없었다.

그런 반면에 정불식은 대오의 편성과 진형이 정연하고 확실했다. 밤에도 경계근무를 섰으며, 군관들은 날마다 문서를 정리해 보고하는 일로 휴식할 시간이 없었다. 그러나 적에게 빈틈을 보여 주지 않아 피해를 입은 적이 없었다.

이에 관해 정불식이 말했다.

"이광의 군대는 지극히 간략해 만약 적이 급습한다면 막아낼 수 없을 것이다. 그러나 그 사졸들은 안일하지만 즐겁게 지내니 모두가 이광을 위해 기꺼이 죽을 각오가 되어 있는 자들이다. 반면에 우리 군대는 질서정연한 것으로 인해 적들이 감히 침범하지 못하는 것이다."

이광과 정불식은 모두 명장이었으나 흉노는 이광의 계략을 더 두려워했다. 한나라 병사들은 모두가 정불식을 싫어하고 이광을 좋아했다. 그러나 정불식은 사람됨이 청렴하여 효경제때 태중대부(太中大夫)에 올랐다.

그 후, 한나라는 마읍성을 미끼로 흉노를 섬멸하고자 마읍 골짜기에 30만 대군을 매복시키고 기다렸다. 하지만 이 계략을 눈치 챈 선우는 곧바로 철수하였다. 이때 이광은 호군장군 한안국 휘하에 효기장군(驍騎將軍)으로 있었으나 아무런 공을 세우지 못했다.

4년 후, 이광은 위위장군이 되어 안문에서 출병하여 흉노를 공격하였다. 하지만 군사가 월등히 많은 흉노의 부대가 이광의 군사들을 격파하고 이광을 사로잡았다.

평소 선우는 이광이 현명한 장군이라는 소문을 들었던 터라 부하들에게 단단히 일러두었다.

"만약 이광을 잡거든 반드시 산 채로 데려오너라!"

붙잡힌 이광은 부상을 입고 있었다. 그러자 흉노 병사들은 두 필의 말 사이에 그물을 이어 그 위에 이광을 뉘였다. 그렇게 10리를 가면서 이광은 죽은 척하고 있었다. 그러다가 슬며시 곁눈을 떠보니 옆에 흉노 소년이 좋은 말을 타고 가는 중이었다. 그 기회를 놓치지 않고 이광은 갑자기 일어나 흉노 소년의 말에 올라탔다. 그리고 힘으로 밀어 떨어뜨리고는 활마저 빼앗아 말을 달려 도망쳤다. 그러자 흉노 병사들이 추격해 왔다. 이광은 말에서 활을 쏘아 흉노 병사들을 모두 사살하였다. 이어 채찍질을 수없이 하며 남쪽으로 무조건 치달렸다. 수십 리 달리다 보니 한나라 외곽 부대를 만나 무사히 요새로 돌아오게 되었다.

조정에서는 패배한 이유를 들어 이광에게 형벌을 내릴 것을 주장하였다. 형조에서 논의하기를 이광은 많은 부하를 잃었고, 적에게 생포되었으니 참수형에 처해야 한다고 판결하였다. 그러나 다행히도 이광은 속죄금을 내고 평민이 될 수 있었다.

이광이 집에 은거한 지 몇 년이 흘렀다. 영음후(潁陰侯) 관영의 손자인 관강(灌彊)과 함께 남산에서 사냥을 하며 지냈다.

그러던 어느 날, 이광이 하인 한 명을 거느리고 외출했다가 술을 마시고 돌아오는 길이었다. 패릉현의 길목에 이르자 정위(亭尉) 하나가 이광에게 호통을 치며 멈추라는 것이었다. 그러자 이광의 하인이 나서서 말했다.

"이분은 이전의 그 유명한 이광 장군이십니다."

그러자 정위가 반색을 하며 말했다.

"현직 장군이라도 야간 통행은 불가한 것인데, 하물며 전직 장군이라니, 가소롭구나!"

하고는 이광을 역참에 데려가 구류시켜 버렸다.

얼마 후, 흉노가 재차 침입해 요서군 태수를 죽였다. 한안국 장군이 나서서 싸웠지만 대패하고 말았다. 결국 한안국 장군은 우북평군(右北平郡)으로 전임되고 말았다. 이로 인해 황제는 이광을 다시 불러들였다. 그리고 우북평군 태수로 임명하였다. 이때 이광이 황제에게 한 가지 청을 올렸다.

"패릉현에 근무하는 정위를 함께 데리고 가도록 해 주십시오!"

정위가 전근 소식을 받고 이광의 군영에 들어섰다. 이광은 그를 보자 단칼에 목을 베고 말았다.

이광이 우북평군에 부임했다는 소식을 들은 흉노는 그 후 수십 년간 감히 나타나지 못했다. 그들은 이광을 '한나라의 비장군(飛將軍)'이라고 높여 불렀다.

하루는 이광이 사냥하러 나갔다가 숲 속에 번쩍이는 눈빛을 보고 호랑이로 여겼다. 내가 먼저 쏘지 않으면 죽는다는 생각이 들어 정신을 집

중해 화살을 당겼다. 화살은 명중하여 깊숙이 박히는 소리가 들렸다. 아무런 움직임이 없기에 호랑이가 죽었나 보다 하고 확인하러 가보니 그건 바위였다. 자세히 보니 화살촉이 깊숙이 박혀 있는 것이었다. 다시 제자리에 가서 활을 쏘았으나 끝내 화살촉은 바위에 박히지 않았다.

어느 날은 이광이 진짜 호랑이를 만났다. 다급히 화살을 쏘았는데, 호랑이가 화살에 맞고도 달려들어 이광은 상처를 입었다. 하지만 이광이 다시 활을 쏘아 호랑이를 잡았다.


이광은 성품이 청렴해 상을 받으면 항상 부하들에게 나누어 주었다. 음식을 먹어도 부하들과 같은 것을 먹었다. 죽을 때까지 40여 년간 봉록 2천 석 관리로 있으면서 집에는 모아 둔 재산이 전혀 없었다. 어느 자리에서고 재물에 관해서 말하는 법이 없었다.

신체가 장대하고 원숭이처럼 팔이 길어 선천적으로 활쏘기에 능했다. 그의 자손이라도 심지어 어느 누구라도 궁술로써는 이광을 이기지 못했다. 이광의 활쏘기는 남과 달랐다. 가까이 다가오는 적을 보더라도 명중시킬 수 없으면 수십 보 이내라도 쏘지 않았다. 그러나 일단 쏘았다 하면 활시위 소리와 동시에 목표물이 쓰러졌다. 그런 이유로 작전을 수행할 때 자주 곤경에 처했으며 가끔 맹수를 쏘다가 부상을 입은 적도 있었다.

또 이광은 말이 적고 어눌했다. 부하들이나 친구들과 놀 때에도 활을 쏘아 멀고 가까운 것을 비교해 벌주를 먹이는 것이 고작이었다. 오로지 활쏘기를 좋아해 그것으로 일생을 마쳤다.

이광이 병사들을 이끌고 행군할 때에 식수와 식량이 떨어졌다. 얼마

쯤 걸어가자 냇가가 보였다. 병사들이 모두 물을 실컷 마실 때까지 이광은 냇가에 가까이 가지 않았다. 병사들이 다 마신 후에야 물을 마셨다.

또 병사들이 음식을 다 먹고 난 후가 아니면 이광은 음식에 손도 대지 않았다. 그는 이렇게 자신에게 가혹하고 남에게 관대했다. 그런 까닭에 병사들이 경애하고 그를 위해 기꺼이 목숨을 바칠 수 있었던 것이다.

얼마 후 만석군(萬石君) 석분의 아들 석건(石建)이 죽었다. 황제는 이광을 불러 그 대신 낭중령(郎中令)에 삼았다. 이어 후장군(後將軍)이 되어 정량군(定襄郡)에서 출병하여 흉노를 무찔렀다.

여러 장군들은 흉노를 참수하거나 포로로 잡은 수가 법령 기준에 합당하여 그 공으로 후작에 봉해졌다. 그러나 이광의 군대는 기준에 미흡하여 아무런 공훈이 없었다.

2년 후, 이광이 낭중령으로 기병 4천 명을 이끌고 출진하고, 박망후(博望侯) 장건(張騫)도 1만 명을 거느리고 출전하였으나 서로 길이 달랐다. 수백 리쯤 행군하였을 때, 흉노의 좌현왕이 4만 기병을 이끌고 이광의 부대를 포위하였다. 병사들은 모두 벌벌 떨고 공포감에 휩싸이자 이광이 자신을 따라나선 아들 이감(李敢)에게 말했다.

"가서 적군을 돌파하라!"

어린 이감은 수십 명의 기병을 거느리고 나는 듯이 달려가 막아서는 흉노의 기병을 사정없이 목 베었다. 그리고 포위망을 뚫고 좌우로 돌아 이광에게 보고하였다.

"오랑캐 따위는 별것도 아닙니다."

병사들이 그 말을 듣고 비로소 안심하였다. 이에 이광이 원형의 진을 치고 흉노를 향해 공격하라고 명했다. 그와 동시에 적진에서 화살이 비 오듯 쏟아졌다. 한나라 군사는 절반 이상이 전사하였다. 더구나 이광의 부대는 화살마저 바닥이 난 상태였다. 이광이 부하들에게 명하였다.

"활을 끝까지 잡아당기되 절대 쏘지 마라!"

하고는 자신은 대황(大黃)이라는 활로 적의 비장(裨將)과 병사를 쏘아 죽 이니 흉노의 포위망이 점차 풀렸다. 때마침 날이 저물자 병사와 군관들 이 모두 겁에 질렸으나 이광은 평소와 다름없이 군대를 독려하였다. 그 로 인해 병사들과 군관들이 깊이 탄복하여 용기를 얻었다.

다음 날 다시 역전 분투하는 중에 박망후의 부대가 도착하였다. 흉 노군은 그제야 포위를 풀고 물러갔다. 그러나 박망후는 고단하여 흉노 족을 추격할 수 없었다. 상황을 보니 이광의 부대는 거의 전멸지경이었 고 돌아갈 수밖에 없었다. 당시 군법에 따라 박망후는 합류할 기일을 어기고 지체하였으므로 참수형이 내려졌다. 그러나 속죄금을 내고 평 민이 되었다. 이광은 공과 과오가 반반이라 아무런 상도 벌도 없었다.

당시 이광의 사촌 동생 이채(李蔡)는 공적을 쌓아 2천 석에 이르렀다. 효문제 때에는 대나라 승상에 올랐다. 이후 경거장군(輕車將軍)이 되어 흉노의 우현왕(右賢王)을 공격하였는데 그 공로로 낙안후(樂安侯)에 봉해 졌다. 원수 2년, 공손홍 대신 승상에 올랐다.

이채는 사람됨이 중간 정도이고 명성 또한 이광에게 훨씬 뒤떨어졌 다. 그런데도 작위나 봉읍은 이광보다 많았고 나중에는 열후와 삼공(三 公)에 이르렀다. 또한 이광의 부하 중에 후작에 봉해진 자도 많았다. 하 지만 이광은 더는 진급하지 못했다.

자신의 이러한 불합리한 처지에 대해 이광은 어느 날 점쟁이 왕삭(王朔)에게 푸념하듯 말했다.

"한나라에서 흉노 정벌을 시작한 이래로 나는 단 한 번도 참가하지 않은 적이 없었소. 그런데 교위 이하의 병사들 중에 재능은 중간에도 미치지 못하지만 공로를 세워 후작이 된 자가 수십 명이나 있소. 나는 흉노를 토벌함에 있어 다른 사람에게 뒤처지는 것이 없는데도 작은 공훈조차 없으니, 이건 도대체 무엇 때문이오? 내 관상이 후작에 봉해질 상이 아니란 말이오, 아니면 내 팔자가 그렇다는 말이오?"

왕삭이 물었다.

"장군께서 생각하시기에 일찍이 크게 후회한 일이 없으십니까?"

이광이 말했다.

"내가 농서 태수를 지낼 적에 이웃한 강족(羌族)이 반란을 일으켰소. 그때 내가 그들을 평정하면서 투항을 권유하였소. 항복한 자가 8백 명이었소. 그런데 나는 그들을 속이고 같은 날에 모조리 죽여 버렸소. 지금까지도 그 일을 생각하면 그렇게 후회스러울 수 없소. 내 후회하는 것은 오직 그것 하나요."

왕삭이 말했다.

"이미 항복한 자를 죽이는 것보다 더 큰 죄는 없습니다. 이것이 장군께서 후작을 얻지 못하는 이유입니다."

2년 후, 한나라 군대가 대대적으로 출병하여 흉노를 공격하였다. 이광은 종군하기를 청하였으나 황제는 그가 연로하다는 이유로 허락하지 않았다. 거듭된 이광의 부탁으로 얼마 후에 허락하여 전장군(前將軍)으로 삼았다.

　이광은 대장군 위청을 따라나섰다. 변방 요새에서 흉노의 포로를 사로잡아 선우의 행방을 알아냈다. 위청은 정예 병사를 이끌고 선우가 있는 곳으로 나아갔고, 이광은 우장군(右將軍) 부대와 합류해서 동쪽 길로 나아가게 하였다. 동쪽 길은 멀리 우회하게 되어 있는데, 대군이 지나기에 물과 풀이 적어 주둔하거나 행군할 수 없는 지세였다.

　이광이 대장군 위청에게 말했다.

　"저는 전장군(前將軍)을 맡고 있습니다. 대장군께서 저에게 동쪽 길로 나가라 하셨는데, 저는 젊어서부터 흉노와 싸워 왔지만 이제야 선우와 대적하게 되었습니다. 원컨대 저를 선봉에 세워 선우와 결전을 벌이게 하여 주십시오."

　그러자 대장군 위청은 황제로부터 들은 말을 떠올렸다.

　"이광은 연로하고 운수 또한 좋지 못한 자이다. 그러니 선우와 직접 대적하게 해서는 안 된다. 그럴 경우 바라던 바를 이루지 못할 것이다."

　이때 공손오가 중장군(中將軍)이 되어 대장군을 수행하고 있었다. 사실 대장군 위청은 공손오와 함께 선우를 치고자 하였다. 그런데 이광이 이 사실을 알고 자신을 선봉에 세워 달라고 요청한 것이었다.

　대장군은 이광의 요청을 거절하였다. 그리고 이광에게 공문을 보냈다.

　"속히 자신의 부대로 돌아가 공문의 지시대로 따르라."

　이에 이광은 대장군에게 작별인사도 하지 않고 부대를 이끌고 출발했다. 매우 분통한 마음으로 우장군 부대와 합류하여 동쪽으로 진군하였다. 그러나 길 안내자가 없어 여러 번 길을 잃어 대장군보다 뒤쳐졌다.

　그 무렵에 대장군은 선우와 교전 중이었다. 하지만 선우가 도망가는 바람에 사로잡지 못하고 돌아왔다. 대장군은 남쪽 사막지대를 지나고 서야 이광과 우장군을 만나게 되었다. 대장군은 이광에게 길을 잃은 까닭을 물었다. 이는 황제에게 자세히 보고하려는 것이었는데 이광이 대답하지 않았다. 그러자 대장군은 군영에 가서 문서에 의거한 심문을 받으라고 엄하게 질책하였다. 이에 이광이 말했다.

"내 부대의 모든 교위들은 아무런 죄가 없소. 길은 내 자신이 잃은 것이니, 내가 직접 진술서를 올리겠소."

자신의 군영으로 돌아온 이광은 부하들을 불러놓고 말했다.

"나는 젊어서부터 지금까지 흉노와 70여 차례 싸웠다. 이번에 대장군을 따라 출전해 선우와 맞서 싸우려 했지만, 대장군이 나를 다른 부대로 보냈다. 멀리 돌아 행군하여 대장군과 합류하기로 했는데 그만 길을 잃었다. 이것이 천명이 아니고 무엇이겠는가? 이제 내 나이 예순이 넘었으니 어찌 관리에게 심문을 당하고 살겠는가?"

그리고 칼을 빼어 들고는 자신의 목을 찔러 자결하고 말았다. 이광 장군이 죽었다는 소식에 부대의 모든 관리와 병사들이 통곡하였다. 또한 이 소식을 들은 백성들은 이광을 알건 모르건 남녀노소를 불문하고 모두 눈물을 흘렸다. 우장군은 참수형에 처해졌지만 속죄금을 내고 평민이 되었다.


이광에게는 당호(當戶), 초(椒), 감(敢) 세 아들이 있었다. 모두 낭관(郎官)이었다. 한번은 황제가 신하 한언(韓嫣)과 놀이를 하고 있었다. 한언이 황제께 다소 불손하게 행동하자 당호가 한언을 후려쳤다. 이에 한언이 도망쳐 버렸다. 황제는 당호가 용기 있는 자라 여겼으나 애석하게도 당호는 일찍 죽었다. 그에게는 릉(陵)이라는 유복자가 있었다.

초는 대군(代郡) 태수로 일하다가 이광보다 먼저 죽었다. 사촌 동생 이채는 후에 승상에 올랐으나 능원의 공지를 침범한 죄로 형벌을 받아야 했을 때 스스로 목숨을 끊었다.

감(敢)은 흉노의 좌현왕의 군기와 북을 탈취하고 많은 적들을 참수하였기에 관내후에 봉해졌고 아버지를 대신하여 낭중령(郎中令)에 올랐다. 나중에 대장군 위청이 자기 아버지를 죽게 한 것에 대해 원한을 품고 대장군을 쳐서 상처를 입혔다. 하지만 대장군 위청은 이 사건을 숨겼다.

얼마 후, 이감이 황제의 행차를 따라 감천궁에 이르렀을 때 사냥을 하게 되었다. 위청의 친척이었던 표기장군 곽거병이 이감을 몰래 활로 쏘아 죽였다. 곽거병은 황제로부터 총애를 받고 있는 터라 사건을 은폐해 보고하였다.

"사슴이 이감을 들이받아 죽은 것이다."

그러나 1년 후에 곽거병은 병으로 죽었다.

이감에게 딸이 있었는데 태자의 총애를 받았다. 아들 이우(李禹) 또한 태자의 총애를 받았으나 재물을 좋아했다. 이로써 이씨 가문은 점점 쇠락하고 말았다.

당호의 아들 이릉이 장년이 되자 궁술이 뛰어났다. 황제는 그에게 기병 8백 명을 거느리게 하였다. 일찍이 흉노 지역 2천 리나 진격했으나 적군을 발견하지 못하고 그냥 돌아왔다. 나중에 궁술을 가르치는 교위가 되어 흉노의 침입에 대비하였다.

몇 년 뒤, 이사장군(貳師將軍) 이광리(李廣利)가 기병 3만 명을 거느리고 흉노의 우현왕을 공격했다. 이때 이릉에게 보병 5천 명을 주어 북쪽으로 1천 리 진격하게 하였다. 이는 군사를 분산시켜 흉노가 이사장군에게만 몰리지 않도록 하기 위해서였다. 이릉이 돌아가려는데 선우가 8만 명의 군사로 포위하고 말았다. 이릉 군대는 화살이 다 떨어졌고 죽은 병사가 절반이 넘었다. 하지만 죽인 흉노 병사도 1만 명이 넘었다.

후퇴하고 싸우면서 8일간을 버텼다. 거연에서 1백 리 떨어진 곳에서 도착했을 때 흉노가 좁은 길목을 막고 퇴로를 차단하였다. 이릉의 군대는 식량도 떨어졌고 구원병은 오지 않았다. 그러자 흉노가 맹공을 퍼부으며 이릉에게 항복을 권유하였다. 결국 이릉은 어쩔 수 없이 항복하고 말았다.

"폐하께 뭐라 말할 면목이 없도다!"

그의 병사들은 대부분 전멸하였고 나머지는 가까스로 도망쳐 한나라에 돌아간 자는 4백 명에 불과했다.

이릉이 사로잡히자 선우는 그의 명성을 들었던 터라 자신의 딸을 시집보내 존중해 주었다. 그러나 한나라에서는 이 소식을 듣고 이릉의 모친과 처자를 모두 참수하였다. 또한 이씨 집안의 사대부들은 모두 이 일을 수치로 여겼다.


태사공은 말한다.

"옛 책에 이르기를 자신의 몸가짐이 올바르면 명령을 내리지 않아도 시행되며, 자신의 몸가짐이 그릇되면 명령을 내려도 따르지 않는다고 했다. 이는 이광 장군을 두고 한 말이다.

내가 이광 장군을 본 적이 있는데 성실하고 순박하기가 마치 시골사람 같았다. 말도 또한 어눌했다. 그가 죽었을 때 사람들이 모두 애통해

했는데 그의 충실한 마음을 천하 선비들이 알아주었던 것이다.

속담에 이르기를 복숭아나무와 오얏나무는 말을 하지 않아도 그 아래에는 저절로 길이 생기게 된다. 이 말은 비록 사소한 것이지만 큰 도리를 설명하는 데 비유할 수 있을 것이다."

匈奴列傳

# 제50편

# 흉노 열전

匈奴，其先祖夏後氏之苗裔也，曰淳維。唐虞以上有山戎、獫狁、葷粥，居於北蠻，隨畜牧而轉移。其畜之所多則馬、牛、羊，其奇畜則橐駝、驢、驘、駃騠、騊駼、驒騱。逐水草遷徙，毋城郭常處耕田之業，然亦各有分地。毋文書，以言語為約束。兒能騎羊，引弓射鳥鼠，少長則射狐兔，用為食。士力能毋弓，盡為甲騎。其俗，寬則隨畜，因射獵禽獸為生業，急則人習戰攻以侵伐，其天性也。其長兵則弓矢，短兵則刀鋋。利則進，不利則退，不羞遁走。苟利所在，

"한(漢)나라와 흉노는 때로 군사적 충돌을 겪기도 하였고, 때로는 조
공무역이나 결혼동맹을 맺는 등 복잡한 관계를 유지하였다. 흉노에
대한 대부분의 기록은 중국의 사료에 의거한 것으로 현재 중국어로
음역된 일부 지명이나 이름들을 제외하고는 흉노어의 재구성은 불가
능하다. 만리장성은 흉노족을 막기 위해 진시황 때 축조한 것이다."

•

흉노(匈奴)의 조상은 하후씨(夏后氏)의 후예인 순유(淳維)이다. 이들은
북쪽 몽골고원 지역에서 유목생활을 하였다. 남자들은 누구나 자유자
재로 활을 다루었기 때문에 그 자체가 무장기병이었다. 따라서 평상시
에는 목축과 사냥에 종사하였고, 긴급한 전쟁 상황에 이르면 모두가 군
인이 되어 나섰다. 이것은 흉노족이면 누구나 타고난 천성이었다.

싸움을 할 때 먼 거리면 활과 화살을 사용하였고, 가까운 거리는 칼
과 창을 썼다. 싸움이 유리하면 나아갔고 불리한 경우에는 후퇴했다.
도주하거나 물러서는 것을 수치로 여기지 않았다.

흉노는 예의범절이라고는 전혀 없었다. 식사할 때면 건장한 자가 맛
있는 음식을 먹고, 노약자는 그 남긴 것을 먹었다. 아비가 죽으면 아들
이 아비의 여자를 소유했고, 형제가 죽으면 남아 있는 형수나 제수를
형이나 동생이 차지했다. 나이에 관계없이 서로 이름을 불렀고, 성(姓)이
나 자(字) 같은 것은 아예 없었다. 글이 없으니 책도 없었고 말로써 약

속을 해야 했다.

　동호(東胡)와 월지(月氏)가 세력이 강했을 무렵, 흉노의 선우(單于), 즉 왕은 두만(頭曼)이었다. 두만에게는 묵돌(冒頓)이라는 태자가 있었다. 그러나 연지(閼氏)라는 어여쁜 첩에게서 작은 아들을 보게 되자 마음이 달라졌다. 작은아들을 태자로 세우려 했다.

　어느 날 묵돌을 월지에 볼모로 보냈다. 그리고 얼마 후에 두만은 군사를 시켜 월지를 공격하고 묵돌을 죽이라 하였다. 하지만 묵돌은 다행히 말을 훔쳐 타고 월지를 도망쳐 흉노로 돌아왔다. 두만은 계획된 일이 어긋났으나 묵돌이 살아 돌아온 것을 장하게 여겼다. 그래서 기병 장군에 임명하고 다음 기회를 노렸다.

　묵돌은 아무 일도 없었던 것처럼 아무 생각조차 없는 사람처럼 그저 부하들에게 말 타고 활 쏘는 연습을 시켰다. 어느 날 소리 나는 화살 명적(鳴鏑)을 나누어 주고는 이렇게 명령했다.

　"내가 명적을 쏘면 너희들은 다 같이 내가 쏜 곳을 쏘아라. 만일 쏘지 않는 자는 목을 베겠다."

　며칠 후, 묵돌이 사냥을 나갔을 때 사슴을 향해 명적을 쏘았다. 그러자 부하들이 일제히 따라 쏘았다. 하지만 나 하나쯤은 괜찮겠지 하며 쏘지 않은 자들이 있었다. 묵돌은 그들을 가차 없이 처단하였다. 다시 며칠이 지나 이번에는 묵돌이 자신의 명마를 향해 명적을 날렸다. 부하들이 따라 쏘았으나 이번에도 머뭇거리며 쏘지 않은 부하가 여럿 있었다. 묵돌은 당장 그들을 참수하고 말았다. 또 며칠이 지나 이번에는 묵돌이 자신의 애첩에게 명적을 날렸다. 그러자 차마 따라 쏘지 못하는 병사가 여럿 있었다. 묵돌은 지체 없이 바로 그들의 목을 베었다.

어느 날, 묵돌이 선우 두만과 사냥을 나가게 되었다. 들판에 두만의 명마 중 한 마리가 홀로 서 있었다. 묵돌이 무심히 명적을 날렸다. 그러자 부하들이 모두 그 명마를 향해 활을 쏘았다. 그제야 묵돌은 고개를 끄덕이며, 부하들이 자신의 명령을 따른다고 확신했다.

다음 날 묵돌은 두만을 따라 사냥을 나왔다. 왕의 호위군대가 두만을 따라가고 있었고 묵돌은 뒤를 따랐다. 넓은 들판에 이르자 두만의 행렬이 잠시 멈췄다. 이때 묵돌이 아버지 두만을 향해 명적을 쏘았다. 과연 부하들이 두만을 향해 일제히 명적을 날렸다. 두만은 그 자리에서 즉사하고 말았다. 이어 묵돌은 계모와 이복동생, 자신을 따르지 않는 신하들을 모두 잡아 죽이고 스스로 왕에 올랐다.

그 무렵 동호(東胡)가 세력이 강했다. 동호는 묵돌에게 사신을 보내 예전 두만이 가지고 있던 천리마를 얻고 싶다고 청했다. 묵돌이 신하들에게 묻자 신하들이 대답하였다.

"천리마는 흉노의 보배입니다. 결코 주어서는 아니 되옵니다!"

그러자 묵돌이 말했다.

"서로 이웃하고 있으면서 어떻게 말 한 마리를 아낄 수 있겠는가?"
하고는 동호에 천리마를 보내 주었다.

얼마 후, 동호는 묵돌이 자신들을 두려워하는 줄 알고 다시 사신을 보냈다. 이번에는 묵돌의 애첩 중 하나를 요구하였다. 묵돌이 신하들에게 의견을 묻자 신하들이 대답하였다.

"동호는 무례합니다. 어떻게 감히 왕의 애첩을 요구한단 말입니까? 당장에 그들을 공격하도록 해 주십시오!"

그러자 묵돌이 말했다.

"서로 이웃하고 있으면서 어떻게 여자 하나를 아낄 수 있겠는가?"

하고는 애첩 하나를 동호에 보내 주었다.

그러자 동호는 더욱 교만해졌다. 당시 흉노에는 국경지점 1천 리에 걸쳐 아무도 살지 않는 황무지 땅이 있었다. 동호의 사신이 와서 말했다.

"흉노의 국경 1천 리 땅은 쓸모없는 곳이니 우리 동호가 차지하겠소!"

묵돌이 이것을 신하들에게 묻자 신하들이 대답하였다.

"그곳은 버려진 땅이니 주어도 좋고 주지 않아도 좋습니다."

그러자 묵돌이 크게 화를 내며 말했다.

"땅은 나라의 근본이다. 어떻게 그곳을 동호에 준단 말인가?"

하고는 주어도 좋다고 한 자들은 모조리 참수하였다. 곧이어 모든 군사에게 명령을 내렸다.

"동호를 용서할 수 없다. 병사들이여 나가 싸워라. 만약 후퇴하는 자는 즉각 처형하겠다!"

마침내 동호를 공격하였다. 동호는 묵돌을 업신여기고 있던 터라 전혀 방비를 하지 않은 상태였다. 갑자기 묵돌이 습격해 오자 어찌할 바를 몰랐다. 동호의 왕은 사로잡혀 목이 베어지고, 백성들은 포로로 잡혔다. 흉노의 군사들은 동호의 가축들을 모두 빼앗아 돌아왔다.

이후 묵돌은 월지를 공격하여 빼앗았고 남쪽으로 누번왕, 백양하남왕(白羊河南王) 등의 영지를 빼앗아 차지하였다. 또 진나라를 공격하여 이전에 빼앗겼던 흉노 땅을 모두 되찾았다.

흉노는 순유에서 두만까지 1천 년 동안 기록된 계보가 하나도 없었다. 묵돌 시대부터 왕의 계승이나 관직 명칭 등이 기록되어 있었다.

선우 아래 관직은 다음과 같다. 좌우 현왕(賢王), 좌우 녹려왕(谷蠡王),

좌우 대장(大將), 좌우 대도위(大都尉), 좌우 대당호(大當戶), 좌우 골도후(骨都侯)를 두었다.

흉노에서는 현명하다는 뜻의 도기(屠耆)라는 말을 귀하게 여겼다. 때문에 좌우 현왕에는 언제나 좌도기왕(左屠耆王), 우도기왕(右屠耆王)이라 하였다. 부하들을 거느리는 모두 24명의 장(長)이 있었는데 이들을 만기(萬騎)라 불렀다. 대신들의 관직은 세습되었으며, 호연씨(呼衍氏), 난씨(蘭氏), 수복씨(須卜氏) 세 성이 흉노의 귀족이었다.

24장 들은 각각 천장(千長), 백장(百長), 십장(什長), 비소왕(裨小王), 상봉(相封), 도위(都尉), 당호(當戶), 저거(且渠) 등의 벼슬을 두고 있었다. 매년 정월에는 선우가 머무는 정(庭)에서 모든 장들이 모여 제사를 지냈다. 5월에는 용성(龍城)에서 모여 조상과 천지신명께 제사를 올렸다.

흉노의 법률은 다음과 같다.

평상시 칼을 뽑아 사람을 상하게 하거나 일척(一尺)의 상처를 낸 자는 사형에 처한다. 도둑질한 자는 그의 가족과 재산을 몰수한다. 경범죄는 수레바퀴 밑에 발을 넣어 뼈를 부수는 알형(軋刑)에 처한다. 중죄를 지은 자는 사형에 처한다. 법이 엄한 까닭에 옥에 갇힌 죄수는 전국을 통틀어 몇 명에 불과했다.

왕인 선우는 매일 아침 군영에 나와 일출을 보고 절하고, 저녁에는 달을 보고 절을 했다. 장례 풍속은 관에 시신을 넣고 그 속에 금은과 가죽옷들을 넣었다. 무덤을 봉분하거나 나무를 심거나 하지 않았다. 상복도 입지 않았다. 선우가 죽게 되면 사랑받던 신하나 애첩들을 순장했는데 많을 때는 몇백 명에 달했다.

전쟁을 할 때는 항상 별이나 달의 모양을 관찰하고 결정했다. 달이 커져서 둥글게 되면 공격을 하고 이지러지면 후퇴했다. 공로에서도 적의 목을 베어 오는 자는 술을 하사하고, 노획품을 가져온 자는 본인에게 주었으며, 적을 생포했을 때는 자신의 노비로 삼았다. 또 싸움에서 자기 편 죽은 자를 거둬 주는 자는 죽은 자의 재산을 모두 주었다. 그러기에 누구든 이득을 얻으려고 싸움에 임했다.

이 무렵 유방의 한(漢)나라가 천하통일을 이루고, 한왕(韓王) 신(信)을 국경지대인 마읍의 장군으로 임명했다. 그러나 얼마 후 흉노의 기습을 받아 마읍이 포위되자 신(信)은 항복하고 말았다. 흉노는 그 기세를 몰아 남하하여 태원(太原)을 공격하고 마침내 진양성(晉陽城) 밑까지 다가왔다.

이에 고조 유방이 친히 정벌하고자 30만 군사를 출병시켰다. 때는 겨울이라 추위가 심했고 큰 눈이 내렸다. 묵돌은 이를 노려 패한 척하면서 한나라 군대를 계속 북쪽으로 유인하였다. 묵돌이 정예부대를 숨겨둔 것을 까마득히 모르고 한나라 군대는 흉노를 뒤쫓았다.

고조 유방이 선두에 서서 평성(平城)에 이르렀을 때, 묵돌의 정예부대 40만 명이 한나라 군대를 백등산 위로 몰아넣고 포위하였다. 한나라 군은 7일 동안 후진과 단절되어 보급과 구조를 받을 수 없었다. 이때 많은 병사들이 동상에 걸렸다. 흉노는 서쪽에 백마(白馬), 동쪽에 청방마(青駹馬), 북쪽에 오려마(烏驪馬), 남쪽에 성마(騂馬)의 정예기마대를 배치하고 있었다.

다급한 고조 유방이 묵돌의 애첩 연지에게 몰래 사신을 보내 후한 선물을 하사하는 책략을 썼다. 그러자 연지가 그날 밤 이부자리에서 묵돌에게 말했다.

"이웃한 두 임금이 서로 싸워서야 되겠어요. 지금 우리가 한나라 땅을 얻어 봐야 선우께서 그곳에 살 수도 없는 일이 아닌가요? 더구나 한나라 고조는 천지신명이 도와서 왕에 오른 자라 하더군요. 서로 화합하며 살 수 있잖아요. 하오니 속히 전쟁을 끝내세요."

때마침 흉노에 합류하기로 했던 한왕(韓王) 신이 기일이 지나도 오지 않자 묵돌은 혹시 한나라와 내통한 것이 아닌가 해서 의심하고 있었다. 그런 까닭에 연지의 말을 받아들여 포위망을 풀어 주었다. 한나라는 흉노에서 철수하고 이후 유경(劉敬)을 사신으로 보내 묵돌과 화친하였다.

그 뒤 한왕 신은 흉노의 장군이 되었고, 연(燕)나라 왕 노관(盧綰)은 수천 명의 부하를 거느리고 흉노에 투항하였다. 그 후에도 변경 지역에 파견된 한나라 장군 중에 흉노에 투항하는 자가 여럿 있었다.

고조 유방이 죽자 흉노는 고조의 부인인 여태후(呂太后), 즉 고후(高后)에게 망언의 편지를 보냈다. 격노한 고후는 묵돌을 치려고 하였으나 여러 장군들이 만류하였다.

"고조의 현명함과 용맹을 가지고도 흉노를 이기지 못하고, 도리어 포위당해 곤욕을 치렀습니다."

고후는 하는 수 없이 공격을 포기하고 다시 흉노와 화친을 맺어야 했다.


효문제(孝文帝) 3년 5월, 흉노의 우현왕이 하남을 침입했다. 관영(灌嬰)이 전차와 기병 8만 5천 명을 이끌고 우현왕을 공격하여 요새 밖으로 몰아냈다. 그런데 그즈음 제북왕(濟北王)이 반란을 일으켰다. 이에 효문 제는 관영에게 토벌을 멈추고 급히 장안으로 돌아오라고 하였다. 따라 서 흉노의 공격은 그 정도에서 중지되었다.

이듬해 선우가 한나라에 서신을 보냈다.

"한나라 황제는 그간 무양(無恙)하신가? 일전에 한나라 관리들이 우 리 우현왕을 모멸해 서로 상쟁하는 일이 있었소. 나는 양국 간에 맹약 이 깨져 무척 섭섭했소. 우리는 우현왕의 죄를 물어 그를 서쪽 국경으 로 전근 보냈소. 그런데 하늘의 가호와 병사들의 용맹으로 우현왕이 월 지를 전멸시키고 인접 26개 나라를 평정하여 흉노에 병합하였소.

우리는 본래의 약속대로 두 나라 백성들이 안정된 생활을 유지할 수 있기를 바라는 바인데, 황제의 의향은 어떤지 모르겠소. 우리 신하인 낭중(郎中) 계우천(係雩淺) 편으로 이 서신을 보내며, 아울러 약소한 선물 을 보내는 바요.

만일 우리 흉노가 변방 가까이 오는 것을 원치 않는다면 그곳 관리 와 백성들을 멀리 떨어져 살도록 해 주시오. 우리 사신이 일을 마치면 즉시 돌려보내 주기 바라오."

흉노의 사신이 도착하자 한나라 신하들이 논의를 거듭해 의견을 집 약하였다.

"선우는 월지를 정복하여 상승 기세를 타고 있습니다. 그러니 공격은 안 됩니다. 또한 한나라가 흉노의 땅을 차지해 봐야 황무지뿐이니 이는 사람이 살 수 없는 곳입니다. 그러니 화친하는 편이 훨씬 유리합니다."

결국 한나라는 선우의 요청을 허락할 수밖에 없었다.

효문제 6년, 한나라는 선우에게 서신을 보냈다.

"한나라 황제는 흉노의 대선우에게 안부를 묻소. 지난번 우현왕의 공격은 심히 유감스러운 일이오. 하지만 그대가 양국 백성들이 안정된 생활을 유지할 수 있기를 바란다는 견해에 짐은 매우 가상하게 여기는 바요. 그런데 화친을 맺으면 언제나 약속을 위반하는 쪽은 흉노였소. 만일 이 서신에 찬동한다면 흉노의 관리들에게 철저히 약속을 지키도록 포고해 주기 바라오. 중대부(中大夫) 의(意)와 알자령(謁者令) 견(肩)을 시켜 선우에게 보내는 바이오."

얼마 후, 묵돌이 죽자 그의 아들 계육(稽粥)이 뒤를 이었다. 그는 스스로 노상선우(老上單于)라 칭했다. 효문제는 곧 종실의 딸을 공주라 속여 선우에게 시집보냈다. 그리고 환관 중항열(中行說)로 하여금 공주를 보좌하게 했다. 하지만 중항열은 흉노에 가기를 원치 않았다. 조정에서 강압적으로 보내자 그는 다음과 같이 한스러운 말을 던졌다.

"내가 흉노에 가면 한나라는 반드시 화를 입게 될 것이오!"

중항열은 흉노에 와서 선우의 총애를 받게 되자, 얼마 후 한나라를 배반하고 투항하였다. 마침 노상선우는 한나라의 물건과 음식을 매우 좋아하였다. 그러자 중항열이 선우에게 진언하였다.

"흉노의 인구는 한나라의 한 개 군에도 미치지 못합니다. 그런데 흉노가 강한 것은 먹고 입는 것을 한나라에 의존하지 않기 때문입니다. 지금 선우께서 한나라 물품을 좋아하게 되면 저들이 보낸 물건을 채 소비하기도 전에 흉노는 모두 한나라에 귀속되고 말 것입니다. 그러니 한나라의 비단과 무명을 얻게 되면 그것을 입고 풀과 가시밭길을 헤치고 다니십시오. 금방 옷과 바지가 찢어져 못 쓰게 될 것입니다. 그렇게 하여 백성들에게 한나라에서 좋다는 옷도 우리가 지어 입는 가죽옷보다 못하다고 보여 주십시오. 또 한나라의 음식은 모두 내다 버려 흉노의 젖과 유제품의 맛을 따를 수 없다는 것을 보여 주십시오. 그래야 백성들이 한나라를 우습게 여길 것입니다."

중항열은 또한 흉노의 관리들에게 기록하는 법을 가르쳐서 궁궐 문서와 인구와 가축의 통계를 내도록 하였다. 또 이전에 한나라가 선우에게 서신을 보낼 때 첫머리 형식은 항상 아랫사람 대하듯 하였다.

"황제는 흉노의 선우에게 안부를 묻노라. 무양하신가?"

이에 대해 중항열은 한나라에 서신을 보낼 때 형식을 달리 하였다. 직인과 봉투를 한나라보다 크게 하였고 글투도 거만스럽게 하였다.

"천지가 나으시고 일월이 세우신 흉노의 대선우는 삼가 황제에게 안부를 묻노라. 무양하신가?"

한번은 한나라 사신이 와서 중항열과 대화하는 도중 흉노에 대해 저급하게 말했다.

"흉노의 풍습은 건장한 자가 먼저 식사를 하고 노인은 그 남은 것을 먹는다고 하던데 맞는 말입니까?"

이에 중항열이 대답했다.

"한나라 풍속에도 자식이 군대에 가게 되면, 늙은 부모가 살지고 맛있는 음식을 자식에게 먼저 먹이지 않는가요?"

사신이 말했다.

"그렇소."

이어 중항열이 말했다.

"알다시피 흉노는 전쟁을 일삼는 민족이오. 늙고 약한 사람은 싸울 수가 없소. 그러기에 건장한 자식에게 살지고 맛있는 음식을 먼저 먹이는 것이오. 이것은 가족을 지키고 나라를 보호하기 위한 것이오. 사신께서는 어찌 알지도 못하고 함부로 말을 하시는 거요?"

그러자 사신이 말했다.

"그러나 흉노는 부자가 같은 천막 속에 살고, 아비가 죽으면 자식이 그 계모를 아내로 삼고, 형제가 죽으면 형이나 동생이 그 아내를 소유한다고 하지 않소. 관복도 허리띠도 없고 의식과 예절도 없지 않소?"

중항열이 대답했다.

"흉노의 풍습은 가축의 고기를 먹고 그 젖을 마시며 그 털가죽으로 옷을 해 입습니다. 싸울 때를 대비하여 평소에 말 타기와 활쏘기를 익힙니다. 사람 간에 약속은 간편해 실행하기가 쉽습니다. 왕과 신하의 관계는 간단하여 마치 한 집안의 일과 같습니다. 부자나 형제가 죽으면 남은 사람이 그의 아내를 소유하는 것은 대가 끊어지는 것을 두려워하기 때문입니다.

그런데 한나라의 경우는 친족 간에 의견이 다르면 서로 죽이기도 하고, 성을 바꾸기도 합니다. 왕과 신하가 충성과 믿음 없이 예의만 강요하기 때문에 원한 관계로 발전합니다. 궁궐을 꾸미기 위해 백성들의 노동을 빼앗으니 모두가 지치고 원망할 뿐입니다. 참으로 슬픈 일이 아닐 수 없소. 겉만 화려하고 실속은 없는데 관을 써 보았자 무슨 소용이겠소?"

그 뒤로 한나라 사신이 변론을 하려고 하면 그때마다 중항열이 나서서 방어했다.

이후 선우가 기병 14만 명을 이끌고 쳐들어와 한나라의 도위(都尉) 앙(卬)을 죽이고 다수의 백성과 가축을 잡아갔다. 이어 팽양까지 진출하여 회중궁(回中宮)을 불태우고 감천궁(甘泉宮)까지 이르렀다. 선우는 한 달 남짓 머물다가 돌아갔다. 효문제는 흉노에게 서신을 보냈다.

"황제는 흉노의 대선우에게 문안하노니 그간 평안하신가? 우리는 서로 이웃한 대등한 나라요. 우리의 풍요로운 물건들을 해마다 일정하게 그대에게 보낼 것이니 이로써 화목하기 바라오. 우리가 화친하면 천하가 크게 편안할 것이니 선우는 이 점을 잘 헤아려 주시오."

이에 선우가 화친을 약속하자 효문제는 다음과 같은 조칙을 내렸다.

"앞으로는 흉노가 요새 안으로 넘어오지 못하고, 한나라도 요새 밖으로 벗어날 수 없다. 이제 두 나라가 화친했으니 모두 편안할 것이다. 이를 천하에 포고해 명확히 알리는 바이다."

효문제 4년, 선우 계육이 죽고 그의 아들 군신(軍臣)이 뒤를 이었다. 화친을 재차 확인하였다. 중항열은 새 선우를 섬겼다.

군신 선우 4년, 흉노는 또다시 화친을 어기고 상군(上郡)과 운중군에 각각 기병 3만 명씩 침입해 다수의 백성을 죽이고 사로잡아 갔다. 이에 한나라는 북지(北地), 구주산(句注山), 비호구(飛狐口), 세류(細柳)와 위수(渭水), 장안 북쪽 극문(棘門)과 패상(霸上)에 군대를 주둔시켜 흉노의 침입에 대비하였다.

효경제(孝景帝)가 즉위하자 다시 화친을 확인하고 한나라는 관문에서 두 나라가 교역하도록 했고, 물자를 보내 주었고, 공주를 시집보냈다. 이로 인해 흉노의 침입이 없었다.

국경 지역 마읍에 사는 섭옹일(聶翁壹)이라는 자가 경계를 넘어 흉노와 교역을 하고 있었다. 그는 선우에게 마읍성을 넘기겠다고 유인하였다. 선우가 그 말을 믿고 기병 10만 명을 이끌고 쳐들어왔다. 하지만 한나라는 이미 30만 병력을 마읍 산 부근에 매복하고 있었다.

선우가 요새를 넘어 마읍 1백 리까지 들어왔는데 들판에 가축만 보이고 사람은 하나도 보이지 않았다. 이를 이상하게 여겨 사로잡은 한나라 정장에게 칼을 들이대며 사실을 말하라 협박하였다. 이에 정장이 한나라 군대가 매복하고 있다는 사실을 털어놓았다.

선우는 크게 놀라 군사를 이끌고 되돌아갔다. 그리고 한나라 장정을 사로잡은 것은 천명이며 그가 말한 것은 하늘이 시킨 일이라 여겼다.

한편 흉노가 그냥 철수하자 한나라 조정은 공로 없이 군대만 출병시킨 책임을 물어 왕회를 사형에 처했다.

5년 후, 한나라는 네 명의 장군에게 흉노를 공격하게 하였다. 장군 위청(衛靑)은 상곡군에서 출병하여 흉노 포로 7백 명을 사로잡았다. 공손하(公孫賀)는 운중군에서 출병했으나 전과가 없었다. 공손오(公孫敖)는 대군(代郡)에서 출격하였으나 흉노에게 패해 7천 명을 잃었다. 이광(李廣)은 안문에서 출격하였으나 역시 흉노에게 패해 포로가 되었다가 도망쳐 왔다. 공손오와 이광은 옥에 갇혀 참수될 위기였으나 속죄금을 물어 평민이 되었다.

이듬해 위청 장군이 흉노의 누번왕(樓煩王)과 백양왕(白羊王)을 공격하여 수천 명의 포로와 가축을 얻었다. 드디어 하남 땅을 탈취해서 그곳에 삭방군을 설치하니 진나라 몽염 장군 때 만들었던 요새를 수복하게 되었다.


군신 선우가 죽자, 동생인 좌녹려왕(左谷蠡王) 이지타가 태자인 오단(於單)을 내쫓고 스스로 선우에 올랐다. 오단은 한나라로 도망쳐 항복하였다. 한나라에서는 오단을 섭안후(涉安侯)로 봉했으나, 그는 몇 달 후 죽고 말았다.

이듬해, 위청은 흉노를 공격해 포로 9천 명을 사로잡았다. 그러나 우장군(右將軍) 건(建)은 흉노에 패해 도망쳤고, 전장군(前將軍) 조신은 흉노에 투항했다. 조신은 원래 흉노의 소왕으로 한나라에 항복한 자였다.

선우는 조신을 자차왕(自次王)에 봉하고 자신의 누이를 아내로 주었다. 그리고 한나라 침략에 대한 전략을 짜기에 이르렀다. 조신이 말했다.

"북쪽으로 좀 더 올라가 사막을 건널 때까지 한나라 군사를 유인해야 합니다. 그러면 한나라 군대는 극도로 지쳐 있을 겁니다. 그 틈에 공격하면 백전백승입니다. 그러니 변경 가까운 곳에서 한나라와 싸워서는 결코 안 됩니다."

선우는 그의 계책을 따르기로 했다.

얼마 후 흉노의 혼야왕과 휴도왕이 한나라에 크게 패해 병사 수만 명이 죽거나 포로가 되었다. 이 소식을 들은 선우는 크게 노하여 이 둘을 불러들였다. 혼야왕과 휴도왕은 가면 분명 죽을 것을 알기에 차라리 한나라에 항복하기로 뜻을 모았다. 그러나 한밤중에 혼야왕이 휴도왕의 머리를 베어 군사를 이끌고 한나라로 투항하였다. 이후 농서, 북지, 하서 지역은 흉노의 침입이 훨씬 줄었다.

이듬해 봄, 한나라는 군사 작전을 열어 선우를 공격하기로 했다.

"선우는 사막 북쪽에 있다. 결코 한나라 군사는 사막 북쪽을 쳐들어올 수 없다고 믿는 까닭에 흉노로 투항한 역적 조신이 계책을 세운 것이다."

한나라는 기병 10만 명을 출병시켰다. 식량과 보급을 싣는 말을 제외하고도 말이 14만 마리나 되었다. 대장군 위청과 표기장군 곽거병에게 군사를 반반씩 주어 거느리게 하였다. 위청은 정양에서 출격하고, 곽거병은 대군에서 출격해 사막을 건넜다.

사막 북쪽에서 이 소식을 들은 선우가 가소롭게 여겼으나, 한밤중에 한나라 군사들이 좌우로 진형을 펼쳐 어느덧 선우를 포위하였다. 위기감을 느낀 선우는 몇백 명의 기병을 이끌고 간신히 포위망을 뚫고 달아났다. 한나라 군사가 밤새 추격하였으나 잡지 못했다. 이때 포로로 잡힌 흉노의 수가 2만 명에 이르렀다.

선우는 한나라 군사를 따돌리느라고 먼 곳까지 도망쳤다. 그로 인해 오랫동안 돌아오지 못했다. 그러자 우녹려왕(右谷蠡王)은 선우가 죽은 줄로 알고 자신이 선우에 올랐다. 그러나 며칠 후에 선우가 살아서 돌아왔다. 선우가 다시 군권을 잡자 우녹려왕은 원래 자리로 되돌아갔다.

더는 흉노를 추격할 수 없게 된 한나라는 조정회의를 열었다. 장사(長史) 임창(任敞)이 말했다.

"흉노는 패하여 처지가 곤란한 만큼 속국으로 삼고 변경으로 조회 오도록 하는 것이 옳을 줄 압니다."

이로써 임창이 사신으로 가게 되었다. 임창이 선우에게 속국의 예를 갖추도록 요구하자 선우가 크게 노하였다. 임창을 가두고 돌려보내지 않았다. 그것은 전에 흉노의 사신이 한나라에 구금된 일이 있었기 때문에 선우도 이에 대항한 것이었다.

한나라가 흉노를 치려 했으나 때마침 곽거병 장군이 죽었다. 이로 인해 여러 해 동안 흉노를 치지 않았다.

몇 년 후, 이지타 선우가 죽었다. 그의 아들 오유(烏維)가 뒤를 이어 선우에 올랐다. 한무제는 천하를 순행하느라 흉노를 치지 않았다. 흉노 역시 변경 침입을 하지 않았다.

　이 무렵 무제는 변경을 순행하며 삭방군에 이르렀다. 기병 18만 명을 통솔하니 그 위세가 대단했다. 이번 기회에 선우를 굴복시키고자 곽길(郭吉)을 사신으로 보냈다.

　곽길이 선우를 만나자 찾아온 목적을 말했다.

　"지금 남월왕의 머리는 한나라 황궁 북문에 달려 있습니다. 만약 선우께서 한나라 천자를 사로잡을 생각이라면 당장 군사를 거느리고 변방으로 달려가십시오. 천자께서 손수 군사를 이끌고 기다리고 계십니다. 만약 그럴 생각이 없다면 항복하고 한나라의 신하가 되십시오. 어째서 춥고 고통스러운 땅에서 참고 사십니까? 물도 풀도 없는 땅에서 숨어 산단 말입니까?"

　그 말이 끝나기도 전에, 선우는 크게 노하여 사신을 데려온 신하의 목을 단 칼에 베고 말았다. 그리고 곽길을 북해 근처에 감금시켰다.

　한나라는 왕오(王烏)를 시켜 흉노의 동정을 살피게 했다. 흉노의 법에 의하면 얼굴에 먹물을 들인 자가 아니면 감히 선우의 천막에 들어갈 수 없었다. 그러나 왕오는 본래 북지 사람으로 흉노의 풍습에 익숙해 있었다. 얼굴에 먹물을 칠한 후 선우의 천막 안으로 들어갔다. 선우가 그 행동을 기특하게 여겨 그의 의견을 청취했다. 그러자 흉노의 태자를 한나라에 인질로 보내 화친을 청하고자 한다고 하였다.

　선우가 약속을 지키지 않자 한나라는 얼마 후 양신(楊信)을 흉노에 사신으로 보냈다. 양신은 본래 성품이 강직하여 굴복할 줄 모르는 자였다. 선우가 천막 안으로 불렀으나 양신은 사신의 부절을 버리지 않았고 얼굴에 먹칠을 하지도 않았다. 결국 천막 밖에서 선우는 양신을 만나게 되었다. 양신이 선우에게 말했다.

"만일 화친을 원하신다면 선우의 태자를 한나라에 인질로 보내 주시오."

선우가 대답했다.

"그것은 본래의 약속이 아니오. 본래 약속이라면 한나라가 항상 공주를 선우에게 시집보내고, 비단, 무명, 식량 등 많은 물건을 보내 주는 것이오. 그 약속을 지킨다면 어찌 우리 흉노가 한나라 변경을 어지럽히겠소? 그런데 본래 약속과는 달리 이번에는 우리 태자를 인질로 달라고 하니 어떻게 화친을 기약할 수 있겠소?"

흉노의 외교 관례에는 한나라에서 벼슬이 낮은 자가 찾아오면 그는 목숨을 걸고 선우를 설득하러 온 자이니 그 변설을 꺾으면 되었다. 또 젊은 사신이 온다면 이는 자객으로 온 것이니 그 기세를 꺾으면 되었다. 그리고 한나라 사신이 흉노에 들어오면 흉노 또한 답례로 사신을 보냈다. 만약 한나라에서 사신을 돌려보내지 않으면, 흉노 또한 사신을 돌려보내지 않았다. 흉노는 이렇게 늘 대등한 관계를 유지하였다.

양신이 그냥 돌아오자 한나라에서는 왕오를 다시 사신으로 보냈다. 그러자 선우는 왕오를 달래며 한나라 재물을 많이 얻을 욕심에 거짓말을 하였다.

"내가 직접 한나라로 가서 천자를 뵙고, 서로 마주앉아 형제의 약속을 하고 싶소!"

왕오가 돌아와 그대로 전했다. 그러자 한나라에서는 선우를 위해 장안에 저택을 세웠다. 그러나 얼마 후에 선우는 또 말을 바꿨다.

"한나라에서 고관을 사신으로 보내지 않으면 참된 이야기를 할 수 없을 것이오."

하고는 먼저 흉노의 고관을 한나라에 사신으로 보냈다. 그러나 그는 한나라에 도착하자마자 병이 났다. 약을 지어 주고 치료를 해 주었으나 불행히도 죽고 말았다.

이에 한나라는 노충국을 사신으로 삼고 유해를 정중히 호송하도록 하였다. 한나라 사신이 흉노에 도착하자 선우는 자신의 고위관료를 한나라에서 의도적으로 죽였다고 판단하였다. 그 보복으로 노충국을 감금하고 돌려보내지 않았다. 선우는 전혀 한나라와 화친할 생각이 없었던 것이었다. 노충국이 흉노에 감금된 지 3년이 지나자 오유 선우가 죽었다. 그의 어린 아들 오사려(烏師廬)가 뒤를 이어 선우에 올랐다.

한나라는 새로운 선우의 계승 소식을 듣자 흉노 내부를 이간질시키기로 정책을 바꾸었다. 두 명의 사신을 보내 하나는 선우를 만나게 하였고, 다른 하나는 최고위 관리인 우현왕을 만나도록 하였다.

그러나 막상 흉노 땅에 들어간 두 사신은 모두 선우에게 끌려갔고, 선우는 한나라의 이간질에 분노하여 이들을 감금시켜 버렸다. 이로써 흉노에 억류된 사신은 10여 명에 이르렀다. 이에 대한 보복으로 한나라 또한 흉노에서 오는 사신을 감금시켜 그 수가 흉노와 같았다.

그해 겨울, 흉노 지역에 큰 눈이 내려 많은 가축이 굶주리고 얼어 죽었다. 게다가 새로운 선우는 나이는 어렸지만 잔인하고 야만스러워 그곳 백성들이 살 수가 없었다. 이때 흉노의 좌대도위(左大都尉)가 선우를 암살할 계획을 세웠다. 몰래 사람을 한나라에 보내 이렇게 말했다.

"우리 좌대도위께서는 선우를 주살하고 한나라에 항복하려 합니다. 그러나 한나라가 너무 멀리 있어 고민입니다. 만일 한나라 군대가 좌대도위를 맞이하러 와주기만 한다면 곧 반란을 일으켜 실행하겠습니다."

이듬해 봄, 한나라는 조파노를 장군으로 삼아 기병 2만 명을 거느리고 삭방군 서북쪽 2천 리까지 진출하였다. 이는 좌대도위와 사전 밀약이었다. 한나라 군대가 올라오면 좌대도위가 반란을 일으키기로 한 것이었다. 하지만 불운하게도 사전에 이 밀약이 발각되고 말았다.

선우는 그 자리에서 좌대도위의 목을 베고 군사를 일으켜 한나라 군대를 치게 하였다. 처음 싸움에서 조파노 장군은 흉노군 수천 명의 목을 베는 전과를 올렸다. 하지만 수항성 4백 리 되는 지점에서 그만 흉노군 8만 명에게 포위되고 말았다. 더구나 마실 물이 떨어진 위급한 상황이었다. 한밤중에 조파노가 직접 마실 물을 찾아나섰다. 그러나 근처에 매복한 흉노 병사들에게 발각되어 생포되고 말았다.

한나라 군영에서는 급히 호군(護軍)장군 곽종과 거수(渠帥)장군 유왕이 대책을 논의하였다. 장군을 잃고 패하여 돌아온 장수들은 사형에 처한다는 군법을 두려워하여 둘은 고민에 빠졌다. 흉노는 이 틈에 급습하였다. 두 장수가 결국 항복하자 선우는 크게 기뻐하였다.

이듬해 선우가 죽고, 숙부인 우현왕 구리호(呴犁湖)가 선우에 올랐다. 구리호 선우는 얼마 후 병으로 죽었다. 그의 아우 좌대도위 저제후(且鞮侯)가 선우에 올랐다. 저제후 선우는 즉위하자 감금한 한나라 사신들을 모두 돌려보냈다. 이에 노충국 등이 돌아오게 되었다. 저제후는 이후 한나라의 습격을 두려워하여 다음과 같이 말했다.

"나는 어린아이다. 도저히 한나라의 천자와 대등하기를 바라지 않는다. 천자는 나의 어른이다."

　이듬해 장군 조파노가 흉노를 탈출해 한나라로 돌아왔다. 그리고 그 이듬해, 한나라는 이사장군 이광리가 기병 3만 명을 거느리고 주천군 밖 천산에 진을 치고 있는 흉노의 우현왕을 공격하였다. 이 싸움에서 목을 베고 포로로 잡은 흉노의 수가 만여 명이 넘었다. 하지만 돌아오는 길에 흉노에게 포위당해 한나라 군사 열에 일곱 명이 죽임을 당했다.

　또 기도위 이릉 장군에게 보병 5천 명을 거느리고 북쪽 1천 리까지 들어가 흉노를 치게 했다. 이릉은 선우와 마주쳐 흉노군 1만 명을 살상했다. 하지만 식량이 바닥나고 죽은 군사가 많아 되돌아오려 하였다. 흉노의 대군이 이릉의 군대를 포위해 결국 항복하고 말았다. 군대는 전멸하여 살아서 돌아온 자가 4백 명뿐이었다. 선우는 이릉을 귀하게 대우하여 자신의 딸을 아내로 삼도록 하였다.

　2년 뒤, 한나라는 대대적인 흉노 토벌에 나섰다. 이사장군 이광리에게 기병 6만과 보병 10만을 주어 삭방군에서 출병하게 하였고, 도위 노박덕에게 만 명을 주어 이사장군을 따르게 하였다. 유격장군 한열에게 보병과 기병 3만을 주어 오원에서 출병하게 하였고, 인우장군 공손오에게 기병 1만 명과 보병 3만을 주어 안문에서 출격하게 하였다.

　이 소식을 들은 흉노는 자신들의 가족과 재산을 멀리 여오수(余吾水) 북쪽에 숨겨 두었다. 그리고 10만 병사를 이끌고 이사장군과 접전을 벌였다. 10일간이나 싸운 끝에 이사장군이 퇴각하였다. 그런데 도중에 무고(巫蠱)의 난에 이사장군이 연루되어 가족이 모두 처형되었다는 소식을 듣게 되었다. 이사장군은 군대를 되돌려 흉노에 투항하고 말았다.

　이후 한나라 조정에서 태의령(太醫令) 수단(隨但)을 체포하였다. 그는 이

사장군 가족이 몰살당했다는 소식을 몰래 누설해 이광리를 흉노에 투항하게 만든 자이기 때문이었다.


　태사공은 말한다.

　"공자가 『춘추』를 짓는데 옛날 은공(隱公)과 환공(桓公) 시기는 기록이 분명하고, 자신과 같은 시기인 정공(定公)과 애공(哀公)의 일은 애매하고 불분명하게 기록하였다. 그것은 절실한 일이긴 하지만 비판을 피하고 말하기를 꺼렸던 탓이다. 지금 흉노 문제에 대해 천자에게 말하는 사람들은 한때의 이로움에 맞추어 자신의 주장이 채택되기를 바라는 기회주의자들뿐이다. 이익에 사로잡혀 올바른 정세를 파악하지 못하는 경우가 대부분이다. 장수들은 대륙의 광대한 것만 믿고 북진을 주장하면 천자는 그들의 기세에 영향을 받아 방침을 결정하였다. 그러니 큰 공을 세울 수 없었던 것이다. 요임금은 성현이라 우러르지만 혼자 힘으로 일을 성공할 수 없었다. 우(禹)의 보좌를 받음으로 비로소 천하를 편안하게 할 수 있었다. 어찌 되었든지 간에 성왕의 전통을 이으려면 장군과 대신을 잘 선택해 임명하는 것이 우선이라 하겠다."

衛青霍去病列傳

## 제51편

## 위청, 곽거병열전

大將軍衛青者、平陽人也。其父鄭季、爲吏、給事平

陽侯家、與侯姜衛媼通、生青。青同母兄衛長子、而

姊衛子夫自平陽公主家得幸天子、故冒姓爲衛氏。

字仲卿。長君母號爲衛媼。媼長女衛孺、次女少

兒、次女則子夫。後子夫男弟步、広皆冒

衛氏。

青爲侯家人、少時帰其父、其父使牧羊。先母之子皆

奴畜之、不以爲兄弟数。青嘗従人至甘泉居室、有一

鉗徒相青曰、貴人也、官至封侯。青笑曰、人奴之生

"이 두 사람은 신하로서 직분을 준수하고 장군으로서 사명을 다할 뿐이지 사사로운 곳에 눈을 돌리지 않았다. 그러니 그 공이 지금껏 전해져 오는 것이다."

●

대장군 위청(衛靑)은 평양(平陽) 사람이다. 그의 아버지가 평양후(平陽侯)의 가신으로 근무할 때, 평양후의 첩인 위오(衛媼)와 몰래 정을 통해 낳은 자식이다. 자는 중경(仲卿)이며 어머니를 따라 성을 위(衛)로 하였다.

같은 어머니에게 난 형 위장자(衛長子), 동생 보(步), 광(廣) 그리고 누나 위유(衛孺), 위소아(衛少兒), 위자부(衛子夫)가 있었다.

어려서는 어머니와 지내다 소년이 되어 아버지 집으로 들어갔다. 이때 아버지는 위청에게 양을 치라고 했으며, 본처의 자식들은 모두 그를 머슴으로 취급하며 형제로 인정하지 않았다.

하루는 감청궁(甘泉宮) 감옥을 구경 갔다가 목에 칼을 쓴 죄수 하나가 위청의 관상을 보더니 말했다.

"귀인이 될 상이로다. 관직은 봉후에 이를 것일세."

그러자 위청이 말했다.

"머슴으로 태어난 처지니 매나 맞지 않고 욕지거리나 듣지 않으면 그것으로 만족할 뿐입니다. 그런데 어찌 저 같은 자가 봉후가 된단 말입니까?"

무제 2년, 누나인 위자부가 입궁해 황제의 총애를 받았다. 이때 위청은 평양공주를 모시는 하인으로 있었는데 누나의 후광으로 관직을 얻게 되었다. 그 무렵 황후는 아직 아들을 낳지 못해 질투가 아주 심했다. 위자부가 황제의 아이를 임신했다는 소식을 들은 황후의 모친이 위청을 붙잡아 오라 하였다. 건장궁(建章宮)에 근무하던 위청은 까닭도 모른 채 잡혀 와 죽을 처지가 되었다. 그때 황제의 시종관인 기랑(騎郎) 벼슬에 있던 친구 공손오가 장사(壯士)들을 여럿 데리고 가서 구해 주었다.

황제가 이 소식을 듣고는 위청을 불러 건장궁의 궁감(宮監) 겸 시중(侍中)으로 임명하였다. 위자부 덕분에 그의 형제와 누나들도 모두 귀하게 되었다.

이후 여동생 위유는 공손하(公孫賀)의 아내가 되었고, 위소아는 진장(陳掌)이라는 자의 아내가 되었다. 위청을 구해 준 공손오 역시 높은 지위를 얻었다. 위청은 다시 태중대부(太中大夫)에 올랐다.

무제 5년, 흉노 정벌을 위해 위청은 거기장군(車騎將軍)이 되어 상곡에서 출병하였다. 공손하는 경거장군(輕車將軍)이 되어 운중에서 출병하였으며, 공손오는 기장군(騎將軍)이 되어 대군에서 출병하였다. 이광은 효기장군(驍騎將軍)이 되어 안문에서 출병하였는데 각각 기병 만 명으로 편성되었다.

위청은 용성으로 진격해 참수하거나 생포한 흉노가 수백 명에 이르렀다. 공손하는 전공이 없었다. 공손오는 기병 7천 명을 잃었다. 이광은 적군에게 사로잡혔으나 탈출해 돌아왔다. 이 두 사람은 모두 참수형에 해당하는 벌을 받아야 했으나 속죄금을 내고 평민이 되었다.

　원삭(元朔) 원년 봄, 위자부가 남자 아이를 출산해 황후에 올랐다. 그 해 가을, 거기장군 위청은 3만 기병으로 출병하여 흉노 수천 명을 참수하거나 포로로 잡았다. 그러자 이듬해 흉노가 보복으로 요서(遼西) 태수를 살해하고 어양(漁陽) 백성 2천 명을 포로로 잡아갔다. 장군 한안국이 이끄는 한나라 군대가 맞서 싸웠으나 크게 패했다.

　한나라에서는 다시 장군 이식(李息)과 위청을 출병시켜 서쪽 고궐까지 진격하게 하였다. 위청은 수천 명의 흉노를 참수하고 생포하였으며 가축 수십만 마리를 얻었다. 또 백양왕과 누번왕을 격파하여 그 둘은 도주하고 말았다.

　이에 한나라는 하남 지역에 삭방군을 설치했으며, 위청에게 공로로 식읍 3천8백 호를 하사하고 장평후(長平侯)라 불렀다. 위청의 부하인 교위(校尉) 소건(蘇建)에게는 1천1백 호의 식읍을 내려 평릉후라 했고, 삭방성 축조를 맡겼다. 또 교위 장차공(張次公)을 안두후(岸頭侯)에 봉했다. 공로를 하사하며 천자는 이렇게 말했다.

　"흉노는 하늘의 도리를 거역하고 인륜을 어지럽히는 족속이다. 윗사람을 능멸하고 노인을 학대하며 도적질을 일삼는 오랑캐이다. 더구나 주변 여러 민족을 속여 병력을 빌려서는 한나라 변경을 침략했다. 그러므로 군사를 일으켜 그들의 죄를 응징한 것이다. 거기장군 위청이 서하를 건너 고궐에 이르러 2천3백 명을 참수하거나 생포했고, 전차와 군수품 가축을 노획했다. 또 서쪽 하남 지역을 평정하여 참수한 흉노의 수가 3천 명이었으며 가축 1백만 마리를 획득해 귀환하였으니 이에 3천 호를 다시 봉해 주노라."

그러나 다음 해 흉노가 대군에 침입해 태수 공우(共友)를 살해하고 안문을 침입해 백성 1천 명을 잡아갔다. 그 이듬해에는 대군, 정양, 상군 지역에 대대적으로 침입해 백성 수천 명을 잡아갔다.

원삭 5년 봄, 황제는 거기장군 위청에게 3만 기병을 주어, 소건을 유격(遊擊)장군으로, 이저(李沮)를 강노(彊弩)장군으로, 공손하를 기장군(騎將軍)으로, 이채를 경거장군으로 삼아 일제히 삭방에서 출병하였다. 또 이식과 장차공을 장군으로 삼아 우북평(右北平)에서 출병해 흉노를 공격하게 하였다.

그 무렵 흉노의 우현왕은 한나라 군대가 감히 그 먼 곳까지 올 수 없으리라 생각하여 술에 취해 있었다. 한밤중에 한나라 군사들이 들이닥치며 우현왕을 포위하였다. 깜짝 놀란 우현왕(右賢王)은 어둠을 틈타 애첩 하나와 건장한 기병 수백 명만을 데리고 도주하였다. 경기교위(輕騎校尉) 곽성(郭成)이 부하들을 데리고 수백 리를 추격하였으나 잡지 못했다.

그러나 우현왕 밑의 비왕 10여 명과, 남녀 오천 명과 백만 마리에 가까운 가축을 획득해 돌아왔다. 황제는 축하사절단에게 대장군 인수를 가지고 가게 해 군중에서 위청에게 하사하도록 하였다. 이로써 모든 장군들은 위청에게 귀속되었다.

황제가 공로를 치하하며 말했다.

"대장군 위청은 싸움에서 큰 승리를 거두었으니 이에 6천 호를 다시 봉해 주노라!"

하고는 위청의 세 아들에게도 각각 봉읍을 하사하였다. 그러나 위청은 봉읍을 사양하였다.

"소신은 폐하의 신령한 격려에 힘입어 승리를 거둔 것입니다. 또한 함께 참가한 모든 교위들이 힘껏 싸운 공로입니다. 이미 폐하께서는 제게 많은 식읍을 하사하였는데, 게다가 공로도 없는 제 자식까지 봉읍을 내려 주셨습니다. 이러기 위해서 병사들에게 목숨을 걸고 싸우라고 한 것이 아니옵니다. 제 자식의 봉읍은 결코 받을 수가 없으니 물러 주시기 바랍니다."

이어 황제가 말했다.

"내가 여러 교위들의 공로를 잊은 것이 아니요. 이제 곧 그 공로를 말하려던 참이었소."

하고는 어사대부에게 조칙을 읽으라 하였다.

"호군도위(護軍都尉) 공손오는 세 차례나 대장군을 따라 흉노 공격에 나섰다. 군대를 호위하고 병사들을 단결시켜 흉노의 왕을 사로잡았으니 그 공로를 인정하여 식읍 1천5백 호를 하사하고 합기후(合騎侯)에 봉한다. 도위 한열은 대장군을 따라 출병해 용감히 싸워 흉노의 왕을 사로잡았으니 식읍 1천3백 호를 하사하고 용액후(龍額侯)에 봉한다. 기장군 공손하는 식읍 1천3백 호를 하사하고 남교후(南窌侯)에 봉한다. 경거장군 이채는 식읍 1천6백 호를 하사하고 낙안후(樂安侯)에 봉한다. 조불우는 1천3백 호를 하사하고 수성후(隨成侯)에 봉한다. 공손융노에게는 1천3백 호를 하사하고 종평후(從平侯)에 봉한다. 장군 이저, 이식 및 교위 두여의에게는 관내후(關內侯)의 작위를 하사하고 식읍 3백 호를 하사한다."

그러나 그해 가을, 흉노가 대군에 침입하여 도위 주영(朱英)을 살해했다.

이듬해 봄, 대장군 위청이 흉노 정벌에 나섰다. 공손오는 중장군(中將軍)으로, 공손하는 좌장군(左將軍)으로, 조신은 전장군(前將軍)으로, 소건은 우장군(右將軍)으로, 이광은 후장군(後將軍)으로, 이저는 강노장군으로 정양군을 출병하였다. 이때 흉노와 싸워 수천 명을 참수하고 돌아왔다. 한 달 후 다시 출병해 흉노 1만여 명을 참수하거나 사로잡았다.

그러나 우장군 소건과 전장군 조신은 각각 3천 명의 기병을 이끌고 나아가다가 선우의 군대와 교전하게 되었다. 두 부대의 군사들은 거의 전멸하기에 이르렀다. 조신은 원래 흉노에서 투항해 온 자였다. 상황이 위급해지자 기병 8백 명을 이끌고 선우에게 투항하였다. 그러나 우장군 소건은 자신의 부하들을 다 잃고 단신으로 도망쳐 대장군 진영으로 돌아왔다.

위청이 군정을 주관하는 부하 굉(閎), 안(安), 주패(周霸)를 불러 소건의 죄를 물었다.

"소건을 어떻게 처리해야 하는가?"

주패가 나서며 말했다.

"대장군이 출병한 이래로 아직 부장을 참수한 적이 없습니다. 그러나 지금 소건이 부하들을 다 버리고 홀로 살아왔으니 이는 장군의 권위를 위해서라도 참수해야 합니다."

이어 굉과 안이 말했다.

"그렇지 않습니다. 병법에도 소수 병력으로 아무리 용감하게 싸워도 결국은 적의 병력이 많으면 사로잡히고 만다고 했습니다. 소건은 수천 명의 병사로 수만의 선우 군대와 싸웠습니다. 그는 위급한 상황에서도 결코 다른 맘을 품지 않고 군영으로 돌아왔습니다. 그런데 그를 참수한다는 것은 이후에 어느 장군이라도 싸움에서 지면 돌아오지 말라는 뜻과도 같은 것입니다. 소건을 참수해서는 아니 되옵니다."

그러자 대장군 위청이 말했다.

"나는 폐하와 인척 관계로 대장군에 임명되었으니 권위가 없을까 하는 것은 걱정하지 않는다. 주패는 내게 권위를 분명히 하는 것이 좋다고 권했으나 이는 황제의 신하로서 본분에 어긋나는 것이다. 설령 내 직권으로 장수를 참수할 수 있다 하더라도, 폐하의 총애를 받는 신하를 국경 밖이라고 해서 함부로 죽여서는 아니 될 것이다. 소건의 일을 천자께 상세히 보고하면 천자께서 직접 결정하실 것이다. 그렇게 함으로써 신하된 자가 감히 함부로 권력을 사용하지 않는다는 것을 보여주는 것이 좋지 않겠는가?"

그러자 셋이 대답하였다.

"탁월한 결정이십니다!"

이에 소건을 압송하여 한나라군은 요새로 돌아왔다.


그 해, 위청의 누이 아들인 곽거병(霍去病)은 18살이었다. 황제의 총애를 받아 시중(侍中)이 되었다. 그는 말 타기와 활쏘기에 뛰어나 이미 두 차례나 위청을 따라 출전하였다. 대장군 위청은 그를 빠르고 날랜 장교인 표요교위(剽姚校尉)로 삼았다.

곽거병은 정예기병 8백 명과 함께 본대에서 수백 리 떨어진 곳에 들어가 적을 참수하거나 생포한 자가 상당히 많았다. 황제는 곽거병에 대해 이렇게 말했다.

"곽거병이 참수하거나 생포한 흉노가 2천 명이 넘는데, 그중 상국(相

國)이나 당호(當戶) 같은 높은 벼슬인 자도 있었다. 선우의 적약후(籍若侯) 산(産)을 참수하고, 선우의 계부 나고비(羅姑比)를 생포했으니 그의 공로는 전군 중에 으뜸이도다. 그에게 식읍 1천6백 호를 하사하고 관군후(冠軍侯)에 봉한다. 그리고 상곡 태수 학현(郝賢)은 네 차례나 대장군을 따라 출정해 참수하거나 생포한 흉노가 2천 명이니 식읍 1천1백 호를 하사하고 중리후(衆利侯)에 봉한다."

그 밖에 장건(張騫)은 일찍이 대하(大夏)에 사신으로 갔다가 흉노에 오래 억류되었던 경험이 있었다. 누구보다 흉노의 지리를 잘 아는 까닭에 대장군을 따라 출병했을 때 길을 안내하였다. 물과 풀이 풍부한 곳을 알았기에 군사들은 갈증을 면할 수 있었다. 그 공이 인정되어 박명후(博望侯)에 봉했다.

그러나 그 해에 위청의 부하 소건은 군사 6천 명을 모두 잃었고, 조신은 흉노에 투항하였으므로 대장군 위청은 아무런 공로도 인정받지 못했다. 그래도 위청이 돌아오자 황제는 별도로 1천 금을 하사하였다. 우장군 소건은 압송되어 왔으나 황제는 그를 벌하지 않고 속죄금을 내고 평민이 되게 하였다.

그 무렵 황제의 총애를 받는 여인은 왕부인(王夫人)이었다. 부하인 영승(寧乘)이 위청에게 아뢰었다.

"이전에 장군께서 공로가 크지도 않은데 만호의 식읍을 받고 세 아드님이 봉후에 이른 까닭은 모두가 누님인 황후 덕분이었습니다. 그런데 지금은 왕부인이 황제의 총애를 받고 있습니다. 그의 일족들은 아직 부귀를 누리지 못하고 있습니다. 그러니 장군께서 하사받은 일천 금을 왕부인 부모님에게 축수로 드리시면 좋을 듯합니다."

그 말에 따라 대장군 위청은 5백 금을 축수하였다. 나중에 황제가 이 사실을 알고 영승은 똑똑한 자라 여겨 동해(東海) 도위에 임명하였다.

원수(元狩) 2년, 곽거병은 표기장군(驃騎將軍)이 되어 기병 만 명을 이 끌고 농서에서 출병해 흉노를 쳐부수고 돌아왔다. 이에 황제가 칭찬하였다.

"표기장군이 오려산(烏黎山)을 넘어 속복(遫濮) 부족을 토벌하고, 호노수(狐奴水)를 건너 다섯 나라를 지나는 동안 복종하는 곳은 공격하지 않고, 오로지 선우의 아들만 사로잡기를 희망했다. 언지산(焉支山) 1천 리를 넘어 절난왕을 죽이고, 노호왕을 참수했으며, 혼야왕의 아들과 상국과 도위 등 8천 명을 참수하거나 생포하였다. 심지어 휴도왕이 제사에 쓰는 금상까지 빼앗아 왔다. 이에 2천 호를 더 봉하노라."

그해 여름, 곽거병과 공손오는 북지에서 출병하고, 장건과 이광은 우북평에서 출병해 일제히 흉노를 공격하였다. 이광이 기병 4천 명을 거느리고 먼저 진격하고, 장건은 기병 만 명을 이끌고 뒤에서 진격하였다.

흉노의 좌현왕이 기병 수만 명을 거느리고 이광을 포위하였다. 이틀 동안 접전을 하여 전사자가 절반이 넘었다. 그러나 사살한 적군은 그보다 훨씬 많았다. 뒤늦게 장건이 도착하자 흉노 군사들은 퇴각하고 말았다. 하지만 군대를 거느린 장수가 약조한 날에 도착하지 않으면 참수형에 처해졌다. 장건은 다행히 속죄금을 내고 평민이 되었다.

한편 북지에서 출병한 표기장군 곽거병은 적진 깊숙이 침입하였으나 공손오는 길을 잃어 합류하지 못했다. 표기장군이 거연을 지나 기련산에 이를 때까지 참수하거나 포로로 잡은 적이 대단히 많았다. 이에 황제는 표기장군을 다음과 같이 칭찬하였다.

"표기장군은 거연을 지나 소월지국을 통과하고 기련산에서 적의 추도왕을 사로잡았다. 이때 한나라에 투항한 자가 2천5백 명, 참수하거나 생포한 자가 3만 명, 다섯 왕과 그의 어미, 선우의 첩과 왕자 59명, 상국 장군 당호 도위 63명을 사로잡았다. 이에 비해 아군은 10분의 3을 잃었을 뿐이다. 이에 표기장군에게 식읍 5천 호를 하사하노라.

또한 표기장군을 따라 소월지국에 갔던 교위에게는 모두 좌서장(左庶長)의 작위를 하사한다. 두 차례나 표기장군을 따라 속복왕을 참수하고 게저왕을 사로잡은 조파노에게 식읍 1천5백 호를 하사하고 종표후(從驃侯)에 봉한다.

이전 흉노의 왕이었던 교위 고불식은 호우저왕과 왕자 11명을 잡고 2천 명을 포로로 잡았으니 식읍 1천1백 호를 내리고 의관후(宜冠侯)에 봉한다. 또 교위 복다에게도 공로가 있으니 휘거후(煇渠侯)에 봉한다."

그러나 공손오는 표기장군과 합류하지 못한 죄를 물어 참수해야 마땅하나 속죄금을 내고 평민이 되었다.

표기장군은 항상 정예부대 병사만을 거느리고 적진 깊숙이 진격해 싸웠으나 한 번도 곤경에 빠진 적이 없었다. 반면에 다른 장군들은 진격이 늦어 공로를 세울 기회가 적었다. 따라서 황제가 더욱더 표기장군을 총애하니 위세가 대장군 위청과 맞먹게 되었다.

그해 가을, 혼야왕이 표기장군에게 패해 군사 수만 명을 잃은 것을 알게 된 선우는 격분하였다. 혼야왕을 소환하여 참수하려 했다. 이에 두려움을 느낀 혼야왕은 휴도왕과 함께 한나라에 투항하기로 공모하였다. 변경으로 사신을 보냈는데 마침 대행(大行) 이식이 성을 축조하는 중에 만나게 되었다. 내용을 듣고 급히 파발마를 보내 조정에 보고하였다.

이 소식을 들은 황제는 혹시 흉노가 거짓으로 투항해 변경을 습격하는 것이 아닌가 하는 의심을 하였다. 이에 표기장군에게 군사를 거느리고 그를 맞이하라 하였다.

표기장군이 황하를 건너 혼야왕의 무리들을 바라보고 있었다. 혼야왕의 부장들은 한나라 군대를 보자 투항을 거부하고 뿔뿔이 흩어졌다. 그러자 표기장군의 부대가 적진으로 달려가 도망치는 자 8천 명을 참수하고 혼야왕을 말에 태워 모셔 왔다. 이때 한나라에 투항한 자가 수만 또는 십만이라고도 한다.

장안에 도착하자 황제가 내린 상금이 수십만 냥이었다. 혼야왕은 만호에 해당하는 탑음후(漯陰侯)에 봉하고 그의 부장들도 모두 각각 작은 규모의 제후에 봉했다.

황제는 표기장군의 공로를 너무도 가상히 여겨 이렇게 말했다.

"표기장군의 출병으로 황하 유역과 변경 지역은 이제 안정과 평화를 바랄 수 있게 되었다. 이에 표기장군에게 1천7백 호를 하사하노라."

그리고 농서, 북지, 상군의 수비 병사를 반으로 줄여 백성들의 부역을 줄여 주었다. 얼마 후, 투항한 흉노들을 변경 지역으로 이주시켰다. 그들은 자신의 옛 풍습을 유지한 채 한나라 속국이 되었다. 그러나 이듬해 흉노가 우북평에 침입해 백성 1천 명을 살해하거나 생포해 갔다.

원수 4년, 황제가 여러 장수들에게 말했다.

"흉노로 넘어간 조신이 선우를 위해서 계책을 세우고 있다는데, 아마도 한나라 병사들이 사막을 넘어오기 쉽지 않을 것이라고 하오. 그러니 지금 대군을 출병시키면 틀림없이 우리가 바라는 바를 얻을 것이오."

그해 봄, 황제는 대장군 위청과 표기장군 곽거병에게 각각 기병 5만 명을 거느리게 하고 보병 수십만 명을 뒤따르게 했다. 단지 적진 깊숙이 침입해 싸울 자는 모두 표기장군 휘하에 두었다. 이광은 전장군, 공손하는 좌장군, 조이기는 우장군, 조양은 후장군이 되어 모두 대장군 휘하에 속했다. 5만 기병이 바로 사막을 건너 일제히 흉노를 공격하였다.

이 무렵 조신은 선우와 대책을 논의하고 있었다.

"한나라 군사들이 사막을 다 건너고 나면 말과 병사 모두 지치고 말 것입니다. 그때 우리가 공격하면 앉아서 포로를 사로잡는 것과 같습니다."

선우는 정예부대를 거느리고 사막 북쪽에서 기다리고 있었다. 때마침 위청이 거느린 군사들이 천 리를 진격해 와서 흉노 병사를 발견하게 되었다. 위청은 수레를 원형으로 배치해 진영을 만들고 기병 5천 명을 보내 흉노와 대적하게 하였다. 이에 흉노도 기병 만 명을 내보냈다. 마침 해가 저물 무렵이라 큰 바람이 불었고 얼굴에 모래가 몰아쳐 양쪽 군사들은 서로 앞이 보이지 않았다.

한나라 군대는 점점 포진을 좁혀 선우를 포위해 갔다. 그러자 선우는 한나라 병사가 수가 많고 막강하다는 것을 알고는 싸워야 불리할 것이라 판단하였다. 땅거미가 질 무렵, 선우는 건장한 기병 몇백 명만을 거느린 채 한나라 포위망을 뚫고 서북쪽으로 달아났다.

선우가 도망쳤다는 보고를 받자 한나라 군대는 날쌘 기병을 풀어 추격하게 하였다. 대장군의 병력이 그 뒤를 따랐다. 새벽까지 2백 리를 추격하였으나 결국 선우를 잡지 못했다.

그러나 흉노 1만여 명을 참수하거나 사로잡았고, 조신성(趙信城)에서 흉노의 비축한 식량을 모두 획득하였다. 한나라 군대는 그곳에 하루 동안 머무르고 가지고 갈 수 없는 식량은 모두 불사르고 말았다.

대장군 위청이 선우와 교전하고 있을 때, 제때에 도착해야 할 전장군 이광과 우장군 조이기는 길을 잃고 헤매고 있었다. 위청이 남쪽으로 철수하고 나서야 그 둘을 만날 수 있었다.

황제에게 상황을 보고하기 위해 전장군 이광을 심문하려 하자, 그만 이광은 자살하고 말았다. 우장군 조이기는 장안으로 돌아온 후 형리에게 넘겨졌으나 속죄금을 내고 평민이 되었다. 위청이 돌아왔을 때 참수하거나 생포한 흉노가 1만 9천 명이었다.

표기장군 곽거병은 기병 5만을 거느렸는데, 군수품 수송대는 대장군 부대와 동등했다. 단지 부장이 없었으나 이감(李敢) 등 몇 명을 대교(大校)장군으로 임명해 부장 역할을 하게 하였다. 표기장군이 진격해 참수하거나 사로잡은 이는 대장군보다 많았다. 표기장군이 돌아오자 황제는 이렇게 칭찬하였다.

"표기장군 곽거병이 사막을 횡단하고 흉노와 싸워 사로잡은 포로가 7만 명이었다. 한나라 병사는 단지 10분의 3이 줄었을 뿐이다. 더구나 그 머나먼 곳까지 행군하면서 단 한 번도 식량이 떨어진 적이 없었다. 이에 그 공로를 치하하여 식읍 5천8백 호를 하사하노라.

또한 태수 노박덕(路博德)은 시기를 놓치지 않고 표기장군을 도와 흉노 2천7백 명을 참수하거나 생포하였으니 식읍 1천6백 호를 하사하노

라. 도위 형산(邢山)은 표기장군을 따라 흉노의 왕을 사로잡았으니 식읍 1천2백 호를 하사하노라.

흉노에서 한나라로 귀순한 복육지(復陸支), 이즉간(李卽靬) 또한 표기장군을 따라 공을 세웠으므로 각각 식읍 1천3백 호와 1천8백 호를 하사하노라. 조파노와 안계 또한 전공을 세웠으므로 식읍 3백 호를 하사하노라. 교위 이감에게는 식읍 2백 호를, 교위 서자위(徐自爲)는 대서장(大庶長)의 작위를 내리노라."

이 밖에도 표기장군의 군관과 사병들은 관위(官位)를 받고 포상받은 자가 많았다. 하지만 대장군 위청은 아무런 상도 받지 못했다. 그의 부하들과 군관 병사들 중에 후작을 받은 자가 아무도 없었다.

이후 황제는 대사마 관직을 만들어 대장군과 표기장군을 모두 대사마에 앉혔다. 그리고 법률을 제정해 표기장군의 품계와 봉록을 대장군과 동등하게 하였다.

이후로 대장군 위청의 권세는 날로 쇠약해지고 표기장군은 날로 존귀해졌다. 대장군 문하의 사람들이 표기장군으로 옮겨가 관직을 얻은 자가 많았다. 그러나 오직 임안(任安)만은 그렇게 하지 않았다.

표기장군은 평소에는 과묵하여 감정을 잘 표현하려 하지 않았다. 하지만 일에 있어서는 기개가 넘쳐 과감하게 행동했다. 한 번은 황제가 그에게 손자와 오기병법에 대해 물었다. 그러자 표기장군이 대답하였다.

"싸움은 어떤 전략을 쓸 것인가를 우선 생각하면 그만입니다. 고대의 병법까지 배울 필요는 없습니다."

또 황제가 표기장군을 위해서 저택을 하사하자 표기장군이 말했다.

"흉노가 아직 멸망하지도 않았는데 이런 저택에 살 수는 없습니다."

이 일로 인해 황제는 곽거병을 더욱 중히 여기게 되었다. 하지만 곽거병은 젊어서 시중(侍中)이라는 높은 벼슬을 지냈고, 남들이 자신을 항상 고귀하게 대해 주었기에 아랫사람에 대한 처세를 잘 몰랐다. 그가 군사를 거느리고 출정할 때면 황제가 오직 그를 위해 수십 대 분량의 수레로 식량을 보내 주었다. 그 무렵 병영 내에서 굶주린 병사들이 많았는데 곽거병이 돌려보낸 수레 안에는 남은 양식과 고기가 수두룩했다.

또 변경을 지키는 사병들은 몇 끼를 굶주려 자리에서 일어날 수 없는 지경이었는데, 곽거병은 그들의 현실을 빤히 바라보면서도 부하 장수들과 공놀이를 즐겼다. 그는 이렇게 아랫사람에 대한 동정심이 전혀 없었다. 반면에 대장군 위청은 성품이 인자하고 겸손하여 부하들을 잘 돌보았으나, 세상 사람들 어느 누구도 칭찬하는 자가 없었다.

원수 4년에 처음 출정하여 수많은 공을 세운 표기장군이었지만 3년의 활약을 끝으로 병으로 인해 세상을 떠났다. 그때 나이 24살이었다. 황제가 그의 죽음을 애도하여 장안에서 무릉(茂陵)까지 행렬하게 하고, 기련산을 본뜬 분묘를 만들어 주었다. 그리고 무예와 용맹함을 뜻하고 한나라의 영토를 넓혔다는 의미로 경환후(景桓侯)라는 시호를 내렸다. 그의 아들 곽선을 황제가 좋아하여 장년이 되면 장군으로 삼으려 했으나 젊어서 죽었다. 그에게 아들이 없어 후대가 끊겨졌다.

대장군 위청은 흉노 정벌에 나선 지 14년 만에 세상을 떠났다. 그 동안 흉노를 공격하지 않은 것은 한나라에 군마가 적었고, 마침 남쪽 동월과 남월을 평정해야 했고, 또 동쪽으로 조선과 강족(羌族)과 만족(蠻

族)을 공격하였기 때문이다.

　대장군 위청이 죽자 장남 위항(衛伉)이 작위를 이어받아 장평후(長平侯)
가 되었다. 그러나 후에 법을 위반해 후작을 상실했다. 다른 아들 역시
법에 저촉되는 일로 인해 후작을 상실했다.

　다음은 대장군과 여러 부장들을 기술한 것이다.

　대장군 위청은 모두 7번 출정해 흉노 5만 명을 참수하거나 생포하였
다. 선우와 한 차례 교전하여 하남 지역을 탈취하고 삭방군을 설치하였
다. 봉읍이 1만 호에 달했고 세 아들이 모두 후(侯)에 봉해져 가족의 식
읍을 모두 합치면 1만 5천 호가 넘었다.

　그의 교위와 부장들 중에서 후(侯)에 봉해진 자가 9명이었고 장군이
된 자가 14명이며, 부장이 된 자는 이광이다. 이광은 따로 전기(傳記)가
있으며, 전기가 없는 자는 다음과 같다.

### 장군 공손하(公孫賀)

　의거(義渠) 사람으로 그의 선조는 호족(胡族)이다. 아버지가 경제(景帝)
때에 평곡후(平曲侯)에 올랐으나 법에 저촉되어 후작을 상실했다. 무제가
태자 시절에 인연이 되어 황제에 즉위하자 경거장군으로 삼아 마읍(馬
邑)에 주둔하게 하였다. 대장군 위청을 따라 출병하여 공을 세워 남교후
에 봉해졌다.

　7차례 출병하였지만 큰 공은 없었다. 두 번 열후에 봉해졌고 한 번
승상이 되었다. 하지만 그의 아들 공손경성(公孫敬聲)이 양석공주(陽石公

主)와 사통한 죄에 연루되어 일족이 몰살되고 후대가 끊겼다.


## 장군 이식(李息)

욱질(郁郅) 사람으로 무제 때에 재관장군(材官將軍)이 되어 마읍에 주둔하였다. 대장군 위청을 따라 출병했으나 공이 없었다. 이후 세 차례 장군 또는 대행 관직을 맡았다.


## 장군 공손오(公孫敖)

의거(義渠) 사람으로 무제 때 낭관(郎官) 벼슬에 올랐다. 이후 기장군이 되어 흉노 정벌에 나섰으나 병사 칠천 명을 잃어 참수형에 처하는 죄인이 되었다. 속죄금을 내고 평민이 되었다.

5년 후, 교위의 신분으로 대장군을 따라 흉노 정벌에 나서 공을 세웠다. 합기후에 봉해졌다. 1년 후, 중장군이 되어 출병하였지만 공을 세우지 못했다. 2년 후, 표기장군과 약조한 시간에 맞추지 못해 참수형에 해당되었으나 속죄금을 내고 평민이 되었다.

2년 후, 교위의 신분으로 출병했으나 공을 세우지 못했다. 14년 후, 인우장군(因杅將軍)이 되어 수항성을 축조하였다. 다시 흉노 정벌에 출전하였으나 도리어 많은 병사를 잃었다. 그 죄로 참수형에 처해질 위기였으나 도망쳐 민가에 숨어 지냈다. 이후 발각되어 구금되었다. 그의 아내가 남을 저주한 죄로 일족이 몰살당했다. 흉노 정벌에 네 차례 출전하여 한 차례 공을 인정받았다.

### 장군 이저(李沮)

운중 사람으로 무제 때 좌내사(左內史)로 강노장군(彊弩將軍)이 되었다.

### 장군 이채(李蔡)

성기(成紀) 사람으로 경거장군으로 대장군을 따라 출병해 공로를 세워 낙안후에 봉해졌다. 그 후 승상이 되었다가 법을 위반하여 참수되었다.

### 장군 장차공(張次公)

하동(河東) 사람으로 교위의 신분으로 대장군을 따라 출병해 공을 세웠다. 안두후에 봉해졌다. 장군이 되어 북군에 주둔하였다. 1년 후, 대장군을 따라 흉노 정벌에 출정하였다. 후에 법을 위반하여 후작을 상실했다.

그의 아버지 장륭(張隆)은 활을 잘 쏘아 경거부대의 최정예 사수였다. 경제가 특별히 총애하고 가까이 했다.

### 장군 소건(蘇建)

두릉(杜陵) 사람이다. 교위의 신분으로 대장군을 따라 출정하여 공을 세워 평릉후에 봉해졌다. 이후 장군이 되어 삭방성을 축조했다. 4년 후, 유격장군이 되어 대장군을 따라 출전했다. 1년 후, 우장군으로 대장군을 따라나섰다. 대군(代郡) 태수를 지내다가 죽었다.

### 장군 조신(趙信)

흉노의 상국으로 한나라에 투항해 흡후(翕侯)가 되었다. 전장군이 되어 선우와 싸웠지만 패하여 다시 흉노에 투항하였다.

### 장군 장건(張騫)

사신으로 대하(大夏)를 방문하여 외교를 개통한 공로로 교위가 되었다. 대장군을 따라 출정해 공을 세워 박명후에 봉해졌다. 3년 후, 장군이 되어 출전했으나 약속 기일을 지키지 못했다. 그 죄가 참수형에 해당되었으나 속죄금을 내고 평민이 되었다.

이후 다시 사신이 되어 오손(烏孫)과 국교를 열었으며 대행(大行)의 관직에 있다가 죽었다.

### 장군 조이기(趙食其)

대우(稷翊) 사람이다. 주작도위(主爵都尉)로서 우장군이 되어 대장군을 따라 출병했다. 그러나 작전 중 길을 잃었으므로 그 죄가 참수형에 해당됐으나 속죄금을 내고 평민이 되었다.

### 장군 조양(趙襄)

평양후로서 후장군이 되어 대장군을 따라 출병했다. 조참의 손자이다.

### 장군 한열(韓說)

교위의 신분으로 대장군을 따라 출병해 공을 세웠다. 용액후가 되었다. 후에 법을 위반해 작위를 상실했다. 횡해장군(橫海將軍)이 되어 동월(東越)을 공격해 공을 세워 안도후에 봉해졌다. 유격장군이 되어 오원(五

原) 지역에 주둔했다. 태자궁에서 나무 인형을 파내다가 위태자(衛太子)
에게 죽임을 당했다.

### 장군 곽창(郭昌)

운중 사람이다. 교위의 신분으로 대장군을 따라 출병했다. 발호장군
(拔胡將軍)이 되어 삭방에 주둔했다. 그 후 곤명을 공격했으나 공이 없어
파직되었다.

### 장군 순체(荀彘)

태원(太原) 광무(廣武) 사람이다. 수레를 잘 몰아 황제의 시중이 되었다.
교위의 신분으로 대장군을 따라 여러 번 출병하였다. 좌장군이 되어
조선을 공격했으나 전공을 세우지 못했다. 법을 위반하여 죽었다.

한편, 표기장군 곽거병은 모두 여섯 차례 출병했다. 그중 네 차례는
장군으로 출병했으며 흉노 11만 명을 참수하거나 생포했다. 혼야왕이
수만 명을 이끌고 투항해 오자 하서, 주천 지역을 개척해 서쪽 흉노의
침입을 크게 줄였다.
네 차례 식읍을 받아 만호가 넘었다. 그의 휘하에서 공로가 있어 후
에 봉해진 자가 모두 6명이며, 장군이 된 자는 2명이다.

### 장군 노박덕(路博德)

평주(平州) 사람이다. 태수의 신분으로 표기장군을 따라 출병해 공을
세웠다. 부리후에 봉해졌다. 후에 위위(衛尉)로서 복파장군(伏波將軍)이 되

어 남월을 격파하는 공을 세웠다. 강노도위(彊弩都尉)가 되어 거연에 주둔하고 있다가 죽었다.

### 장군 조파노(趙破奴)

원래 구원(九原) 사람이다. 흉노로 도망했다가 한나라에 귀순해 표기장군의 사마가 되었다. 북지에서 공로를 세워 종표후에 봉해졌다. 흉하장군(匈河將軍)이 되어 흉노에 진격했으나 공을 세우지 못했다. 누란왕을 사로잡아 착야후에 봉해졌다. 준계장군(浚稽將軍)이 되어 흉노의 좌현왕(左賢王)을 공격하였으나 사로잡히고 군사는 모두 전멸하였다. 10년 동안 억류당해 있다가 흉노의 태자 안국과 함께 한나라로 도망쳐 왔다. 이후 죄를 지어 일족이 몰살당했다.

위씨가 흥하면서 위청장군이 처음으로 열후에 봉해지고, 그 후손 중에 다섯이나 열후에 봉해졌다. 24년 동안 다섯 명의 열후들이 후작을 박탈당하자 더는 위씨에게서 열후는 나오지 않았다.

태사공은 말한다.

"소건이 일찍이 대장군 위청에게 말했다. 대장군께서는 지극히 높은 지위에 계시고, 천하의 어진 선비들이 모두 칭송하고 있습니다. 그러니 옛날의 명장들을 본받아 어진 이들을 초빙하여 쓰도록 하십시오. 그랬더니 대장군이 말하였다. 위기후 두영과 무안후 전분이 선비들을 후대하니, 천자께서 그 둘에 대해 이를 갈며 원한을 품었도다. 사대부를 가까이하고 어진 이들을 초빙하여 불초한 자들을 물리치는 것은 군주의 권한이오. 신하란 국법을 만들고 직책을 준수하면 그만이지 무엇 하러 선비들을 초빙한단 말이오?

표기장군 곽거병도 이러한 뜻을 본받았다. 장군으로서 이 둘의 마음가짐은 이와 같았던 것이다."

孫弘、玉父偃列傳

# 제52편

# 공손홍, 주보언 열전

丞相公孫弘者、齊菑川國薛縣人也、字季。少時為薛獄吏、有罪、免。家貧、牧豕海上。年四十餘、乃學春秋雜説。養後母孝謹。

建元元年、天子初即位、招賢良文學之士。是時弘年六十、以賢良徵為博士。使匈奴、還報、不合上意、上怒、以為不能、弘廼病免。

元光五年、有詔徵文學、菑川國複推上公孫弘。弘讓謝國人曰、臣已嘗西應命、以不能罷歸、願更推選。國人固推弘、弘至太常。太常令所徵儒士各對策、百

"공손홍은 승상에 올랐으나 생활이 검소하여 집안에 재산을 남겨 두지 않았다. 하지만 관대한 성격임에도 불구하고 원한을 품으면 반드시 보복했다. 그래도 나이 여든 살에 승상의 자리에서 물러났으니 운이 좋은 인생이었다. 주보언은 남이 모르는 비밀을 폭로하여 대신들을 두려워 떨게 만들었다. 그 대가로 뇌물을 축적하였다. 하지만 결국 비밀을 누설하다가 목숨을 잃었으니 대가를 돌려받은 셈이 아니겠는가."

•

## 공손홍

공손홍(公孫弘)은 제(齊)나라 설현(薛縣) 사람이다. 젊은 시절 옥리(獄吏)로 일했으나 잘못하여 면직되었다. 이후 집안이 가난해 해변에서 돼지를 키우며 살았다. 어머니를 지극히 잘 모시는 효자로 소문이 났다. 나이 마흔이 되어 『춘추』 등 경전을 배웠다.

건원 원년(建元), 무제가 막 즉위해 어질고 배움 있는 선비들을 불러들였다. 이때 공손홍은 나이 60이었으나 초빙되어 박사(博士)에 임명되었다. 이후 흉노에 사신으로 갔다 돌아와 보고한 것이 무제의 마음을 불편하게 하였다. 무제는 공손홍을 무능하다고 꾸짖었다. 이에 공손홍은 병을 핑계로 벼슬을 그만두고 고향으로 돌아갔다.

원광 5년, 무제는 천하에 다시 조서를 내려 유능한 선비를 불러들이게 했다. 제나라에서는 공손홍을 다시 추천하였다. 이에 공손홍이 사양하며 말했다.

"저는 이미 천자의 임무를 수행하다가 무능하여 파직되었던 자입니다. 그러니 다른 사람을 추천하여 주십시오."

그러나 모두들 공손홍을 추천하니 할 수 없이 수긍하여 장안으로 올라갔다. 장안에는 전국에서 추천받은 백여 명의 선비들이 이미 모여 있었다. 태상의 관리가 모인 선비들에게 각자 나름대로 대책(對策)을 지어 내라 하였다. 그리고 감독관이 그 내용을 채점해 보니 공손홍의 성적은 꼴찌에 가까웠다.

그러나 무제가 선비들이 쓴 대책을 올리라 하여 읽어 보고는 그중 공손홍의 대책을 1등으로 삼았다. 이에 무제가 공손홍을 다시 박사로 삼았다.

당시 한나라는 서남이(西南夷)로 통하는 길을 닦고 있었는데, 그 지역파(巴)와 촉(蜀)의 백성들이 이를 괴롭게 여겼다. 이에 무제가 공손홍에게 그곳 사정을 알아 오게 하였다. 공손홍이 돌아와서 현지 사정을 아뢰었다.

"폐하, 서남이는 아무런 쓸모가 없는 땅입니다. 그러니 그만두시는 것이 나은 줄 아뢰옵니다."

무제는 그 의견을 받아들이지 않았다.

공손홍은 배움이 많고 견문이 넓었다. 천자는 널리 어질지 못한 것을 결점으로 여기고, 신하된 자는 검소하지 못한 것을 결점으로 여겨야 한다고 입버릇처럼 말했다.

스스로 검소하여 자신은 베로 이불잇을 만들고, 식사 때에는 두 가지 육류를 겹쳐 먹지 않았다. 조정에서 회의를 할 때면 그는 실마리를 제공해 황제가 스스로 결정하도록 했으며, 누구와 얼굴을 맞대고 논쟁하려 하지 않았다. 품행이 후덕하고, 언변이 좋고, 공무에 익숙한 공손홍을 황제는 매우 좋아하여 좌내사(左內史)로 삼았다.

공손홍은 좌내사에 오른 후 자신의 의견에 대해 다른 신하들이 반대하면 그것을 일일이 따지지 않았다. 주작도위(主爵都尉) 급암(汲黯)과 함께 황제를 찾아가 의견을 나누곤 했는데, 그때마다 급암이 먼저 거론하면 공손홍은 그 뒤를 따라 덧붙이는 정도였다. 황제는 공손홍의 그런 태도가 맘에 들어 더욱 가까이 두고자 했다.

한번은 대신들과 어떤 사안을 놓고 함께 건의하기로 약속하였다. 그러나 막상 황제 앞에 나아가자 공손홍은 약속을 저버리고 황제의 말에 따르고 말았다. 그러자 급암이 조정에서 그를 힐책하며 말했다.

"폐하, 공손홍은 거짓말투성이고 진실이라고는 하나도 없는 자입니다. 약속을 해 놓고 그것을 저버리니 참으로 불충한 자입니다."

황제가 공손홍에게 그 이유를 묻자 공손홍이 대답하였다.

"대체로 저를 아는 사람은 충성스럽다고 하지만, 저를 모르는 자들은 불충하다고 합니다."

황제는 그의 말이 옳다고 여겼다. 좌우 신하들이 공손홍을 헐뜯을 때면 황제가 편들어 후대하였다.

원삭(元朔) 3년, 공손홍은 어사대부(御史大夫)에 올랐다. 이 무렵 한나라는 서남이와 서로 왕래하고, 동쪽으로 창해군을 설치하였으며, 북쪽으로 삭방군에 성을 쌓고 있었다.

공손홍은 나라를 피폐하게 하면서까지 쓸모없는 땅을 경영하는 일을 중지할 것을 요청하였다. 이에 황제는 주매신(朱買臣) 등 신하들을 시켜 삭방군 설치가 어떠한 이점이 있는가를 공손홍에게 반박하도록 하였다. 열 가지를 제시하며 반박하자 공손홍은 한 가지도 반론하지 못했다. 그러자 공손홍은 사과하며 말했다.

"저는 산동 촌놈이라 삭방군 설치가 그런 이점이 있는 것을 몰랐습니다. 그러면 서남이와 창해 쪽의 일은 중지하고 삭방에만 힘쓰시기 바랍니다."

황제는 그렇게 하도록 허락하였다.


어느 날 급암이 공손홍을 거짓된 자라고 황제께 고발하였다.

"공손홍은 삼공의 지위에 있고 봉록도 아주 많습니다. 그런데도 불구하고 베로 이불잇을 만들어 사용한다는 것은 거짓된 행동입니다."

황제가 그 내용을 묻자 공손홍은 사죄하면서 대답하였다.

"조정의 주요 대신 가운데 급암보다 저와 가까운 자는 없습니다. 그런데 오늘 그가 저의 큰 결점을 정확히 짚어 냈습니다. 제가 삼공의 지위에 있으면서 베로 이불잇을 만들어 사용한다는 것은 확실한 거짓입니다. 이는 명성을 얻고자 한 것이었습니다. 단지 어사대부의 지위에 있을 때 제가 베로 이불잇을 만들어 사용한 것은 주요 대신에서 말단 관리에 이르기까지 신분의 차별을 없애려고 했던 것입니다. 지금 급암이 말한 것은 분명 사실입니다. 이는 급암이 폐하께 충정이 없었더라면 어떻게 이런 사실을 알아서 아뢰겠습니까?"

도리어 황제는 공손홍을 겸손한 자로 여겨 더욱 후하게 대우하였다. 마침내 승상으로 삼고 평진후(平津侯)에 봉했다.

공손홍은 성격적으로 남을 시기하고 의심이 많은 사람이었다. 그렇기 때문에 겉으로는 관대한 척하지만 속은 전혀 알 수 없었다. 자신과 사이가 안 좋은 자들은 좋은 것처럼 대해 주면서 몰래 보복을 꾸몄다. 주보언(主父偃)을 죽인 것이나 동중서(董仲舒)를 쫓아낸 것도 모두 그의 계략이었다.

하지만 자신은 반찬 한 가지에 거친 밥을 먹으면서도 친구나 손님들이 찾아오면 정성껏 대접하였다. 집에 쌓아 둔 재물이 하나도 없는 것이 바로 그런 이유였다. 사대부들은 그런 공손홍을 훌륭한 자라 칭찬하였다.


회남(淮南)왕과 형산(衡山)왕의 반란이 진압되자 그 일당에 대한 판결과 처벌이 긴박하게 진행되고 있었다. 그때 공손홍은 중병을 앓고 있었다. 그는 누워서 생각하였다.

"공도 없이 후(侯)에 봉해지고 승상의 지위에 올랐구나. 천자를 잘 보필하고 나라를 안정시키는 것이 신하된 자의 도리인 것을, 지금 일부 제후들이 반역을 꾀하는 것은 모두가 재상인 내가 그 직책을 제대로 수행하지 못하기 때문이 아닌가? 내가 행여 이대로 죽는다면 그 책임을 메울 길이 없을까 두렵도다."

그러고는 황제께 글을 올렸다.

"천하에는 다섯 가지 통행되는 도가 있습니다. 군신, 부자, 형제, 부부, 장유의 질서입니다. 또 이 도를 실행하게 하는 세 가지가 있는데 지(智), 인(仁), 용(勇)입니다.

힘써서 실천하는 것은 인에 가깝고, 묻기를 좋아하는 것은 지에 가까우며, 부끄러움을 아는 것은 용에 가깝습니다. 이 세 가지를 안다면 스스로 수양할 방법을 알게 됩니다. 스스로 수양할 방법을 터득한 다음에라야 남을 다스리는 방법을 알게 되는 것입니다.

이제껏 자신을 다스리지 못하면서 남을 다스리는 자는 없었습니다. 이는 불변의 도입니다. 이제 폐하께서는 몸소 효를 행하시고, 치국지도를 세우시고, 덕과 재능을 겸비하셨습니다. 훌륭한 선비를 발굴하여 봉록을 내리고 능력에 따라 벼슬을 내리십니다.

그런데 신은 보잘것없는 자인데 폐하께서 발탁하시어 열후에 봉하시고 삼공의 지위에 오르게 하셨습니다. 신의 행실과 능력으로는 언급할 만한 가치가 없습니다. 이제 지병으로 인해 폐하의 성덕에 보답하고 소임을 다하지 못할까 심히 두렵습니다. 바라건대 직위를 반납하여 현능한 자에게 길을 터주고자 합니다."

이에 황제가 말했다.

"공이 있는 자는 상을 내리고, 덕이 있는 자는 표창하고, 또 태평할 때에는 문을 숭상하고 혼란스러울 때는 무를 존중하는 것은 오랜 전통이오. 지금껏 이를 바꾼 자가 없소. 군자는 선을 좋아하고 악을 미워하오. 그대는 언행을 삼가오. 상벌과 진퇴는 오직 황제에게 달려 있는 것이오. 그대의 병이 낫지 않는 것을 어찌하겠소? 이제 조정의 일이 한가해졌으니 그대는 근심을 덜고 몸을 보전하기 바라오."

하고는 휴가를 허락하고 음식과 비단을 하사하였다. 몇 달 후에 공손홍은 병이 나아 다시 직무를 수행하였다. 그러나 원수 2년, 공손홍은 직무 중 사망하고 말았다. 그의 아들 공손도(度)가 뒤를 이어 평진후가 되었다. 그는 산양(山陽) 태수를 10년 지내다가 불행히도 죄를 지어 작위를 모두 잃었다.


## 주보언

주보언(主父偃)은 제나라 임치(臨菑) 사람이다. 가난한 집안에 태어났으나 학문을 좋아하여 젊어서는 합종연횡술을 배우고, 만년에는 유학을 공부했다. 제나라에서 벼슬을 얻지 못했고, 연나라 조나라를 찾아갔지만 역시 마찬가지로 등용되지 못했다.

효문제(孝武帝) 원년, 주보언은 장안으로 들어가 대장군 위청 문하에 있었다. 위청이 그를 알아보고 황제에게 추천하였다. 하지만 황제는 아무런 대답이 없었다. 시일이 오래 지나자 위청 문하에 있는 사람들이 차츰 주보언을 멀리하게 되었다.

그가 마지막으로 간절함을 담아 황제께 상소를 올렸다. 아침에 상소를 올렸는데 저녁에 황제로부터 궁궐로 들어오라는 연락을 받았다. 주보언이 올린 상소문은 여덟 가지 율령과 한 가지의 흉노 정벌에 관한 내용이 담겨 있었다.

"소인 주보언은 죽음을 마다 않고 황제께 계책을 올리옵니다. 바라옵건대 현능한 천자는 간언을 가리지 않고 듣는다 하였으니 폐하께서는 이 상소를 살펴 주시기 바랍니다.

사마법(司馬法)에는 나라가 비록 크더라도 싸움을 좋아하면 반드시 망하고, 천하가 비록 태평하더라도 전쟁을 잊으면 반드시 나라가 위태로워진다고 하였습니다. 지금 천자께서 봄가을로 군대를 훈련시키는 까닭은 흉노와의 전쟁을 잊지 않기 위한 것이라 사료됩니다.

이전에 진시황이 흉노를 정벌하려 할 때, 신하인 이사(李斯)가 다음과 같이 간언하였습니다.

흉노는 유목민족이라 이리저리 옮겨 다니며 생활합니다. 그래서 성도 쌓지 않고 집도 창고도 짓지 않습니다. 우리 군대가 쳐들어가 그들을 쫓는다는 것은 쉽지 않은 일입니다. 더구나 깊이 쳐들어가면 필시 군량이 끊어질 것이고, 또한 군량을 보급하려 해도 멀고 무거워서 병사들이 지치기 마련입니다. 또한 흉노를 쳐서 이긴다 하더라도 이득이 하나도 없으니 이는 나라의 물자를 피폐하게 만드는 일일뿐입니다. 따라서 흉노를 정벌한다는 것은 좋은 계책이 아닌 것입니다.

진시황은 이 말을 듣지 않고 장군 몽염(蒙恬)을 시켜 군대를 거느리고 오랑캐를 치게 하였습니다. 그래서 천 리의 땅을 개척하고 하수(河水)를 경계로 삼았습니다. 그러나 개척한 땅은 염분이 많고 늪지대라 곡식이 자라지 못하는 곳이었습니다. 또한 병사들이 하수 이북을 지켰지만 그동안 죽은 자가 셀 수 없을 정도입니다. 결국 하수 이북을 포기하고 말았습니다. 그것이 어찌 병력이 부족하거나 무기가 부족해서였겠습니까? 흉노의 땅은 그럴 수밖에 없는 곳이기 때문입니다.

또 백성을 동원해 군량을 운송하게 하였는데 황현(黃縣), 수현(睡縣), 낭야(琅邪) 등을 거쳐 하수 이북에 이르면 그 많은 군량이 겨우 1석만 남았을 뿐입니다. 백성들이 아무리 농사를 지어도 군량이 부족했고, 아녀자들이 아무리 길쌈을 해도 막사를 만들기에 턱없이 부족했습니다. 결국 백성들은 탈진하여 진나라에 대한 민심이 무너지기 시작하였던 것입니다.

또 고조(高祖) 유방께서 천하를 평정하고 흉노를 치려 하였습니다. 이때 어사대부 성(成)이 나아가 간언했습니다.

'아니 되옵니다! 저 흉노는 짐승처럼 모였다가 새떼처럼 흩어지는 족속이라 그들을 치는 것은 그림자를 잡는 것과 같습니다. 실로 위험하고 득이 없는 일이니 중단하여 주시옵소서.'

고조께서 이 간언을 듣지 않으시고 북쪽 대곡에 이르렀다가 결국 평성에서 흉노에게 포위당하셨습니다. 이때서야 비로소 크게 후회하시고, 신하 유경(劉敬)을 보내 화친을 맺게 하였습니다.

손자병법에 군대 10만을 동원하면 날마다 천금을 쓰게 된다고 하였습니다. 그런데 진나라는 수십만 병사를 늘 변방에 주둔시켜 놓았습니다. 그로 인해 흉노의 침입을 막을 수 있었고, 흉노의 장수를 죽이거나 생포하기도 했고, 심지어 선우를 사로잡기도 했습니다. 하지만 그 비용을 충당하기에는 천하를 동원해도 역부족이었습니다. 위로는 나라 창고가 텅 비게 되었고, 아래로는 백성들이 고달파졌습니다. 나라 밖에서 위엄을 떨치는 행위란 이처럼 위험한 일인 것입니다.

흉노는 천성이 도둑질과 약탈을 밥 먹듯 행하기에 오래전부터 통제하기 어려운 족속이었습니다. 고대 하(夏), 은(殷), 주(周) 시대에도 그들에게 세금을 거두지 않았고, 잘못을 해도 벌하지 않았고, 짐승처럼 여겨 사람으로 취급하지 않았습니다.

멀리 고대의 전통을 살피지 않고, 가까운 시대의 과오를 반성하지 않으면서 흉노를 정벌하는 것은 백성을 괴롭히는 일입니다. 더구나 대규모 군대를 동원하는 경우에 행여 장수 중에 마음을 달리 먹은 자가 있으면 변란이 생기기 쉬운 일입니다. 또한 변경 지역의 백성들은 전쟁으로 인해 시름에 잠기게 되면 역심(逆心)을 품게 되고, 변경의 관리들 또한 두 나라의 눈치만 보면서 사사로운 이익만 추구하게 되니 나라의 기강이 무너지고 마는 것입니다.

주서(周書)에 보면 국가의 안위는 임금의 명령에 달려 있고, 국가의 존망은 어떤 인물을 등용하는가에 달려 있다고 했습니다. 바라옵건대 폐하께서는 이 점을 살피셔서 흉노와의 전쟁을 깊이 생각해 주시기 바랍니다."

이 무렵 조(趙)나라 사람 서악(徐樂)과 제나라 사람 엄안(嚴安)도 각각 상소를 올려 황제로부터 부름을 받았다. 서악은 당면한 국정 문제에 대해 이렇게 말했다.

"천하의 근심이란 흙이 무너져 내려 아무런 손을 쓸 수 없는 상태인 토붕(土崩)에 있는 것이지, 기와가 산산조각 나는 와해(瓦解)에 있는 것이 아닙니다. 진나라의 말세가 바로 토붕이었습니다.

진승(陳勝)은 높은 신분도 아니었고 심지어 땅 한 평도 없었습니다. 명망가의 후예도 아니었고 명성 또한 없었습니다. 현명한 머리라든가 많은 재주를 가진 것도 아니었습니다. 그러나 빈민가에서 창 한 자루를 들고 일어나 앞장서서 소리치니 천하 사람들이 마치 바람을 따르듯 그에게 몰려들었습니다.

이것은 무슨 까닭이겠습니까? 백성들이 가난하고 고달픈데 임금이 이를 알지 못하고, 아랫사람이 원망이 많은데 위에서 이것을 알지 못하고, 세상이 어지러운데 정치를 바로 하지 못하는 것에서 비롯된 것입니다. 진승은 이 세 가지를 밑천으로 삼아 일어난 것입니다. 토붕이란 바로 천하의 근심을 알지 못하는 것을 말합니다.

그럼 무엇을 와해라고 하겠습니까? 그것은 오(吳), 초(楚) 7국이 반란을 일으킨 것을 말합니다. 이들은 저마다 천자라 일컬었습니다. 수십만 병력으로 위세는 천하를 위협하기에 충분했습니다. 재물 또한 백성과 병사들을 유혹하기에 넉넉했습니다. 그러나 이들은 한 치의 땅도 빼앗지 못하고 중원에서 사로잡히고 말았습니다. 권위가 가벼웠거나 병력이 허약했거나 한 것은 아니었습니다. 당시 백성들은 편안했기에 반란을 도와주지 않았던 것입니다. 이것을 와해라고 합니다.

그러나 천하의 근심은 와해에 있는 것이 아닙니다. 바로 토붕에 있습니다. 설령 벼슬 없이 궁핍하게 지내는 선비라 하더라도 어지러운 시절에 들고 일어나면 천하를 위태롭게 할 수 있습니다. 진승(陳勝)이 바로 그러한 경우입니다. 하물며 군주와 같은 강자가 들고 일어난다면 어떻겠습니까?

천하가 어지러워도 토붕의 형세가 없다면 아무리 강한 나라가 모반을 꾀한다고 하더라도 성공할 수 없는 것입니다. 오초7국이 바로 그런 경우입니다. 그러니 신하나 백성들이 함부로 난을 일으킬 수 없는 것입니다. 토붕과 와해 이 두 가지는 국가 안위의 명백한 요건으로 황제께서는 깊이 관심을 가지셔야 하겠습니다.

요즘 관동에는 오곡이 잘 여물지 않아 백성들이 무척 곤란을 겪고 있습니다. 게다가 변경 지역에 전쟁이 겹쳤으니 백성들은 불안하기 짝이 없습니다. 불안하면 쉽게 동요됩니다. 동요된다는 것은 토붕의 형세입니다. 그러니 현명한 군주는 만물 변화의 근원을 살펴서 안위의 기틀을 분명히 하고, 그 형체가 드러나기 전에 잘 다스려 근심을 없애 버려야 합니다. 그것이 토붕의 형세를 없애는 것입니다.

정치를 이렇게 하시면 강한 제후가 반란을 꾀하더라도 성공할 수 없으니 폐하께서는 사냥과 잔치를 마음껏 즐길 수 있습니다. 음악과 웃음소리가 끊이지 않으니 군이 탕왕(湯王)이나 무왕(武王)의 태평함을 바랄 필요가 없는 것입니다.

천하가 편안해지면 무엇을 찾든지 얻을 것이고, 무엇을 행하든지 이루어질 것이고, 어느 곳을 정벌하든지 복종하고 따르지 않겠습니까!"

이어 엄안은 이렇게 상소하였다.

"주나라가 천하를 평정한 후, 성왕과 강왕 40년 동안 가장 융성했습니다. 이때는 형벌이 아무 쓸모가 없어 내버려졌다고 합니다. 하지만 주나라가 쇠락하자 춘추오패인 제(齊)나라 환공(桓公), 진(晉)나라 문공(文公), 초(楚)나라 장왕(莊王), 오(吳)나라 왕 합려(闔閭), 월(越)나라 왕 구천(勾踐) 등이 번갈아 일어났습니다. 이들은 천자를 도와 이로운 일을 일으키고, 해로운 일을 제거하였으며, 사나운 자를 주벌하고 간사한 것을 금해 천하를 바로잡았습니다.

이후 오패가 사라지자 성현은 나오지 않았으며, 제후들은 제멋대로 굴며 강한 자는 약한 자를 업신여기고, 다수는 소수를 포악하게 굴었습니다. 제나라 전상(田常)이 간공을 죽이고 평공을 옹립한 후 정권을 찬탈하였고, 진(晉)나라의 여섯 대신들이 나라를 나누어 가지면서 전국시대(戰國時代)로 돌입하였습니다. 이 시기는 백성들에게 고통의 시작이었습니다. 강대국은 침공에 힘쓰고 약소국은 방비에 매달렸습니다. 합종과 연횡이 분주히 오가며 각국 병사들의 갑옷과 투구에는 서캐와 이가 가득하건만 백성들은 서러워도 호소할 곳이 없었습니다.

결국 진나라가 전국을 통일하고 황제라 일컬으며 천하를 장악하였습니다. 제후들의 무기를 녹여서 종을 만드는 데에 쓰면서 다시는 무기를 만들지 않겠다고 의지를 보였습니다. 백성들은 전란의 고통을 면하고 현명한 천자를 얻었다고 기뻐했습니다.

진나라가 형벌과 세금과 부역을 덜어 주고, 인의를 숭상하고 이익을 가볍게 여기고, 기교를 버리고 덕을 장려하고, 풍속을 바꿔 천하를 교화하였다면 분명 태평시절이 틀림없었을 겁니다.

그러나 진나라는 그러지 못했습니다. 기교와 이익을 끌어다 쓰면서 충성된 자를 물리치고 간교한 자를 가까이하였습니다. 법은 엄중하고 정치는 폭정이었습니다. 아첨하는 자가 많아서 황제는 날마다 찬양을 듣게 되어 더욱더 교만해졌습니다. 그런 까닭에 나라 밖으로 위세를 떨쳐 보고자 했습니다.

마침내 몽염(蒙恬) 장군에게 군사를 주어 북쪽 흉노를 공격하게 하니, 백성들이 군량과 말먹이를 지고 그 뒤를 따르게 되었습니다. 또 도수(屠睢) 장군에게 수군을 거느리고 남월을 치게 하고, 감록(監祿)에게는 운하를 파서 월(越)나라를 쳐들어가게 하였습니다.

10년 동안 진나라 군사들은 아무런 쓸모도 없는 흉노 땅을 진격했고, 남으로 풍토병을 무릅쓰며 남월로 행군하였습니다. 장정들은 하루도 갑옷을 벗을 날이 없었고, 아낙들은 물품을 나르느라 하루도 고달프지 않은 날이 없었습니다. 사는 것을 포기하고 목매 자살하는 이들이 줄을 지었습니다.

진시황이 죽자 천하에 반란이 일어났습니다. 진승과 오광은 진(陳)에서 봉기하고, 무신(武臣)과 장이(張耳)는 조(趙)에서 일어났으며, 항량(項梁)은 오(吳)에서 군사를 일으켰습니다. 전담(田儋)은 제(齊)에서 봉기하고, 한광(韓廣)은 연(燕)에서 일어났습니다.

이들은 손톱만한 권세도 없이 거리에서 봉기하였으나 사람들이 모여들었습니다. 이는 진나라의 포악한 정치가 그렇게 만든 것입니다. 천하를 소유한 진나라는 결국 전쟁을 벌인 까닭에 재앙을 당한 것입니다.

주나라는 쇠락하여 나라를 잃었고, 진나라는 강했기 때문에 나라를 잃었습니다. 이는 시대의 변화를 따르지 못하여 생긴 재난인 것입니다.

작금에 남이(南夷), 야랑(夜郎), 강북(羌僰)의 족속을 굴복시키고, 흉노 깊숙이 쳐들어가 그들의 도읍 융성(龍城)을 불사르자고 의논하는 자들이 많습니다. 그러나 그것은 작은 이익은 될지언정 천하를 위한 좋은 계책은 아닙니다. 나라가 태평한 때에 공연히 군사를 일으켜 원정을 보내는 것은 망하자고 하는 것입니다. 싸우자고 하는 것은 근심에 휩싸이자고 하는 것입니다. 이는 나라를 지탱하는 일이 아닙니다.

갑옷을 정비하고, 칼을 갈고, 화살을 바로잡고, 군량을 운반하는 일은 천하가 근심할 일입니다. 군대를 동원하게 되면 반드시 변란이 일어나고 화를 입게 마련입니다.

지금 변경 천 리에 성이 수십 개입니다. 그곳에서 군사를 통솔하는 태수와 장군들은 권세가 이만저만이 아닙니다. 만약 그들이 변란을 일으키기라도 하면 어떻게 될 것인가는 분명하지 않겠습니까?"

황제는 상소를 다 읽어보더니 이들 세 사람을 불렀다.

"그대들은 지금껏 어디에 있었는가? 어째서 이제야 얼굴을 보게 되었단 말인가!"

하고는 이들 셋을 모두 낭중(郎中)에 임명하였다.

이후 주보언은 국정에 관한 상소를 자주 올려 알자(謁者)에 올랐고, 다시 중대부(中大夫)로 옮겼다. 그는 한 해 사이에 네 번이나 전임되기도 했다.

어느 날 주보언이 황제께 아뢰었다.

"옛날 제후들은 영토가 사방 1백 리를 넘지 않았기 때문에 그 세력을 통제하기 쉬웠습니다. 그러나 요즘 제후들은 수십 개의 성과 사방 천 리의 영토를 소유하고 있어 사치와 교만이 도를 넘어섰습니다. 또한 위급할 때에는 황제에게 반기를 들 정도로 강대해졌습니다. 그러니 이번에 법을 제정해 그런 제후들의 영지를 삭탈한다면 반역의 기조를 미연에 방지할 수 있을 것입니다.

이는 지난날 어사대부 조조(晁錯)가 말했던 것입니다. 지금 제후들은 자식들이 수십 명씩이나 되지만 대를 계승하는 것은 장자 한 명 뿐입니다. 나머지 자식들은 한 평의 땅도 주어지지 않습니다. 바라옵건대 모든 자식들이 골고루 영토를 나누어 가질 수 있도록 폐하께서 명을 내리신다면 이는 커다란 은덕을 베푸시는 것입니다. 그렇게 하시면 제후들의 땅을 삭탈하지 않고도 그들의 권세를 약하게 하는 것입니다."

황제는 그 계책을 바로 따랐다.

또 주보언이 황제께 말했다.

"무릉에 현을 설치하여 말썽의 여지가 있는 제후들이나 권세가와 부자들을 모두 무릉현으로 이주시키는 것이 좋습니다. 그러면 이들을 쉽게 관리할 수 있고, 죽이지 않고도 해를 제거하는 일인 것입니다."

황제는 또 그 계략을 따랐다.


주보언은 위황후(衛皇后)를 세우는 일과 연나라 왕 유정국(劉定國)의 음행을 밝히는 데 공이 있었다. 특히 유정국은 아버지의 첩뿐만 아니라 자신의 세 딸과도 간통을 저질렀고, 동생의 아내를 빼앗아 첩으로 삼은 아주 파렴치한 자였다. 누군가 자신의 행실을 고발하자 도리어 그를 살해하였고, 재차 고발당하자 결국 스스로 목숨을 끊었다.

이후로 여러 대신들이 주보언의 입을 두려워하였다. 송사에 휩싸이길 원치 않는 자들은 주보언에게 뇌물을 바쳐야만 했다. 그러자 누군가 주보언에게 따져 물었다.

"너무 지나친 것이 아니십니까?"

주보언이 말했다.

"나는 젊어서부터 40여 년을 떠돌며 유세하였으나 뜻을 이루지 못했소. 부모는 날 자식으로 여기지 않았고, 형제들은 날 거두어 주지 않았소. 여기저기 찾아다녀도 모두 나를 거절하였소. 그렇게 오래도록 곤궁하게 살다 보니 사내대장부로 태어나 오정식(五鼎食), 즉 다섯 솥에 삶아지는 고귀한 소, 돼지, 닭, 사슴, 생선의 음식을 먹어보지 못한다면 도리어 내 인생이 삶아지고 말 것이라 생각하였소. 이제 나이가 들어 날은 저물고 갈 길은 먼데, 내가 어찌 지나치게 행하지 않을 수 있겠소?"


주보언은 자신의 주장을 내세우면 반드시 관철하고 마는 성격이었다. 삭방군에 대해 주보언이 황제께 아뢰었다.

"삭방(朔方)의 땅은 비옥하고 밖은 강으로 둘러싸여 있습니다. 옛날 몽염은 거기에 성을 쌓아 흉노를 내쫓았습니다. 그리고 수로를 이용하여 식량 수송과 국경 방위를 손쉽게 하게 되어 흉노가 발을 못 붙였습니다. 하오니 삭방군을 설치하는 것이 나라에 이로운 일인 줄 아뢰옵니다."

황제가 이 말을 듣고 여러 신하들에게 의견을 물었다. 공손홍이 말했다.

"일찍이 진나라 때 30만 대군을 보내 삭방 북하(北河)에 성을 쌓았습니다. 결국 완성하지 못하고 얼마 후 버리고 말았습니다. 무슨 까닭이겠습니까? 그 땅은 우리에게 전혀 필요치 않는 곳이었기 때문입니다."

그러자 주보언이 다시 아뢰었다.

"삭방현은 그 어느 곳보다 수로를 이용하는 편리함이 있는 땅입니다."

황제는 그 의견을 받아들여 삭방군을 설치하도록 하였다.

원삭 2년, 제나라 왕이 음란하고 편벽된 행동을 일삼는다는 정보를 들은 주보언은 황제께 그대로 전했다. 그러자 황제는 주보언을 제나라 승상으로 임명하였다. 주보언이 제나라에 이르자 친척들과 수많은 빈객들이 마중 나왔다. 주보언이 그들에게 5백 금씩 나누어 주고는 통탄하듯이 말했다.

"지난날 내가 곤궁할 때 형제들과 친척들은 내게 입을 것과 먹을 것을 주지 않았다. 여기 여러 사람들은 내가 잘 곳이 없어 찾아가면 자신들의 집에 들어서지 못하게 하였다. 그런데 이제 내가 재상이 되자 천리 밖까지 마중 나오다니! 나는 너희들과 절교하고 말 것이다. 다시는 내 앞에 얼씬대지도 말라!"

주보언은 재상으로 부임한 이후, 제나라 왕이 같은 어머니에게서 난 큰누나와 간통한 사실을 알고는 사람을 시켜 위협했다. 제나라 왕은 황제에게 죄를 벗어날 길이 없다고 생각하여 스스로 목숨을 끊었다. 황제가 파견한 신하가 이 일을 그대로 보고하였다.

주보언이 연나라와 조나라를 유세하며 다닐 때에는 평민의 신분이었다. 나중에 귀한 신분이 된 후에 그때 자신을 무시했던 연나라의 태도를 들추어내었다. 그걸 듣게 된 조나라 왕은 자신 또한 이전의 일로 근심거리가 될까 두려웠다. 결국은 방법을 찾다가 주보언의 부정과 비리를 폭로하기로 했다.

그러나 그때는 주보언이 황제의 총애를 받는 신하였기 때문에 감히 발설하지 못했다. 이후 제나라의 재상이 되어 황실을 떠나게 되자 조나라 왕은 사람을 시켜 황제께 아뢰었다.

"주보언은 많은 제후들에게 뇌물을 받았습니다. 뇌물을 받는 대가로 제후의 자식들을 모두 후에 봉하도록 압력을 행사하였습니다."

그렇지 않아도 제나라 왕의 자살 소식에 민감해 있던 황제는 이 상소를 받자마자 진노하고 말았다. 더구나 제나라 왕이 자살한 것이 주보언이 위협해서 생긴 일이라는 말을 듣자 황제는 당장 형리를 시켜 주보언을 잡아 들여 문책하라 명했다.

잡혀 온 주보언은 제후들에게 뇌물을 수뢰한 것은 인정했으나, 제나라 왕 자살 건은 자신과 상관없는 일이라고 하였다. 황제 또한 주보언을 아끼는 마음이 있어 죽이려 하지는 않았다.

그러자 어사대부 공손홍이 말했다.

"제나라 왕이 자살하여 후손이 없습니다. 그래서 제나라를 한나라 군(郡)으로 편입하였습니다. 이 사건의 본래 우두머리는 주보언입니다. 폐하께서 만약 그를 살려 주신다면 천하의 백성들이 분노하고 말 것입니다."

결국 공손홍의 주장대로 주보언은 참수되었고 그 가족들 또한 모두 처형되었다.

주보언이 귀한 신분이었을 때 찾아오는 빈객들이 수천 명이나 되었다. 그러나 그가 멸족당하자 그의 시신을 거두는 이가 아무도 없었다. 오직 한 사람, 효현(洨縣)에 사는 공거(孔車)라는 자가 그의 시신을 거두어 장사지내 주었다. 황제는 나중에 이 말을 듣고 공거를 칭찬하였다.

"공거는 참으로 훌륭한 자이다!"

태사공은 말한다.

"공손홍은 재능도 뛰어났지만 때를 잘 만난 자이다. 한나라가 세워진 지 80여 년 만에 황제가 학식 있고 덕망 높은 선비를 처음 초빙할 때에 공손홍을 제일 먼저 뽑았다. 주보언이 요직에 앉아 있을 때에는 모든 사람들이 칭송했다. 하지만 그가 사형에 처해지자 선비들은 앞 다투어 그의 나쁜 점만 이야기했다. 참으로 슬픈 일이로다!"

이 부분은 사마천 사후, 누군가 덧붙인 내용이다.

한나라 효원제(孝元帝)의 황후였던 태황태후(太皇太后)께서 재상인 대사도(大司徒)와 어사대부 대사공(大司公)에게 다음과 같은 조서를 내렸다.

"정치란 백성을 부유하게 하는 곳에서 시작한다. 백성을 부유하게 하는 요건은 절약과 검소함이다. 백성을 잘 다스리는 길은 예(禮)가 으뜸이라고 『효경(孝經)』에서 말한다. 또 예란 사치스러운 것보다 차라리 검소한 것이 낫다고 했다.

옛날 관중은 제나라 환공을 잘 보필하여 천하를 통일한 공로가 있었다. 그러나 공자(孔子)께서는 관중은 예를 모른다고 하셨다. 그는 호사스럽고 사치스러운 생활이 지나쳤기 때문이다.

하(夏)나라의 우(禹)임금은 궁궐이 누추하고 의복 또한 남루하였다. 후세의 어떤 성현도 이를 따를 수 없었다. 정치가 훌륭하다는 것은 바로 덕이 훌륭하다는 것이다. 덕은 검소한 것이 으뜸이다. 위정자가 검소한 풍속으로 백성을 교화시킨다면 형제간에 정이 두터워져 다툼이 사라지고, 상하 간의 질서가 유지된다. 이는 곧 형벌이 필요 없는 풍속인 것이다.

삼공(三公)은 모든 관리의 귀감이며 만민의 사표이다. 공자께서는 이렇게 말씀하셨다. 삼공이 바르게 이끈다면 누구라도 감히 바르지 않을 수 있겠는가? 선한 이를 등용하면 누구나 선해지기 위해 힘쓰게 될 것이다.

많은 신하들이 검약을 실천하면서 재물을 경시하고 의를 중시하였지만 평진후 공손홍만큼 눈에 띄는 사람은 없었다. 그는 승상의 지위에 있으면서 거친 베를 이불로 사용하고, 식탁 위에는 고기반찬이 한 가지를 넘어선 적이 없었다. 친구나 빈객들에게 자신의 봉록을 나누어 주어 집에는 남는 것이 없었다. 안으로 검약할 줄 알았고 밖으로 제도를 따랐던 자이다. 급암이 그를 힐책하였으나 공손홍은 숨기지 않고 다 말했다. 정해진 제도보다 더 검약한 일이니 조금도 부끄러울 것이 없었다.

덕이란 넉넉하면 밖으로 드러나고 그렇지 못하면 나타나지 않는 것이다. 그것은 사치를 일삼으면서 남 보기에 검약한 척하는 것과는 다른 것이다."

공손홍이 병으로 인해 벼슬에서 물러날 것을 요청하자 무제(武帝)가
말했다.

"공이 있는 자를 상주고, 덕이 있는 자를 표창하고, 선을 좋아하고 악
을 미워하는 것은 그대가 잘 알고 있을 것이오. 근심을 덜어내고 정신
을 모아 약으로 몸을 돌보기 바라오."

그리고 술과 음식과 비단을 하사하였다. 몇 달이 지나 병이 치유되어
다시 업무를 보게 되었다.

원수(元狩) 2년, 마침내 그는 정승의 지위로 생을 마감하였다.


반고(班固)는 다음과 같이 칭송하였다.

"공손홍은 하늘을 나는 큰 날개를 가진 기러기임에도 제비와 참새에
게 시달려 멀리 양이나 돼지 무리 속에 섞여 살았다. 그러나 그가 때를
만나지 못했다면 어찌 그러한 지위에 이르렀겠는가? 당시는 천하가 태
평한 시절이며 부유한 때였다. 그러나 사방의 오랑캐는 아직 복종하지
않았다. 제도에도 미비한 점이 많았다. 무제께서 인재를 등용하고자 천
하에 공포하니 많은 인재들이 잇달아 나왔다.

복식(卜式)은 양을 치다가 등용되었고, 홍양(弘羊)은 장사꾼으로 있다
가 발탁되었다. 위청(衛靑)은 종의 신분에서 떨쳐 나왔고, 일제(日磾)는 항
복한 오랑캐 속에서 나왔다. 이때가 한나라에 가장 많은 인재를 배출
한 시기였다.

학문에는 공손홍, 동주서, 예관이 있었다. 행실이 돈독한 자로는 석건
(石建)과 석경(石慶)이 있었다. 바탕이 정직한 자로는 급암과 복식이 있었

다. 인재로는 한안국(韓安國)과 정당시(鄭當時)가 있었다. 법률가로는 조우(趙禹) 장탕(張湯)이 있었다. 문장가로는 사마천(司馬遷)과 사마상여(司馬相如)가 있었다. 익살스러운 자로는 동방삭(司馬相如)과 매고(枚皐)가 있었다. 접대에는 엄조(嚴助) 주매신(朱買臣)이 있었다. 산술에는 당도(唐都), 낙하굉(落下閎)이 있었다. 음률에는 이연년(李延年)이 있었다. 산수회계에는 상홍양(桑弘羊)이 있었다. 사신으로는 장건(張騫), 소무(蘇武)가 있었다. 장수로는 위청(衛靑), 곽거병(霍去病)이 있었다. 천자 보필에는 곽광(霍光), 김일제(金日磾)가 있었다. 그 나머지는 이루 다 기록할 수 없다.

이들이 나라에 공을 세우고 여러 가지 문물과 제도를 남기니 후세에는 이만한 것들이 없었다.

효선제(孝宣帝)는 왕통을 계승하고 대업을 이어받아 육예를 강론할 인재를 불러 모았다. 유학으로는 소망지(蕭望之), 양구하, 하후승(夏侯勝), 위현승(韋玄成), 엄팽조(嚴彭祖), 윤갱시(尹更始)를 등용하였다. 문장으로는 유향(劉向), 왕초(王襃)가 이름을 날렸다. 정치에는 황패(黃霸), 왕성(王成), 공수(龔遂), 정홍(鄭弘), 소신신(邵信臣), 한연수(韓延壽), 윤옹귀(尹翁歸), 조광한(趙廣漢) 등이 있었다. 명신들이 많기로는 무제 때 이후 최대였다.

# 제53편

# 남월 열전

南越王尉佗者、真定人也、姓趙氏。秦時已並天下、南略定楊越、置桂林、南海、象郡、以謫徙民與越雜処十三歳。佗、秦時用為南海竜川令。至二世時、南海尉任囂病且死、召龍川令趙佗語曰、聞陳勝等作亂、項羽、劉季、陳勝、吳广等州郡各共興軍聚衆、虎爭天下、中國擾亂、未知所安、豪傑畔秦相立。南海僻遠、吾恐盗兵侵地至此、吾欲興兵絶新道、自備、待諸侯變、會病甚。且番禺負山險、阻南海、東西數千里、頗有中國人相輔、此

> "남월국(南越國)은 진(秦)나라 말기에서 한(漢)나라 초기에 천하가 혼란한 틈을 타서 남해군 용천 현령인 조타(趙陀)가 광동, 광서, 베트남 북부 지역을 합쳐 세운 나라이다. 5대 93년 만에 한나라의 공격으로 멸망하였다. 한나라는 남월 평정을 계기로 남방 지배의 큰 기반을 이루게 되었다."

•

남월왕(南越王) 위타(尉佗)는 남쪽 진정(眞定) 사람이다. 본래 성은 조(趙)이고 이름은 타(佗)다. 진(秦)나라가 천하를 통일한 후, 남쪽 양월에 계림군, 남해군, 상군을 설치하고 죄인들을 그곳에 이주시켜 월(越)나라 사람들과 섞여 살게 하였다.

이때 조타는 남해군 용천 현령으로 부임하였다. 얼마 후 남해군의 최고 책임자인 군위(郡尉) 임효(任囂)가 병이 깊어 곧 죽게 되었다. 그러자 현령 조타를 불러 말했다.

"진승(陳勝)이 반란을 일으키고 급기야 항우, 유방 등이 각처에서 군대를 일으켜 서로 왕이라 칭하는 어수선한 시국이니, 나라가 언제나 안정이 될지 나는 도무지 모르겠네. 남해는 중원에서 멀리 떨어져 있지만, 저 반란군들이 이곳까지 쳐들어올까 그 또한 걱정이네. 나는 이곳에 발령을 받고, 변란에 대비코자 군사 방비를 단단히 해 왔는데 지금 이렇게 병이 깊어지고 말았으니 걱정뿐이네.

자네는 잘 모르겠지만, 이곳 남해 반우(番禺) 지역은 험한 산을 등지고 있고, 동서 길이가 수천 리에 이르러 참으로 나라를 세울 만한 곳이네. 게다가 중원과 왕래가 많으니 요충지라 할 수 있지. 남해군 관리들 중에 함께 의논할 사람이 없기에 자네에게 이야기해 주는 것이네."

하고는 조타에게 가짜 조서를 주어 남해군 직무를 대신하게 했다. 임효가 죽자 조타는 즉시 횡포(橫浦), 양산(陽山), 황계관(湟谿關) 등 남해군 전역에 격문(檄文)을 발송하였다.

"반역의 무리들이 침범하려고 한다. 전군은 서둘러 길을 차단하고 병사를 모아 철저히 방비토록 하라!"

이어 가짜 조서를 이용해 진나라에서 임명된 관리들을 하나씩 몰래 죽이고 자신의 사람들로 자리를 채웠다. 얼마 후 진나라가 멸망하자, 조타는 즉시 군대를 일으켜 계림군과 상군을 합병하고 스스로 남월의 무왕(武王)이라 칭하고 성을 위(尉)로 바꾸었다.

한나라 고조 유방이 천하를 평정하자, 병사들은 전쟁으로 인해 모두 지쳐 있었다. 따라서 남월에 대한 동정을 보고 받았지만 고조는 위타를 토벌하지 않고 내버려두었다.

한나라 11년, 육고(陸賈)를 남월의 사신으로 보내 위타를 남월왕으로 정식 승인하였다. 아울러 황제의 부절(符節)을 나누어 주면서 남월 백성들을 잘 안정시켜 변경에서 문제가 생기지 않도록 하라고 당부를 전했다. 이로써 남월은 한나라 장사(長沙) 지역과 국경을 맞대게 되었다.

고조가 죽고 그 아내인 고후(高后)가 정권을 잡고 있을 때, 관리 중 하나가 상소를 올렸다.

"남월에서 생산된 무기나 철기 등이 국경 지역 시장에서 불법으로 거래되고 있습니다. 위험천만한 이런 물자들을 사고팔지 못하게 하여 주십시오!"

그 소식을 들은 위타가 신하들에게 말했다.

"고조 황제께서는 나를 남월왕으로 세우며 서로 왕래하고 물자 또한 교역하게 하셨다. 그런데 고후는 상소하는 자의 말만 듣고서 우리를 오랑캐와 똑같이 취급하여 교역을 끊겠다고 하니, 이는 분명 이웃한 장사왕(長沙王)의 계책일 것이다. 장사왕 이놈이 중원의 세력을 의지해 우리 남월을 쳐서 멸망시키고 자신이 왕이 되려는 수작이 뻔하다. 결코 용서할 수 없도다!"

이어 위타는 자신을 남월의 무제(武帝)라고 존칭하고 군대를 동원해 장사 지역 여러 고을을 공략하였다. 남월이 장사 지역을 침략했다는 소식이 알려지자 한나라 조정에서는 장군 주조(周竈)를 파견해 남월을 토벌하도록 하였다.

그러나 한나라 군대는 남쪽으로 내려오는 도중에 무더위와 비 그리고 전염병으로 인해 많은 병사들을 잃게 되자 양산령을 넘지도 못하고 철수하고 말았다. 1년이 지나자 고후가 죽었다. 한나라는 남월에 대한 공격을 모두 중지하였다.

위타는 그 틈을 이용해 근방에 있는 민월(閩越), 서구(西甌), 낙월(駱越) 지역을 자신의 영토에 편입시켰다. 이때 그의 땅은 동서의 길이가 1만 리에 이르렀다. 이어 한나라 황제와 마찬가지로 수레 왼쪽에 황제를 상징하는 깃발을 꽂고, 노란 비단이 깔린 수레를 타고 다니며 자신의 명령을 스스로 제(制)라고 칭했다.

효문제 원년, 황실은 각지의 제후들과 사방 오랑캐인 동이, 서융, 남만, 북적에게 사신을 보내 새로운 황제의 즉위를 알렸다. 이때 남월왕 위타의 부모 묘가 한나라 진정현에 있었기에, 묘지 관리소와 관리인을 두어 명절 때면 제사를 지내도록 하였다. 또 위타의 형제들을 불러 벼슬을 내리고 후한 상을 주어 총애하였다.

하루는 황제가 승상 진평(陳平)에게 말했다.

"남월에 사신으로 갈 만한 자를 추천해 주시오!"

진평이 이전에 남월 사신으로 갔었던 육고를 추천하였다. 황제는 육고를 태중대부(太中大夫)로 삼아 남월에 사신으로 보냈다. 그리고 위타가 왕위에 오르고부터 단 한 번도 사신을 보내 문안인사 한 적이 없음을 꾸짖도록 하였다. 육고가 도착하자 남월왕 위타는 크게 두려워하며 이전의 일들에 대해 사과의 글을 올렸다.

"늙고 어리석은 소신 위타는 지난날 고후께서 변경 지역에서 교역을 금지한 것을 이웃한 장사왕이 음모한 것으로 여겨 장사 지역을 침범하였습니다. 또한 소신이 망령되게 황제의 칭호를 훔쳐 사용하였는데, 이는 그저 즐겨서 한 것이지 다른 마음이 있어서 그런 것이 결코 아닙니다. 사신께서는 깊이 헤아려 주시기 바랍니다!"

그리고 남월왕은 머리를 조아리며 황제를 받들기를 간청하였다. 이어 신하들에게 명령을 내렸다.

"천하는 두 영웅이 동시에 설 수 없고, 두 현인이 같이 존립할 수 없다. 황제는 오로지 한 분이니 이후로 나 남월왕은 호칭에서 제(帝)를 버리고, 의전에서 깃발을 내리고, 수레에서 노란 비단을 버리겠노라."

육고가 이러한 사실을 그대로 황제에게 보고하니 효문제는 매우 기뻐했다. 효경제에 이르러 위타는 한나라에 사신을 보내 자신을 신(臣)이라 칭하고 문안 인사를 요청하였다. 그러나 사실 위타는 말뿐이었지 행동은 예전 그대로였다. 위타는 한무제 4년에 죽었다.

위타의 손자 위호(尉胡)가 후임 남월왕에 즉위하였다. 이때 민월 지역 왕인 영(郢)이 군사를 일으켜 남월의 여러 고을을 침범하였다. 다급해진 위호가 한나라에 사신을 보내 황제께 아뢰었다.

"남월과 민월은 서로 이웃한 나라이므로 함부로 군대를 일으켜 서로를 공격할 수 없는 일입니다. 그런데 지금 민월이 군대를 일으켜 남월을 침공하고 있습니다. 황제께서는 속히 저희를 구해 주시기 바랍니다."

황제는 남월왕이 분수를 지키고 예의를 안다고 칭찬하고는 두 장군으로 하여금 민월을 정벌하도록 명했다. 그러나 한나라 군대가 민월에 도착하기도 전에 민월왕의 동생 여선(余善)이 민월왕을 죽이고 항복하였다. 한나라 군대는 그대로 돌아오고 말았다.

황제는 이러한 사실을 남월왕에게 자세히 전하도록 장조(莊助)를 사신으로 보냈다. 사신이 도착하자 남월왕 위호는 머리를 조아리며 말했다.

"황제께서 소신을 위해 군대를 출병해 주시고 민월을 공격해 주셨으니 그 은덕은 죽어도 잊지 않겠습니다."

하고는 자신의 아들 태자 영제(嬰齊)를 한나라에 볼모로 보내겠다고 했다. 이어 장조에게 말했다.

"사신께서는 속히 떠나십시오. 황제의 나라가 흉노에게 침략을 당했다고 합니다. 저 또한 서둘러 행장을 꾸려서 황제를 돕도록 하겠습니다."

사신 장조가 흉노의 침입으로 나라가 위태로워졌다는 말에 급히 떠났다. 그러자 위호의 신하가 간언을 올렸다.

"한나라가 군대를 동원한 까닭에 민월왕이 목숨을 잃었습니다. 그러나 이는 또한 우리 남월에 대한 위협이기도 합니다. 선왕께서는 달콤한 말을 쫓아 천자를 뵈어서는 안 된다고 했습니다. 그것은 천자께 문안 인사드리러 들어갔다가, 다시 돌아오지 못한다면 망국의 형세인 것입니다. 그러니 대왕께서는 통촉하여 주시옵소서!"

이후 위호는 병을 핑계로 끝내 천자를 뵙지 않았다. 10년 후에 병이 위독해지자 태자 영제를 불러들였다.

이어 영제가 즉위하였다. 그는 한나라 장안에 머물던 시절에 한단(邯鄲) 규씨(樛氏)의 딸에게 장가들어 아들 흥(興)을 낳았다. 이에 남월 전역에 포고하였다.

"규씨의 딸을 후(后)로 책봉하고 흥을 태자로 삼는다."

이 무렵 한나라에서는 영제에게 여러 번 사신을 보내 천자께 문안인사 오도록 권했다. 그러나 영제는 제멋대로 하기를 좋아했기에 응하지 않았다. 또 천자께 인사를 드리면 다른 제후들과 같은 취급을 받을 것이라 여겼기 때문에 병을 핑계로 끝내 조회에 나가지 않았다. 대신 둘째아들 차공(次公)을 한나라에 볼모로 보냈다.

얼마 후 영제가 죽었다. 태자 흥이 뒤를 이어 즉위하였다. 그의 어머니는 태후(太后)에 올랐다. 이 무렵 한나라에서는 안국소계(安國少季)를 남월에 사신으로 보냈다. 남월왕에게 장안으로 들어와 황제를 알현하라는 분부를 전하기 위해서였다. 그리고 장군 노박덕(路博德)은 군대를 이끌고 계양에 주둔해 남월에 압력을 가하도록 하였다.

본래 남월 태후는 영제를 만나기 전에 패릉 지역에 사는 안국소계와

정을 통한 적이 있었다. 그런데 뜻밖에도 다시 만나게 되자 둘은 몰래 관계를 가지게 되었다. 남월왕 흥은 나이가 어렸기 때문에 아무것도 몰랐지만, 누군가가 이를 목격하고 발설해 나라 안에 소문이 나게 되었다. 이로 인해 남월의 신하들과 백성들은 태후에 대해 불신하게 되었다.

태후 또한 이런 상황을 알게 되자 변란이 일어날까 두려웠다. 결국 한나라를 의지하기로 하고 남월을 한나라에 복속하기에 이르렀다. 그러나 한나라에서는 다른 제후들과 마찬가지로 3년에 한 번씩 입조하여 황제께 문안 인사를 하도록 명했다. 또한 변경 지역을 철폐할 것을 요청하였다.

이어 황제는 복속을 허락하면서 남월의 승상에게는 은으로 만든 직인을, 내사(內史), 중위(中尉), 태부(太傅)에게 각각 일반 직인을 하사하였다. 이어 남월의 형벌을 폐지하고 한나라 법을 따르게 했다. 남월왕 흥과 태후는 얼마 후 행장을 꾸려 황제께 인사 떠날 준비를 하였다.

이 무렵 남월의 승상 여가(呂嘉)는 이전에 세 명의 왕을 섬긴 경험 많은 자였다. 그의 집안에는 고관 벼슬을 지낸 자가 70명이 넘었고, 집안의 딸과 아들은 모두 왕실로 시집 장가를 보냈다. 남월에서 그는 가장 신뢰가 두터웠고, 심지어 남월왕보다 더 많은 사람들이 따랐다.

남월을 한나라에 복속하려는 태후의 의견에 대해 여가는 반대 의견을 왕에게 간언하였다. 그러나 왕은 듣지 않았다. 이에 여가는 마음을 바꿔 모반을 꾀하게 되었다. 번번이 병을 핑계로 한나라 사신을 만나지 않았다. 그런 그의 행동을 이상히 여긴 한나라 사신들이 여가를 살해하려 하였다. 하지만 상황이 좋지 않아 실행에 옮길 수 없었다. 그런 가운데 남월왕과 태후는 여가가 반란을 일으켜 자신들을 살해할까 두려움에 떨었다.

한나라 사신들은 여가를 살해할 계획으로 왕으로 하여금 연회를 열도록 하였다. 한나라 사신들은 모두 동쪽에 앉고, 여가와 대신들은 모두 서쪽에 앉았다. 태후는 남쪽에 앉고, 남월왕은 북쪽에 앉았다. 그 시각에 여가의 동생은 남월의 장수로서 형 여가를 보호하기 위해 부하들을 거느리고 궁 밖에 대기하고 있었다.

술잔이 돌자 태후가 여가에게 말했다.

"남월이 한나라에 귀속되는 것은 분명 이익이 될 것이오. 그런데 승상은 이롭지 못하다고 의심하는데 도대체 무슨 까닭이요?"

태후의 복심은 이렇게 말을 함으로써 한나라 사신들이 여가에 대해 발끈하도록 한 것이었다. 그러나 사신들은 미심쩍은 눈초리로 여가를 바라보기만 할 뿐 어느 누구도 나서지 않았다. 여가는 대답을 보류하고 분위기가 평소와 다르다는 것을 눈치 채고는 밖으로 나가려고 자리에서 일어났다. 그 순간 태후가 화가 치밀어 창을 들고 찌르려 하는 것을 왕이 말렸다.

가까스로 빠져나온 여가는 동생의 호위를 받으며 집으로 돌아갔다. 그날 이후로 병을 핑계 삼아 왕과 사신을 일절 만나지 않았다. 그러면서 비밀리에 대신들과 반란을 모의하였다.

남월왕은 본래 여가를 죽일 생각이 없었으며 여가 또한 그것을 알고 있었다. 그래서 거사 일이 여러 달 늦춰졌다. 그 무렵에 태후는 혼자 여가를 죽이려 하였지만 음탕한 행실이 소문나 사람들이 따르지 않았다. 또한 혼자서는 그럴 만한 힘도 없었다.

황제는 남월에 대한 상황을 보고받았다. 승상 여가가 왕의 명령을 듣지 않으며, 왕과 태후는 힘이 없어 여가를 어떻게 할 수 없는 처지이고, 파견된 사신 또한 여가를 죽이지 못하고 있다는 등의 이야기를 듣게 되었다. 그러나 조정 대신들은 이미 남월이 한나라에 복속되었으니 여가가 감히 반란을 일으키지는 못할 것이라 생각하였다. 이에 장군 장삼(莊參)에게 군사 2천 명을 주어 사신으로 파견하고자 했다. 장삼이 말했다.

"소신이 친선사절단으로 간다면 몇 사람이면 충분합니다. 그러나 무력을 쓰고자 한다면 2천 명으로는 부족합니다."

황제는 장삼에게 그만두라 하였다. 그러자 제북(濟北)의 승상이었던 한천추(韓千秋)가 나서서 말했다.

"남월은 보잘것없는 작은 나라입니다. 그곳의 왕과 태후는 한나라에 의지하고 있으니 문제될 것이 없고, 오로지 승상 여가 한 사람이 방해될 뿐입니다. 바라옵건대 소신에게 병사 2백 명만 주신다면 필히 여가의 목을 베어 오겠습니다."

이에 황제가 한천추에게 병사 2천을 내주고 남월 태후의 아우 규락(樛樂)과 함께 떠나게 하였다. 한천추가 도착하기도 전에 드디어 여가가 반란을 일으켰다. 그리고 나라 안에 포고를 알렸다.

"태후는 한나라 사신과 간통을 하였다. 게다가 우리의 보물들을 모두 한나라에 갖다 바쳐 자신의 영화를 꾀하려 한다. 또한 남월의 많은 백성들을 장안으로 데리고 가서 포로로 팔아 재물을 쌓아 놓고 있다. 태후는 자신의 이익을 바랄 뿐 우리 왕실의 장구한 계책을 세우고자 하는 것이 아니었다. 지금 왕은 나이가 어리니 이에 우리는 나라를 구하고자 군사를 일으킨 것이다."

여가는 군사를 거느리고 왕실로 들어가 왕과 태후를 그 자리에서 목을 베었다. 그리고 주변 국가에 반란의 정당성을 알리고, 이전 왕의 첩에서 난 맏아들 건덕(建德)을 왕으로 추대하였다.

한편 한천추는 남월에 당도하자 손쉽게 고을을 지날 수 있었다. 그 기세를 몰아 왕궁으로 진격하였다. 그건 사실 남월이 의도적으로 길을 터 주었기 때문이었다. 한천추의 군대가 도읍 반우에 40리 가까이 다가왔을 때, 남월의 군대가 들이닥쳐 한나라 군대를 모두 궤멸시켜 버렸다. 그리고 남월은 국경 수비를 단단히 하였다.

얼마 후, 한천추의 군대가 전멸했다는 보고를 받자 황제가 말했다.

"한천추는 비록 공을 세우지는 못했지만 군대의 최선봉이었도다!"

하고는 그의 아들 한연년을 제후로 봉하고, 규락의 아들 광덕에게도 제후로 봉하였다. 이어 황제는 군대에 출병을 명하였다. 죄인들을 대사면하여 병사로 삼았다.

"지금 남월의 여가와 건덕이 반란을 일으켜 스스로 왕이라 일컫고 있다. 이런 역적을 대신들은 어찌 그냥 내버려 두는 것인가? 어찌 토벌하지 않는 것인가? 사면된 죄수들과 강회(江淮) 이남의 10만 수군은 당장 가서 역적을 징벌하라!"

원정(元鼎) 5년 가을. 노박덕은 복파장군(伏波將軍)으로 계양에서 회수로 내려갔고, 양복은 누선장군(樓船將軍)으로 예장을 거쳐 횡포로 내려갔다. 월나라에서 한나라로 귀순한 과선장군(戈船將軍)과 하뢰장군(下瀨將軍)은 영릉에서 이수와 창오로 내려갔다. 치이후는 사면된 죄수들로 구성된 군대를 이끌고 장가강으로 내려갔다. 이들은 모두 남월의 도읍인 반우에 집결하기로 했다.

원정 6년 겨울, 먼저 도착한 누선장군은 정예부대를 이끌고 먼저 심협과 석문을 함락하고, 남월의 전함과 군량을 빼앗았다. 남월의 군대는 기세에 눌려 싸워 보지도 못하고 멀리 도망하였다.

죄수들로 구성된 부대를 이끌고 오던 복파장군은 회합하기로 한 날짜보다 늦어졌다. 누선장군을 만났을 때에는 복파장군의 부대 병력이 겨우 1천 명에 불과했다. 누선장군이 앞장서서 반우에 도착하니 여가는 성을 굳게 지키고 있었다.

두 부대는 지형이 유리한 동남쪽과 서북쪽에 주둔하였다. 평소 복파장군 노박덕의 명성은 들었지만 그 부대의 병력이 어느 정도인지 남월로서는 알 수 없었다. 마침 날이 저물자 누선장군의 병사들이 몰래 성을 습격하여 불을 놓았다. 남월의 병사들은 우왕좌왕 혼란에 휩싸였다.

이어 복파장군이 병사들을 이끌고 성안으로 들어가 지휘소를 점령하였다. 투항자는 모두 살려 주겠노라고 영을 내렸다. 곧이어 누선장군의 부대가 밀려들어 성을 완전히 점령하였다. 새벽이 동터 올 무렵에는 성 전체가 항복하고 말았다.

그런 와중에 여가와 건덕은 이미 수백 명의 부하들과 함께 바닷가로 도망쳐 배를 타고 서쪽으로 달아나 버렸다. 복파장군이 항복한 자들 가운데 여가에 대해 잘 알고 있는 관리를 문책하여 도망한 곳을 알아냈다. 그리고 부대의 정예요원을 풀어 추격하게 하였다.

며칠 후, 교위(校尉) 사마소홍이 건덕을 사로잡았고, 낭관(郎官) 도계가 여가를 생포하였다. 이 둘은 그 공로로 해상후와 임채후(臨蔡侯)에 봉해지는 상을 받았다.

남월과 이웃한 지역의 창오왕은 한나라 군대가 온다는 소식을 듣고는 곧바로 한나라에 예속한다고 선언하였다. 구월과 낙월 또한 한나라에 예속하게 되어 모두 제후로 봉해졌다. 과선장군과 하뢰장군 그리고 치의후 부대가 도착하기도 전에 남월은 모두 평정되었다. 이후 한나라는 그곳에 9개 군을 설치하였다. 귀국한 후에 누선장군은 적을 무찌른 공로로 장량후에 봉해졌고, 복파장군은 식읍이 더해졌다.

이로써 위타가 처음 남월의 왕이 된 때로부터 5세 93년 만에 나라가 멸망하고 말았다.


태사공은 말한다.

"위타가 처음 왕이 된 것은 본래 그의 상관 임효 때문이었다. 한나라가 천하를 평정했을 무렵에 위타는 제후의 반열에 올랐다. 융려후(隆慮侯)가 남월 정복에 나섰다가 습기와 전염병으로 물러서자 위타는 더욱 교만해지기 시작했다. 이후 이웃한 구월(甌越)과 낙월(駱越)이 남월을 공격하자 한나라에 의지하게 되었고 태자 영제를 볼모로 보낸 것이다. 남월이 멸망하게 된 원인은 사실 태후에게서 비롯되었으나 여가의 작은 충성심이 결국 왕위를 끊어지게 한 것이다."

# 제54편

# 동월열전

閩越王無諸及越東海王搖者、其先皆越王句踐之後也、姓騶氏。秦已並天下、皆廢為君長、以其地為閩中郡。及諸侯畔秦、無諸、搖率越歸番陽令吳芮所謂鄱君者、從諸侯滅秦。當是之時、項籍主命、弗王、故不附楚。漢擊項籍、無諸、搖率越人佐漢。

漢五年、複立無諸為閩越王、王閩中故地、都東冶。

孝惠三年、舉高帝時越功、曰閩君搖功多、其民便附、乃立搖為東海王、都東甌、世俗號為東甌王。後數世、至孝景三年、吳王濞反、欲從閩越、閩越未肯

"동월(東越)은 복건성(福建省) 지방에서 활약한 월족(越族)들이 세운 나라이다. 진시황 때 민중군(閩中郡)으로 낮추었고, 한나라 고조 때 민월국(閩越國)으로 다시 부활하였다. 하지만 땅이 좁고 험하고 사람들은 사나워 다스리기 어려운 곳이었다. 한나라 조정에서 이곳은 언제 또 반역을 일으킬지 모르니 모두 강회(江淮) 일대로 옮겨 살도록 했다. 이렇게 하여 동월은 마침내 무인지경이 되고 말았다."

•

민월왕(閩越王) 무제(無諸)와 이웃한 월왕(越王) 요(搖)는 모두 선대 월(越)나라 구천(句踐)의 후손으로 성은 추씨(騶氏)이다. 진(秦)나라가 천하를 통일하자 이들의 왕위를 폐위하였다. 그 지역을 민중군(閩中郡)이라 하고 태수 격인 군장(郡長)으로 낮췄다.

진시황이 죽자 전국의 제후들이 진나라에 반기를 들었다. 이때 무제와 요는 각각 병사들을 이끌고 파양(鄱陽)의 우두머리인 파군(鄱君) 오예(吳芮)에게 귀속하였다.

이후 한(漢)나라 유방이 항우를 공격할 때, 무제와 요는 군사를 이끌고 유방을 도왔다. 한나라가 천하를 평정하자, 무제를 동야(東冶)를 도읍으로 하는 민월왕으로 삼았다.

효혜제(孝惠帝) 3년, 요는 고조 유방 때에 공이 많고, 또한 그곳 백성들이 그를 잘 따른다고 하여 동구(東甌)를 도읍으로 하는 동해왕(東海王)으로 삼았다. 이로 인해 월왕을 동구왕이라 불렀다.

그 뒤 여러 대를 거쳐 오(吳)나라 왕 유비(劉濞)가 한나라에 반기를 들고 일어나면서 민월과 동구를 자기편으로 삼고자 했다. 그러나 민월왕은 유비를 따르지 않았고 동구왕은 유비를 따랐다.

한나라 군대는 오나라를 치기 전에 우선 동구왕을 매수하였다. 매수된 동구왕은 단도(丹徒) 지역에서 유비를 살해하였다. 이에 오나라가 멸망하였다.

반란이 평정되자 한나라는 가담자를 모두 처벌하였다. 민월왕은 참여하지 않았기에 처벌을 면했고, 동구왕은 반란에 가담했지만 유비의 목을 베었기 때문에 처벌을 면할 수 있었다.

그 무렵 유비의 아들 자구(子駒)가 민월로 달아났다. 자구는 자기 아버지를 죽인 동구왕에 대해 깊은 복수심을 품고 있었다. 동구왕을 죽여야 한다고 여러 번 민월왕을 설득하였다.

건원(建元) 3년, 결국 민월은 군대를 일으켜 동구를 포위하였다. 동구는 군량이 떨어지자 위급해졌다. 급히 황제에게 사람을 보내 상황을 보고하였다. 황제가 이 소식을 듣고 태위(太尉) 전분(田蚡)에게 물으니, 전분이 대답하였다.

"월나라 사람끼리는 서로 싸우고 공격하는 것이 아주 흔한 일입니다. 그래서 반역이 자주 일어납니다. 이전 진(秦)나라 때에는 그런 이유로 나라에 예속시키지 않았습니다. 그러니 한나라를 번거롭게 하면서까지 그들을 구원할 필요는 없는 줄 아뢰옵니다."

그러자 중대부(中大夫) 장조(莊助)가 이 말을 듣고 전분을 힐책하며 말했다.

"그들을 힘으로 구제하지 못하고 덕으로 보살피지 못하는 것이 걱정이지, 할 수 있다면 왜 그들을 버린단 말입니까? 어찌 멸망한 진나라의 관례를 따르겠습니까. 지금 작은 나라가 곤궁에 처해 황제께 급한 사정을 호소하는데도 황제께서 외면하고 구원하지 않으신다면 그들은 어디에 가서 호소하란 말입니까? 또 황제께서 그들의 호소를 못 들은 척하시면, 어떻게 천하의 백성들을 보살필 수 있겠습니까?"

그러자 황제가 말했다.

"듣고 보니 태위의 생각이 짧은 것 같소. 나는 이제 막 즉위한 터라 중앙에서 군대를 동원하고 싶지 않소. 중대부 그대가 이 부절을 지니고 회계(會稽)에서 군대를 징집하도록 하시오."

장조가 회계 태수를 만났으나 그는 군사를 내주지 않았다. 황제의 표시가 되어 있는 호부(虎符)가 없다는 이유였다. 결국 장조가 군대를 내주지 않는 지휘관 사마(司馬)의 목을 베고, 태수에게 황제의 엄명을 이야기하니 태수가 군대를 내주었다. 장조는 군대를 이끌고 바다를 건너 동구를 구원하러 떠났다.

한나라 구원부대가 온다는 소식에 민월은 스스로 물러갔다. 그러자 동구왕은 민월의 위협이 두려워 온 백성을 이끌고 중원으로 이주하기를 청해 마침내 강회 지역에 정착하였다.

건원 6년, 민월은 이번에는 남월을 공격하였다. 남월은 황제의 조칙을 잘 지켜서 함부로 군대를 동원하지 않고 있었다. 위기에 처하자 사람을 급히 보내 황제께 아뢰었다.

황제는 장군 아래급인 대행(大行) 왕회에게 남월로 진격하게 하고, 국경 수비대장인 대농(大農) 한안국을 회계 지역으로 쳐들어가도록 하였다. 한나라 군대가 양산령을 넘자 민월 군사들은 요새 방어에 돌입했다.

그와 동시에 민월왕의 동생 여선(餘善)이 재상과 가신들을 모아 놓고 심각한 의논을 하고 있었다.

"군대를 일으키거나 이웃나라를 공격할 때는 반드시 황제께 허락을 받아야 하는데 지금 왕은 함부로 일을 벌였으니 이를 어떻게 하면 좋겠소? 그 죄를 물어 황제의 군대가 주벌하러 다가오고 있소. 한나라 군대는 강하고 병력도 많아 우리가 맞서 싸워 설령 이기더라도 한나라 병력은 계속 늘어날 것이오. 결국 싸운다는 것은 나라가 망하는 일이 아니겠소. 이제 선택의 여지는 단 하나뿐이오. 우리가 왕을 죽이고 사죄하여 황제의 군대를 되돌리는 일이오. 그러면 우리 민월은 원래대로 보존될 것이오. 만약 사죄를 했는데도 황제께서 받아들이지 않는다면 그때는 목숨을 걸고 싸울 수밖에 없소. 그리고 이기지 못할 경우 모두 바다로 도망가면 될 것이오."

모두들 그 의견에 찬동하였다. 여선이 즉각 나서 창으로 형인 민월왕을 찔러 죽인 뒤 그 머리를 베어 한나라에 바쳤다. 대행 왕회가 그걸 보고 말했다.

"우리는 단지 왕을 죽이고자 온 것이다. 그런데 이렇게 왕의 머리를 바치고 사죄를 하니 일이 해결된 것과 마찬가지다. 싸우지 않고 성과를 얻었으니 이보다 더 좋은 일이 어디 있겠는가?"

하고는 군대를 멈추어 급히 황제께 보고하였다. 황제는 이에 조서를 내렸다.

"민월왕 영은 주범이니 죽어 마땅하다. 그러나 요군(繇君)에 사는 손자

축(丑)은 모의에 참가하지 않았으니 그를 요왕(繇王)으로 삼고 민월의 제사를 받들도록 하라."

하지만 여선이 형을 죽인 후, 민월의 많은 백성들이 그의 위엄과 명령을 따랐다. 그러자 스스로 왕이 될 생각을 하였다. 즉위한 요왕은 자기 힘으로 여선의 무리들을 휘어잡을 수 없었다. 궁리 끝에 황제께 이 사실을 알렸다. 이에 황제가 말했다.

"여선의 일로 인해 한나라 군대를 다시 파병할 필요는 없다. 여선이 비록 영과 함께 반란을 획책했으나 나중에 앞장서서 영을 죽였기 때문에 한나라 군사들이 수고를 덜 수 있었다. 이에 여선을 동월왕(東越王)으로 세워 요왕과 병립하게 하노라."

이로써 요왕은 위기를 넘길 수 있었다.


원정(元鼎) 5년, 남월에서 반란이 일어났다. 재상을 비롯한 신하들이 한나라에 귀속하려는 왕과 태후를 죽인 것이었다. 동월왕 여선이 황제께 아뢰었다.

"원정군 누선장군(樓船將軍)을 도와 병사 8천 명을 이끌고 남월의 반란군을 치겠습니다."

그런데 누선장군이 목적지인 계양에 도착하자 여선은 바다 풍랑이 심하다는 구실로 진격하지 않았다. 그리고 모호한 태도로 변하여 비밀리에 남월 반란군에 밀사를 보냈다. 또한 한나라 군대가 남월의 도읍 반우를 격파할 때까지도 여선의 군대는 나타나지 않았다.

누선장군 양복(楊僕)은 여선이 남월의 반란군과 내통한 사실을 알고는 황제께 사람을 보내 즉시 동월을 공격하게 해 달라고 요청하였다.

그러나 황제는 병사들이 원정으로 지쳐 있다면서 허락하지 않았다. 그리고 출정한 모든 군대를 예장군 매령(梅嶺)에 주둔하라고 명하였다.

원정 6년, 동월왕 여선은 누선장군이 자신을 죽이려 하는 것을 알고 있었다. 또 한나라 군사들이 곧 쳐들어올 거라는 사실도 알고 있었다. 마침내 여선은 선택의 여지가 없자 반란을 일으켰다. 우선 한나라 원정군의 행로를 차단하였다. 추력(騶力)을 장군으로 삼아 백사, 무림, 매령으로 쳐 올라가 한나라의 교위 셋을 목 베었다.

이때 한나라 장군은 장성(張成)과 유치(劉齒)였다. 이 둘은 겁을 먹고 동월을 공격하지 못하고 오히려 안전한 곳을 찾아 퇴각하였다. 나중에 이 죄로 인해 모두 참수되었다.

여선이 스스로 무제(武帝)라고 새긴 옥새를 가지고 백성들을 속이고 황제를 희롱하였다. 이에 황제는 크게 노하여 여선을 목 벨 것을 명령하였다.

횡해장군(橫海將軍) 한열(韓說)은 바다를 거쳐 동쪽으로 나아가게 하고, 누선장군 양복에게는 무림으로 진격하게 하고, 중위(中尉) 왕온서(王溫舒)는 매령으로 진격하게 하고, 월나라 출신의 과선장군(戈船將軍)과 하뢰장군(下瀨將軍)은 각각 약아와 백사로 나아가게 했다.

원봉(元封) 원년 겨울, 이들은 동시에 동월로 진격해 들어갔다. 동월은 군대를 동원하여 이미 요새를 방비하고 있었고, 순북장군(徇北將軍)으로 하여금 무림을 지키도록 하였다. 무림 전투에서 누선장군의 교위 몇 명을 물리치고 여러 장교들을 목 베었다. 그러나 누선장군의 부하인 원종고(轅終古)가 동월의 순북장군 목을 베어 죽였다. 한나라 원정대가 미처 당도하기도 전의 일이었다. 원종고는 이 공로로 어아후(禦兒侯)에 올랐다.

월나라 사람 오양(吳陽)은 이전에 한나라에서 관리를 지냈다. 한나라에서는 그를 여선에게 보내 잘 타이르도록 하였다. 그러나 여선은 오양의 말을 듣지 않았다. 오양은 일단 한나라 횡해장군이 도착하기를 기다렸다. 그리고 자신의 고을 사람 7백 명을 거느리고 여선에게 반기를 들었다. 또 건성후(建成侯) 오(敖)와 함께 요왕을 찾아가 구원을 요청하였다.

"여선은 반역의 우두머리입니다. 이제 곧 한나라 군대가 도착하는데 그 수가 많아 곧 평정될 것입니다. 그 전에 우리가 여선을 죽이고 한나라에 투항한다면 우리는 죽음을 면할 것입니다."

결국 요왕은 군사를 이끌고 동월에 쳐들어가 여선을 죽였다. 이어 한나라 횡해장군에게 투항하였다. 그 공로를 인정받아 요왕은 동성후(東成侯)에 봉해졌고 식읍이 만호에 이르렀다. 건성후 오는 개릉후(開陵侯)에 봉해졌고, 오양은 북석후(北石侯)에 봉해졌다.

횡해장군 한열은 안도후(按道侯)에 봉해졌고, 교위 유복은 일찍이 종군했으나 공이 없었는데 이번 일로 요앵후(繚嫈侯)에 봉해졌다. 그 밖에 장수들은 공이 없었기에 상도 없었다. 동월의 장군 다군(多軍)은 한나라 군대가 쳐들어오자 자기의 군대를 버리고 투항하였기에 무석후(無錫侯)에 봉해졌다.

이어 황제가 조서를 내렸다.

"동월은 땅이 좁고 험한 곳이 많다. 민월은 사람들이 사나워 다스리기 어려운 곳이다. 언제 또 반역이 있을지 모르니 두 곳 백성들은 모두 강회(江淮) 일대로 옮겨 살도록 하라."

이렇게 하여 동월의 땅은 마침내 무인지경이 되었다.

태사공은 말한다.

"월(越)나라는 비록 만이(蠻夷) 오랑캐이기는 하나, 그의 선조는 일찍이 백성들에게 커다란 공덕을 쌓았던 것 같다. 어쩌면 그리도 오래도록 나라를 유지했는가? 왕이 몇 대를 지나도록 있었다.

일찍이 구천(句踐)이 집권할 무렵에는 천하의 패권자가 되었지만, 여선(余善)에 이르러서는 대역죄를 저질러 나라는 망하고 백성들은 이주하게 되었다. 그러나 또 다른 후예인 요왕(繇王) 거고(居股) 등은 오히려 만호에 이르는 영광을 얻었다. 따라서 월나라가 대대로 공후(公侯)가 될 수 있었던 것은 우(禹) 임금이 남긴 공덕 때문이리라."

卷一百二十五。朝鮮列傳

# 제55편 조선열전

朝鮮王滿者、故燕人也。自始全燕時嘗略屬真番、朝鮮、為置吏、築鄣塞。秦滅燕、屬遼東外徼。漢興、為其遠難守、複修遼東故塞、至浿水為界、屬燕。

燕王盧綰反、入匈奴、滿亡命、聚黨千餘人、魋結蠻夷服而東走出塞、渡浿水、居秦故空地上下鄣、稍役屬真番、朝鮮蠻夷及故燕、齊亡命者王之、都王險。

會孝惠、高后時天下初定、遼東太守即約滿為外臣、保塞外蠻夷、無使盜邊、諸蠻夷君長欲入見天子、勿得禁止。以聞、上許之、以故滿得兵威財物侵降其旁小

"고조선은 한나라 무제의 원정군과 대항할 정도로 체계적이고 강력했다. 결국 나라가 무너진 것은 군사력의 약세 때문이 아니라 내분에 의한 것이었다."

●

　　위만(衛滿)은 연(燕)나라 사람이다. 그의 선조는 본래 고조선 출신이다. 연나라가 강성할 무렵 진번(眞番)과 고조선을 귀속시키고 관리를 두었다. 이후 진(秦)나라가 연나라를 멸망시키자 고조선은 요동(遼東) 경계 밖에 속했다. 한나라 때에 조선은 거리가 멀고 지키기 어렵다고 판단하여 그저 연나라에 속한다고만 하였다.

　　연나라 왕 노관(盧綰)이 한나라를 배신하고 흉노로 달아나는 일이 생겼다. 이 혼란한 틈을 타서 위만이 천여 명의 추종자를 모아 조선인 복장을 하고 상투를 틀어 요동을 벗어나 동쪽으로 이주하였다.

　　그곳은 진나라 때부터 비어둔 상하장(上下鄣)이라는 곳이었다. 위만은 그곳에서 고조선 준왕(準王)의 승인 아래 진번과 연나라와 제나라에서 망명해 온 자들을 규합하여 점차 세력을 키웠다. 이후 조선의 왕검성(王險城)으로 쳐들어가 준왕을 몰아내고 스스로 왕위에 올랐다.

　　효혜제(孝惠帝)와 고후(高后)의 시기에 요동 태수는 위만과 약조하였다.

　　"조선은 요동 근방의 민족을 보호하려는 목적으로 변경을 침범하지 않을 것이며 또한 요동 지역의 민족들이 황제를 뵙고자 한다면 결코 길을 막아서는 아니 될 것이다."

하지만 이후 위만은 군대를 갖춰 그 주변의 작은 나라를 모두 굴복시켰다. 진번과 임둔(臨屯)마저 차지하니 조선의 영토는 사방 수천 리에 이르렀다.

위만이 죽고 왕위가 그 아들에게 전해졌다가 다시 손자 우거(右渠)에 이르러 강대해졌다. 이때는 한나라에서 도망쳐 온 백성들이 점점 많아져 나라가 커졌다. 고조선은 일찍부터 한나라 황제를 만난 적이 없었다. 또한 진번 등 주변 여러 나라들이 한나라 황제를 만나고자 하면 가로막고 소통하지 못하게 했다.

원봉(元封) 2년, 결국 한나라는 섭하(涉何)를 사신으로 보내 고조선과 협상하고자 했다. 그러나 우거는 끝내 황제의 명을 받아들이지 않았다. 섭하는 아무런 공로 없이 한나라로 돌아가야 했다. 고조선을 떠나 국경 가까운 패수 지역에 이르렀을 때였다. 섭하가 갑자기 수행하는 병사들에게 명령하였다.

"전송 나온 고조선의 신하를 모두 죽여라!"

한나라 병사들의 기습으로 전송 나온 고조선의 비왕(裨王) 장(長)이 그 자리에서 칼에 찔려 죽고 말았다. 그리고 섭하는 황급히 패수를 건너 한나라로 돌아갔다. 섭하가 황제께 보고하였다.

"고조선은 도무지 말을 듣지 않습니다. 그래서 그들의 장수 한 명을 찔러 죽이고 돌아왔습니다."

황제는 공로 없이 돌아온 섭하를 요동 동부도위(東部都尉)로 발령 내었다. 그러나 얼마 후 고조선의 군대가 섭하를 추적하던 끝에 요동을 습격하여 섭하를 목 베어 죽였다.

이에 황제는 노하여 고조선을 공격하도록 하였다. 누선장군(樓船將軍) 양복(楊僕)에게 발해를 건너 공격하게 하였다. 좌장군(左將軍) 순체(荀彘)에게는 요동을 넘어 공격하라 명했다. 두 부대의 병력이 5만이 넘었다. 하지만 고조선은 험난한 지형을 이용해 한나라 군대에 대항하였다. 좌장군의 부하 중에 다(多)라는 자가 군사를 거느리고 고조선을 선제 공격했으나 패하고 말았다. 그는 겨우 살아서 돌아왔으나 패한 장수는 참수한다는 군법에 따라 참형되었다.

누선장군은 군사 7천 명을 이끌고 먼저 조선의 도읍 왕검성에 도착하였다. 고조선 왕 우거가 형세를 살펴보니 한나라 병력이 극히 적었다. 즉시 성을 나와 공격하니 한나라 군사들은 싸워 보지도 못하고 패하여 달아났다. 이때 누선장군은 부하들을 잃고 산속으로 도망하여 10여 일 동안 숨어 살았다. 이후 흩어진 군사들을 거두어 다시 부대를 이루었으나 공격하기에는 역부족이었다. 좌장군 순체는 왕검성 서쪽을 공격하였으나 조선의 저항이 강해 도무지 앞으로 나아갈 수 없었다.

황제는 두 장군의 형세가 불리하다는 보고를 받았다. 급히 위산(衛山) 장군을 사신으로 보내 고조선을 설득하도록 하였다. 위산이 왕검성에 당도하자 고조선 왕은 머리를 조아리며 사죄하였다.

"이제 황제의 부절을 보았으니 항복하겠소."

고조선은 태자를 한나라에 볼모로 보내 사죄하게 하고 말 5천 필과 군량을 헌납하기로 하였다. 즉각 약속을 실행하기 위해 고조선의 태자 일행이 패수를 건너는데 그 수가 만여 명에 이르렀다. 그런데 한나라 병사들이 가만히 그들을 보니 모두가 무기를 가지고 있었다. 보고를 받은 위산과 좌장군은 혹시라도 그들이 중원에 들어와 변란을 일으킬 것 같다고 크게 의심하였다. 이에 고조선의 태자에게 말해 일행들은 마땅히 무기를 버리도록 강요하였다.

그 말을 들은 고조선의 태자는 위산과 좌장군이 자신을 속여 죽이려 한다고 의심하였다. 패수를 건너다 말고 별안간 무리들을 이끌고 고조선으로 되돌아가고 말았다. 위산이 이 상황을 황제께 보고했다. 황제는 노하여 그 자리에서 위산의 목을 베었다.

좌장군 순체가 다시 군사를 이끌고 왕검성 서북쪽을 포위하였다. 누선장군 양복은 성 남쪽에 머물며 기회를 기다렸다. 하지만 고조선은 성문을 굳게 닫고 지키기만 할 뿐이었다. 몇 달이 지나도록 누선장군은 어찌해 볼 도리가 없었다.

좌장군 순체는 평소 황제에게 많은 총애를 받았다. 그가 이끈 군사들은 성질이 사납고 용맹스러웠다. 게다가 모두들 이전에 승리한 자신감만 믿고 아주 교만해 있었다. 이에 반해 누선장군 양복은 여러 차례 패해 도망한 적이 있었다. 이전에 우거와 싸워 많은 군사를 잃기도 했다. 그 전력 탓에 누선장군이 이끄는 병사들은 모두 겁을 먹고 있었다. 이 때문에 누선장군은 가능하면 고조선과 화친하기를 원했다.

그런데 고조선에서 이런 상황을 눈치챘는지 좌장군이 군대를 이끌고 왕검성을 급습하려고 하면, 누선장군에게 암암리에 사람을 보내 곧 항복할 것이라고 전했다. 그때마다 좌장군은 공격을 중단하고 말았다. 그러나 고조선은 교섭만 할 뿐이지 그 시일을 정하지 못했다.

결국은 참다못한 좌장군이 누선장군에게 재촉하여 좋은 날을 택하여 함께 공격하기로 약속하였다. 하지만 누선장군은 고조선으로부터 항복을 받아 내려고 그 약속을 어기고 좌장군을 만나려 하지 않았다. 이로 인해 둘 사이가 멀어지고 말았다. 그러자 좌장군은 속으로 생각하였다.

'누선장군은 이전에 군사를 모두 잃은 죄가 있다. 그리고 지금은 고조선과 사사로이 친하다. 고조선은 도무지 항복할 기미가 없는데, 그는 고조선이 항복하기만을 기다리고 있다. 이는 분명 무슨 반란을 계획하고 있는 것이 아닌가?'

좌장군은 의심스럽기는 하지만 감히 발설할 수는 없었다. 상황을 있는 그대로 황제께 보고하였다. 그러자 황제가 말했다.

"이전에 위산은 일을 일관되게 처리하지 못해 참수되었다. 그런데 두 장군이 의견이 달라 오래도록 고조선 정벌을 해결하지 못하고 있으니, 이에 제남 태수 공손수(公孫遂)를 책임자로 보내 군 기강을 바로잡고 서둘러 고조선을 처리하도록 하겠다."

공손수가 도착하자 좌장군이 말했다.

"고조선은 이전에 항복했어야 하는데 지금껏 항복하지 않은 데는 다른 이유가 있습니다. 그것은 누선장군과 제가 여러 차례 같이 공격하기로 약속했으나 그때마다 누선장군이 약속을 어겼기 때문입니다. 이는 그가 고조선에 대해 사사로운 정을 가지고 있는 것이 틀림없습니다."

좌장군은 평소 품고 있던 의혹을 모조리 공손수에게 털어놓았다.

"만약 누선장군을 가만 놔둔다면 언제고 한나라에 크게 해가 될 것입니다. 그때는 누선장군 혼자뿐이 아니라 아마도 고조선의 군대와 함께 한나라를 치러 올 것입니다."

이에 공손수가 그렇다고 여겨 황제의 부절을 보여 주며 누선장군을 불렀다. 그러자 누선장군이 좌장군의 병영으로 들어왔다. 공손수는 그 자리에서 즉시 누선장군을 사로잡고 그의 부대를 좌장군 부대와 병합하였다.

공손수가 돌아와 처리한 일을 황제께 보고하자, 황제는 그 자리에서 공손수의 목을 베었다. 이는 고조선 정벌을 조금도 처리하지 못하였기 때문이었다.

두 부대를 병합한 좌장군은 즉시 고조선을 공격하기로 하였다. 이에 고조선의 재상 로인(路人)과 한음(韓陰) 그리고 신하 삼(參)과 장군 왕협(王唊)이 의논하였다.

"우리가 처음에 항복하려 했던 누선장군은 지금 붙잡혀 있다. 게다가 한나라 좌장군이 두 부대를 거느리고 있으니 전세가 우리에게 아주 불리한 상황이다. 한나라 병사들을 우리가 당해 낼 수 없는 형편이지만 우리 왕은 분명 항복하려 들지 않을 것이다."

결국 이들은 고조선 왕을 배신하고 모두 한나라에 투항하기로 했다.

원봉 3년 여름, 고조선의 신하 삼(參)이 자객을 시켜 왕 우거를 살해하고 한나라에 항복하였다. 그러나 한나라는 왕검성을 무너뜨리지 못했다. 고조선의 신하 성기(成己)가 들고 일어나 한나라 군대를 모두 물리쳤던 것이다. 이때 재상 로인은 도망하는 중에 고조선 병사의 활에 맞아 죽었다.

이에 좌장군 성체가 우거의 아들 장항(長降)과 로인의 아들 최(最)를 시켜 신하 성기를 죽이도록 하였다. 이들이 성에 잠입해 몰래 성기를 죽이자 마침내 고조선을 평정하고 사군(四郡)을 설치하였다.

황제는 이 공로에 대한 포상으로 고조선의 신하 삼을 획청후(澅清侯)

에, 고조선의 재상 한음을 적저후(狄苴侯)에, 고조선의 장군 왕협을 평주후(平州侯)에, 우거의 아들 장항을 기후(幾侯)에, 로인의 아들 최를 온양후(溫陽侯)에 봉했다.

하지만 막상 고조선을 평정한 좌장군 성체는 전쟁에서 서로 공을 다투고, 질시하고, 계책을 어긋나게 했다는 죄로 참수당하고 말았다. 그리고 그 시체가 길거리에 버려지는 기시(棄市)형을 받았다.

반면에 누선장군은 군대 간의 약속을 제멋대로 어기고, 수많은 병사들을 잃은 죄로 마땅히 참수되어야 했지만 속죄금을 내고 평민이 되었다.


태사공은 말한다.

"우거(右渠)는 고조선의 험난한 지형과 견고한 성만 믿다가 결국 사직을 끊고 말았다. 섭하(涉何)는 공을 속여 싸움의 실마리를 만든 장본인이다. 누선장군(樓船將軍)은 적은 군사로 용맹을 부려 병사를 다 잃었고, 또 한 번은 공격을 미루다가 의심을 산 것이 재난을 만든 것이 아니고 무엇이겠는가. 순체(荀彘)는 공을 다투다가 공손수(公孫遂)와 함께 죽임을 당했다. 두 장군의 군대는 모두 곤욕을 당했으며 그들 휘하의 장수 가운데 후(侯)로 봉해진 이가 아무도 없었다."

# 제56편 서남이열전

西南夷君長以什數、夜郎最大、其西靡莫之屬以什數，滇最大、自滇以北君長以什數、邛都最大、此皆魋結、耕田、有邑聚。其外西自同師以東、北至楪榆、皆編髮、隨畜遷徙、毋常處、毋君長，地方可數千里。自嶲以東北、君長以什數，徙、筰都最大，自筰以東北，君長以什數，冉駹最大。其俗或土箸、或移徙，在蜀之西。自冉駹以東北，君長以什數，白馬最大，皆氐類也。此皆巴蜀西南外蠻夷也。

"서남이(西南夷)란 중국 서남쪽 운남(雲南), 귀주(貴州), 사천(四川)에 거주하는 소수 민족을 말한다. 이들은 부족 별로 우두머리인 군장(君長)을 두었다. 무제 때 당몽(唐蒙)과 사마상여(司馬相如)에 의해 한나라 촉군(蜀郡)으로 편입되었다."

●

　서남이(西南夷)에는 군장이 수십 명인데 그중 야랑(夜郞)이 가장 세력이 강했다. 야랑 서쪽 미막(靡莫)에도 여러 민족이 있었는데 그중 전(滇)족이 세력이 컸다. 전(滇)족 북쪽으로는 공도(邛都)족이 세력이 컸다. 이들은 모두 장가들면 머리를 감아올려 상투를 틀었고, 밭을 경작하면서 촌락을 이루며 사는 농경민족이었다.

　그리고 그 바깥 서쪽 땅에는 수(嶲)라는 민족이, 북쪽에는 곤명(昆明)이라는 부족이 있었다. 이들은 머리를 땋아 내리고, 가축을 따라 이리저리 옮겨 다니며 사는 유목민이라 군장도 없었다. 하지만 이들이 이동하는 영토는 사방 수천 리에 이르렀다.

　수(嶲) 동북쪽에는 부족마다 군장이 있었고 그중 사(徙), 작도(筰都), 염방(冉駹), 백마(白馬)가 가장 강했다. 이들은 모두 파(巴)와 촉(蜀)의 바깥에 사는 남만(南蠻)들이었다.

　초(楚)나라 위왕(威王) 때 장군 장교(莊蹻)가 파와 검중의 서쪽을 공략하였다. 장교의 군대가 전(滇)족 강가에 이르니 수천 리에 이르는 사방 땅이 평평하고 비옥하였다. 장교는 무력으로 이곳을 점령하였다.

장군 장교가 돌아가려 했으나 그 무렵에 진(秦)나라가 파와 검중을 점령하여 길이 막혔다. 도무지 초나라로 돌아갈 수 없게 되자 장교는 전(滇)으로 돌아와 그곳에 머물렀다. 이후 그곳 풍속을 따라 복장을 바꾸고 왕이 되었다.

후에 진나라가 천하를 통일하자 장군 상안(常頞)이 전(滇)을 공격했다. 그곳에 도로를 개통하고 군대를 두어 관리하였다. 한나라 때에는 이곳을 버리고 예전처럼 국경 관문을 두어 경계하였다.

파와 촉 지역 백성들이 때때로 국경 관문에 나와 장사를 하였는데, 소수민족인 작(筰)족과 북(僰)족에서 말과 특산품을 가져와 팔았다. 이곳에 시장이 생겨 파와 촉의 인구가 많아졌고, 백성들의 생활은 대체로 부유해졌다.


건원(建元) 6년, 대행(大行) 왕회(王恢)가 동월(東越)을 공격하기 위해 출병하자, 그 소식을 들은 동월 사람들이 자신들의 왕인 영(郢)을 죽이고 스스로 항복하였다. 왕회는 이 기세를 몰아 파양 현령 당몽(唐蒙)을 남월(南越)에 보내 한나라의 출정 의도를 알리게 하였다.

당몽이 도착하자 남월왕은 연회를 베풀어 접대하였다. 그리고 특별히 구기자로 장을 담근 구장(枸醬)이라는 음식을 내놓아 맛을 보게 하였다. 당몽이 그 맛에 놀라 물었다.

"이 음식은 어디서 가져온 것입니까?"

그러자 남월의 신하가 대답하였다.

"서북쪽에 있는 장가강에서 가져왔습니다."

후에 당몽이 장안으로 돌아와 촉의 상인에게 구장에 대해 물었다. 상인이 대답하였다.

"구장은 촉에서만 만듭니다. 그런데 많은 장사꾼들이 야랑에 가서 팔아 많은 이익을 남깁니다. 야랑은 장가강에 인접해 있는데 강의 너비가 1백 보 정도라 배가 다니기에 충분합니다. 일찍부터 남월이 재물과 양식으로 야랑을 예속시키기는 했지만, 그렇다고 신하처럼 함부로 부리지는 못하는 관계입니다."

당몽이 이 상황을 기록하여 황제께 글로 올렸다.

"남월왕은 왕을 상징하는 깃발을 꽂고, 황금 비단을 깐 수레를 타고 다닙니다. 그 영토는 동서로 1만 리에 가깝습니다. 명목상으로는 오랑캐에 준하지만, 실상은 하나의 거대한 나라의 군주입니다. 장사(長沙)와 예장(豫章)에서 군사를 동원하여 그곳을 치고자 하면 물길이 곳곳에 끊어져 갈 수가 없습니다. 그런데 신이 듣기에 남월과 이웃한 야랑이라는 소수민족이 군사가 10만이나 된다고 합니다. 그들을 이용해 배로 장가강을 내려가 남월을 습격하면 아주 쉽게 정벌할 수 있을 것입니다. 이후에 파와 촉에서 야랑까지 이르는 길을 내고 관리를 둔다면, 한나라의 강대함을 천하에 알리는 좋은 계기가 될 것입니다."

황제가 그것을 허락하였다. 이에 당몽을 낭중령(郎中將)으로 임명하고 천 명의 군사와 식량 및 물자 수송을 위해 만 명을 거느리고 출병하게 하였다.

당몽이 마침내 목적지에 도착해 야랑의 군장인 다동(多同)을 만났다. 그에게 후하게 선물을 주고 한나라의 위세를 알렸다. 다동이 이에 굴복하고 한나라를 따르기로 하였다.

야랑이 쉽게 굴복한 것은 그 무렵 야랑족들은 한나라의 비단과 명주를 탐내고 있었기 때문이었고, 또 한나라 군대가 이곳을 점령하려고 해도 멀고 험한 길이라 결코 차지할 수 없다고 믿었던 까닭이었다.

당몽은 우선 야랑에 한나라 관리를 두기로 협정하고 야랑 군장의 아들을 현령으로 삼았다. 돌아와 황제께 보고하니 야랑을 건위군(犍爲郡)으로 하고 도로를 정비하여 장가강까지 이르게 하였다.

이때에 촉 땅에 사는 사마상여(司馬相如)라는 자가 황제께 상소하였다.

"서쪽의 소수민족인 공(邛)족과 작(筰)족도 군(郡)을 설치할 만큼 거대한 부족입니다."

이에 황제가 사마상여를 낭중장(郎中將)으로 삼아 그곳에 가서 한나라의 의도를 알리게 하였다. 사마상여가 가서 두 민족을 관리할 도위(都尉) 한 명을 두고, 10개의 현을 설치하여 촉에 예속시켰다.

이후 한나라는 파, 촉, 한중, 광한 등 사군(四郡)에서 서쪽으로 가는 길을 정비하느라 분주하고 바빴다. 하지만 여러 해 동안 공사를 서둘러도 도로는 개통되지 않았다. 군사들은 일하다가 피곤과 굶주림과 전염병에 걸려 죽는 자가 많았다. 게다가 서쪽 소수민족들이 약속을 어기고 여러 차례 배반하자 한나라는 다시 군사를 일으켜 공격해야 했다. 그로 인해 많은 재력만 소모할 뿐 아무런 공이 없었다.

보고를 받은 황제는 근심에 쌓여 공손홍을 시켜 살펴보게 했다. 하지만 공손홍은 돌아와 보고하기를 그 도로 공사는 아무런 이로움이 없다고 하였다. 그 이유는 그 무렵 공손홍은 삭방에 성벽을 쌓고 흉노에 대비하고 있던 터였다. 그래서 흉노의 일에 전력을 기울이는 것이 낫다고 말한 것이었다.

이에 황제가 그 말을 따라 서쪽의 도로 공사와 소수민족 관리를 멈추고 건위군 야랑에게 직접 도로를 건설하여 완성토록 하였다.

원수(元狩) 원년, 흉노 서쪽 대하(大夏)에 사신으로 갔던 장건(張騫)이 돌아와 보고하였다.

"소신이 대하에 갔더니 촉(蜀)에서 나는 베와 공(邛)에서 나는 대나무 지팡이가 있었습니다. 그것들이 어디서 난 것이냐 물었더니 동남쪽 인도와 파키스탄 일대인 천축국(天竺國)이라는 곳에서 가져왔다고 합니다. 그곳은 촉과 공에서 수천 리나 떨어져 있는 땅입니다. 그런데 어떻게 촉에서 사 가지고 왔는지 모르겠습니다."

장건이 말을 이었다.

"대하는 한나라를 흠모하고 있지만 안타깝게도 흉노가 길을 막고 있어 서로 통할 수가 없습니다. 만약 촉에서 천축국으로 가는 길을 개통할 수만 있다면 서로 편리하고 가까워 이익이 될 것이 분명합니다."

이에 황제는 왕연우(王然于), 백시창(柏始昌), 여월인(呂越人) 등으로 하여금 서쪽으로 가서 천축국을 찾아보게 하였다. 이들 중 일부가 서쪽으로 출발해 전(滇)에 이르자 부족장인 상강(嘗羌)에게 붙잡히고 말았다. 다른 길을 찾아 나선 이들도 곤명(昆明)에서 갇혀 더는 천축국을 찾을 수가 없었다.

전(滇)족의 부족장이 체포한 한나라 사신에게 물었다.

"한나라와 우리 나라 중 어느 곳이 더 큰가?"

이전에 야랑의 부족장 또한 이같이 물었었다. 이들은 한나라와 길이 통하지 않는 까닭에 스스로 왕이라 여겨 한나라의 크기를 알지 못했다.

후에 사신이 돌아와 전(滇)족에 대해 보고하였다.

"전(滇)족은 큰 나라로서 충분히 외교할 나라입니다."

이에 황제가 크게 관심을 가졌다.


원정(元鼎) 5년, 남월의 재상과 신하들이 한나라에 귀속하려는 왕과 태후를 살해하고 반란을 일으켰다. 황제는 치의후(馳義侯)로 하여금 건위군에 속한 야랑의 군사들을 동원하여 남월을 치게 하였다. 야랑은 한나라 사신의 제안에 이웃한 부족들을 통해 군사를 동원하려 하였다. 이에 저란(且蘭)의 부족장이 자신의 병사들이 멀리 가게 되면 주변 부족이 쳐들어올 것을 걱정하여 반기를 들고 한나라 사신과 건위군의 태수를 죽였다.

이에 한나라는 급히 파, 촉의 죄인들 중에 남월 원정에 참여한 경험이 있는 자들과 정예부대 팔교위(八校尉)를 동원해 저란을 평정하였다. 이때는 남월이 이미 무너졌기 때문에 한나라 군대는 장가강을 따라 방향을 돌려 두란(頭蘭)을 공격했다. 두란은 이전부터 한나라가 전(滇)으로 가는 길을 가로막던 나라였다. 한나라는 남쪽 소수민족을 모두 평정하여 그곳을 장가군(牂柯郡)으로 삼았다.

야랑은 본래 남월에 의지했는데, 한나라 군대가 남월의 반란군을 모두 죽이자 한나라를 섬기게 되었다. 황제는 그를 야랑왕이라 칭했다.

남월이 멸망하자 주변의 모든 소수민족들이 두려워 떨며 한나라의 신하가 되기를 청했다. 이에 한나라는 공(邛)을 월수군(越嶲郡)으로, 작(筰)을 침리군(沈犁郡)으로, 염방을 민산군(汶山郡)으로, 백마를 무도군(武都郡)으로 삼았다.

황제는 이어 왕연우로 하여금 월(越)나라를 공격하게 하였고, 전(滇)의 왕에게는 입조하라는 뜻을 전했다. 하지만 전(滇)은 그 말을 따르지 않았다. 자신이 거느린 무리가 수만 명이고, 그 이웃에 노침(勞浸), 미막(靡莫) 등의 부족들이 모두 같은 성(姓)을 가지고 서로 의지하고 살기 때문이었다. 특히 노침과 미막의 군사들이 여러 차례 한나라 군대를 공격하기도 했다.

원봉 2년, 황제는 파, 촉의 군대를 동원해 노침과 미막을 멸망시켰다. 그리고 군대를 전(滇)에 주둔시켰다. 하지만 전(滇) 왕은 한나라에 우호적이었기에 죽임을 당하지 않았다. 얼마 후 전(滇) 왕 이난(離難)이 이웃한 소수민족 전체를 인솔해 항복하자 그곳을 익주군(益州郡)으로 삼고 이난에게 왕의 인을 하사하여 그곳을 다스리게 하였다.

서남쪽의 부족장은 1백 명이 넘었지만 오직 야랑(夜郎)과 전(滇)만이 왕의 인을 하사받았다. 특히 전은 작은 부족으로서 가장 많은 총애를 받았다.

태사공은 말한다.
"초(楚)나라의 조상들이야말로 하늘의 복을 받았다고 말할 수 있겠다. 주(周)나라 때에 초나라가 봉해졌고, 주나라가 쇠락해졌을 때는 오히려 초나라 땅이 5천 리에 이르렀다. 진(秦)나라가 천하의 제후들을 모두 굴복시켰지만 초나라 후예만이 전왕(滇王)으로 남았다. 한(漢)나라가 서남(西南)의 많은 소수민족을 정벌하고 멸망시켰지만 오직 전(滇)만이 총애받아 살아남았다.

그러나 소수민족 정벌의 발단은 구장(枸醬)이라는 음식으로 시작됐고,

대하(大夏)에서 본 공(邛)의 대나무 지팡이에서 비롯됐다. 결국 서남의 소수민족은 7개의 군으로 편재되었다."

卷一百一十七。司馬相如列傳

# 제57편

## 사마상여 열전

司馬相如者、蜀郡成都人也、字長卿。少時好讀書、學擊劍、故其親名之曰犬子。相如既學、慕藺相如之為人、更名相如。以貲為郎、事孝景帝、為武騎常侍、非其好也。會景帝不好辭賦、是時梁孝王來朝、從游說之士齊人鄒陽、淮陰枚乘、吳莊忌夫子之徒、相如見而說之、因病免、客遊梁。梁孝王令與諸生同舍、相如得與諸生游士居數歲、乃著子虛之賦。

會梁孝王卒、相如歸、而家貧、無以自業。素與臨邛令王吉相善、吉曰「長卿久宦游不遂、而來過我。」於

"사마상여는 정치가로서의 면모는 부족했지만 문학으로서 한나라 무제의 총애를 받아 벼슬을 얻었다. 황실 의식(儀式)의 가사(歌辭)를 제정하였고, 특히 산문인 부가(賦家)의 제1인자라고 칭송받았다. 후세에도 그를 능가하는 부가는 나오지 못했다. 서남의 만이(蠻夷) 땅에서 많은 공적을 올렸다."

●

사마상여(司馬相如)는 촉군(蜀郡) 성도(成都) 사람이다. 부모는 그를 항상 낮춰서 견자(犬子)라 불렀다. 어려서부터 학문을 좋아했고, 검술을 익혔다. 평소 인상여(藺相如)를 무척 존경하여 이름을 아예 '상여'로 개명하여 사마상여라 불리게 되었다. 벼슬은 랑(郎)에서 시작하여 효경제 때는 8백석의 녹을 받는 무기상시(武騎常侍)까지 올랐다.

어느 날 양(梁)나라 효왕(梁孝王)이 형인 효경제를 알현할 때, 제나라의 추양(鄒陽), 회음현의 매승(枚乘), 오나라의 장기(莊忌) 등이 따라왔다. 이들은 그 당시 글과 학문이 뛰어난 자로 이름난 이들이었다. 궁궐에 있던 상여는 그들을 만나자 크게 기뻐하고 그날로 벼슬을 그만두고 그들을 따라나섰다.

양나라 효왕은 상여가 학자들과 함께 머물 수 있도록 빈객으로 대우하였다. 그곳에서 사마상여는 그 유명한 「자허부(子虛賦)」를 지었다.

얼마 후 효왕이 죽자, 사마상여는 고향으로 돌아왔다. 직업조차 없었으니 생활은 몹시 궁핍했다. 어느 날 평소 사이가 좋은 임공(臨邛)현의 현령 왕길(王吉)이 찾아왔다. 왕길이 말했다.

"선생께서는 오래도록 벼슬을 구하기 위해 밖에 나가 계셨는데, 뜻을 이루지 못하고 돌아오신 모양입니다. 어렵지 않으시다면 제게 와 지내시지요."

그리하여 상여는 현령 공관에 머물게 되었다. 현령 왕길은 매일 같이 공손하고 예의 바르게 상여에게 문안 인사를 드렸다. 나중에 상여는 그가 매일 찾아오는 것이 불편하여 병을 핑계로 만나지 않았다. 그러나 왕길은 더욱더 공손히 하며 상여를 공경하기에 이르렀다.

왕길이 다스리는 성안에는 부자가 많았는데, 탁왕손(卓王孫)은 노비가 8백 명이 되었고, 정정(程鄭) 또한 노비가 수백 명이었다. 어느 날 이 둘이 대화를 나누게 되었다.

"지금 현령께서 귀빈을 모시고 있다고 합니다. 그러니 우리가 연회를 열어 그분을 초대합시다!"

탁왕손 집에서 연회를 개최하자, 현령을 포함하여 찾아온 귀빈이 백여 명이 넘었다. 하지만 사마상여는 주빈으로 초대받았으나 병이 나서 거절하였다. 그러자 현령이 직접 맞으러 찾아오니, 병을 무릅쓰고 따라나설 수밖에 없었다. 사마상여가 연회석상에 들어서자 모두들 그 인품을 우러러보았다. 연회장 분위기가 무르익었을 때, 현령 왕길이 사마상여에게 물었다.

"들자 하니 선생께서 거문고를 잘 타신다고 하던데, 이 자리에서 한번 들을 수 있겠습니까?"

사마상여가 처음에는 사양했다가 결국 현령의 권유에 거문고를 연주하게 되었다. 마침 이날 부자 탁왕손에게는 젊어서 과부가 된 문군(文君)이라는 딸이 집에 와 있었다. 그녀는 거문고를 매우 좋아했는데, 문틈으로 사마상여의 거문고 연주를 듣다가 자신도 모르게 그만 흠모의 정을 느끼게 되었다.

사마상여 또한 그녀에 대해 익히 소문을 들었던 터라, 현령에게 들려주는 척하면서 혹시 그녀가 듣지 않을까 싶어 연주에 심혈을 기울였다. 연주를 마치자 사마상여는 문군(文君)의 시종에게 후하게 선물을 주고 은근히 마음을 전하게 하였다. 그리고 자리에서 일어났다. 연회장을 나가는 그 품행에 사람들이 다시 한 번 깊이 탄복하였다.

그날 밤, 뜻밖에도 문군이 집에서 도망쳐 나와 사마상여를 찾아왔다. 사마상여는 주저하지 않고 그녀를 데리고 고향으로 내려갔다. 고향에 돌아오자 기다리고 있는 것은 가난뿐이었다.

딸이 사마상여를 따라 도망쳤다는 소식에 탁왕손은 매우 화를 내며 말했다.

"딸은 정말로 쓸모가 없도다. 차마 죽일 수도 없구나. 나는 결코 그 못난 여식에게 한 푼도 주지 않을 것이다."

주변 사람들이 탁왕손의 마음을 돌려보려고 설득했지만 그는 끝내 듣지 않았다. 문군은 얼마 되지 않아 계속된 가난을 견디지 못하고 결국 사마상여에게 말했다.

"우리 임공현으로 돌아갑시다. 그곳에 가면 형제에게 돈을 빌려 무엇이라도 할 수 있을 겁니다. 그러면 더는 이 가난 때문에 괴로워할 필요가 없을 거예요."

임공현에 돌아오자, 문군은 어디서 돈을 구했는지 술집 한 채를 사서

술을 팔기 시작했다. 사마상여 또한 작업복 차림으로 술잔을 닦는 일을 맡았다. 탁왕손이 이 소문을 듣고 부끄러워 문 밖을 나가지 않았다. 그러자 형제와 친지들이 탁왕손에게 말했다.

"지금 문군은 이미 사마상여에게 몸을 바쳤습니다. 비록 가난하지만 서로 의지하고 살고 있습니다. 사마상여는 또 우리 고을 현령의 귀빈 아닙니까? 어찌해서 그 많은 재물을 가지고도 사람을 알아보지 못하고 고집만 피우시는 겁니까?"

결국 탁왕손은 문군에게 재산을 나누어 주고 말았다. 노비 1백 명, 돈 1백만 전, 옷, 이불, 폐물 등이 수두룩했다.


오랜 후, 황실의 사냥을 관리하는 구감(狗監) 양득이(楊得意)라는 자가 무제(武帝)를 따라나섰다. 무제가 「자허부(子虛賦)」를 읽고 그 지은이와 내용을 칭찬하며 아쉬운 듯 말했다.

"내 어찌 이자와 같은 시대에 살지 못했던가!"

그러자 양득이가 아뢰었다.

"소신이 사는 마을에 사마상여라는 자가 있는데, 그가 말하기를 자신이 「자허부」를 지었다고 하옵니다."

이에 무제가 놀라, 당장에 사마상여를 불러들이라 하였다. 사마상여가 궁궐에 들어와서 아뢰었다.

"「자허부」는 제가 지은 것입니다. 이는 제후들의 일을 말한 것으로 황제께서는 볼 만한 것이 못 되옵니다. 청컨대 천자에 관한 이야기, 유렵부(游獵賦)를 써서 완성하게 해 주십시오!"

무제가 이를 허락하고 사마상여에게 붓과 찰(札)을 주도록 명했다.

사마상여는 자허(子虛), 오유선생(烏有先生), 무시공(無是公) 세 사람의 가공인물을 통해 천자와 제후의 노는 모습을 서술했고 그 끝에 절약과 검소함을 논하였다.

다음은 사마상여가 효무제께 올린 「유렵부(游獵賦)」의 내용이다.


초나라에서 자허(子虛)를 제나라 사신으로 보냈다. 제나라 왕은 많은 신하를 동원하여 자허를 맞이하고는 함께 사냥을 나섰다. 자허가 사냥을 마치고 돌아오자 오유와 무시공이 함께 자리를 하고 있었다. 오유가 자허에게 물었다.

"오늘 사냥은 즐거우셨습니까?"

자허가 대답하였다.

"네, 즐거웠습니다."

오유가 다시 물었다.

"무엇이 그리 즐거우셨습니까?"

자허가 말했다.

"제나라 왕께서 많은 것을 자랑하셨는데, 제가 운몽(雲夢)의 일로 대답한 것이었습니다."

오유가 말했다.

"그 운몽 이야기를 들려주실 수 있겠습니까?"

이에 자허가 운몽 이야기를 시작했다.

제나라 왕께서는 천 대의 수레와 만 명의 기병을 데리고 저와 함께 사냥에 나갔습니다. 계곡마다 병사들로 가득 찼고, 산은 그물로 둘러쳐져 있었습니다. 토끼와 사슴과 고라니와 기린이 셀 수 없이 포획되어 수레바퀴는 피로 물들었습니다. 제나라 왕께서 그 많은 사냥감을 자랑하면서 제게 물었습니다.

"초나라 왕이 사냥하는 것과 내가 사냥하는 것을 비교하면 어떻소?"

제가 대답했습니다.

"소신은 보잘것없는 자로서 왕께서 후원(後園)에서 사냥하는 것을 어렴풋이 보았을 뿐입니다. 어찌 궁궐 밖의 사냥을 알 수 있겠습니까."

이어 제나라 왕이 물었습니다.

"설사 알 수 없다고 해도, 그대가 보고 들은 것만 말해 보시오."

그러자 제가 대답했습니다.

"초나라에는 7개의 사냥터가 있습니다. 소신이 본 것은 그중 가장 작은 운몽(雲夢)이었습니다. 그곳의 너비는 사방 9백 리이고 가운데 산이 우뚝 솟아 있습니다. 그 산이 굽이치고 치솟아 산봉우리는 해와 달을 가릴 정도이고 산비탈은 느슨하여 그 끝이 멀리 강에 닿아 있습니다.

그 산의 흙은 붉고, 푸르고, 희고, 누르고, 금은 빛깔로 마치 용의 비늘처럼 찬란합니다. 산의 돌들은 가지각색의 옥돌로 가득 차 있습니다. 또 곳곳마다 난초, 창포, 박차 등 향기로운 풀이 가득하고, 매실나무, 계수나무, 황경나무, 고욤나무 등이 향기를 뿜어냅니다.

서쪽 연못에는 연꽃과 마름꽃들이 피어 있고, 거북, 교룡, 악어, 자라 등이 살고 있습니다. 그리고 나무 위에는 붉은 원숭이, 봉황, 공작, 난조 등이 살고 있고, 나무 아래에는 호랑이, 표범, 늑대, 이리, 들개, 코끼리, 코뿔소, 스라소니 등이 살고 있습니다.

초나라 왕은 네 마리의 말이 끄는 옥으로 장식한 수레를 타고, 큰 깃발을 휘날리며, 사나운 창과 예리한 활을 차고 사냥에 나섭니다. 수레를 당기면 달리는 속도가 우레와 같고 질풍 같아 사나운 짐승들을 깔고, 짓밟고, 수레 축으로 받아 죽입니다.

왕이 쏘는 활은 정확하여 짐승의 눈과 가슴을 관통합니다. 그렇게 사냥이 끝나면 포획한 짐승이 산천을 덮고 땅을 가릴 정도입니다. 그러면 초나라 왕은 말고삐를 잡고 천천히 걸어 나오는데, 이에 맞추어 나라 안의 아름다운 여인들이 각양각색의 비단옷을 입고 공손히 왕을 맞이합니다.

그렇게 연못가에 이르면 새 사냥놀이를 합니다. 물총새, 기러기, 고니, 학을 쏘아 떨어뜨립니다. 그리고 맑은 못에서 연회가 이어집니다. 물새 모양의 배를 띄우고 계수나무 삿대를 올립니다. 황금 북을 치고 통소를 불면 사공이 노래를 부릅니다. 이어 휴식을 알리는 북소리가 울리면 초나라 왕은 양운대(陽雲臺)에 올라 편안히 좌정하고, 차려진 진기한 음식을 먹는 것으로 사냥을 마칩니다.

방금 제나라 왕께서는 온종일 사냥하여 수레바퀴를 피로 물들였습니다. 그리고 짐승의 날고기를 소금에 찍어 입에 넣으며 즐겁다고 하셨습니다. 제가 가만히 살펴보니 사냥에 있어서 제나라는 초나라만 못한 것 같습니다.”

그러자 제나라 왕은 침묵한 채 아무 말도 하지 않았습니다.

이어 오유가 말했다.

“그건 잘못 생각하신 겁니다. 선생이 천릿길을 오신 사신이기 때문에 제나라 왕은 힘써 정성을 다해 예우한 것입니다. 어째서 그것을 자랑이라 말하십니까? 왕께서 초나라는 어떠한가를 물은 것은 아름다운 풍속과 미덕을 듣고자 함이었지 운몽의 광대하고 사치스러움을 듣고자 한 것은 아니었습니다. 제나라에도 큰 바다와 높은 산이 있습니다. 성산(成山)에서 유람하고, 지부산(之罘山)에서 활을 쏘고, 발해(渤海)에서 배를 띄우고, 맹제(孟諸)에서 놀 수 있습니다. 영웅호걸과 기이한 새와 짐승 등도 기록하자면 끝이 없습니다. 제나라 왕은 선생을 빈객으로 대우하여 대답하지 않은 것이지, 대답할 말이 없어서 대답하지 않은 것이 아닙니다."

이어 무시공이 웃으며 말했다.

"초나라 이야기는 사리에 맞지 않고 제나라 이야기 또한 당연하다 할수 없습니다. 황제가 제후들에게 공물을 바치게 하는 것은 반드시 그물질을 얻고자 함이 아닙니다. 제후가 황제에 대한 직무를 잘 이행하고 있는가를 알기 위해서입니다.

제후에게 경계를 만드는 것도 수비와 방어를 위한 것이 아니라 분수넘는 행동을 막기 위해서입니다. 그런데 제나라 왕은 다른 나라와 사사로이 왕래하고, 멀리까지 사냥 나간다는 것은 제후의 도리로서 마땅치않은 일입니다.

또 두 분께서는 군신의 도리와 제후의 예의를 밝히지는 않고, 사냥의즐거움과 동산의 크기와 사치한 일들을 가지고 서로 이기려 하니 그건참으로 못난 일입니다.

아마도 두 분께서는 아직 거대하고 화려한 천자의 상림원(上林苑)을보지 못하셨기 때문인 것 같습니다. 제가 간략하게 상림원을 이야기해 드리겠습니다.

원(苑)이란 주위에 담을 두르고, 그 안에 새나 짐승 등을 기르는 곳을말합니다. 상림원은 진나라 때도 있었으나 황폐하여 한나라 무제 때 재건하여 확장한 곳입니다. 장안을 중심으로 주위가 3백 리나 되었고 그 안에 산천, 호수, 삼림이 들어 있습니다. 지방에서 헌사한 과수와 초목 3천여 종이 식목되었으며, 또 궁전 70여 채가 들어서 있습니다. 가을에서 겨울 무렵에는 황제가 군신들을 이끌고 사냥을 하는 곳입니다.

풍(酆), 호(鄗), 요(潦), 휼(潏) 네 강물이 상림원 안을 돌아 나가고, 산은 높고 숲은 울창하고 바위는 기이하고 냇물은 굽이쳐 흐릅니다. 한여름에도 얼음이 어는 곳이 있고, 온갖 종류의 과일과 화려한 꽃들이 피고 집니다. 상림원은 보아도 끝이 없고, 탐구해도 끝이 없습니다.

천자가 사냥을 나갈 때면 여섯 마리의 백마를 이끌고 오색찬란한 깃발이 번득입니다. 장군이 고삐를 잡고 재상이 황제를 인도하니 그 행렬이 어마어마합니다.

황제가 화살을 쏘면, 활 당기는 소리가 나자마자 표범, 이리, 승냥이, 곰, 호랑이 등이 어느새 죽어 넘어집니다. 그렇게 사냥을 마치고 나면 의춘궁(宜春宮)에서 연회가 시작되고 절세미인들이 궁 안을 가득 메웁니다.

술자리가 무르익고 흥이 오르면 황제는 불현듯 생각에 잠깁니다. 무엇인가 잃어버린 심정으로 중얼거립니다.

아, 이것은 너무 사치스럽구나! 이런 전통을 남겨서야 어찌 좋은 선조가 될 수 있겠는가?

연회가 끝나기도 전에 황제가 신하들에게 명을 내립니다. 전국에 개간할 수 있는 토지는 모두 밭을 만들어 백성들을 부유하게 만들라. 상림원의 담을 헐어서 백성들이 이곳을 관람할 수 있도록 하라. 저수지에 물고기를 길러서 백성들이 자유롭게 잡도록 하라. 창고의 곡식을 풀어서 가난한 자를 구제하라. 과부와 홀아비를 돌보고 고아와 독거노인을 위로하라. 형벌은 삭감하고 제도와 복식과 달력을 바꾸어 천하 백성들이 함께 다시 시작하게 하라.

이어 황제는 목욕재계하고 육예(六藝)의 동산에 올라 춘추(春秋)의 숲을 보고, 예기(禮記)의 동산에서 상서(尙書)와 역경(易經)을 보니 천하가 모두 기뻐하고 교화되지 않을 수 없습니다.

황제의 사냥이 이와 같기 때문에 백성들은 기뻐할 수 있는 것입니다. 만일 황제가 종일토록 사냥만 하면 몸이 피곤할 것이고, 병사들은 병사들대로 고생할 것이고, 창고의 재물은 재물대로 없어질 것이고, 결국은 일신의 향락만 찾게 될 것입니다. 그것은 백성을 돌보지 않는 일이니 어찌 어진 황제가 될 수 있겠습니까.

제가 두 분의 말을 듣고 슬퍼한 까닭은 백성들은 농사지을 땅이 없는데 제후의 정원이 황제보다 넓습니다. 일개 제후가 황제조차 사치로 여기는 것을 마음껏 누리고 백성들이 입을 해를 전혀 생각지 않는다면 나중에 그 두려움을 어찌 감당할 수 있겠습니까."

자허와 오유가 이 말을 듣고 정신이 번쩍 들었는지 고개를 들지 못하며 말했다.

"비천한 제가 겸손을 알지 못했습니다. 오늘 가르침을 받았으니 삼가 따르겠습니다."

이는 정도(正道)로 돌아가는 요점만을 논술한 것이다. 황제는 이 글을 읽고 크게 기뻐하여 사마상여를 낭(郎)으로 임명하였다.

2년 후, 때마침 당몽(唐蒙)이 야랑과 서쪽 소수민족을 점령하였다. 이들과 길을 통하고자 파(巴)와 촉(蜀)의 병사 1천 명과 양곡 수송과 업무 관계로 만여 명을 징발하였다. 그런 가운데 파와 촉에서 파견된 대장 두 명이 군령을 어기는 일이 생겼다. 당몽이 군법에 따라 그 둘의 목을 베고 말았다. 이 일로 징발된 양쪽의 백성들이 크게 놀라고 두려워했다.

황제가 이 소식을 듣고 사마상여를 보내 당몽을 꾸짖게 하고 그곳 백성들에게 이는 황제의 본뜻이 아님을 알리게 하였다. 이에 사마상여가 다음과 같이 격문을 적어 보냈다.

"파와 촉의 태수에게 고한다!

무제 황제께서 천하를 그 어느 때보다 안정시켜 흉노를 정벌하고 그들을 신하로 대하였다. 강거(康居)와 서역(西域)의 나라들이 스스로 머리를 조아렸고, 남월은 태자를 볼모로 보냈으며, 남이(南夷)와 서북(西僰)의 부족장들은 공물을 바치게 되었다. 모두가 의(義)로 돌아와 신하가 되기를 원했다.

하지만 서쪽 소수민족들이 변방을 침범하고 제멋대로 행동하건만 내버려둔 지 오래되었다. 서쪽 부족들은 길이 막혀 신하의 예의를 드리고자 해도 할 수 없었다. 그 길을 통하고자 파와 촉에서 병사와 백성을 동원하였지만 불행하게도 두 장수가 목숨을 잃게 되었다. 더구나 선행을 행한 자들에게 아직 상을 주지도 못한 때에 발생한 일이었다.

듣자 하니 중낭장(中郎將) 당몽이 임의로 징발하고 불의로 대우하여 백성들을 놀라게 하고 그 부모들을 근심하게 하였다. 이는 신하된 자의 도리가 아닌 것이다. 폐하께서는 이 같은 일이 있음을 아주 슬퍼하신다. 이 격문이 도착하거든 모든 백성이 폐하의 뜻을 알게 하라. 결코 소홀함이 없어야 한다."

당몽은 2년 동안 길을 닦았으나 채 완성하지 못했다. 많은 백성이 죽고 막대한 경비가 들었다. 한나라 신하들은 이는 국가의 불리한 공사라 말했다.

이때에 공(邛), 작(筰) 등 여러 부족장들이 한나라 신하가 되기를 청하자, 황제가 사마상여에게 의견을 구했다. 사마상여가 대답하였다.

"공, 작 등은 촉에 가까워 길을 열기 쉽습니다. 그곳에 군과 현을 둔다면 남이(南夷)보다 나을 것입니다."

황제가 사마상여를 중낭장으로 임명하여 소수민족 사신으로 보냈다. 부사(副使)로는 왕연우, 호충국, 여월인이 따랐다.

촉에 도착하자 태수 이하 모든 관원들이 나와 맞이하였고, 그곳의 거부인 탁왕손과 다른 부자들도 문안을 나와 서로 환심을 사려고 했다. 그때서야 탁왕손은 자신의 딸이 사마상여에게 시집간 것이 잘한 일이라고 여겼다.

이어 소수민족들을 차례로 평정하여 모두 신하로 삼았다. 변경을 넓혔고 항시 개방하였다. 서쪽으로 말수(沫水)와 약수(若水)까지, 남쪽으로 장가강(牂柯江)에 이르는 경계를 만들었다. 손수(孫水)에는 다리를 가설해 공과 작이 서로 통하게 했다.

돌아와 이대로 보고하니 황제가 기뻐하였다.


사마상여가 소수민족의 사신으로 떠날 때 촉의 장로들은 대부분 부정적이었다.

"서쪽 소수민족과 왕래하더라도 그건 아무런 이득이 없는 일입니다."

게다가 조정의 일부 신하들도 그렇게 생각하였다. 그러나 사마상여가

하고자 했으므로 아무도 나서서 반대하지는 못했다.

사마상여는 자신의 입장을 다음과 같은 글로 써서 백성들이 황제의 뜻을 알도록 하였다.

"한나라 건국 78년, 6대에 걸쳐 흥성하였다. 어느덧 서쪽 소수민족까지 이르러 염(冄) 방(駹), 작(筰), 공(邛)을 점령하여 신하로 삼았다. 이들은 변경에서 의를 버리고 예를 침범하였고, 안으로는 군주를 죽이고 부형을 형벌하는 오랑캐들이었다. 천자가 어질다고 하면 이들에게도 덕을 베풀라고 원성이었다. 이에 한나라 황제는 도덕의 길을 열고 인의의 전통을 세우기 위해 전쟁을 쉬고 토벌을 그치게 한 것이다.

옛날 홍수가 발생하면 백성들은 짐을 꾸려서 이사를 다니곤 했다. 그런 기구한 백성들이 어찌 편안할 수 있겠는가. 하(夏)나라 우임금이 이것을 걱정해 드디어 홍수를 다스렸다. 강을 트고, 하수를 소통해, 잠긴 곳을 말리고, 물을 바다로 보내니 천하가 편안해졌다. 그 일을 하는데 어찌 백성들만 피곤하였겠는가. 우임금 또한 번민하고 걱정하느라 몸이 말랐다. 그러니 그 명성이 오늘날까지 이어지고 있는 것이다.

『시경』에 이르기를 넓은 하늘 아래 왕의 땅이 아닌 곳이 없고, 온 땅위에 왕의 신하가 아닌 자가 없다고 하였다. 보는 자는 아직 가리키는 손가락을 보지 못하고, 듣는 자는 아직 지휘하는 소리를 듣지 못하는 것처럼 황제의 취지를 보통 사람들은 알지 못한다. 그러니 신령스러운 새가 날고 있는데 새그물을 치는 자는 황제의 참뜻을 알지 못하는 자이니 참으로 슬픈 일이다."

여러 대부들이 글을 읽고는 경탄하며 말했다.

"한나라의 덕은 진실로 위대하구나. 이것이 바로 우리가 듣고 싶었던 것이다."

그 후, 어떤 이가 사마상여에 관해 참소를 올렸다.

"사마상여는 사신으로 나갔을 때 뇌물을 챙긴 자입니다."

그 소식을 듣고 사마상여는 스스로 벼슬에서 물러났다. 그러나 한 해 후에 다시 황제로부터 부름을 받았다.

사마상여는 말은 어눌했지만 글은 잘 지었다. 평소 소갈병(消渴病)을 앓고 있었지만 혼인하여 재물이 넉넉했다. 그런 까닭에 관직이나 작위에 관심이 없었다. 한 번은 황제를 따라 장양궁(長楊宮)으로 사냥을 나갔다. 황제가 직접 곰과 멧돼지 들짐승에게 무차별로 활 쏘는 것을 보고는 돌아와 상소하였다.

"사람은 누구나 힘이 세고 날래고 용맹하기를 원합니다. 맹수 또한 마찬가지일 겁니다. 지금 폐하께서는 맹수 사냥을 즐기시지만, 만일 갑자기 특출한 맹수를 만나게 되면 놀라실 겁니다. 그 순간은 힘과 기술이 있어도 소용없습니다. 어찌 위태하지 않겠습니까? 하오니 사냥터는 가까이 가야 할 곳이 아닌 것입니다. 대체로 선견지명이 있는 자는 미리 일을 알고, 지혜가 있는 자는 미연에 위험을 방지한다고 합니다. 재앙이라는 것은 본래 쉽게 발각되는 것이 아니나 소홀히 하는 곳에서 반드시 생겨납니다. 집에 천금을 쌓아 두게 되면 집 가장자리에도 앉지 않는다고 합니다. 비록 하찮은 것일지라도 폐하께서는 유의하시어 소신의 마음을 살펴 주시기 바랍니다."

황제는 그 글을 읽고 깊이 칭찬하였다.

하루는 의춘궁(宜春宮)을 지날 때, 사마상여는 우연히 진시황 2세의 그릇된 행실을 떠올리며 글을 지었다.

"높고 험준한 긴 언덕을 올라 궁궐에 들어선다. 굽이진 강을 바라보고 남산을 우러러본다. 아득하고 깊구나! 진시황 2세여. 아무것도 몰랐던 철없는 황제여, 나라는 멸망하고 권세는 땅에 떨어졌으니 백년도 못 가 종묘사직이 끊어졌도다. 분묘는 풀이 우거져 아무도 돌보는 이가 없고, 제사조차 받들지 못하니 혼은 갈 곳이 없도다. 의지할 곳 없는 귀신이 되어 어디를 떠돈다 말인가. 아, 슬프도다!"

후에 사마상여는 황제께 「대인부(大人賦)」를 지어 바쳤다. 「대인부」의 배경인 중주(中州)는 한나라를 말하고, 대인은 황제를 일컫는다. 그 내용은 다음과 같다.

"중주(中州)에 대인(大人)이 살았다. 대인은 곳곳에 저택이 많지만 머물고 싶은 곳이 없었다. 이 각박한 속세를 떠나 먼 하늘을 노닐고 싶었다. 그래서 대인은 하얀 무지개를 타고 구름 위로 올라갔다. 긴 장대에 오색 깃발을 매달고 혜성을 끌어당겨 장식으로 삼았다. 깃발은 허공에서 아리따운 자태로 흔들렸다.

이어 대인은 응용(應龍)을 수레로 삼고, 적룡(赤龍)과 청룡(靑龍)을 부마로 두어 하늘을 오르고 내리는 것이 기세 왕성하고 자유자재였다. 미친 듯 달리고, 달리다가 날고, 번개처럼 지나가고, 안개처럼 가 버리고, 구름처럼 흩어졌다.

북극에 이르러 여러 신선을 만났다. 대인은 오제(五帝)를 길잡이로 하고, 능양(陵陽)을 뒤따르게 하고, 현명(玄冥)을 왼쪽에, 함뢰(含雷)를 오른쪽에 두어 수레를 몰았다.

기백(岐伯)에게는 의방(醫方)을 맡기고, 축융(祝融)에게는 경호를 담당하게 하였다. 숭산(崇山)을 지나서 당요(唐堯)를 위문하고, 우순(虞舜)을 구의(九疑)에서 둘러보았다. 귀곡(鬼谷)을 통과하고 팔굉(八紘)을 다 관람하고 사황(四荒)을 본 뒤에 구강(九江)을 건너 오하(五河)에 이르렀다.

염화산(炎火山)을 지나 사막을 건너고 총령산(葱嶺山)에서 쉬며 계곡에서 물놀이를 즐겼다. 수레를 돌려 유도산(幽都山)에서 식사를 하였다. 북방의 아침이슬을 마시고 지초(芝草)와 경수(瓊樹)의 꽃을 먹었다.

이어 하늘 높이 올라갔다. 아래는 깊고 멀어서 땅이 없고, 위는 광막해서 하늘이 없었다. 눈이 가물거려 보이지 않고 귀가 멍해 들리지 않았다. 어느덧 허무에 올라서서 초연해 있노라."

황제는 「대인부」를 받아 들고 구름 위로 올라간 것처럼 기뻐하였다.


사마상여가 병으로 인해 벼슬에서 물러나 무릉 집에 거하였다. 황제가 신하인 소충에게 명하였다.

"사마상여의 집에 가서 그의 책을 모두 가져오라. 혹시라도 그의 책을 잃을까 걱정스럽다."

소충이 도착하고 보니 상여는 이미 죽은 뒤였다. 그리고 집에 책도 없었다. 상여의 아내가 말했다.

"남편은 본래 자신이 가지고 있는 책이 없었습니다. 그런데 죽기 전에 저술한 것이 있는데, 사신이 와서 요구하거든 주라고 하셨습니다."
하고는 소충에게 주었다. 그 책은 황제가 제사 올리는 봉선(封禪)에 관한 것이었다. 황제가 그 글을 읽고 신하들에게 봉선에 관한 일을 논의하도록 하였다. 그리고 황제의 업적을 칭송하는 글을 짓도록 하였다.

태사공은 말한다.

"『춘추』를 읽으면 드러난 사실을 통해 은밀한 곳까지 이를 수 있고, 『역경』을 읽으면 은밀한 곳에서 시작하여 명백한 사실에 이를 수 있다. 「대아(大雅)」는 대인의 덕을 말하고, 「소아(小雅)」는 개인의 행위를 말한다. 이 네 가지는 겉으로는 다르지만 덕으로 귀일하는 면에서는 모두가 한결같다. 사마상여의 글은 비록 공허하고 분방한 설명은 많으나 그 일관된 주제는 절약과 검소이다. 나는 사마상여에 관해 논할 만한 가치가 있는 것만을 취해서 여기에 서술하였다."

淮南衡山列傳

# 제58편

# 회남、형산 열전

淮南厲王長者、高祖少子也、其母故趙王張敖美人。

高祖八年、從東垣過趙、趙王獻之美人、厲王母得幸焉、有身。趙王敖弗敢內宮、為築外宮而舍之。及貫高等謀反柏人事發覺、并逮治王、盡收捕王母兄弟美人、繫之河內。厲王母亦繫、告吏曰：得幸上、有身。吏以聞上、上方怒趙王、未理厲王母。厲王母弟趙兼因辟陽侯言呂後、呂後妒、弗肯白、辟陽侯不彊爭。及厲王母已生厲王、恚、即自殺。吏奉厲王詣上、上悔、令呂後母之、而葬厲王母真定。真定、厲

"회남왕 유장은 출생이 불우하였고 성장 과정은 교만하였으며, 결국 마지막에는 반란을 획책하다가 발각되어 몰락하고 말았다. 또 유장의 아들들은 형산국의 제후의 직책을 얻었으면 황제를 받들어 충실히 보좌할 일이지, 도리어 사악한 반란을 도모하다가 생을 마치니 이 같은 천하의 웃음거리가 또 어디 있단 말인가?"

●

회남왕(淮南王) 유장(劉長)은 한나라 고조 유방의 막내아들이다. 어머니는 원래 조(趙)나라 왕의 비빈이었다. 이전에 고조가 동원에서 돌아오는 길에 조나라를 지나게 되었다. 그러자 조나라 왕이 고조에게 비빈을 바쳤다. 비빈은 그날 고조의 총애를 받았다. 고조가 돌아간 후, 조나라 왕은 감히 비빈을 궁궐 안으로 들일 수 없었다. 그녀가 임신을 한 것이었다. 이에 궁전을 새로 지어 그곳에 머물도록 하였다.

얼마 후, 관고(貫高) 등이 반란을 꾀하여 고조를 살해하려다 발각되었다. 이 사건에 조나라 왕이 연루되어 여러 비빈들이 붙잡혀 옥에 갇혔다. 이때 고조를 모셨던 비빈도 갇혔는데, 그녀가 옥리(獄吏)에게 말했다.

"저는 황제의 총애를 받아 임신한 몸입니다."

옥리가 이 사실을 황제에게 알렸으나, 그때 고조는 반역 무리에 대해 화가 나 있어 그녀를 거두려 하지 않았다. 그녀의 동생 조겸(趙兼)이 벽양후(辟陽侯) 심이기를 통해 여후에게 이 사실을 알렸으나, 여후 또한 질투심으로 인해 거두려 하지 않았다. 그러다 보니 심이기 또한 더는 애써 변론하지 않았다.

해산 일이 다가와 비빈이 아이를 낳고는 자신의 처지가 너무도 원통해 곧 자결하고 말았다. 옥리가 아기를 받들고 황제를 배알하니 그제야 황제는 후회하며 말했다.

"아이는 여후로 하여금 양육하게 하고, 죽은 이는 정중히 장례 치르도록 하여라."

죽은 비빈은 고향인 진정에 묻어 주었다.


고조 11년, 그 무렵 회남왕이었던 경포(黥布)가 반란을 일으켰다. 고조는 즉각 군사를 동원해 무찌르고 막내아들 유장을 회남왕으로 삼았다. 그가 곧 려왕(厲王)이다.

일찍이 어머니를 잃은 유장은 효혜제와 여후의 총애를 받고 자랐다. 하지만 자라면서 어머니에 대한 정황을 듣게 되자 벽양후 심이기에 대해 깊이 원망하고 있었다.

큰형인 효문제가 즉위하자 유장은 자신이 황제와 가장 친하다고 여겨 함부로 행동하였다. 한번은 황제의 수레를 함께 타고 사냥을 나갔는데 폐하라 부르지 않고 큰형님이라 부르는 불손을 저질렀다. 하지만 황제는 형제라 여겨 유장을 너그럽게 용서하였다.

유장은 힘이 장사였다. 하루는 작심을 하고 심이기를 찾아갔다. 심이기가 놀라 황급히 문을 나오자, 유장은 소매 속에 감춰 두었던 철추를 꺼내 그를 후려쳤다. 그리고 뒤에 있는 부하에게 당장에 목을 베라 명했다. 심이기는 그렇게 숨을 거두고 말았다.

유장은 즉시 황제에게로 달려가 엎드려 사죄하였다.

"저의 어머니는 조나라 반역 행위에 결코 연루되지 않았습니다. 그때 심이기가 변론했으면 여후의 보호를 받을 수 있었을 텐데, 그는 그렇게 하지 않은 것이 첫 번째 죄입니다. 또한 조나라 왕과 제 모친은 죄가 없는데도 심이기가 변론하지 않아 여후께서 죽었습니다. 이것이 그의 두 번째 죄입니다. 후에 여후가 여러 여씨들을 왕으로 봉해 유씨 황실을 위태롭게 했을 때 심이기는 한 마디도 황제에게 간하지 않았습니다. 이 것이 그의 세 번째 죄입니다. 소신이 심이기를 주살한 것은 단지 어머니의 원수를 갚고자 한 것뿐입니다. 그것이 죄가 된다면 응당 처벌을 받겠습니다."

황제는 그의 행동이 어머니를 위하는 마음에서 우러나온 것이라 여겨 죄를 용서하였다. 그러나 다른 신하들은 그 일로 인해 유장을 두려워하고 이후로 멀리하였다. 유장은 회남으로 돌아와 더욱 방자해지고 교만해져서 스스로 법령을 만들어 마치 황제처럼 행동하였다.

효문제 6년, 회남왕 유장이 대부 단(但)과 한나라에서 벼슬을 잃은 일흔 명의 선비들, 그리고 극포후(棘蒲侯)의 태자 기(奇)와 함께 반란을 꾀하였다. 그러면서 민월과 흉노에 구원병을 요청하기 위해 몰래 사신을 보내기까지 하였다. 이 일이 사전에 발각되자 황제는 철저한 조사를 위해 유장을 장안으로 소환하였다. 이에 승상이 황제에게 아뢰었다.

"소신 승상 장창(張倉), 황제 폐하께 죽음을 무릅쓰고 아뢰옵니다. 회남왕 유장은 법을 따르지 않고 자신이 마치 황제인 것처럼 행세하였습니다. 황제가 타고 다니는 수레를 함부로 흉내 내어 타고 다녔으며, 죄를 지은 자들이 회남으로 도망하면 숨겨 주고 내놓지 않았습니다. 심지어 봉록 2천 석에 해당하는 황제의 인사권을 함부로 남용하였습니다. 이런 일련의 일들은 그가 반란을 꾀하고 있다는 증거입니다.

대부 단과 그 역적들이 모반을 준비할 때, 개장(開章)이라는 자를 유장에게 보내 은밀히 보고하였습니다. 유장 또한 여러 차례 그에게 편의와 벼슬을 제공하였습니다. 음모가 발각되어 개장을 체포하기 위해 회남에 관리를 보냈으나, 유장이 그를 숨겨 두고 내놓지 않았습니다. 그러더니 몰래 부하들을 시켜 개장을 죽여 입을 막아 버렸습니다. 그리고 매장하고 나서 어디에 묻혀 있는지 모른다고 거짓말을 하였습니다.

그 밖에 유장은 죄 없는 자를 함부로 죽였고, 함부로 죄를 내렸으며, 함부로 사면을 실시하였습니다. 이전에 폐하께서 유장에게 하사품을 내리면 유장은 받으려 하지 않았고, 찾아간 사신을 만나지도 않았습니다. 따라서 유장은 마땅히 참수해야 할 죄인인 것입니다.

소신 승상 장창, 외무대사 전객(典客) 풍경(馮敬), 행어사대부(行御史大夫事) 종정(宗正) 일(逸), 정위(廷尉) 하(賀), 비도적중위(備盜賊中尉) 복(福) 등이 죽음을 무릅쓰고 그의 죄를 다스리기를 청하옵니다."

이에 황제가 명하였다.

"나는 차마 회남왕 유장을 처리할 수 없도다. 그대들이 2천석 이상 되는 열후들과 의논하라."

43명의 고관 대신들이 논의한 결과를 황제께 아뢰었다.

"신들이 다음과 같이 결론을 내렸습니다. 유장은 법도를 준수하지 않았고, 황제의 조서를 따르지도 않았고, 은밀히 역적과 모반한 자를 만났고, 망명한 자를 후하게 대하여 반란에 가담하였으므로 폐하께서 법대로 처리하여 주시기를 바라옵니다."

황제가 말하였다.

"나는 차마 회남왕 유장을 법대로 처리할 수 없도다. 그러니 그의 죄를 용서하고 대신 왕의 칭호를 폐하라."

이에 신하들이 말했다.

"유장을 멀리 변경 지역인 촉군(蜀郡)에 기거하게 하고, 그의 첩들을 딸려 보내 주고 양식으로는 땔나무, 채소, 소금, 된장, 식기와 잠자리만 주게 하십시오."

황제가 명하였다.

"유장에게 매일 고기 다섯 근, 술 두 말을 주도록 하라. 총애하는 첩은 10명만 딸려 보내도록 하고, 나머지 관련자는 모두 법대로 처리하라."

황제의 명에 따라 그날 모반을 꾀한 자들은 모두 참수되고 유장은 왕에서 폐하고 변방으로 유배를 떠나도록 하였다. 유장이 변방으로 떠나는 날, 신하 원앙(袁盎)이 황제께 간언하였다.

"유장이 방자하게 된 것은 그 곁에 엄한 승상과 태부를 두지 않았기 때문입니다. 더구나 유장이 갑자기 일을 당하게 되니, 행여 열악한 기후라도 만나서 병으로 죽게 될까 심히 두렵습니다. 폐하께서는 장차 아우를 죽였다는 말을 들으시면 어찌하시렵니까?"

황제가 말했다.

"나도 고민하고 있소. 하지만 곧 그를 다시 부를 작정이오."

유장이 탄 수레가 출발하였다. 큰 고을을 지날 때마다 지방 수령이 문안 인사를 나왔는데 감히 수레의 문을 열어 보지 못했다. 유장은 호송되어 가면서 한탄하며 말했다.

"누가 나를 용감하다 말하였느냐? 나는 그로 인해 이 지경에 이르렀다. 이렇게 번민하며 어찌 평생을 지낼 수 있겠는가?"

하고는 음식을 일절 입에 대지 않아 그만 수레 안에서 굶어 죽고 말았다. 그것을 옹현 수령이 문을 열고 발견하였다.

이 소식을 들은 황제는 매우 슬퍼하며 말했다.

"내가 원앙의 말을 듣지 않아 동생을 잃었도다!"

그러자 원앙이 말했다.

"이미 어쩔 수 없는 일입니다. 폐하께서는 너그러운 맘을 가지시기 바랍니다."

황제가 말했다.

"이제 이 일을 어떻게 하면 좋겠는가?"

원앙이 말했다.

"수레 운송 업무를 게을리한 자를 모두 참수하면 됩니다."

황제는 즉시 승상과 어사대부에게 명했다.

"각 고을에서 유장을 전송하면서 문을 열고 확인하지 않은 자와 음식을 주지 않은 자들은 모조리 잡아들여라."

황제는 유장을 열후의 예로서 장례 치르도록 하였다. 그리고 유장의 어린 네 명의 아들은 나중에 모두 후(侯)로 삼았다.

효문제 12년, 유장이 죽은 후 마을 곳곳마다 유행하는 노래가 있었다.

"베 한 자도 꿰매어 함께 입을 수 있고
곡식 한 말도 서로 나눌 수 있는데
형제 두 사람은 어찌 서로 용납하지 못하였을까?"

황제가 그 노래를 듣고 탄식하며 말하였다.

"요(堯), 순(舜)이 형제를 몰아내고 주공(周公)이 관(管)과 채(蔡)를 죽였지만 천하가 그들을 성인이라고 하는 것은 어찌 된 것인가? 사사로움으로 공익을 해치지 않았기 때문이다. 그런데 백성들은 어째서 내가 회남 땅을 탐내었다고 하는가?"

황제는 유장을 추존하여 다시 려왕(厲王)으로 삼고, 능원을 만들어 왕으로서 위엄을 갖추게 하였다.

효문제 16년, 황제는 죽은 회남왕 유장을 불쌍히 여겨 그의 세 아들을 즉위시켰다. 큰아들 유안을 회남왕으로, 유발을 형산왕(衡山王)으로, 유사를 여강왕(廬江王)으로 봉하니 예전 회남의 땅을 셋으로 나누어 가지게 한 것이다. 유양은 그 전에 죽어 제외시켰다.

효경제 3년, 오(吳)초(楚) 7국이 한나라에 대항하여 반란을 일으켰다. 오나라의 사신이 회남에 도착하자 회남왕 유안이 그들을 호응했다. 이에 회남의 승상이 왕께 아뢰었다.

"대왕께서 꼭 군사를 일으켜 오나라와 호응하신다면 소신이 그 장수를 맡아 앞장서도록 하겠습니다."

왕이 그 말에 수긍하여 승상에게 군대를 맡겼다. 하지만 승상은 군사를 이끌고 성을 굳게 지킬 뿐이었다. 한나라에서는 회남이 오나라의 공격을 받는다고 여겨 급히 구원병을 파병하였다. 하지만 가서 보니 그렇지 않았다. 승상의 지혜로 회남왕 유안은 오나라를 따르지 않은 것이 되었다. 이로서 회남은 온전히 보존될 수 있었다.

오나라 사신이 이번에는 여강에 도착했으나 여강왕 유사는 이에 호응하지 않았다. 다시 오나라의 사신이 형산에 도착하였으나 형산왕 유발은 성을 굳게 지키고 출입조차 못 하게 하였다. 한나라에 충성을 맹세하여 결코 두 마음을 품지 않은 것이었다.

효경제 4년, 반란군이 모두 진압되자 형산왕 유발이 황제를 알현하였다. 황제는 그의 믿음과 절개를 높이 칭찬하며 말했다.

"그대의 나라는 낮고 습하다. 그러니 북쪽 제북왕으로 삼노라."

나중에 형산왕 유발이 죽자 시호를 정왕(貞王)이라 했다. 여강왕 유사는 형산왕으로 자리를 옮겼고, 회남왕은 예전과 같았다.

회남왕 유안은 독서와 거문고를 좋아했고 사냥을 싫어했다. 자신은 백성을 잘 다스려 천하에 이름을 얻고자 했다. 하지만 때때로 아버지 유장의 죽음에 대해 한나라를 원망하고 있었다. 반란을 꿈꾸었지만 뚜렷한 명분이 없었다.

건원(建元) 2년, 회남왕 유안이 황제를 알현한 후에 평소 가까운 무안후(武安侯) 전분과 대화를 나누게 되었다. 전분이 말했다.

"지금 황제에게는 태자가 없습니다. 대왕께서는 고조 황제의 친손이 아니십니까? 만약 황제께서 어느 날 돌아가시면 대왕이 아니고서 어느 누가 황제의 자리에 오르겠습니까?"

그 말을 듣자 회남왕 유안은 속으로 크게 기뻤다. 이에 전분에게 많은 상을 내렸다. 이후 천하의 인재들과 교류하면서 은밀히 황제에 대한 꿈을 꾸게 되었다.

건원 6년, 어느 날 밤하늘에 혜성이 나타나자 회남왕 유안은 그것을 이상히 생각하였다. 그러자 신하 중에 누군가 말했다.

"이전에 오나라가 반란을 일으켰을 때 혜성이 나타났습니다. 하지만 그 길이가 몇 자 밖에 되지 않았습니다. 그때 죽은 병사의 피가 천 리까지 흘렀습니다. 지금 혜성의 길이가 하늘을 가로지르니 이는 마땅히 천하의 군사들이 모두 일어날 징조이옵니다."

회남왕은 이 말을 듣자 속으로 생각하였다.

'지금 황제에게 태자가 없으니 만약 천하에 변란이 일어나면 모든 제후들이 서로 황제가 되고자 다툴 것이다.'

그러고는 바로 신하들에게 명령을 내렸다.

"모든 군사들은 무기를 철저히 수리하도록 하라. 그리고 천하의 재능 있는 인재들을 불러 모으라!"

원삭(元朔) 3년, 황제가 회남왕 유안에게 편한 의자와 황제의 지팡이를 하사하면서 한나라 조정에 알현하러 올 필요가 없다고 특혜를 주었다.

이 무렵 유안의 아들 태자 천(遷)은 왕황태후(王皇太后)의 외손인 수성군(修成君)의 딸을 태자비로 맞았다. 그런데 유안은 혹시라도 태자비가 반역의 기미를 알아챌까 고민하고 있었다. 결국 태자와 모의해 거짓을 꾸미기로 하였다. 이에 태자는 석 달 동안 태자비와 잠자리를 같이 하지 않았다. 그러자 결국 태자비가 떠나기를 청하였다. 유안은 기회가 왔다고 여겨 황제께 사죄의 글을 올리고 태자비를 돌려보냈다.

유안에게는 능(陵)이라는 공주가 하나 있는데 그녀는 총명하고 말재주가 뛰어났다. 유안은 공주에게 많은 재물을 주어 장안을 정탐하게 하고, 황제의 측근들과 교제를 하여 황실의 정보를 얻도록 하였다.

그 무렵 유안의 아내 왕후 도(荼)는 왕의 총애를 믿고 함부로 권력을 행사하였다. 자신이 원하는 것이면 함부로 백성의 집과 밭을 빼앗았고, 자신의 맘에 들지 않으면 함부로 사람들을 옥에 가두었다. 백성들이 이에 대해 원망을 하고 있었다.

원삭 5년, 태자 천은 검술에 뛰어났다. 스스로 생각하기에 천하에 자기와 견줄 자가 없다고 여겼다. 그런데 낭중(郎中) 뇌피(雷被)가 검술이 뛰어나다는 소문을 듣고 그를 불러 겨루었다. 뇌피는 여러 차례 사양하였으나 결국 대결을 하게 되었다. 어쩔 수 없는 대결이라 뇌피가 태자를 살짝 찌르고 말았다. 이에 태자가 크게 노하여 뇌피를 죽이려 하였다. 뇌피는 태자의 보복이 두려워 흉노를 지키는 먼 변방 지역으로 전근을 신청하였다. 하지만 태자 천이 뇌피는 나쁜 놈이라고 왕께 고했다. 유안은 그 말을 믿고 뇌피를 낭중령에서 파면시키고 어떠한 일도 하지 못하게 하였다.

아무것도 할 수 없게 된 뇌피는 고민 끝에 장안으로 도망쳤다. 그리고 자신의 억울한 처지를 글로 써서 조정에 올렸다. 황제가 그 일을 보고받고 조사하도록 명했다. 조정에서 파견된 관리가 태자를 체포하려고 하자 회남왕 유안이 태자를 숨겼다. 이에 파견된 관리가 태자에 대한 심문 조서를 하달하였다. 그러자 회남의 재상은 법을 준수하기 위해 태자를 숨기고 있는 수춘(壽春)에 사는 승(丞)이라는 자에게 태자를 넘겨 달라고 하였다. 하지만 그는 재상의 말을 듣지 않았다. 재상은 그를 불경죄로 고발하였다. 그러자 회남왕 유안이 재상에게 일정을 늦추도록 하였다. 재상이 이 말을 듣지 않았다. 그러자 회남왕 유안은 황제께 글을 올려 재상을 고발하고 말았다.

황제가 그 사건을 밝히도록 명하니 회남왕 유안이 관련되어 있었다. 결국 조정 대신들은 유안을 체포하여 사건을 처리한다는 방침이었다. 이에 유안이 두려워하자 태자가 계책을 내놓았다.

"한나라에서 관리가 오면 왕께서는 호위병들에게 창을 들고 서 있게 하십시오. 만약 관리가 왕을 체포하려고 하면 그때 관리를 찔러 죽이도록 명하십시오. 소신도 저를 잡으러 오는 관리를 찔러 죽이겠습니다. 그리고 군대를 일으켜도 늦지 않을 것입니다."

이때 황제는 중위 굉(宏)을 파견해 유안을 심문하도록 하였다. 황제의 관리가 당도했다는 말에 유안은 태자의 계책을 따르기로 했다. 그런데 관리가 심문하는 것이 모두 뇌피에 관한 일이었다. 유안은 자신과 관련이 없다고 생각하여 순순히 대답하였다.

중위 굉이 돌아와 사실대로 보고하였다. 그러자 대신들이 들고 일어났다.

"회남왕 유안은 흉노를 힘써 물리치려는 뇌피를 가로막고 방해했으니 마땅히 처벌을 받아야 합니다."

하지만 황제가 그것을 허락지 않았다. 이어 대신들이 회남왕 유안을 폐할 것을 건의하였으나 그것 역시 받아들이지 않았다. 그러자 계속해서 영토를 삭감하자는 상소가 올라오자 결국 2개 현을 삭감하는 것으로 처벌을 끝마쳤다.

중위 굉이 다시 회남에 들어가 왕의 죄를 용서한다고 선언했다. 그러자 유안은 슬픈 목소리로 말했다.

"나는 백성들에게 인의(仁義)를 행한 것뿐인데 봉토를 깎이다니, 참으로 부끄럽도다."

이후 유안은 더욱더 반란을 꾀하게 되었다. 밤낮으로 부하 장군들과 지도를 들여다보면서 한나라 어디를 침입할 것인가 궁리하였다. 유안은 부하들에게 이렇게 말했다.

"황제에게는 태자가 없다. 만약 황제가 갑자기 죽게 되면 조정의 대신들은 교동왕을 부르거나 상산왕을 부를 것이다. 그렇게 되면 제후들은 서로 싸울 것이다. 그러니 내 어찌 준비를 하지 않겠는가! 또 나는 고조의 손자로 인의를 행하여 왔다. 지금 폐하께서는 나를 후하게 대우하여 참을 수 있었지만, 이후에는 내가 어린 것들을 어찌 섬기겠는가."

하루는 유안이 오피(伍被) 장군을 불렀다.

"장군과 긴히 논의할 것이 있으니 가까이 오시오."

오피 장군은 갑자기 얼굴이 창백해지면서 대답하였다.

"황제께서 대왕을 용서하였는데 어찌 그런 생각을 하시는 겁니까? 오자서가 오왕에게 간언하였을 때 오왕이 듣지 않았습니다. 그러자 오자서는 '왕께서는 황폐해진 궁중 누대에서 사슴들이 노니는 것을 볼 것입니다.'라고 했습니다. 소신도 이와 마찬가지입니다. 대왕께서 모의를 멈추지 않으시면 궁중에서 가시나무가 자라고 이슬에 옷이 젖는 것을 볼 것입니다."

이 말에 왕이 노하여 오피를 석 달 동안이나 가두어 두었다. 그리고 얼마 후 다시 오피를 불렀다.

"장군은 이제 내 말에 찬동하는가?"

오피가 말했다.

"그럴 수 없습니다. 소신이 온 것은 대왕께 다시 한 번 아뢰기 위해서입니다. 귀가 밝은 자는 소리가 없어도 들으며, 눈이 밝은 자는 형태가 없어도 보인다고 했습니다. 백 년 전의 진나라나 작금의 오나라 초나라를 보면 국가의 흥망을 알기에 충분합니다. 지금 대왕께서는 고조 황제께서 천하를 얻은 것은 쉽다고 보시고, 오나라 초나라가 망한 것은 쉽게 보지 않으십니다.

오나라는 영토가 사방 수천 리에 이르렀습니다. 안으로는 구리를 주조해 돈을 만들었으며, 바닷물을 끓여 소금을 만들어 재정이 넘쳐 나는 나라였습니다. 그곳에서 만드는 배 한 척은 무게가 수레 수십 량에 해당할 정도로 어마어마했습니다. 황금과 비단을 제후와 대신들에게 뇌물로 주어 인맥을 철저히 관리했습니다. 오왕은 이를 믿고 황제가 되고자 군사를 일으켰으나 대량전투에서 패하여 달아나는 신세가 되었습니다. 간신히 단도(丹徒)에 이르렀으나 월나라 사람에게 붙잡혀 비참하게 죽임을 당하고 말았습니다. 이 얼마나 천하의 웃음거리입니까? 그런데 지금 대왕의 군사는 오나라의 10분의 일도 안 되는데 한나라의 군사는 이전 진나라보다 만 배나 많습니다.

옛날에 미자(微子)가 고국을 지나다가 너무도 슬퍼 맥수지가(麥秀之歌)를 지었는데 이것은 주왕(紂王)이 왕자 비간(比干)의 말을 듣지 않은 것을 가슴 아파한 까닭입니다. 그래서 주왕은 천자였을 때 존귀했으나, 죽어서는 필부만도 못했다고 『맹자』에서 말하고 있습니다. 이것은 주왕이 스스로 천하를 거절한 것이지, 천하가 주왕을 거절한 것이 아니라는 뜻입니다. 이제 소신이 슬퍼하는 까닭은 대왕께서 왕의 자리를 스스로 내버리려 하시는 까닭입니다. 장차 소신에게도 목숨을 끊으라는 글을 내리시면, 소신 누구보다 앞장서서 목숨을 끊겠습니다. 부디 왕께서는 오왕의 전철을 밟지 마시기 간청드리옵니다.”

이 말을 들은 왕은 처음에는 분노가 가득하더니 끝내 눈물을 흘리며 말을 잇지 못했다. 오피 장군은 계단을 내려와 조용히 물러났다.

회남왕 유안에게는 서자로 태어난 아들 불해(不害)가 있었다. 유안은 그 아들을 좋아하지 않았고, 왕후며 태자 역시 멀리하였다. 불해에게는 건(建)이라는 아들이 있었는데 재주가 뛰어나고 기개가 넘쳤다. 건은 왕실 식구들이 아버지에게 푸대접하는 것을 보고 자랐다.

건은 자라면서 원망스러웠다. 제후들은 자신의 자식들에게 땅을 나누어 주며 제후로 삼는데, 하물며 왕의 아들인 아버지는 그런 대접을 못 받는 것에 대해 나날이 불만이 쌓여 갔다. 그래서 사람들과 의기투합하여 태자를 몰아내고 자기 아버지를 그 자리에 대신 앉게 하려 하였다. 하지만 태자가 그 사실을 알고는 건을 잡아 매질하여 혼을 내주었다. 그러기를 여러 차례였다.

건은 마침 이전에 태자가 한나라 사신을 죽이고자 음모한 것을 알고 있었다. 그래서 수춘현(壽春縣)에 사는 장지(莊芷)라는 사람을 시켜 황제에게 상소를 올리도록 하였다.

"쓴 약은 먹기에 고통스럽지만 병에는 좋고, 충언은 귀에 거슬리지만 행하는 데 좋다고 했습니다. 회남왕 유안의 손자 건은 재주가 좋으나, 태자가 시기하여 혹시라도 해치지 않을까 늘 걱정하고 있습니다. 건이 아무런 죄도 짓지 않았는데 태자가 잡아 가두고 죽이려 한 것이 벌써 여러 차례입니다. 지금 건이 살아 있으니 그를 불러 물어보시면 회남왕 유안이 은밀히 꾸미고 있는 일까지도 다 알 수 있을 겁니다."

황제는 이 일을 정위에게 맡도록 하였다.

이때 심이기의 손자 심경(審卿)은 승상 공손홍과 친한 사이였다. 이전에 회남왕 유장이 심경의 할아버지 심이기를 죽인 것에 원한을 품고 있었다. 그래서 회남의 일을 공손홍에게 부풀려 이야기하였다. 공손홍은 이야기를 들어보더니 반역의 음모가 있는 것이라 짐작하고 담당 관리에게 사건을 철저히 규명하도록 하였다.

정위가 하남에서 건을 심문하자, 건은 태자가 음모한 것을 이야기하였다. 그 소식이 알려지자 태자는 위급해졌고 회남왕 유안은 두려워 떨었다. 이에 유안이 반란을 일으키려 오피 장군을 다시 불러 물었다.

"한나라 조정은 잘 다스려지고 있는 것이오?"

오피 장군이 말했다.

"천하는 잘 다스려지고 있습니다."

유안이 다시 물었다.

"그대는 무슨 이유로 천하가 잘 다스려진다고 하는 것이오?"

오피 장군이 말했다.

"지금 조정을 살펴보면 군주와 신하의 의(義), 아비와 자식의 친(親), 남편과 아내의 별(別), 어른과 아이의 서(序)가 모두 도리에 맞습니다. 황제의 행동 또한 도리에 맞고 풍속과 기강에도 부족한 것이 없습니다. 상인들은 재물을 싣고 천하를 돌아다녀도 길이 통하지 않는 곳이 없습니다. 사방 오랑캐가 조공을 바치고 신하의 예를 다하고자 찾아옵니다. 비록 태평스럽다고 하지는 못하지만 그러나 잘 다스려진다고는 할 수 있습니다."

이어 유안이 말했다.

"만약 산동에서 전쟁이 일어나면 한나라는 분명히 대장군 위청을 장수로 삼아 군대를 이끌고 나올 것이요. 그대는 위청을 어떤 인물이라 보시오?"

오피가 대답했다.

"황의(黃義) 장군이 위청 대장군을 따라 흉노를 치러 간 일이 있습니다. 그가 대장군에 대해 제게 이렇게 말했습니다. 대장군은 사대부를 대할 때 예의가 있고, 병사들을 대할 때는 은혜가 있는 분입니다. 그러니 병사들이 대장군을 따르기를 좋아합니다. 위청은 말을 타고 산을 오르내리는 것이 마치 나는 것 같고, 재주는 누구보다 뛰어난 분입니다. 재능도 뛰어나고 군사를 통솔하는 것 또한 뛰어나니 누구도 쉽게 당해내지 못할 것입니다.

조량이 한나라에 사신으로 갔다가 돌아와 위청에 대해 이렇게 말했습니다. 대장군 위청은 호령이 분명하고 적을 대적할 때는 누구보다 용감해 병사들보다 앞에 섭니다. 병사들이 휴식을 취할 때에는 우물을 파고, 물이 충분히 나오지 않으면 반드시 병사들이 물을 다 마신 후에 물을 마십니다. 군대가 돌아올 때에도 병사들이 황하를 다 건너는 것을 확인하고서야 그제야 건넙니다. 황태후가 하사한 금은보석과 재물들은 모두 병사들에게 나누어 주었으니 아무리 이름 있는 장수라 할지라도 위청을 능가할 수는 없을 겁니다."

왕이 이 말을 듣고 말이 없었다. 잠시 후 왕이 다시 물었다.

"그대는 오나라가 군사를 일으켰던 것을 어떻게 생각하는가?"

오피 장군이 말했다.

"그건 옳지 못한 일이었습니다. 그렇기 때문에 오왕은 단도(丹徒)에서 붙잡혀 머리와 발이 잘리고, 자손 중에 살아남은 자가 없었던 겁니다. 아마도 오왕 자신도 지극히 후회했을 것입니다. 바라건대 왕께서는 그 교훈을 깊이 새기셔서 결코 오나라 왕처럼 후회하는 일이 없으시기 바랍니다."

이어 왕이 말했다.

"대장부가 뭘 하기로 했다면 죽기를 각오하고 해야 하는 것이 아니요? 그때 오나라 왕이 반란에 대해 무엇을 알았겠소? 그러나 나는 계책이 분명하오. 먼저 누원(樓緩) 장군에게 성고(成皐)를 차단하게 하고, 주피(周被) 장군에게 환원과 이궐의 길목을 막게 하고, 진정(陳定) 장군에게 무관을 지키게 할 것이오. 그러면 하남 태수 혼자 낙양을 지키게 되니 무엇이 걱정이겠소. 사람들은 성고를 끊으면 천하가 통하지 않는다고 말하지 않소. 거사가 이와 같다면 그대 생각은 어떻소?"

오피 장군이 대답했다.

"소신은 그 재앙은 알 수 있지만, 그 복은 알 수 없습니다."

유안이 말했다.

"좌오, 조현, 주교여가 말하기를 이번 거사는 복이 있어 열에 아홉은 성공한다고 하는데, 그대는 혼자 재앙이라 하니 어째서 그런 것이오?"

오피가 말했다.

"대왕의 총애를 받는 자들 가운데 평소 부하를 잘 통솔했던 자들은 모두 감옥에 갇혀 있습니다. 지금 대왕께 그렇게 말한 자들은 아무런 쓸모가 없는 자들입니다."

유안이 말했다.

"진승과 오광은 땅 한 평 없었어도 천 명의 무리를 모아 일어섰고, 희수(戲水)에 이르렀을 때에는 군사가 120만 명이나 되었소. 지금 내게는 10만의 군사가 있소. 이들은 죄인도 아니고 훈련된 병사들이오. 무기도 낫이나 몽둥이가 아니라 잘 닦고 만들어진 창과 칼과 방패를 지녔소. 그런데 그대는 어째서 복이 없고 재앙만 있다는 것이오?"

오피가 대답했다.

"진나라는 장성을 쌓고, 만 대의 수레를 제작하고, 아방궁을 도처에 짓느라 백성들에게 무자비하게 세금을 거두었습니다. 집집마다 장정을 선발하여 변방을 지키도록 하였습니다. 그로 인해 아비는 자식을 돌보지 못하고, 형은 아우를 도울 수 없었습니다. 정치는 가혹하고 형벌은 준엄하여 천하가 마치 활활 타오르는 불 속에 있는 것 같았습니다. 백성들은 슬피 부르짖으며 천자를 원망하였습니다. 그렇기 때문에 진승과 오광의 반란이 일어날 수 있었던 것입니다. 그러니 대왕께서 비유를 잘못하신 겁니다."

왕이 물었다.

"그렇다면 이 거사는 요행을 바라지도 못한단 말인가?"

오피가 대답했다.

"소신에게 계책이 있습니다. 삭방군 지역은 땅은 넓고 기름지지만 거주하는 사람이 적습니다. 대왕께서 황제의 문서를 위조하여 재산이 50만 이상인 자와 호걸과 협객들을 삭방군으로 이주하도록 명하는 겁니다. 그리고 죄인들에게 사면령을 내려 대거 이주하도록 요청하는 겁니다. 이후 흉노의 침략을 막기 위한 명분으로 집집마다 장정들을 선발하여 변경을 지키게 하는 겁니다. 또한 세금을 올려 받고 부역을 늘리는 겁니다. 그러면 지금 아무리 태평한 시절이라고 하더라도 백성들은 금세 천자를 원망하여 사방에서 제후들이 일어서려 할 것입니다. 이때에 대왕께서 군사를 일으키시면 열에 하나는 얻을 수 있을 겁니다."

왕이 그 의견을 받아들여 황제의 옥쇄와 승상, 어사, 대장군, 태수 등의 인장을 위조하도록 하였다. 그러면서 위청 대장군을 죽이고 승상을 설득하는 것이 아주 쉬운 일인 것처럼 생각하였다.

하지만 회남왕 유안이 막상 반란을 일으키려고 하니 한나라에서 파견된 승상과 2천 석 이상 되는 제후들이 따르지 않을까 두려웠다. 이에 오피에게 물었다.

"군사를 일으키면 주변의 제후들이 호응할 것 같소? 만약 호응하지 않으면 어떻게 해야 되겠소?"

오피 장군이 대답하였다.

"남쪽의 형산과 여강과 심양을 빼앗아 하치의 성을 지키십시오. 예장을 막고 장강을 지키면 적들의 남하를 막을 수 있을 겁니다. 동쪽 공격을 멈추고, 남쪽으로 월나라와 손을 잡으면 충분히 시간을 늦출 수 있을 겁니다."

유안이 말했다.

"참으로 좋은 계책이오. 상황이 위급하면 그때는 월나라로 달아나면 그만이 아니겠소."

한편, 회남왕의 손자 건의 일을 보고받은 황제는 즉각 태자 천을 체포하도록 명했다. 한나라에서 파견된 군사와 관리들이 회남왕 왕궁을 포위하였다. 그러자 다급해진 태자는 자신이 한나라 관리를 죽이려고 모의했던 일 때문이라고 생각하여 왕께 아뢰었다.

"쓸 만한 자들은 모두 체포되어 지금은 거사를 함께할 자들이 없습니다. 그러니 한나라에서 저를 잡아가도록 놔두십시오."

이에 왕도 어쩔 수 없어 태자를 놓아주었다. 그러자 태자는 자결하려고 칼로 자신의 목을 찔렀다. 다행히 죽지는 않았다. 이때 오피 장군이 한나라 관리에게 가서 왕과 모반한 사실을 그대로 보고하였다,

한나라 관리들은 바로 왕과 태자와 왕후를 체포하고 반역을 꾀한 증거 자료를 찾아 황제께 보고하였다. 황제는 대신들에게 회남왕과 태자와 관련된 자들은 모두 엄히 처벌하도록 명했다.

이와 관련해 대신들은 형산왕 유사는 회남왕의 동생으로 마땅히 체포해야 한다고 청원하였다. 황제가 말했다.

"왕들은 각기 자신의 나라로써 근본을 삼으니 형산왕의 연좌는 마땅치 않다. 그리고 회남왕에 대해서는 왕과 열후와 승상이 함께 의논하여 결정하라."

교서왕을 비롯한 43명의 고위 대신들이 다음과 같이 결론지어 보고하였다.

"회남왕 유안은 백성을 미혹하고 종묘를 배반한 대역무도한 자입니다. 『춘추』에 이르기를 모반을 꾀한 신하는 죽여야 한다고 했습니다. 더구나 위조한 문서와 인장이 명백하니 회남왕 유안에게 참수를 명해 주십시오. 그리고 신하로서 바르게 가르치지 못한 자는 모두 삭탈하고 다시는 벼슬에 오르지 못하게 하여 주십시오."

황제가 종정(宗正)을 시켜 회남왕을 처리하도록 하였다. 하지만 한나라 사신이 도착하기 전에 회남왕 유안은 자결하고 말았다. 종정은 도착하여 왕후와 태자 및 여러 신하들과 모반에 참여한 자들을 모두 참수하였다.

오피 장군은 황제로부터 칭찬을 여러 번 받은 자라 황제가 사형은 면하게 하려 했다. 하지만 정위 탕(湯)이 나서서 말했다.

"오피는 반역을 획책한 주모자이기 때문에 반드시 참수해야 합니다."

마침내 오피를 참수하자 회남국은 없어지고 구강군(九江郡)으로 삼았다.

형산왕 유사는 왕후 승서(乘舒)로부터 자식 셋을 낳았다. 첫째 아들은
태자인 상(爽)이고, 둘째 아들은 효(孝), 셋째 딸은 무채(無采)였다. 또 비
빈 서래(徐來)에게서 자식 넷을 낳았고, 비빈 궐위(闕姫)에게서 자식 둘을
낳았다.

평소 형산왕과 회남왕은 사이가 좋지 않았다. 더구나 회남왕이 반역
을 꾀한다는 소문을 듣자 연루될까 두려웠다.

원광(元光) 6년, 형산왕이 황제를 알현하려 조정에 들어가려 할 때, 형
산왕의 신하인 위경이 신선술을 알고 있다면서 감히 왕을 거치지 않고
바로 황제에게 글을 올렸다. 형산왕이 이로 인해 화가 나서 위경을 매
질하여 그 죄를 인정하게 하였다.

하지만 형산의 내사는 왕의 처리가 옳지 못하다고 여겨 왕의 송사를
받지 않았다. 형산왕이 이번에는 내사를 조정에 고발해 해임하도록 요
청하였다. 내사가 한나라 관리의 조사를 받으면서 형산왕의 정직하지
못한 것을 이야기하고 말았다. 또 백성들의 땅을 함부로 약탈한 비리도
고발하였다.

이에 황제는 형산국에 2백석 이상 되는 관리는 직접 임명하겠노라고
했다. 형산왕은 이 일로 천문과 점술 하는 이들에게 자문을 구했다. 그
러자 그들이 형산왕에게 반란을 종용하였다.

형산왕의 왕후 승서가 죽자 비빈 서래가 왕후에 올랐다. 이때에 서래
와 궐희가 함께 왕의 총애를 받았는데 둘은 질투가 심했다. 궐희가 태
자에게 서래에 대한 비방을 하였다.

"서래는 저주를 퍼부어 사람을 죽게 하는 고도(蠱道)라는 요술을 계집 종에게 가르쳤습니다. 이로서 태자의 모친이 죽은 것입니다."

이에 태자가 서래를 증오하였다. 그러던 중 태자가 왕후에 오른 서래의 오빠와 술을 마시다가 실수로 칼을 찔러 다치게 하였다. 서래가 노하여 왕에게 태자를 험담하였다.

때마침 태자의 여동생 무채가 시집을 갔다가 이혼하고 돌아와 자신의 남자 종과 손님들과 간통하는 일이 알려졌다. 태자가 그걸 나무라자 무채는 화가 나서 왕과 태자와는 일절 왕래하지 않았다.

왕후 서래가 그걸 이용해 무채에게 잘해 주었다. 그러면서 무채에게 계획적으로 태자를 비방하였다. 그 말이 곧 왕의 귀에 들어갔다. 왕이 그 말을 믿고 태자에게 매질을 하였다.

얼마 후, 왕이 병이 났다. 그러나 태자는 핑계를 대고 왕의 시중을 들지 않았다. 이때 왕후 서래와 무채가 태자를 헐뜯기 시작했다.

"태자는 병이 났다고 말하지만 사실 얼굴에는 기뻐하는 기색뿐입니다."

왕이 크게 노하여 태자를 폐하고 둘째 아들 효를 세우려고 하였다. 하지만 왕후 서래는 둘째아들 효 역시 폐하려고 음모를 꾸몄다.

왕이 총애하는 여자 중에 춤을 잘 추는 시녀가 있었다. 서래는 이 시녀를 둘째아들 효와 가깝게 지내게 하여 음란한 죄를 범하게 하였다. 그리고 자신의 아들 광을 태자로 세우려 하였다.

태자가 이를 알고 왕후 서래의 입을 막고자 했다. 어느 날 왕후 서래와 술을 마시게 됐다. 태자는 축수를 올린다면서 갑자기 왕후의 깊은 곳을 만지며 동침하기를 청했다. 왕후가 이에 노하여 왕께 이 사실을 알렸다. 왕은 즉각 태자를 결박하고 매질하려 했다. 그러자 태자가 왕께 말했다.

"둘째 효는 왕의 시녀와 간통을 하고, 무채는 집안의 종과 간통을 했으니 왕께서는 부디 몸조리 잘하시기 바랍니다."

하고는 바로 나갔다. 왕이 멈추라 했으나 아무도 막을 자가 없었다. 이에 왕이 달려와 태자를 붙잡았다. 태자가 말을 듣지 않자 왕은 태자를 묶어 궁중에 가두었다.

이후 둘째아들 효가 왕의 총애를 받았다. 왕은 효의 재능이 기특하여 마침내 왕의 인(印)을 차게 하고 장군으로 삼았다. 또한 많은 재물을 주어 궁 밖에 살게 하고 많은 빈객을 맞이하도록 하였다.

이때 빈객으로 찾아오는 자들이 회남왕과 형산왕이 모반을 꾀하고 있다고 알려 주며 효에게도 참여할 것을 종용하였다. 사실 형산왕이 모반을 꾸미고 있다는 것은 군사들에게 전차와 화살과 활을 만들도록 명했기 때문이었다. 하지만 이것은 회남왕이 반란을 일으키면 형산왕 자신은 대항하려 한 것뿐이었다.

원삭 5년, 형산왕이 한나라에 들어가기 전에 회남 땅을 지나게 되었다. 이에 회남왕이 말했다.

"우리는 형제가 아니던가. 서로 힘을 합쳐 천하의 패권을 차지해 보세!"

형산왕은 그 말을 듣고 고민스러워 병을 핑계로 한나라에 입조하는 것을 미루었다. 황제는 그것을 허락하였다.

원삭 6년, 형산왕이 태자 상(爽)을 폐하고 둘째 효(孝)를 태자로 삼도록 해달라고 상소를 올렸다. 이 소식을 들은 태자 상은 곧바로 자신의 심복인 백영을 시켜 반박하는 상소를 올리도록 하였다.

"형산왕의 둘째 효는 전차와 무기를 만들어 지금 음모를 꾸미고 있습니다. 또한 이전에 형산왕의 시녀와 간통한 자라 행실이 좋지 않습니다."

백영이 장안에 도착해 미처 상소를 올리기도 전에 이전의 회남의 일로 관리에게 체포되어 옥에 갇히고 말았다. 형산왕이 그 소식을 듣고 행여 자신의 모반이 들킬까 두려워, 태자의 부도덕한 면을 일일이 고해바쳤다. 황제는 이 사건이 모반에 관련되었다고 여겨 패군(沛郡)에 명해 처리하도록 하였다.

원수(元狩) 원년, 패군의 관리들과 군사들이 모반에 참여한 자들을 잡기 위해 형산으로 출정하였다. 하지만 다들 도망하여, 둘째 효의 집에서 모반에 참여한 진희라는 자만 사로잡았다. 효는 혹시라도 진희가 모반을 꾀했던 일을 다 고해 바칠까 두려웠다. 결국 조금이라도 죄가 가벼워질 것이라 생각하여 자수하였다. 그러면서 모반에 참여한 구혁, 진희 등을 고발하였다.

사건을 맡은 정위가 이를 증거로 삼고 형산왕을 체포해 다스릴 것을 청하였다. 하지만 황제는 입장이 달랐다.

"그는 체포하지 마라!"

대신 중위 사마안과 대행령 이식을 보내 형산왕을 심문하게 하였다.

형산왕은 사실대로 전부 대답하였다. 그러자 심문한 관리들이 법대로 처리해야 한다며 참수를 건의하였다. 형산왕이 그 소식을 듣고 칼로 자결하고 말았다. 효는 자수하였기에 그 죄를 용서하려 하였으나, 아버지의 시녀와 간통한 일로 역시 참수되었다. 왕후 서래 역시 이전 왕후 승서를 고술(蠱術)로 죽였다고 판단되어 참수되었다. 태자 상은 불효에 연루되어 참수되었다. 이로써 형산왕과 모반에 참여한 자들의 일족은 모두 죽임을 당하였다. 황제는 형산국은 없애고 그곳을 형산군으로 두었다.

태사공은 말한다.

"『시경』에 이르기를, '융(戎)과 적(狄)은 정벌하고, 형(荊)과 서(舒)는 응징한다.'라고 한 말은 옳은 말이다. 회남왕과 형산왕은 형제간으로 영토가 사방 천 리에 이르렀다. 신하의 직무를 다해 황제를 보필하는데 힘쓰지 않고, 오히려 사악하고 부정한 뜻을 품어 마침내 반역을 도모하게 되니 결국 목숨을 잃고 나라마저 잃어 천하의 웃음거리가 되고 말았다. 이 얼마나 어리석은 일인가! 이것은 왕의 잘못만이 아니라 간사한 신하들에 물들어 그렇게 된 것이다. 무릇 회남과 형산 사람들은 용맹하고 사나워 난(亂)을 일으키기 좋아했다. 이는 예로부터 기록된 바이다."

法令所以導民也、刑罰所以禁姦也。〇文武

不備、良民懼然身修者、官未曾亂也。奉職循理、亦

可以為治、何必威嚴哉。

孫叔敖者、楚之處士也。虞丘相進之於楚莊王、以自

# 제59편

# 순리열전

代、三月為楚相、施教導民、上下和合、世俗盛

美、政緩禁止、吏無姦邪、盜賊不起。秋冬則勸民山

採、春夏以水、各得其所便、民皆樂其生。

莊王以為幣輕、更以小為大、百姓不便、皆去其業。

市令言之相曰、市亂、民莫安其處、次行不定。相曰

"순리(循吏)란 선량한 백성을 보호하고 간악한 자를 반드시 응징하는 관리, 즉 법 집행이 엄격하고 청렴한 관리를 말한다. 여기에서는 모두 다섯 명을 소개한다."

●

태사공은 말한다.

"법이란 백성을 올바르게 선도하기 위한 문(文)이고, 형벌이란 간악한 자를 처단하기 위한 무(武)이다. 법과 집행이 공정하지 않으면 백성들은 두려워 나라를 떠나고 만다. 하지만 순리가 관직에 오르면 법과 집행은 공정하기 마련이다. 관리가 자기 직분을 다하고 순리에 따른다면 그 정치는 바르다 하겠다. 어찌 위엄으로 백성을 설득하려고 하는가?"

## 손숙오

초(楚)나라 장왕(莊王) 무렵, 손숙오(孫叔敖)가 재상에 올랐다. 그가 정책을 펼치자 백성들이 따랐다. 위아래가 화합하니 풍속이 아름다워지고 정치가 필요 없었다. 나라 안에 금하는 것이 없었고, 관리 중에 간사한 자가 없었고, 백성 중에 도둑이 없었다. 봄과 여름에는 강가에서 물고기를 잡을 수 있었고, 가을과 겨울에는 사냥을 하고 나무를 벨 수 있었다. 백성들은 모두가 즐겁고 편안하게 살아갔다.

어느 날, 장왕은 시중에 유통되는 화폐가 너무 작고 가볍다고 생각하여 새로 크게 만들었다. 하지만 새로운 화폐는 너무 불편하여 백성들이 사용하지 않았다. 그렇다 보니 시장이 혼란스러워 거래가 뚝 끊겼다. 시장을 관리하는 시령(市令)이 이 상황을 재상 손숙오에게 보고하였다.

"새로운 화폐로 인해 시장이 혼란해졌습니다. 백성들은 장사가 되지 않아 걱정이 이만저만 아닙니다."

이에 손숙오가 물었다.

"그래, 언제부터 그렇게 됐소?"

시령이 대답했다.

"석 달쯤 됐습니다."

이에 손숙오가 말했다.

"알았소. 내가 곧 예전으로 회복시키도록 하겠소."

닷새 후, 손숙오는 조정에 나아가 이 일을 왕께 아뢰었다.

"지난번 화폐를 바꾼 이후로 시장이 혼란해지고 백성들은 편하지 못합니다. 장사를 계속할지 안 할지 모두들 고민이라고 합니다. 대왕께서는 이전으로 회복시켜 주십시오!"

장왕은 그 말이 일리가 있다고 여기고 그렇게 하라고 허락하였다. 손숙오가 왕의 교시를 나라 안에 공표하자 사흘 만에 시장은 예전의 활기를 띠었다.

초나라 백성들은 높이가 낮고 바퀴가 작은 비거(庳車)라는 수레를 좋아했다. 하지만 왕은 비거가 불편하다고 여겨 법령을 고쳐 수레의 높이를 높이도록 하였다. 그러자 재상 손숙오가 나서며 아뢰었다.

"법이 자주 바뀌면 백성들은 혼란스러워 어느 것을 따라야 할지 모릅니다. 왕께서 수레의 높이를 올리고 싶으시다면 먼저 백성들의 문지방을 높이도록 하십시오. 수레를 타는 사람은 모두 군자입니다. 군자는 자주 수레에서 내릴 수 없는 것입니다."

왕이 이 말을 듣고는 먼저 백성들의 문지방을 높이도록 허락하였다. 그리고 반년이 지나자 백성들은 스스로 수레의 높이를 올렸다. 이는 가르치지 않아도 백성들이 스스로 감화되어 따른 것이다. 가까운 곳에 있는 자는 이것을 보고 본받고, 먼 곳에 있는 자는 이것을 듣고 본받았다.

손숙오는 세 차례나 재상에 올랐다. 자리에 오를 때는 자신의 재능이라 기뻐하지 않았고, 물러설 때는 자신의 허물이 아니라 서운해하지 않았다.


## 자산

정(鄭)나라 소군(昭君) 무렵, 서지(徐摯)가 재상에 올랐다. 하지만 그의 정책은 나라를 혼란하게 만들었다. 윗사람과 아랫사람이 싸우고, 아버지와 아들이 사이가 안 좋았다. 대궁자기(大宮子期)라는 신하가 백성들의 이러한 상황을 보고하자 소군은 대부(大夫)인 자산(子産)을 재상에 임명했다.

자산이 재상에 오른 첫 해에 소인배들의 경박한 놀이가 없어지고, 노인들은 무거운 짐을 나르지 않아도 되었고, 어린아이들은 밭을 갈지 않아도 되었다. 이듬해에는 시장마다 물건 가격이 크게 다르지 않았다. 삼 년이 되자 밤에 문을 잠그는 일이 없어졌고, 길에 떨어진 물건을 줍는 이가 없었다. 사 년이 되자 밭갈이하는 농기구를 집으로 가지고 돌아가지 않아도 되었다. 오 년이 지나자 병사들의 기록부인 척적(尺籍)이 쓸모없게 되었고, 국상(國喪)을 당하면 명령을 내리지 않아도 알아서 지켜졌다.

자산은 26년 동안 정나라의 재상으로 있다가 세상을 떠났다. 그의 사망 소식에 백성들 모두가 슬피 울었다.

"자산이 우리를 버리고 갔구나! 이제 이 백성들은 장차 누구를 따른단 말인가?"


## 공의휴

공의휴(公儀休)가 노(魯)나라 재상에 올랐다. 그는 법을 준수하고 바른 도리에 따르는 자였다. 그래서 함부로 법령을 바꾸는 일이 없었다. 모든 관리들이 이를 본받아 스스로 바른 길로 나아갔다. 나라의 봉록을 받는 자는 일반 백성들과 이익을 다투지 못하게 하였고, 높은 봉록을 받는 자는 사소한 이익을 탐하지 못하게 하였다.

한번은 어떤 손님이 공의휴에게 생선을 선물하였다. 공의휴가 그걸 받지 않았다. 그러자 손님이 물었다.

"재상께서 생선을 좋아하신다고 하여 귀한 선물을 보냈는데, 어찌 안 받으시는 겁니까?"

재상 공의휴가 대답하였다.

"내가 생선을 좋아하기 때문에 받지 않았소. 나는 지금 재상의 자리에 있기 때문에 충분히 생선을 살 수 있는 형편이오. 그런데 그대가 주는 생선을 받고 자리에서 쫓겨난다면 누가 내게 생선을 보내 주겠소? 그래서 받지 않은 것이오."

어느 날 재상이 자기 밭의 채소를 먹어 보니 맛이 좋았다. 당장에 하인들을 시켜 밭을 갈아엎으라 하였다. 또 자기 집에서 부인이 짜는 베를 보자 상품이 아주 좋았다. 공의휴가 짠 베를 모두 가져오라 하여 불에 태워 버렸다. 부인에게 다시는 베 짜는 일을 못 하게 하였다. 그리고 한탄하며 말했다.

"내가 이렇게 하지 않으면, 저 가난한 농부와 베 짜는 여인네들은 어디서 그들의 물건을 판단 말인가?"


## 석사

석사(石奢)는 초(楚)나라 소왕(昭王) 때의 재상이다. 성품이 곧고 정직하여 권세를 두려워하거나 책임을 회피하는 일이 없었다.

어느 날 재상 석사가 지방 고을을 순찰하다가 살인 사건 하나를 보고받았다. 며칠 후 그 사건의 범인을 잡고 보니 바로 자신의 아버지였다. 재상은 재빨리 아버지를 달아나게 하고 자진해서 스스로 옥에 갇혔다. 그리고 사람을 시켜 왕께 아뢰었다.

"소신의 아버지가 지방 고을 살인 사건의 범인입니다. 법에 의거해 아버지를 처형하는 것은 불효에 해당되고, 법을 무시하고 아버지를 풀어주는 것은 불충에 해당됩니다. 하오니 소신의 죄는 죽어 마땅합니다!”

왕이 말했다.

“옥졸들이 범인을 뒤쫓아 갔지만 잡지 못한 것이니 그대가 벌을 받는 것은 옳지 않소. 그대는 재상의 일에 힘쓰시오!”

이에 석사가 말했다.

“자기 아버지에게 사사로운 정을 두지 못하는 자는 효자가 아니고, 왕의 법을 충실히 받들지 못하는 자는 충신이 아닙니다. 왕께서 저의 죄를 용서하시는 것은 큰 은혜로서 성은이 망극할 따름입니다. 그러나 신하가 벌을 받아 죽어야 할 일이라면 지키는 것이 도리입니다.”

하고는 왕의 명령을 듣지 않고 칼로 목을 찔러 자결하고 말았다.


## 이리

이리(李離)는 진(晉)나라 문공(文公) 때 형벌을 담당하는 사법관이었다. 하루는 판결을 잘못 알아듣고 무고한 사람을 죽이고 말았다. 이에 스스로 옥에 갇혀 처형을 바라고 있었다. 그러자 문공이 말했다.

“벼슬에는 높고 낮음이 있고, 형벌에는 가볍고 무거운 것이 있소. 부하의 과오로 생긴 일이지 그대의 죄는 아니지 않소.”

이리가 대답하였다.

“저는 담당 부서의 책임자로 지금까지 하급 관리에게 자리를 양보한 적이 없습니다. 또 봉록을 받아서 하급 관리들에게 나누어 준 적도 없습니다. 그런데 지금처럼 판결을 잘못 알아듣고 무고한 사람을 죽여 놓고, 그 죄를 하급 관리에게 떠넘겨도 된다는 말은 전혀 들어본 적이 없습니다."

이에 문공이 말했다.

"그대가 스스로 죄가 있다고 하는데, 그렇다면 과인에게도 죄가 있는 것이오?"

이리가 대답하였다.

"사법관에게는 지켜야 할 법이 있습니다. 형벌을 잘못 판결하면 자신이 형벌을 받아야 하고, 사형을 오판하면 자신이 죽어야 합니다. 왕께서 저를 사법관에 임명하신 것은 사람의 숨겨진 부분까지 가려내어 판결할 수 있을 것이라 여겼기 때문입니다. 그러나 지금 잘못 알아듣고 사람을 죽였으니 그 죄는 죽어 마땅합니다."

이리는 결국 문공의 말을 듣지 않고 칼로 자결하고 말았다.


태사공은 말한다.

"손숙오는 한 마디의 말로써 혼란한 시장을 예전처럼 회복시켰다. 그가 병들어 죽자 정나라 백성들은 모두가 통곡하고 말았다. 공의휴는 부인이 좋은 베를 짜는 것을 알고는 다시는 베틀을 만지지 못하게 하였다. 석사는 아버지를 풀어 주고 자살함으로 왕의 명분을 세워 주었다. 이리는 판결을 잘못 알아듣고 다른 사람을 죽이니 스스로 자결함으로 국법의 권위를 세웠다."

卷一百二十。

汲黯鄭當時列傳

제60편

금암, 정당시 열전

汲黯字長孺、濮陽人也。其先有寵於古之衛君、至黯七世、世為卿大夫。黯以父任、孝景時為太子洗馬、以莊見憚。孝景帝崩、太子即位、黯為謁者。東越相攻、上使黯往視之。不至、至吳而還、報曰、越人相攻、足以辱天子使。河內失火、延燒千餘家、上使黯往視之。還報曰、家人失火、屋比延燒、不足憂也。臣過河南、河南貧人傷水旱萬餘家、或父子相食。臣謹以便宜、持節発河南倉粟以振貧民。臣請歸節、伏矯制之罪。上賢而釈之、遷為滎陽

"급암은 황제에게 거침없이 충언을 하는 자였다. 죽음을 두려워하지 않았다. 정당시는 청렴하고 행동이 깨끗한 자였다. 죽은 후 그의 집에는 아무런 재물이 없었다."

●

## 급암

급암(汲黯)은 위(衛)나라 복양(濮陽) 사람이다. 한나라 경제(景帝) 때 부친의 추천으로 태자의 말을 돌보는 세마(洗馬)가 되었다. 이후 태자가 황제에 오르자 왕명을 전달하는 알자(謁者)로 일했다.

동월(東越)에 있는 여러 부족들이 서로 싸운다는 소식을 들은 무제는 급암을 파견해 실태를 조사토록 했다. 하지만 급암은 동월에 가지 않고 오나라까지만 갔다가 돌아왔다. 그리고 황제께 보고했다.

"동월의 부족들이 서로 싸우는 것은 그들의 오랜 습성입니다. 황제의 사신이 미개한 그들을 살펴보고 온다는 것은 치욕스러운 일이라 도중에 돌아왔습니다."

어느 날 하내(河內) 지역에 화재가 발생해 1천 가옥이 불에 탔다. 무제가 급암을 불러 황제의 사신을 뜻하는 부절(符節)을 주고는 현지 상황을 조사하여 보고토록 하였다. 얼마 후 급암이 돌아와 보고하였다.

"하내의 화재는 한 서민의 실수로 불이 난 것입니다. 집들이 촘촘히 서로 붙어 있어 화재가 커졌습니다. 그러나 그다지 우려할 만한 것은 못 되옵니다. 그런데 소신이 하남(河南)을 지나오다가 수해와 한해로 만여 가구의 백성들이 굶주리고 있는 것을 보았습니다. 그들은 심지어 부자간에도 먹을 것을 가지고 싸우고 있었습니다. 그래서 소신이 그들을 구제할 방편을 생각하다가, 황제의 부절을 보여 주면서 하남 곡창의 양식을 방출해 그곳 백성들에게 나누어 주었습니다. 부적절하게 칙령을 변조하여 일을 하였으니, 소신 죄를 달게 받겠습니다."

무제는 급암이 죄를 짓기는 했지만 현명한 처리를 했다고 여겨 용서하였다. 대신 형양(滎陽)의 현령으로 전출시켰다. 급암은 현령직을 수치스럽게 여겨 병을 핑계로 사직하고 고향으로 돌아갔다. 무제가 이를 알고서 그를 다시 불러 중대부(中大夫)로 임명했다.

하지만 황제에게 자주 직언을 하는 바람에 조정에 오래 머물지 못하고 멀리 동해의 태수로 전출되었다. 동해에 내려와서 급암은 노자의 자연사상을 배우며 청렴하고 단아한 생활을 즐겼다.

급암은 몸이 약해 자주 아팠다. 내실에 누워 있을 때가 많았다. 그런데 신기하게도 누구보다 동해를 잘 다스렸다. 관리들 중에서 책임자를 뽑아 승(丞)으로 삼고, 일을 감독하는 자를 뽑아 사(史)로 삼으니 정책과 시행이 어렵지 않았다. 급암은 큰일에 대해서만 따져 묻고 작은 일은 아랫사람들에게 맡기니 일 처리가 까다롭지 않았다.

무제가 이 소식을 듣고 기뻐하여 급암을 불러 주작도위(主爵都尉)에 임명하였다. 이로서 구경(九卿)의 대열에 올라서게 되었다.

급암은 업무 처리에 있어 언제나 무위(無爲)를 추구하였다. 일이란 큰 원칙을 정해 놓으면 법령이나 조칙에 전혀 구애받을 필요가 없었다. 하지만 급암은 거만하고 직선적이라 사람을 앞에 두고 틀린 것은 틀렸다고 바로 말하는 성격이었다. 남의 허물을 결코 용서할 줄 몰랐다. 자신과 뜻이 맞는 사람은 우대하였지만 그렇지 않은 사람은 마주보는 것조차 싫어했다. 이 때문에 사람들이 잘 따르지 않았다. 그러나 학문을 좋아하고 의협심과 지조가 있어 자신의 행동은 언제나 결백하고 당당했다.

직언을 잘하기 때문에 황제와 대신들을 가끔 당황하게 만들기도 했다. 평소 부백(傅柏)과 원앙(袁盎)의 인간미를 흠모하였고 관부(灌夫), 정당시(鄭當時), 유기(劉棄)와는 사이가 좋았다. 자주 직언하는 바람에 직위에 오래 머물러 있지는 못했다.

그 당시에 태후의 동생인 전분(田蚡)이 승상으로 있었다. 전분은 2천 석의 고위관료가 찾아와도 예의를 갖추지 않는 사람이었다. 급암은 그런 승상을 만날 때면 배례하지 않았고 가볍게 고개만 숙이는 읍(揖)만 할 뿐이었다.

하루는 무제가 대신들을 위해 연회를 베풀며 자유롭게 의견을 나누고 있었다. 도중에 급암이 나아가 아뢰었다.

"폐하께서는 인의(仁義)로 백성을 다스리고자 하지만 욕심이 끝이 없으십니다. 그렇게 해서야 어떻게 요와 순의 정치를 본받을 수 있겠습니까!"

무제는 그 말에 화가 나서 낯빛이 바뀌었다. 그 순간 모든 대신들은 당장에라도 급암의 목이 달아날까 걱정되었다.

잠시 후 무제가 신하들에게 물었다.

"급암은 너무 우직해서 탈이야!"

그 말에 신하들이 잇달아 급암을 책망하기 시작했다. 그러자 급암이 대답했다.

"폐하께서 삼공(三公)과 구경(九卿)의 신하를 두신 까닭은 정치를 바르게 하기 위해서입니다. 그런데 보좌하는 신하가 아첨하기만 하여 폐하를 불의한 곳에 빠지게 하고 있습니다. 신하란 자기 한 몸을 희생하더라도 맡은 직분을 다해야 하는 것이 도리인데, 어찌 천자를 욕되게 한단 말입니까?"

한번은 급암이 몸이 아파 석 달을 누워 있었다. 무제는 급암을 면직 처리하지 않고 오히려 사람을 보내 위로하였다. 하지만 병은 쉽게 낫지 않았다. 이때 장조(莊助)라는 자가 무제에게 아뢰었다.

"급암에게 휴가를 더 내려 주시기를 간청드립니다."

이에 무제가 물었다.

"그대가 생각할 때 급암은 어떤 자인가?"

장조가 대답하였다.

"급암은 어떤 벼슬을 얻더라도 남보다 뛰어날 것이 없는 자입니다. 그러나 나이 어린 군주를 보필할 경우에는 선왕의 위업을 훌륭히 지킬 자입니다. 누가 유혹해도 흔들리지 않고, 누가 배척해도 떠나지 않을 자입니다. 소의 뿔을 단숨에 뽑았던 제나라의 맹분(孟賁)이나, 위나라의 힘센 장사인 하육(夏育)이라도 급암의 마음을 결코 뺏을 수 없을 것입니다."

무제가 말했다.

"옛날에 사직을 지키는 신하는 따로 있다고 했는데, 급암이 그와 같은 자로구나."

그 무렵 대장군 위청의 명성이 대단했다. 하지만 무제는 위청이 문안 인사를 올 때면 침대에 걸터앉아 그를 대했다. 승상 공손홍이 문안 인사 오면 무제는 관도 쓰지 않고 맞았다. 하지만 급암이 찾아왔다고 하면 무제는 반드시 단정히 예복과 관을 갖추고 맞이했다.

어느 날, 무제가 머무는 무장(武帳) 안에 급암이 찾아왔다. 업무를 보고하기 위해서였다. 이때 무제는 관을 쓰지 않고 있었다. 급히 장막 뒤로 숨어서 측근을 시켜 급암의 일을 허가하도록 했다. 황제는 급암의 강직함을 알아 이처럼 예우하였던 것이다.

한번은 장탕(張湯)이 법률을 개정한 공로로 정위(廷尉)에 임명되었을 때였다. 이에 대해 급암이 장탕을 크게 꾸짖었다.

"그대는 공경의 자리에 올랐지만 선제의 업적에 공헌하지도 않았고 나라를 평안히 하거나 백성들을 풍요롭게 하지도 못했소. 즉 신하로서 제대로 이룬 것이 하나도 없는 셈이오. 그런데 형법을 고쳐 백성들에게 가혹한 고통을 안겨 주는 일로 정위에 임명되었으니 참으로 어처구니가 없구려. 어찌하여 고조 황제께서 만든 규약과 법령을 어지럽게 바꾸고도 벼슬이 높을 수 있단 말이오? 언젠가 그대는 이 일로 인해 멸족을 당할 것이니 분명히 기억하시오."

이전에도 급암은 장탕과 변론을 하며 자주 다투었다. 급암은 강직하고 원칙을 고수하는 반면에, 장탕은 법률에 대한 지식이 깊고 말재간이 뛰어났다. 도무지 급암이 장탕을 이길 수가 없었다. 하루는 급암이 너무 화가 나서 장탕에게 이렇게 말했다.

"세상 사람들이 아전 출신에게는 높은 지위를 주어선 안 된다고 하던데, 과연 그 말이 맞구나. 이는 장탕 너를 두고 하는 말이다. 네가 득세하면 천하 백성들이 두려워 서로 곁눈질만 할 것이다."

이 무렵 한나라는 흉노를 정벌하고, 사방 오랑캐를 평정하는 중이었다. 급암은 기회가 될 때마다 무제에게 전쟁보다 화친을 주장하였다. 무제는 마침 유가사상에 빠져 유학자인 공손홍을 재상으로 임명하였다. 또한 나라가 커지고 일이 많아지자 백성들과 관리들이 교묘히 법망을 빠져나가는 경우가 많았다. 그래서 무제는 장탕에게 법령을 개정토록 하였다. 장탕이 새로운 법령을 만들어 오자, 무제는 기뻐하며 장탕을 총애하였다.

급암은 노장 사상을 즐겨 하여 평소 유학을 깎아내렸는데, 공손홍이 재상에 오르자 크게 비난하였다.

"사악한 마음을 품은 자가 머리나 굴리면서 황제에게 아부하여 환심을 얻으려 한다."

또 장탕에 대해서도 비난하였다.

"장탕은 법률을 끌어다가 사람을 곤경에 빠뜨리는 참으로 나쁜 자이다."

그러나 날이 갈수록 무제는 공손홍과 장탕을 신뢰하였다. 이 기회에 공손홍과 장탕은 어떤 빌미를 만들어 급암을 없애려 하였다.

재상 공손홍이 무제에게 아뢰었다.

"우내사(右內史) 지역에는 황족과 귀족들이 많이 살고 있어 일반 관료들이 통제하기가 무척 어렵습니다. 이름 있는 중신이 아니고서는 이 일을 맡길 수가 없습니다. 청컨대 급암을 우내사로 임명하시는 것이 좋은 줄 아뢰옵니다."

무제가 이에 동의하여 급암을 우내사로 옮겨가게 하였다. 급암이 부임하자 우내사 관청에는 몇 년이 지나도록 아무런 문제가 없었다.

대장군 위청의 누나가 황후가 되자 위청의 권세가 하늘을 찌를 듯했다. 모든 신하들이 위청을 우러러보게 되었다. 그런데 급암만은 이전과 같이 대등한 예로서 위청을 대했다. 그러자 어떤 자가 급암에게 충고하였다.

"황제께서는 모든 신하들이 대장군 위청을 떠받들기를 바라고 계십니다. 지금 대장군의 신분이 더욱 고귀해졌으니 이젠 그대도 대장군께 절을 해야 할 것이 아니겠소?"

그러자 급암이 반문하며 말했다.

"대장군에게 읍만 하는 상대가 있다고 하면, 오히려 사람들이 대장군을 더 존중하게 되는 것이 아니겠는가?"

대장군 위청이 이 말을 듣고는 급암을 현명하게 여겨 귀하게 대우하였다. 이후 나라의 어려운 일이 생길 때마다 위청은 급암에게 자문을 구하였다.

회남왕(淮南王)이 반란을 일으키려 할 때 측근들에게 이렇게 말했다.

"급암은 직언하기 좋아하고 절개를 지켜 의에 죽는 인물이다. 옳지 못한 일로써 그를 설득시키기는 지극히 어렵다. 반면에 승상 공손홍을 설득하는 것은 시든 나뭇잎을 흔들어 떨어뜨리는 것처럼 쉬운 일이다."

급암이 구경(九卿)의 서열에 올랐을 때 공손홍과 장탕은 하급관리였다. 그러나 나중에는 동등한 지위가 되었다. 이후 공손홍은 승상에 오르고 제후에 봉해졌다. 장탕은 어사대부에 올랐다. 예전에 급암 아래서 승(丞)과 사(史)로 일했던 자들조차 승진하여 같은 지위거나 더 높았다. 급암이 벼슬에 대해 조금이라도 아쉬움이 없는 것이 아니어서 황제를 뵙고 말하였다.

"폐하께서는 장작을 쌓듯이 신하를 등용하십니다. 나중에 들어온 자들은 언제나 윗자리에 올라 있습니다."

무제는 말이 없었다. 그러나 급암이 물러가자 신하들에게 말했다.

"급암은 말이 갈수록 심해지는구나. 그래서 사람은 유학을 배워야 하는 것이다."

얼마 후, 흉노의 혼야왕(渾邪王)이 무리를 이끌고 한나라에 항복해 왔다. 그때 한나라에서는 혼야왕을 맞이하기 위해 2만 대의 수레를 징발해야 했다. 수레도 수레지만 군영 내에 말이 부족하여 백성들에게 말을 빌려야 할 처지였다. 이 소문을 듣고 백성들이 말을 내놓지 않으려고 모두가 말을 숨겼다. 결국 2만 대의 수레를 동원하는 일이 차질을 빚고 말았다.

이 상황을 보고받자 무제는 진노하여 일을 맡은 장안(長安) 현령을 참수하려 했다. 이에 급암이 나서서 말했다.

"장안 현령은 죄가 없습니다. 차라리 저의 목을 베시면 백성들이 모두 숨긴 말을 내놓을 겁니다. 항복한 흉노족 무리를 맞이하는데 어째서 천하를 소란스럽게 하고 백성을 피폐하게 만들면서까지 해야 한단 말입니까?"

무제는 아무 대답도 하지 못했다.

혼야왕 일행이 장안에 도착하자 많은 상인들이 귀순한 흉노와 몰래 거래를 하게 되었다. 그런데 무슨 이유인지 5백 명이나 되는 상인들이 사형을 당하고 말았다. 급암은 급히 황제에게 달려가 아뢰었다.

"흉노가 화친을 파기하고 우리 북방 경계를 공격하자 우리 또한 군사를 일으켜 흉노를 막아 무찔렀습니다. 그러다 보니 양측 사상자가 엄청나게 많았고, 소모된 비용 또한 셀 수 없을 정도입니다. 폐하께서는 오랑캐를 사로잡을 경우에 모두 전사자의 가족에게 노비로 주실 것이고, 노획한 재물 또한 그들에게 하사하여 슬픔과 고통을 위로하고 어루만져 주실 것이라 소신은 생각했습니다.

그런데 그것이 아니고 혼야왕이 수만 명의 무리를 이끌고 항복해 오자 도리어 국고를 털어 그들에게 상을 내리셨습니다. 더구나 선량한 백성들의 재물을 강탈하여 그들을 맞이하였으니 비유하자면 망나니를 봉양하는 것과 별반 다르지 않습니다. 지금 어리석은 백성들이 장안에서 오랑캐 물건을 샀다고 하여, 그것이 어찌 변경에서 몰래 빼돌린 물건과 같은 것이겠습니까? 사상자 가족들에게 그 흉노의 물건을 나누어 주면서 위로하지는 못하실망정, 도리어 애매모호한 법률로 흉노의 물건을 거래한 무지한 백성 5백 명을 참수하셨습니다. 이는 이른바 잎을 보호하기 위해 가지를 상하게 하는 것과 같습니다. 이러한 것은 폐하께서 취하실 일이 아닌 줄로 아뢰옵니다."

무제가 그 말을 듣고는 귀찮은 듯이 말했다.

"내 한동안 그대 말을 듣지 않아 맘이 편했는데, 또다시 내게 망령된 말을 하는구나."

몇 달 후, 급암은 하찮은 법률에 저촉되어 직위에서 파면되었다. 시골 고향에 내려가 은둔하며 지냈다.

그 무렵 시장에는 가짜 돈이 활개를 쳤다. 조정에서 이를 막기 위해 오수전(五銖錢) 화폐를 다시 주조하게 되었다. 하지만 얼마 지나지 않아 가짜 돈이 다시 유통되었다. 특히 옛 초나라 지역에서 유독 심했다.

무제는 이 문제를 처리하기 위해 급히 급암을 찾았다. 그리고 그를 회양군의 태수로 임명하였다. 회양군은 장안에서 옛 초나라로 들어가는 길목이었다. 하지만 급암은 황제의 명을 거절하였다. 다시 황제의 조서가 내린 후에야 명을 따랐다.

급암은 무제에게 신임 인사를 올릴 때 울먹이며 말했다.

"다시는 폐하를 못 뵐 줄 알았습니다. 폐하께서 소신을 다시 등용하실 줄 꿈에도 몰랐습니다. 소신은 지병이 잦아 일개 군을 맡을 능력이 없사옵니다. 바라옵건대 중랑(中郞)이 되어 궁궐을 출입하면서 폐하의 잘못된 부분을 바르게 하고 부족한 부분을 보충하도록 해 주시옵소서. 이것이 소신의 소원입니다."

무제가 말했다.

"그대는 회양 태수 직위가 맘에 들지 않는다는 말인가? 내가 그대를 부른 이유는 지금 회양에 가짜 돈이 판치고 있으니 그대가 가서 올바르게 다스려 주길 바라서요."

급암이 하직 인사를 하고 회양으로 출발했다. 도중에 대행(大行) 이식(李息)을 만나 이야기를 나누었다.

"나는 이제 회양군으로 나가게 되어 더는 조정회의에 참여할 수가 없소. 한 가지 걱정이라면 어사대부 장탕이요. 그는 간사한 말로 충언을 가로막고, 속이는 말로 비리를 숨기는 자요. 황제가 하고자 하는 일이면 간사한 말로 아부하고, 황제가 원치 않는 일이면 음모를 꾸며서 비난하는 자요. 조정 안에서는 마음대로 법률을 개정해 황제를 농간하고, 밖에서는 사나운 자들을 끌고 다니며 위세를 부리는 자요. 장군께서는 지금 구경의 대열에 오르셨으니 이 일을 반드시 황제께 상소하셔야 합니다. 만약 그렇지 않는다면 이후에 장탕과 함께 분명 징계를 받을 것이오."

하지만 이식은 장탕이 두려워 끝내 황제에게 이 말을 아뢰지 못했다. 후일에 장탕이 실각하였다. 무제는 나중에 급암과 이식이 나눈 대화를 보고받고, 이식 또한 처벌하였다.

급암이 회양군을 다스리자 백성들과 관리들이 빨리 안정을 되찾았다. 무제는 급암에게는 봉록을 하사하면서 계속 회양 태수를 맡도록 하였다.

7년 후, 급암은 세상을 떠났다. 무제는 그의 공로를 인정하여 동생인 급인(汲仁)과 아들 급언(汲偃)에게 관직을 하사하였다. 이후 위(衛)나라 복양 출신 중에 관료가 된 자가 많았다. 하지만 급암의 명성을 뛰어넘는 자는 아무도 없었다.


## 정당시


정당시(鄭當時)는 진(陳)현 출신이다. 그의 부친 정군(鄭君)은 본래 항우의 부하 장수였다. 그러나 항우가 죽자 한나라로 귀순했다. 어느 날 한나라 유방은 항우의 신하였던 자들을 모두 불러 모았다. 항우를 멸시하고자 그들에게 항우의 이름을 함부로 부르게 하였다. 그때 항우를 욕되게 부른 자들은 모두 대부에 올랐다. 하지만 정군은 차마 항우의 이름을 부를 수 없었다. 결국 쫓겨나고 말았다. 정군은 문제 때 죽었다.

정당시는 약한 자를 돕는 협객으로 활동하였다. 재난에 처한 장우(張

㉗ 장군을 구해 주어 초나라와 양나라에 그 이름이 알려졌다. 경제 때 태자 밑에서 일했다. 일은 닷새마다 하루 쉬었다. 쉬는 날이면 정당시는 옛 친구와 손님을 청해서 밤새 토론을 즐겼다. 노자의 학설을 좋아하였고 덕망 있는 자를 만나기를 고대하였다.

나이는 젊고 벼슬은 낮았지만, 그가 알고 지내는 이들은 대부분 할아버지 연배였다. 그들은 이전에 천하의 명사들이었다.

후에 정당시가 태사령에 임명되자 문하생들에게 다음과 같은 주의를 주었다.

"손님이 찾아오면 귀천을 가리지 말고 결코 문간에 세워 두는 일이 없도록 하라."

정당시는 봉록이나 하사품을 받으면 반드시 어려운 빈객들에게 나누어 주었다. 또한 조회 때면 황제에게 자신이 만난 훌륭한 자들을 추천하였다. 그는 사람을 만나면 언제나 상대의 좋은 점만을 말하였다. 부하들을 만날 때에도 혹시라도 맘 상하는 말을 할까 조심하였다. 좋은 자를 만나면 즉시 황제에게 알렸다. 이러한 일로 인해 산동 지역의 많은 선비들이 정당시를 칭송하였다.

황하가 범람하여 홍수가 크게 나자 황제는 정당시에게 파견을 명했다. 그러자 정당시는 닷새의 휴가를 청했다. 무제가 물었다.

"식량을 가져갈 것도 아닌데, 어찌하여 닷새 동안 준비 기간이 필요한 것인가?"

정당시는 언제나 황제의 말이면 바로 따랐기 때문에, 곧바로 수해 지역으로 떠났다.

그 무렵 한나라가 흉노를 무찌르고 사방 오랑캐를 회유하느라 재정

상황이 아주 안 좋았다. 그때 정당시가 어떤 지인이 하는 일에 보증을 섰는데, 그는 체납된 세금이 아주 많았다. 그 빚을 정당시가 다 끌어안게 될 처지였다.

회양 태수 사마안(史馬安)이 세금 체납으로 정당시를 고발하였다. 정당시는 형벌을 받아야 할 처지였으나 속죄금을 내고 평민이 되었다. 얼마 후에 다시 벼슬을 얻었고, 나이가 든 후에는 여남군 태수로 있다가 몇해 후에 죽었다.

정당시와 급암은 청렴하고 결백한 자들이다. 이 둘은 도중에 파면되어 집안이 가난해졌다. 그때는 찾아오던 빈객들마저 다 떠났다. 군의 태수를 역임하였으나 죽은 후에 남긴 재산은 하나도 없었다. 하지만 정당시의 후손 중에 2천석 이상의 벼슬을 지낸 자가 7명이나 나왔다.


태사공은 말한다.

"급암(汲黯)이나 정당시(鄭當時) 같은 현명한 사람도 권세가 있을 때에는 빈객이 열 배로 늘었다가 권세를 잃으니 모두 떠나갔다. 하물며 보통 사람이야 어떠하겠는가? 하규(下邽)현에 사는 적공(翟公)이라는 자는 처음 정위(廷尉)가 되었을 때 빈객들이 집안 가득 들어찼다. 그러나 벼슬에서 물러나자 대문 밖은 참새 잡는 그물을 쳐도 될 정도였다. 그러다가 다시 정위가 되자 빈객들이 다시 찾아왔다. 이에 적공이 대문에다 글을 크게 써 붙였다.

'두 친구 중에 한 명은 죽고 한 명은 살아 있으면, 비로소 살아 있는 자가 우정에 대해 알게 된다. 한 번 망해 보고 한 번 성공해 보면 나를 대하는 친구의 태도를 알게 된다. 한 명은 출세하고 한 명은 천해지면

비로소 우정의 진심을 알게 된다.'

　아, 슬픈 일이도다! 급암과 정당시 또한 이와 같았으니 말이다."

儒林列傳。

哀公容曰。余読功令。至於広厲學官之路。未嘗不廃書而歎也。曰。嗟乎。夫周室衰而関雎作、幽厲微而禮樂壞、諸侯恣行、政由彊國。故孔子閔王路廃而邪道興、於是論次詩書、修起禮樂。適齊聞韶、三月不知肉味。自衛返魯、然後樂正、雅頌各得其所。世以混濁莫能用、是以仲尼幹七十餘君無所遇、曰苟有用我者、期月而已矣。西狩獲麟、曰吾道窮矣。故因史記作春秋、以當王法、其辭微而指博、後世學者多錄焉。自孔子卒後、七十子之徒散遊

# 제61편

# 유림열전

> "유림(儒林)이란 작은 의미로는 유학(儒學)을 공부하여 유교적 신념을 지닌 사람들을 말한다. 큰 의미로는 공자를 숭상하고 유교의 이념을 따르는 사람들을 말한다."

●

한번은 공자가 제나라에서 순임금의 음악인 소(韶)를 듣고는 마음이 지극히 기뻐 석 달 동안 고기 맛을 잊고 지냈다. 이에 노나라로 돌아온 후에 음악을 재정비하니 아(雅)와 송(頌)이 원래 자리로 돌아왔다. 하지만 그때는 천하가 혼탁하여 이 음악이 쓰일 곳이 없었다. 공자가 직접 여러 나라의 왕과 제후들을 찾아다니며 설득하였으나 아무도 받아 주는 이가 없었다. 그 일에 관해 공자는 이렇게 아쉬움을 표현했다.

"만약 어느 왕이고 나를 등용해 주었다면, 예악을 바로잡는 일은 일 년이면 될 일이었다."

그 무렵 노나라는 국정이 혼란스러웠다. 그런데 노나라 애공 11년에 기린(麒麟)을 잡았다는 소문이 널리 퍼졌다. 기린은 태평성대 시절에 나타나는 상상의 동물이 아니던가? 공자는 이 소식을 듣고 한탄하며 말했다.

"이제 내가 가르치는 일은 소용없게 되었다!"

이후 공자는 노나라 사관의 기록을 바탕으로 『춘추』를 지어 왕의 법도로 삼도록 하였다. 『춘추』는 말이 치밀하고 뜻이 깊어 후세 학자들이 대부분 이를 본받아 역사를 기록하였다.

공자가 죽은 후, 70명의 제자들은 각국으로 흩어졌다. 그중 왕과 제후들에게 유세하여 높게 된 자는 사부(師傅)나 경상(卿相)이 되었고, 낮은 자들은 사대부를 가르치는 스승이 되었다. 어떤 제자는 숨어 살며 세상에 나오지 않았다.

자로(子路)는 위(衛)나라에서, 자장(子張)은 진(陳)나라에서, 담대자우(澹臺子羽)는 초(楚)나라에서, 자하(子夏)는 서하(西河)에서 자리를 잡았고, 자공(子貢)은 제나라에서 일생을 보냈다. 자하에게 학문을 전수받은 전자방(田子方), 단간목(段干木), 오기(吳起), 금활희(禽滑釐) 등은 모두 왕의 스승으로 활약하였다.

이 당시 위(魏)나라 문후(文侯)만이 유학을 좋아하는 왕이었다. 그 뒤로는 진시황에 이르기까지 점차 쇠퇴하였다. 전국시대에는 전쟁으로 인해 유학이 배척당하였으나, 제나라와 노나라에는 유학을 숭상하는 학자들이 많았다. 제나라 위왕(威王)과 선왕(宣王) 때에는 맹자와 순자가 공자의 유업을 이어 널리 학문을 알렸다.

하지만 진나라 말기에 시와 서를 불태우는 분서갱유(焚書坑儒)로 인해 많은 유학자들이 생매장되었다. 이로써 육예(六藝)가 없어졌다. 그 뒤 진섭(陳涉)이 봉기하여 왕에 오르자 노나라의 유생들이 공자를 받드는 예기(禮器)를 가지고 와 귀순하였다. 이때 유학자 공갑(孔甲)은 박사로 임명되어 일생을 진섭과 함께 마쳤다.

필부의 몸으로 반란을 일으켜 왕이 된 진섭은 반년도 못 되어 멸망하였다. 그는 보잘것없는 인물이었다. 그런데 유생들이 그를 찾아가 귀순한 까닭은 무엇이겠는가? 그건 책을 불태운 진시황의 만행에 울분을 참고 있다가 진섭에게서 풀려고 했던 것이다.

한나라 고조 유방이 항우를 무찌르고 군사를 일으켜 노나라를 포위하였다. 그런 상황에서도 노나라의 유생들은 경서를 강론하고, 예악을 익혔으니 어찌 유학을 즐긴 나라가 아니겠는가? 대체로 제나라와 노나라 사람들이 학문에 힘쓰는 것은 예부터 타고난 본성이라고 할 수 있다.

공자는 진(陳)나라에 머물 때 이 소식을 듣고 다음과 같이 말했다.

"돌아가자. 돌아가자! 고향의 젊은이들이 진취적이고 찬연한 문장을 이룩하였다고 하니, 이들을 내 어떻게 가르쳐야 할지 모르겠다."

이어 한(漢)나라가 일어난 뒤에 선비들이 다시 경서와 예악을 배워 익혔고 대사례(大射禮)와 향음례(鄕飮禮)를 강습할 수 있었다. 숙손통(叔孫通)은 나라의 예의를 제정하여 태상(太常)에 올랐고, 그의 제자들 또한 임용되었다. 사람들은 학문이 다시 일어나는 것에 감탄하였다. 하지만 아직도 무력으로 천하를 평정하고 있을 때라 학문을 정비할 기회가 없었다.

효혜제(孝惠帝)와 여후(呂后) 때의 주요 대신들은 모두 무력으로 공을 세운 자들이었다. 효문제(孝文帝) 때에 일부 학자들을 등용하기는 했으나 법가사상에 치중한 자들이었다. 효경제(孝景帝)에 이르러서는 유학자들을 임용하지 않았고, 두태후(竇太后) 시절에는 노자사상을 좋아하여 유학자들은 박사 이상으로 승진하는 이가 없었다.

무제가 즉위하자 신하 중에 조관(趙綰)과 왕장(王臧)이 유학에 정통했다. 황제 또한 유학에 뜻을 두었기에 바르고, 지혜롭고, 학식 있는 선비들을 불러들였다. 이로 인해 『시경』을 강론하는 자로는 노나라의 신배공(申培公), 제나라의 원고생(轅固生), 연나라의 한태부(韓太傅)가 있었다. 『상서(尙書)』를 강론하는 자로는 제남의 복생(伏生), 『예학』을 강론하는 자는 노나라의 고당생(高堂生), 『역경』을 강론하는 자는 치천의 전생(田生), 『춘추』를 강론하는 자는 호무생(胡毋生), 조나라의 동중서(董仲舒)가 있었다.

두태후가 죽자 전분(田蚡)이 승상에 올랐다. 전분은 노자와 법가 사상을 배격하고 유학자들을 대거 불러들였다. 이때 공손홍은 『춘추』를 익혀 삼공의 벼슬에 올랐으니 천하의 학자들이 모두 유학에 쏠리게 되었다.

무제가 예(禮)에 관한 조칙을 내렸다.

"백성을 지도하는 데는 예로써 하고 풍속을 교화시키는 데는 음악으로 한다. 혼인은 가족을 형성하는 가장 큰 윤리이다. 그런데 지금 예는 버려지고 음악은 무너져 매우 슬프도다. 짐은 품행이 바르고 견문이 넓은 선비를 조정으로 불러들여 관리로 임명하려 한다. 그러니 예관(禮官)은 백성들에게 예를 배우도록 권장하고 그 자신도 깊이 연구하여 예로써 천하의 선구가 되도록 하라. 태상과 박사는 그 제자들과 의논하여 마을마다 교화하여 현명한 인재를 배출토록 하라."

이에 학관(學官)의 벼슬에 있던 공손홍이 다음과 같은 글을 올렸다.

"폐하의 지침대로 태상 공장(孔藏)과 박사 평(平) 등이 삼가 다음과 같이 의논하였습니다. 예전에는 향리마다 교육기관이 있었습니다. 하(夏)나라 때는 교(校), 은(殷)나라 때는 서(序), 주(周)나라 때에는 상(庠)이라 불렀습니다. 선을 권장할 경우에는 표창을 주고, 악을 징계할 경우에는 형벌로 다스렸습니다. 그러므로 교화를 시행하려면 본보기로 도읍지에서 시작하여 밖으로 이르게 하면 됩니다.

예악을 부흥시키려면 우선 예관박사의 직책을 신설하고 그 밑에 50

명의 예관을 두도록 하십시오. 예관은 열여덟 살 이상인 자로 학문을 좋아하고, 어른을 공경하며, 향리의 관례에 잘 따르고, 언행과 품행이 바르고, 행실이 단정한 자로 각 고을 수령이 추천하면 중앙 태상(太常)에 입학하여 학업을 받게 하시면 됩니다. 1년이 지나 시험을 쳐서 한 가지 분야 이상 능통한 자는 박사로 임용하여 주십시오. 하지만 시험을 쳐서 재능이 부족한 자는 즉각 배제하고, 그런 부적격자를 추천한 고을 수령은 엄중히 처벌하도록 해 주십시오.

또한 현재 예관은 승진 길이 막혀 있는 상황입니다. 바라옵건대 직급이 1백 석에서 2백 석 되는 예관은 좌우 내사(左右內史)나 대행(大行)의 졸사로 승진하도록 해 주시고, 1백 석 이하인 예관은 태수의 졸사로 승진하도록 허락해 주십시오. 예관은 모든 군에 각각 두 명, 변경에는 한 명을 의무적으로 두도록 해 주십시오. 또 경서를 많이 암송하는 자는 우선적으로 채용하도록 이를 공령(功令)에 기재해 주십시오. 폐하께서는 분명히 조서를 내렸지만 말단 관리들은 견문이 짧아 제대로 홍보하지 못하는 경우가 있으니, 이를 분명히 백성들에게 전달하도록 담당 관리에게 명하여 주십시오."

무제는 이 모든 걸 허락하였다. 이후부터 공경(公卿), 대부(大夫), 사(士), 이(吏)에는 유학을 배운 이들이 많이 등용되었다.


## 신배공

신배공(申培公)은 노나라의 유학자이다. 젊은 시절 스승을 따라서 처음으로 한나라 고조 유방을 뵈었다. 여태후 시대에는 장안으로 유학을 와서 황실 자제인 유영(劉郢)과 함께 같은 스승에게서 배웠다.

그 뒤 유영이 초나라 왕이 되자 신배공은 초나라 태자 무(戊)를 가르치게 되었다. 하지만 태자 무는 학문을 좋아하지 않아서 스승인 신배공을 멀리하였다. 유영이 죽고 태자 무가 왕위에 오르자 스승 신배공을 포승줄에 묶어 노역하는 죄인으로 만들었다. 신배공은 이를 수치스럽게 여겨 노나라로 돌아와서는 평생 문 밖 출입을 하지 않았다. 이후 신배공은 고향에서 가르치는 일에 전념하였다. 이때 제자가 백여 명이 넘었다. 하지만 신배공은 오로지 『시경』만 가르쳤다. 의심스럽거나 의혹이 있는 부분은 빼 버리고 전하지 않았다.

이 무렵 왕장(王臧)이 신배공에게서 시경을 배웠다. 무제 때 숙위관(宿衛官)에 오르고, 1년 후 낭중령(郎中令)에 올랐다. 대(代)나라의 조관(趙綰)도 신배공에게 『시경』을 배웠다. 그는 무제 때 어사대부까지 올랐다.

왕장과 조관은 고대 황제들이 국정을 논했던 명당(明堂)을 다시 세울 것을 황제에게 진언하였다. 명당이란 모든 제후들이 궁궐에 들어와 황제를 알현하고 국가 정책을 논의하는 자리였다. 이는 황제의 권위를 드러내는 데 그 목적이 있었다. 황제를 높이면 왕장과 조관 두 사람의 지위도 따라서 높아질 것이 분명했기 때문이었다. 그러나 황제가 이 건의에 대해 확실한 대답을 하지 않았다.

두 사람은 이 일을 이룰 수 있도록 스승 신배공을 황제의 정치적 스승으로 천거하였다. 무제가 이를 승낙하였다. 여든이 넘은 노스승을 모셔오기 위해 무제는 예물과 사두마차를 보냈고, 두 제자는 마차가 흔들리지 않도록 바퀴를 부드럽게 싸매기까지 하였다. 그렇게 지극정성으로 노스승을 모셔 왔다. 신배공이 황제를 알현하게 되었다. 무제가 물었다.

"어지러운 나라를 다스리려면 어떻게 해야 하오?"

신배공이 대답했다.

"옳은 정치는 말을 많이 하는 데 있지 않고, 다만 얼마나 힘써 실천하느냐에 달려 있습니다."

노스승의 일반적인 대답에 황제는 기분이 그다지 좋지 않았다. 명당에 관한 일은 나중에 의논하기로 하고, 일단 멀리서 왔으니 태중태부로 삼고 저택에 묵게 하였다.

그 무렵에 무제의 할머니인 두태후는 유학을 좋아하지 않았고 선대로부터 전해지는 노장사상에 심취되어 있었다. 그런데 왕장과 조관이 국책 방향을 갑자기 유학으로 돌리려는 의도에 깊이 경계하여 이 둘의 과오와 죄를 찾아내는 데 혈안이 되어 있었다. 결국 두태후의 음모로 인해 왕장과 조관은 체포되었고, 두태후의 사주를 받은 옥리의 잔혹한 고문을 이기지 못하고 둘은 자살하고 말았다.

신배공은 이러한 권력의 소용돌이를 미리 눈치 채고 황제에게 원론적인 말만 되풀이했던 것이었다, 나중에 태중태부에서 파면당하였지만 무사히 귀향할 수 있었다. 그리고 몇 년 후 고향에서 천수를 다하고 죽었다.

신배공의 제자 중에 박사가 된 자가 십여 명이었다. 임회군의 태수 공안국(孔安國), 교서국의 내사(內史) 주패(周霸), 성양국의 내사 하관(夏寬), 동해군의 태수 노사(魯賜), 장사국의 내사 무생(繆生), 교서국의 중위(中尉) 서언(徐偃), 교동국의 내사 궐문경기(闕門慶忌)가 그들이다. 이들은 관리와 백성을 다스림에 청렴하고 절도가 있었고 언제나 학문을 좋아했다는 미담을 들었다.

또 신배공의 제자 중에 학관, 대부, 낭중, 장고에 이른 자가 1백여 명이 넘었다. 그들은 저마다 견해는 다르지만 대부분이 스승의 견해에 바탕을 두고 있었다.


## 원고생

청하왕(淸河王)의 태부(太傅) 원고생(轅固生)은 제나라 사람이다. 『시경』에 정통해 효경제 때 박사에 올랐다. 한 번은 효경제 앞에서 황생(黃生)과 논쟁을 벌인 적이 있었다.

황생이 말했다.

"은나라 탕왕과 주나라 무왕은 천명을 받은 것이 아니라 걸왕(桀王)과 주왕(紂王)을 시해한 것입니다."

원고생이 말했다.

"그렇지 않습니다. 하나라 걸왕과 은나라 주왕이 잔학하고 난폭하여 천하의 민심이 모두 탕왕과 무왕에게 옮겨간 것입니다. 그래서 천하 민심을 가지고 걸왕과 주왕을 쳤던 것입니다. 또한 천하 민심에 따라 왕위에 즉위하였는데 이것이 천명이 아니고 무엇이겠습니까?"

황생이 말했다.

"관은 낡아도 반드시 머리에 쓰고 신발은 새것이라도 반드시 발에 신습니다. 무엇 때문이겠습니까? 위아래의 구분이 있기 때문입니다. 걸왕과 주왕이 왕도를 잃었다 하더라도 군주로서 위에 있어야 하는 것이고,

탕왕과 무왕이 비록 성인일지라도 신하이므로 아래에 있어야 했습니다. 대체로 군주가 정치를 잘못하면 신하가 바른 말로 그 잘못을 고쳐 주어 존중해야 하거늘, 그렇지 않고 도리어 군주에게 잘못이 있다 해서 칼로 죽이고 왕위에 오른다면 이것이 시해가 아니고 무엇이란 말입니까?"

원고생이 말했다.

"반드시 당신 말대로라면 고조 황제께서 진나라를 대신하여 천자 자리에 오른 것도 잘못된 것이오?"

이에 효경제가 말했다.

"고기를 먹을 때, 말의 간을 먹지 않는다고 해서 고기 맛을 모른다고 하지는 않는다. 학문을 논하는 자가 탕왕과 무왕이 천명을 받은 것에 대해 말하지 않는다고 하여 어리석다고 하지 않는다."

이리하여 논쟁이 중단되었다. 이후로는 학자들 사이에 천명과 시해에 대해 밝히려는 자가 없었다.


두태후는 노자의 사상을 좋아하였다. 유학을 좋아하는 원고생을 불러 노자에 관해 물었다. 원고생이 대답하였다.

"노자의 말은 무식한 하인의 말일 뿐입니다."

그 말에 두태후가 화가 치밀어 말했다.

"그대는 언제고 죄수가 되어 옥리로부터 노역을 당하고 말 것이다!"

얼마 후, 두태후는 원고생을 붙잡아 돼지우리에 집어넣었다. 원고생이 살고자 하면 돼지를 죽이고 나와야 했다. 그런데 마침 지나가던 효경제가 우연히 그 광경을 보게 되었다.

"아니, 원고생은 바른 말을 하는 자인데 그가 무슨 죄를 지었기에 돼지우리에 넣은 것입니까?"

효경제가 즉시 날카로운 칼을 원고생에게 내려 주었다. 원고생이 그걸 받아 단칼에 돼지의 심장을 찔러 죽이고 우리에서 나올 수 있었다.

이후 효경제는 원고생을 청하왕의 태부로 승진시켰다. 나중에 원고생은 병이 나서 벼슬을 그만두었다. 무제가 즉위하자 원고생을 현량(賢良)으로 임명하여 불러들였다. 그때 원고생의 나이는 이미 아흔이 넘었다. 그러자 공손홍이 아첨을 일삼는 이들과 함께 원고생을 헐뜯었다.

"원고생은 너무 늙었습니다."

그러자 무제는 하는 수없이 원고생을 돌려보냈다. 이때 원고생이 옆에 앉은 공손홍에게 말했다.

"공손자여! 올바른 학문을 배우고 올바르게 말하라. 결코 왜곡된 학문을 배워 세상에 아첨이나 하는 자가 돼서는 안 될 것이다."

제나라에서 『시경』을 논하는 자는 모두 원고생의 해석에 바탕을 두었다. 또한 제나라 사람으로 『시경』에 능통한 자들은 모두 원고생의 제자였다.


한영(韓嬰)은 연나라 사람이다. 효문제 때 박사에 올랐고, 효경제 때 상산왕의 태부가 되었다. 그는 『시경』에 대한 해석으로 한시(漢詩) 내전과 외전을 지었다. 노나라와 견해는 달랐으나 그 귀결점은 같았다. 회남의 비생(賁生)이라는 자가 이를 전수하였다. 이후로 연나라와 조나라에서 『시경』을 논하는 사람은 한영에게서 비롯된 것이다. 한영의 손자 상(商)은 무제 때 박사에 올랐다.

복생(伏生)은 제남 사람이다. 본래 진(秦)나라 박사였다. 효문제 때 『상서』에 능통한 자를 찾았으나 천하에 아무도 없었다. 그러던 중에 복생이 『상서』를 잘 안다는 소문을 듣고 초빙했다. 이때 복생의 나이가 아흔이었다. 제대로 걷지도 못하는 처지였다. 그러자 효문제는 신하 조조(朝錯)를 불러 그에게 전수받도록 하였다.

진나라의 분서갱유 때 복생은 『상서』를 벽 속에 숨겨 두었다. 전쟁으로 인해 여러 곳을 유랑하고 돌아와 벽을 열어보니 『상서』 몇십 편이 분실되고 나머지 29편만이 남아 있었다. 그것으로 제나라와 노나라에서 가르쳤던 것이다. 이로써 『상서』를 말할 수 있게 되었다. 후에 산동 지역에서는 『상서』에 능통하지 않고는 함부로 제자를 가르칠 수 없었다.

복생은 제남 출신의 장생(張生)과 구양생(歐陽生)을 가르쳤다. 구양생은 천승(千乘)현 출신의 예관(兒寬)을 가르쳤다. 예관은 『상서』에 통달해 태수의 추천으로 박사 수업을 받게 되었다. 그곳에서 공안국에게 배웠다.

하지만 예관은 가난하여 학비를 낼 수 없었다. 틈틈이 학생들의 밥을 짓는 일을 하고 날품팔이를 하여 끼니를 해결하였다. 그래도 언제나 경서를 가지고 다니며 쉴 때마다 꺼내 읽었다. 후에 시험에 합격하여 정위(廷尉)를 보좌하는 사(史)에 임명되었다.

나중에 장탕(張湯)이 학문을 장려하는 업무를 맡자 예관을 조교로 삼았다. 예관은 기존 법률에 의거하여 사건을 판결하는 뛰어난 능력을 가졌다. 장탕은 예관을 총애하였다. 더욱이 예관은 사람됨이 온순하고 청렴하며 지조가 있고 문장력이 뛰어났다. 상소문을 쓰는 데는 그 영민함이 이루 말할 수 없었다. 하지만 언변은 분명하지 못했다.

장탕이 어사대부가 되자 예관을 황제께 추천하였다. 황제가 그를 보고 아주 기뻐하였다. 장탕이 죽고 6년 뒤에 예관이 어사대부에 올랐다.

그는 9년 동안 재임하다 죽었다. 예관은 황제의 뜻을 잘 받들어 오래 자리를 지켰다. 하지만 성품이 온순하여 간언하는 일은 결코 없었다. 그로 인해 부하들이 업무를 게을리하는 일이 많았다.

장생 또한 박사에 올랐다. 복생의 손자가 『상서』를 잘 안다고 하여 초빙하였으나 분명하게 알지 못하는 실력이었다. 이후로 노나라의 주패(周霸)와 공안국(孔安國), 낙양의 가가(賈嘉) 등이 『상서』에 통달한 자들로 알려졌다. 공안국은 고문(古文)으로 된 『상서』를 금문(今文)으로 고쳐 적었다. 이로 인해 평민의 신분에서 군주의 초빙을 받게 되었다. 그가 사라진 『상서』 10편을 찾아내 이때부터 『상서』의 내용이 많아졌다.

여러 학자들이 『예학』을 강론하였으나 노나라의 고당생(高堂生)이 가장 시초였다. 『예학』은 본래 공자 때에도 그 내용이 분명하지 않았고 그런 상태에서 분서갱유를 당하게 되자 책을 구하기 어려웠다. 지금까지 오직 사례(士禮)만이 남아 있는데 고당생이 그것을 강론할 수 있었다.

그리고 노나라의 서생(徐生)은 예절에 뛰어났다. 이로 인해 문제 때 예관대부(禮官大夫)에 올랐다. 그는 아들 서연(徐延)과 손자 서양(徐襄)에게까지 예절을 전했다. 서양은 예절은 뛰어났으나 예에 대해서 능통하지는 못했다. 그러나 예절로서 한나라의 예관대부에 오르고 나중에 광릉(廣陵)의 내사에까지 올랐다.

서연을 비롯한 제자 공호만의(公戶滿意), 환생(桓生), 선차(單次) 등은 예관대부에 올랐다. 그리고 제자 소분(蕭奮)은 회양의 태수에 올랐다. 이후로 예와 예절을 강론하는 자는 모두 서생으로 말미암은 것이었다.

노나라 상구(商瞿)가 공자에게 역경을 배운 뒤, 이후 6대까지 전수하여 제나라 사람 전하(田何)에게 이르렀다. 전하의 자는 자장(子莊)이다. 전하는 왕동자중(王同子仲)에게 전수하였고, 왕동자중은 양하(楊何)에게 전수하였다. 양하는 역경 해석이 뛰어나 원광 원년에 중대부(中大夫)에 올랐다. 이후 역경을 정밀하게 논하는 자들은 모두 양하의 설법에 바탕을 둔 자들이었다.

즉묵성(卽墨成)은 역경 해석으로 성양(城陽) 지역의 재상에 올랐고, 맹단(孟但)은 역경으로 태자문대부(太子門大夫)에 올랐다. 또 주패, 형호, 주보언 등은 역경 해석으로 2천 석의 관리에 올랐다.


# 동중서


동중서(董仲舒)는 광천 사람이다. 『춘추』를 연구하여 효경제 때 박사에 올랐다. 그가 제자를 가르치는 강론 방식은 독특했다. 입문하여 먼저 배운 자가 아래 사람에게 전해 주는 방식이었다. 이로 인해 어떤 제자는 스승의 얼굴을 보지도 못했다고 한다. 동중서는 교육에 심혈을 기울였고 예법에 맞지 않는 일은 하지 않았다. 그런 까닭에 선비들이 모두 그를 스승의 예로 대하였다. 무제가 즉위하면서 그는 강도(江都)의 재상에 올랐다.

동중서는 춘추에 적힌 천재지변을 바탕으로 천지 음양이 운행하는 이치를 유추하였다. 따라서 비를 내리게 할 때에는 남문을 봉쇄하고 북문을 열어 놓고, 비를 그치게 하려면 그 반대 방법으로 하였다. 모든 지역에 이를 실행하면 그대로 이루어졌다. 후에 퇴직하여 『재이지기(災異之記)』라는 책을 지었다.

어느 날, 동중서를 미워하던 주보언이 그 책을 훔쳐 무제에게 올렸다. 무제가 여러 학자들에게 그 책을 읽어보게 하였다. 다들 읽어보더니 헐뜯고 비방하였다. 특히 동중서의 제자인 여보서(呂步舒)가 스승의 책인 줄도 모르고 저속하고 어리석은 저술이라고 비난하였다.

동중서는 그로 인해 형리에게 넘겨져 사형을 판결받았다. 그러나 황제가 조칙으로 그를 사면하였다. 그 후 동중서는 재이(災異)에 관해서 다시는 강론하지 않았다.

공손홍은 『춘추』 강의에 있어 동중서에 미치지는 못했지만 세속에 영합하여 벼슬이 공경에 이르렀다. 그런 공손홍을 동중서는 아첨꾼이라 여겼다. 공손홍은 또한 그런 동중서를 미워하였다. 이에 무제에게 아뢰었다.

"교서왕(膠西王)의 재상이 될 수 있는 자는 오직 동중서뿐입니다."

그렇게 해서 동중서는 교서왕에게 가게 되었다. 동중서가 도착하자 교서왕이 크게 예우하였다. 하지만 동중서는 이 자리에 오래 있다가는 혹시나 죄를 얻게 될까 두려워 며칠 후 병을 핑계로 벼슬을 그만 두었다. 고향으로 돌아와 학문과 저술에 몰두하며 지냈다.

한나라가 건국되어 5대 동안 『춘추』에 밝은 인물은 오직 동중서뿐이었다. 그의 학문을 곡량씨(穀梁氏)가 『춘추곡량전』을 지어 제자들에게 전수하였다.

호무생(胡毋生)은 제나라 사람이다. 경제 때 박사가 되었고, 늙어 퇴직하여 고향에서 제자들에게 『춘추』를 가르쳤다. 제나라 지역에서 『춘추』를 강론하는 자들은 대부분 호무생에게 전수받았다. 공손홍도 이전에 그에게서 많은 것을 배웠다.

강생(江生)은 『춘추곡량전』을 공부하여 공손홍의 추천으로 벼슬에 올랐다. 이후 춘추에 대한 여러 해설서를 비교하는 가운데 결국은 동중서의 해설을 정본으로 따랐다.

동중서의 제자 중에서 성공한 자로는 저대(褚大), 은충(殷忠), 여보서 등이다. 저대는 양나라의 재상에까지 올랐다. 여보서는 장사(長史)에 올라 회남의 반란 사건을 맡게 되었다. 회남왕이 멋대로 행동하여 조정에 보고하지 않은 죄를 『춘추』의 가르침을 들어 판결하자 황제는 옳다고 여겼다.

이 밖에 동중서의 제자로 명대부, 낭, 알자, 장고가 된 자가 백여 명이 넘었다. 또한 동중서의 아들과 손자도 학문에 힘써 대관에 이르렀다.

태사공은 말한다.

"나는 교육 관련 법률인 공령(功令)을 읽다가 학관(學官) 장려 편에 이르면 책을 덮고 탄식하지 않은 적이 없었다. 아! 주나라 왕실이 쇠락하자 『시경』 「국풍(國風)」 편 관저(關雎)가 지어졌고, 극악무도한 주나라 유왕(幽王)과 여왕(厲王)으로 인해 예악(禮樂)이 무너졌도다. 이로 인해 천하의 제후들이 사방에서 들고 일어나니 결국 강한 나라가 지배하게 되었도다. 힘이 지배하는 세상이니 덕을 펼치는 왕도(王道)가 무너지고 악한 사도(邪道)가 흥하였도다. 이에 공자가 안타까움에 『시경』과 『서경』을 정리하고 예악(禮樂)을 진흥시키고자 했던 것이다."

酷吏列傳

# 제62편

# 혹리열전

孔子曰、『導之以政、齊之以刑、民免而無恥。導之以德、齊之以禮、有恥且格。』老氏稱、『上德不德、是以有德、下德不失德、是以無德。』『法令滋章、盜賊多有。』

太史公曰、信哉是言也。法令者治之具、而非制治清濁之源也。昔天下之網嘗密矣、然姦偽萌起、其極也、上下相遁、至於不振。當是之時、吏治若救火揚沸、非武健嚴酷、惡能勝其任而愉快乎。言道德者、溺其職矣。故曰、『聽訟、吾猶人也。必也使無訟乎。』『下士聞道大笑之。』非虛言也。漢興、破觚而為圜

"혹리(酷吏)란 포악한 관리를 말한다. 이 열전에는 관리 10명의 행적을 기록하였다."

•

공자(孔子)가 말했다.

"법으로 다스리고 형벌로 바로잡으면 백성들은 무슨 잘못을 저질러도 부끄러워하지 않는다. 하지만 덕으로 다스리고 예로써 바로잡으면 백성들은 부끄러움을 알고 자신의 허물을 바로잡을 것이다."

노자(老子)가 말했다.

"큰 덕이란 덕을 전혀 생각하지 않기 때문에 덕을 지니게 되고, 작은 덕은 그 덕을 잃지 않으려 하기 때문에 덕이 없는 것이다. 도둑을 잡으려고 법을 아무리 많이 만들어 봐야 소용없는 일이다. 도둑은 늘어나면 늘어났지 결코 줄어들지 않는다."

태사공은 말한다.

"이 두 사람의 말은 진정으로 옳은 말이다. 법은 다스리는 도구일 뿐이지, 백성들을 옳게 다스리는 근본은 아니다. 진(秦)나라의 법은 천하 어느 나라보다 치밀했다. 그러나 그 무렵 백성들의 간교함과 거짓은 오히려 더욱 악랄했다. 법으로 얽으려는 관리와 그 법망을 빠져나가려는 백성들이 서로 치열했다. 관리들은 결국 불을 끄기 위해 그 위에 끓는 물이라도 뿌려야 할 상황이었다. 즉 혹독한 수단을 쓰지 않고서는 백성을 다스릴 수가 없었던 것이다. 그 무렵에는 도덕을 말해서는 아무도 알아주지 않았다.

공자는 소송을 처리하는 일은 자신도 남과 다를 바 없다고 하면서, 만일 다르다면 자신은 송사가 일어나지 않게 할 수 있다고 했다. 노자 또한 '하찮은 자들은 도를 들으면 큰 소리로 웃기만 할 뿐이다.'라고 말했다. 이는 허튼 소리가 아니다.

한나라 고조는 이전 진나라의 법이 가혹함을 알았기에 한나라 법은 관대하게 만들었다. 이전에 모난 것을 둥글고 소박하게 하니 큰 물고기도 빠져나갈 수 있을 만큼 법이 너그러워졌다. 그렇게 했더니 관리들은 순박해지고 백성들은 착해졌다. 모두가 태평성대를 누렸다. 이것으로 볼 때 백성을 다스리는 것은 냉혹한 법이 아니라 순수한 도덕인 것이다."


고조 유방의 부인 고후(高后)가 정권을 장악했을 때에 혹리로는 후봉(侯封)이라는 자가 있었다. 그는 유씨인 황족 출신들을 능멸하였고 개국 공신들을 무참히 짓밟았다. 후에 고후가 죽고 여씨 일족이 패망하자 후봉과 그 집안 또한 멸망하였다.

효경제(孝景帝) 때 어사대부 조조(晁錯)가 제후들의 세력을 약하게 하기 위해 엄중하게 법을 적용하였다. 그로 인해 오초칠국의 난이 일어났다. 결국 조조는 그 원인을 제공한 장본인으로서 참수되고 말았다.

질도(郅都)는 양(楊)나라 사람이다. 효문제(文帝) 때 낭(郎)의 벼슬에 올랐다. 효경제 때는 중낭장(中郎將)이 되어 직언을 서슴지 않았고, 잘못한 신하에게는 면전에서 질책하곤 했다.

하루는 황제를 따라 상림원에 사냥 나갔을 때였다. 황제가 총애하는 가희(賈姬)라는 시녀가 화장실에 갔는데 마침 멧돼지가 그 화장실로 돌진하는 것이었다. 황제가 질도에게 가희를 구하라고 눈치를 주었다. 하지만 질도는 끔쩍도 하지 않았다.

이에 황제가 직접 병기를 들고 가희를 구하려 하자, 질도가 황제 앞에 엎드려 아뢰었다.

"시녀 하나를 잃으면 또 다른 시녀를 얻으면 됩니다. 가희 같은 여자가 천하에 어찌 없겠습니까? 그런데 폐하께서 시녀 하나 때문에 저 사나운 멧돼지를 죽이려 하시니, 이는 천자의 몸을 너무 가볍게 여기시는 것이 아닙니까. 행여 다치시기라도 하면 황실과 태후는 장차 어찌 하라는 말씀이십니까?"

이에 황제가 몸을 돌리자 멧돼지 또한 달아나 버렸다. 황제는 이 일로 질도를 중용하게 되었다. 나중에 태후가 이 소문을 듣고 질도에게 황금 백 근을 하사하기도 했다.

제남(濟南)에는 간(瞷)씨 성을 가진 호족들이 모두 3백 가구나 되었다. 그들은 제남 땅에서 법을 무시하고 제멋대로 행동하고 살았다. 하지만 조정에서 2천 석 이상 되는 관리 중에 제남을 다스릴 만한 자가 없었다. 이에 효경제가 질도를 제남 태수로 임명하였다.

질도는 부임하자마자 먼저 간씨 호족 우두머리 일가를 참수해 버렸다. 그러자 간씨 일족들이 놀랍고 두려워 덜덜 떨었다. 1년이 지나자 제남 사람들은 길에 물건이 떨어져 있어도 제 것이 아니면 줍지 않았다. 주변 태수들이 모두 질도를 경외하여 마치 큰 인물을 대하듯 하였다.

질도는 사람됨이 기개가 있고 또 청렴하였다. 자신의 편지가 아니면 뜯어보지 않았고, 남이 주는 뇌물은 일절 받지 않았다. 또한 다른 사람에게 청탁하는 일도 없었다. 그는 자신이 벼슬하는 각오를 이렇게 말했다.

"부모를 버리고 벼슬에 올랐으니 맡은 바 직분을 다하고 절개를 지키다가 죽을 일이다. 그러니 처자식 또한 제대로 돌볼 수 없는 것이다."

질도가 중위(中尉)로 승진했을 때, 당시 조후(條侯) 주아부는 승상에 올라 매우 고귀한 신분이었다. 모든 신하들이 주아부를 두려워해 만나면 절을 올렸다. 하지만 질도는 승상을 만나도 가볍게 읍례만 할 뿐이지 절을 올리지는 않았다. 언제나 자신에게 엄한 자라 황족도 외척도 꺼리는 바가 없었기 때문이었다.

그 당당함 때문에 오히려 다른 제후나 황족들이 질도를 볼 때마다 곁눈질하며 지나갔다. 행여 질도에게 자신의 잘못한 일이 덜미라도 잡힐까 두려워했다. 이로 인해 질도는 융통성 없고 가혹한 관리라는 의미의 '창응(蒼鷹)'이라는 별명을 얻었다.

어느 날, 임강왕(臨江王)이 중위부로 소환되어 죄를 심문받게 되었다. 임강왕이 황제에게 상소를 올리고자 필기도구를 빌려 달라고 하였다. 이에 질도가 단호히 거절하였다. 그런데 위기후(魏其侯) 두영이 몰래 사람을 시켜 필기도구를 넣어 주었다. 임강왕은 황제에게 사죄의 편지를 쓴 뒤에 곧바로 자살하고 말았다. 두태후가 이 소식을 듣고 크게 분노하여 담당자인 질도를 엄하게 다스리도록 하였다. 질도는 결국 면직당하고 말았다.

며칠 후 짐을 싸서 고향으로 돌아가는 길이었다. 그런데 황제의 사자가 찾아와 안문(雁門) 태수로 임명됐다는 소식을 전해 주었다. 그리고 안문 태수로 부임하면 황실에 보고할 것 없이 독단적으로 업무를 처리해도 좋다는 황제의 특혜를 같이 받았다.

본래 안문은 흉노가 자주 출현하는 접경지대였다. 질도가 부임하자 흉노들도 그 명성을 익히 알았던지 감히 쳐들어오지 못했다. 심지어 흉노는 질도를 본뜬 목각 인형을 만들어 세워 놓고, 기마병들이 달리면서 그 목각 인형을 활로 쏘아 떨어뜨리는 훈련을 하기도 했다. 그런데 아무도 그 인형을 맞추지 못할 만큼 질도를 두려워했다. 흉노는 질도가 태수를 그만둘 때까지 안문을 쳐들어오지 못했다.

하지만 두태후는 이전에 임강왕이 죽은 것에 대해 질도를 증오하고 있었다. 그 까닭에 질도를 처벌할 것을 효경제에게 계속 주장하였다. 이에 효경제가 말했다.

"어머니, 질도는 충신입니다!"

이는 질도를 용서하자는 말이었다. 그러자 두태후가 말했다.

"그러면 임강왕은 충신이 아니었단 말입니까?"

결국 질도는 두태후의 원한을 이기지 못하여 참수되고 말았다.


## 영성

영성(寧成)은 양(穰) 땅 출신이다. 효경제 때 낭관(郎官)과 알자(謁者) 벼슬에 올랐다. 남달리 의기가 강해 부하 다루기를 손바닥 뒤집듯 하였고, 자신보다 높은 벼슬에 있는 자들도 압도하는 경우가 많았다. 강인한 성품이었지만 간교하여 남달리 수완이 좋았다.

한번은 제남군 도위(都尉)로 승진하여 나갔는데, 마침 그곳에는 질도 가 태수로 있었다. 이전의 도위들은 질도를 두려워하여 직접 찾아가 만 나지 못하고 반드시 하급관리를 통해 만났다. 하지만 영성은 대범하게 직접 찾아가 태수 질도를 만났다. 이때부터 두 사람은 서로를 존중하여 좋은 관계를 맺었다. 하지만 얼마 후에 질도가 참수되었다는 소식을 들 었다.

그 무렵 장안에 사는 호족들 중에 법을 위반하고 악행을 일삼는 자 들이 많았다. 하지만 그들을 다스릴 만한 자가 없었다. 경제는 이를 고 민하다가 영성을 불러 태수보다 높은 직위인 중위(中尉)에 앉히고 장안 관리를 맡겼다.

영성은 평소 질도의 통치 방식을 옳다고 여겨 그대로 실행하였다. 부 임하고 얼마 되지 않아 장안의 황족과 호걸들이 영성을 두려워하여 함 부로 행동하지 못했다.

무제가 즉위하자 영성은 내사(內史)로 전임되었다. 평소 불만이 많던 황제의 외척들이 이에 반대하여 영성의 비리를 파헤쳐 고발하였다. 어 쩔 수 없이 영성은 체포되어 머리가 깎이고 목에 칼을 씌우는 곤겸(髡 鉗)의 형벌에 처해졌다.

이러한 형벌은 구경(九卿)에 오른 자들이라면 대부분 사형에 처해졌 다. 하지만 영성은 황제의 선처로 풀려나와 제한된 지역에 사는 처지가 되었다. 외출을 할 수 없는 처지지만 영성은 과감히 통행증을 위조하여 고향으로 돌아왔다.

그는 고향에 와서 사람들에게 큰소리쳤다.

"내가 벼슬은 2천 석에도 못 올랐지만, 앞으로 장사를 해서 천만금의 부를 쌓고 말 것이다!"

영성은 가진 돈이 없어 주변에 돈을 빌려서 수만 평의 논을 사들였다. 그리고 그것을 세 주어 경작하게 하니 수천 가구의 농부들이 일하고자 달려들었다.

몇 년 후 그의 죄가 사면되었다. 그러나 그때 그의 재산은 이미 수천만 금에 달했다. 지방 관리들이 그를 추종하고 따랐다. 영성이 외출할 때면 기병 수십 명이 호위하였고, 지역에서 영향력이 태수를 능가하였다.

주양유(周陽由)는 아버지 조겸이 주양후(周陽侯)로 봉해짐에 따라 주양이라는 성을 가지게 되었다. 효문제 때 낭(郎)에 천거되었고 효경제 때는 군의 태수를 역임하였다.

무제가 즉위하자 지방 태수들에게 조서를 내렸다.

"법을 따르고, 백성들을 소중히 여겨, 다스림에 신중하기 바란다."

그러나 그 무렵 주양유는 태수 가운데 가장 잔혹하고 난폭하였다. 자신이 좋아하는 자는 법을 어겼어도 살려 주고, 자신이 미워하는 자는 법을 제멋대로 해석하여 참수하고 말았다. 그는 지역 호족들이 자신과 의견이 다르면 모두 이런 식으로 죽여 멸족시켰다.

자신이 태수로 있을 때는 중앙에서 도위(都尉)가 부임해 오면 마치 아랫사람 대하듯 하였다. 그러다가 자신이 도위가 되어서는 태수를 무시하고 마음대로 권력을 휘둘렀다.

그와 친한 급암(汲黯)과 사마안(司馬安)은 모두 2천 석의 지위에 있었으며 고집이 세고 혹독하기로 소문난 자들이었다. 이 셋이 함께 수레를 타면 급암과 사마안은 감히 주양유와 같이 자리를 하지 않았다.

주양유가 나중에 하동 도위로 나갔을 때 그곳 태수 승도공(勝屠公)과 권력 다툼을 벌이게 되었다. 서로 상대방의 비리와 죄를 고발하기에 이르렀다. 승도공은 형벌에 처해지게 되자 자신의 인격이 부끄러워 자결하고 말았다. 하지만 주양유는 스스로 당당하다고 여겼다. 하지만 거리에서 참수형에 처해졌다.

영성과 주양유 이후 나라는 갈수록 혼란해졌다. 백성들은 교묘하게 법을 빠져나가려 하였고, 관리들은 그런 백성을 다스리기 위해 영성과 주양유의 통치를 닮아 갔다.


조우(趙禹)는 태현(斄縣) 사람이다. 태수를 보좌하는 좌사(佐史)로 있다가 조정의 중도관(中都官)으로 전임되었다. 사람됨이 청렴결백하여 영사(令史)에 올라 태위(太尉) 주아부를 보좌하였다. 이후 주아부가 승상에 오르자 승상의 정책 비서인 사(史)가 되었다.

승상부 사람들은 모두 조우를 청렴하고 공평한 자라고 인정하였으나 주아부는 그렇게 생각하지 않았다.

"나는 조우의 재능과 인품을 잘 알고 있다. 그는 법을 너무 엄격하게 적용하는 것이 흠이다. 그래서는 조정의 고위직을 맡을 수 없을 것이다."

무제가 즉위하자 조우는 어사(御史)에 올랐고, 얼마 후 태중대부(太中大夫)에 임명되었다. 이때 장탕과 함께 여러 가지 법을 제정하였다. 특히 다른 사람의 범죄 사실을 알고서도 고발하거나 잡지 않으면 범죄자와 똑같은 형벌에 처하는 견지법(見知法)을 만들어 관리와 백성을 서로 엄하게 감시하도록 하였다. 아마도 한나라의 법이 가혹하고 잔인해진 것은 이때부터였다.

장탕(張湯)은 두현(杜縣) 사람이다. 그의 부친은 장안의 관리였다. 하루는 부친이 고기를 놔두고 나가면서 어린 장탕에게 집을 잘 보라고 하였다. 오후에 돌아와 보니 쥐가 고기를 훔쳐 가고 없는 것이었다. 아버지는 이 책임을 물어 어린 장탕에게 회초리를 치게 되었다.

장탕은 너무 억울하여 이 사건을 해결하고자 했다. 그래서 쥐구멍을 파 들어가 고기를 훔친 쥐와 사라진 고기를 찾아냈다. 이어 쥐에게 영장을 발부하고, 체포하고, 심문하고, 고기를 압수한 다음, 그 기록을 판결문으로 작성하였다. 판결문은 마루 아래에서 몽둥이로 때려죽이는 책형(磔刑)에 처할 것을 명하였다.

부친이 아들의 판결문을 읽어 보고는, 마치 노련한 형벌 관리가 쓴 판결문 같아서 몹시 놀랐다. 이후 장탕은 형법을 배우게 되어, 부친이 돌아가신 이후에 장안의 관리가 되었다.

무안후 전분의 동생인 전승(田勝)이 젊었을 때 장안 감옥에 갇힌 적이 있었다. 그때 장탕이 힘을 다해 그를 도왔다. 전승이 출옥한 후 장탕과 깊은 교분을 나누는 사이가 되었다.

이후 장탕은 내사(內史)의 직책으로 영성을 모셨다. 영성은 재능이 출중하고 일 처리가 공평한 장탕을 승상부에 추천하였다. 그 결과 무제의 묘를 짓는 무릉 건설 총책임자로 발탁되었다.

무안후(武安侯) 전분이 승상이 되자 장탕을 불러 정책 비서인 사(史)로 삼았다. 후에 황제에게 추천하니 어사에 임명되었다. 이 무렵 무제의 총애를 잃은 진황후가 승상 위자부를 저주한 무고(巫蠱) 사건이 있었다. 장탕이 이 사건을 맡아 철저히 규명하여 보고하자 황제로부터 인정을 받아 태중대부에 올랐다.

이때 조우와 함께 법을 엄격하게 적용하고, 관리들을 철저히 단속하는 법률을 제정하였다. 얼마 후 장탕은 정위(廷尉)에 올랐고 조우는 소부(少府)에 임명되었다.

장탕은 조우를 형으로 대하였다. 조우는 청렴결백하여 언제나 행동이 도도하였다. 하지만 사람들은 그를 거만하다고 여겨 찾지 않았다. 고위직에 있는 신하들이 간혹 방문하면 답례로 찾아가는 일도 없었다. 이는 주변의 청탁을 끊고자 하는 것이었고 자신의 주관이 늘 옳다고 여겼기 때문이었다. 조우는 하급 관리들이 작성한 판결문을 읽어 볼 때면 다시 조사하여 숨은 죄까지 들추어내도록 하였고, 채택하면 즉시 그대로 시행하도록 하였다.

반면에 장탕은 지혜롭고 간사하여 사람을 잘 부렸다. 처음 관리가 되었을 때는 장안의 거상(巨商)인 전갑, 어옹숙 등과 교제하였고, 지위가 올라서자 자신과 의견이 맞지 않더라도 유명 인사와 고위관리들을 접대하며 자기편으로 끌어들였다.

장탕은 또 황제께 업무를 보고하는 자리에서 질책을 받게 되면 자신의 잘못을 바로 시인하였다.

"모두가 소인이 부족한 탓에 잘못하였습니다."

그리고 칭찬을 받게 되면 자신의 부하 관리인 정(正), 감(監), 연(掾), 사(史)에게 공을 돌렸다.

"소신은 이 안건에 대해 아는 바가 없습니다. 모두가 부하들이 작성한 것입니다."

장탕은 부하들의 장점을 칭찬하고 단점을 숨겨 주는 것이 이와 같았다. 또한 황제가 엄하게 처벌하도록 명하면 법을 치밀하고 엄하게 적용하는 부하에게 그 일을 맡겼고, 황제가 용서해 주라고 명하면 죄를 가볍게 다스리고 공평하게 처리하는 부하들에게 일을 맡겼다. 처리할 안건이 권세 있는 호족이거나 황실의 직계일 때면 반드시 법 적용을 완벽하게 하여 죄에 걸리게 하였고, 힘없는 백성일 경우에는 선처를 당부하였다.

장탕은 고위 관료에 오르자 빈객들을 정성껏 대접하였고, 옛 친구의 자식들과 빈궁한 형제들을 각별히 보살폈다. 윗사람들에게 문안 인사 또한 잊지 않았다. 그런 까닭에 비록 법 집행이 가혹했어도 공평하게 일을 처리했기에 사람들로부터 좋은 명성을 얻을 수 있었다.

특히 승상 공손홍은 장탕을 자주 칭찬하였다. 회남왕(淮南王), 형산왕(衡山王), 강도왕(江都王)의 모반 사건을 처리할 때 장탕이 철저히 규명했기 때문이었다. 한번은 황제가 역적 엄조(嚴助)와 오피(伍被)를 사면하고자 하였다. 이에 장탕이 나서며 아뢰었다.

"오피는 원래부터 모반을 획책한 장본인이고, 엄조는 폐하의 총애를 받아 궁중을 마음대로 드나들던 심복이었습니다. 그런데 그가 제후와 내통하여 모반을 꾀하였습니다. 이런 자를 죽이지 않는다면 이후로는 어떤 죄인도 처벌할 수 없을 것입니다. 즉각 사형을 집행토록 하여 주시옵소서!"

이에 황제가 동의할 수밖에 없었다. 이후 장탕은 어사대부(御史大夫)에 올랐다.

그 무렵 흉노를 토벌하기 위해 병사들을 대규모로 동원하였다. 또한 산동 지방에 홍수와 한발로 인해 흉년이 들어 백성들이 곤궁하게 되었다. 군대와 백성 모두 정부의 식량 보조에 의지해야 했기에 국고가 텅 비고 말았다.

이때 장탕은 황제의 뜻을 받들어 백금(白金)과 오수전(五銖錢)이라는 화폐를 발행하였고, 전국의 염전과 무기 생산을 국가 전매사업으로 전환하였다. 또한 재산을 숨긴 자들을 신고하도록 하는 고민령(告緡令)을 선포해 호족과 대지주들을 제거하였다. 게다가 호족들에게는 법을 엄격히 적용하여 감히 법을 피할 수 없도록 하였다.

장탕이 황제에게 국가 재정에 대해 논할 경우 시간이 오래 걸렸는데, 황제는 식사도 잊은 채 귀담아 들을 정도였다. 그러니 국가 대사는 모두 장탕에 의해 결정되었다. 백성들은 생활이 어려워 소요를 일으켰고, 정부 정책은 실효가 거의 없었고, 탐관오리들의 침탈은 심해졌다. 이에 장탕은 형벌로서 그들을 철저히 다스리도록 하였다. 이로 인해 조정 대신들과 백성들로부터 지탄을 받기도 했다. 하지만 황제는 장탕을 신임하여 그가 병으로 눕자 직접 문병을 올 정도였다.

흉노가 화친을 청하자 신하들이 토론을 벌였다. 박사 적산(狄山)이 말했다.

"화친이 합당합니다. 무기는 흉기라 자주 쓸 것이 못 됩니다. 고조께서 흉노 토벌로 인해 평성에서 곤욕을 치르셨고 결국 화친하였습니다. 그로 인해 천하가 안락해졌습니다. 그러나 문제(文帝) 때에 흉노를 치게 하니 백성들은 전쟁의 고통에 시달려야 했습니다. 경제 때에 전쟁이 없으니 천하는 다시 부유하고 평안해졌습니다. 그런데 폐하께서 흉노를 치고자 군사를 일으킨 이후로, 국고는 텅 비고 백성들은 곤궁하게 살고 있습니다. 따라서 화친이 옳다고 사료됩니다."

이에 장탕이 말했다.

"이 어리석은 자여, 그대가 무엇을 안다고 그런 말을 하는 것이냐?"

그러자 적산이 다시 말했다.

"폐하, 저는 충심으로 드리는 말씀입니다. 어사대부 장탕은 법을 마음대로 적용하여 제후들을 탄핵하고, 황족들을 이간시켜 권력을 제 손아귀에 쥐고 있는 자입니다. 그의 말은 모두가 자신을 위한 것이고 황제를 위한다는 말은 모두 거짓이오니 결코 믿지 마십시오!"

이에 황제가 안색이 변하여 적산에게 말했다.

"네놈이 일개 군(郡)에 책임자로 나간다면 흉노의 침입을 막을 수 있겠느냐?"

적산이 대답하였다.

"그건 불가능한 일입니다."

황제가 다시 말했다.

"그러면 현의 태수면 가능하겠느냐?"

적산이 대답하였다.

"그 또한 불가능한 일입니다."

황제가 물었다.

"그러면 성의 책임자라면 가능하겠느냐?"

그 말에 적산은 답변이 궁색해졌다. 이내 받아들일 수밖에 없었다.

"할 수 있습니다."

황제는 적산을 바로 변경에 위치한 성 책임자로 보냈다. 한 달이 지나기도 전에 흉노가 쳐들어와 적산의 목을 베어 가고 말았다. 이 소식을 들은 조정의 군신들은 장탕을 더욱 두려워하게 되었다.

장탕이 처음 관리가 되었을 때 알게 된 전갑(田甲)이라는 상인은 현명하고 지조 있는 자였다. 장탕이 고위직에 오르자 다른 사람들은 감히 장탕의 허물을 말하지 못하였으나 전갑만은 두려워하지 않고 엄하게 질책하였다. 장탕은 어사대부에 오른 지 7년 만에 실각되고 말았다.

하동 출신 이문(李文)이라는 자가 장탕과 사이가 나빴다. 그는 어사중승(御史中丞)의 벼슬에 있을 때 우연히 궁중 문서 중에 장탕의 비리에 관한 것을 찾아냈다. 장탕이 그 소식을 듣고 마음이 편치 못했다. 그때 장탕의 비서인 노알거(魯謁居)가 눈치를 채고 이문이 손을 쓰기 전에 먼저 이문의 간악한 행위를 고발하였다.

이문은 끌려와 장탕에게 심문을 받게 되었다. 유죄로 판결되어 사형에 처해지고 말았다. 사건이 처리되고 황제가 물었다.

"이문의 변고 사건은 어떻게 단서를 잡은 것인가?"

이에 장탕이 놀라는 척하며 대답하였다.

"이문과 평소 원한 관계인 친구가 상소한 줄로 아옵니다."

후에 비서인 노알거가 병으로 눕게 되어 시골에 내려가게 되었다. 장탕은 노알거를 찾아가 고마움의 표시로 자신이 직접 노알거의 다리를 주물러 주었다.

한편 조(趙)나라에서는 제철을 국책사업으로 삼았다. 수차례 한나라 조정에 철관(鐵官) 직위를 요청하였으나 번번이 장탕의 반대로 무산되고 말았다. 조나라는 참다못해 결국 장탕의 부정을 조사하게 되었다. 조사하던 중 이전에 조나라 왕을 탄핵했던 비서인 노알거가 같이 연루되어 있어 둘을 함께 고발하였다.

"장탕은 대신의 신분으로 자기 부하인 노알거가 병에 걸려 눕자 그를 방문해 다리를 직접 주물러 주었습니다. 아마도 이들이 커다란 부정을 공모한 것이 아니라면 이럴 수가 없을 겁니다."

이 사건이 정위(廷尉)에게 넘겨졌다. 하지만 그때 노알거는 이미 죽고 그 동생이 사건과 연관되었다는 이유로 옥에 갇혔다. 마침 장탕은 그 동생을 서둘러 빼내 주려고 하던 참이었다. 그래서 감옥을 순회할 때 그 동생을 일부러 모르는 척했다. 그런데 그는 장탕이 자신을 모르는 체한 것에 원망이 생겨 그만 상소를 올리고 말았다.

"이전에 장탕은 저의 형 노알거와 공모하여 이문의 변고를 마음대로 처리하였습니다."

이 사건은 감선(減宣)에게 맡겨졌다. 감선도 일찍이 장탕에게 원한이 있었으므로 사건의 진상을 철저히 규명하고자 했다. 마침 그때에 어떤 자가 효문제의 능에 묻어 놓은 돈을 도굴해 가는 사건이 생겼다. 이 일로 승상과 어사대부 장탕이 황제께 사죄하기로 하였다. 그러나 장탕은 도굴 사건은 자신의 업무가 아니라며 사죄하지 않았다. 승상이 황제께 사죄하자 황제는 이 일을 어사대부 장탕에게 처리하도록 했다. 이에 승상이 불안하여 승상부의 관리인 사(史) 셋을 시켜 장탕을 몰아내려 하였다.

첫째 승상장사인 주매신(朱買臣)은 이전에 장조의 추천으로 태중대부에 올랐던 자였다. 그때 장탕은 말단 관리였다. 나중에 장탕이 정위가 되어 회남왕의 모반 사건을 처리하면서 장조를 실각시켰다. 주매신은 그때 일로 장탕에게 원한을 품고 있었다. 또 한 번은 장탕이 어사대부에 올랐을 때 주매신은 회계 태수에서 조정의 주작도위(主爵都尉)에 임명되었다. 그러다가 법을 위반하여 면직되고, 다시 승상의 비서인 사(史)의 지위로 복귀하였다. 그때 장탕과 만나게 되었다. 하지만 장탕은 평상

위에 앉아서 주매신을 조금도 예우하지 않았고 쳐다보지도 않았다. 이일로 주매신은 더욱더 장탕에게 원한을 품게 되었다.

두 번째 승상장사인 왕조(王朝)는 제나라 사람으로 유학에 능통한 자였다. 이전에 장탕이 말단 관리였을 때 우내사(右內史)를 지냈다. 세 번째 승상장사인 변통(邊通)은 유세술을 익힌 강인한 성품으로 제남(濟南)의 재상을 두 번이나 지냈다. 이들의 이전 지위는 모두 장탕보다 높았다. 하지만 얼마 후에는 모두 장탕에게 허리를 굽히는 처지가 되었다.

장탕은 한때 승상의 직무를 대행하면서 이 세 사람을 다시 알게 되었다. 이들이 이전에 고귀한 신분이었던 것도 분명히 알았다. 하지만 장탕은 그들을 대할 때마다 무시하고 질책하고 모욕을 주곤 했었다. 그런 이유로 이 세 사람이 자신들이 모시는 재상을 대신해 장탕을 몰아낼 모의를 하게 되었다.

"장탕이 처음에는 승상과 함께 가서 사죄하기로 하였다가 나중에 배신하고 말았습니다. 그것은 능묘 사건을 비화하여 승상을 탄핵하고 자신이 그 자리를 차지하려는 속셈입니다. 우리 또한 장탕이 어떤 자인지 잘 알고 있지 않습니까?"

이들은 장탕의 비리와 관련해 우선 거상 전신(田信)을 체포해 심문하였다. 장탕은 황제에게 국책사업을 보고할 때마다 먼저 그 내용을 전신에게 알려 주었다. 정보를 얻은 전신은 해당 사업과 관련된 물자를 매점매석하여 큰 이익을 얻었다. 그리고 그 이익을 장탕과 나누어 가졌다고 자백을 하였다. 전신은 장탕의 다른 부정도 언급하였다. 이 일은 바로 황제에게 보고되었다.

황제가 장탕을 불러 물었다.

"국책사업을 시행할 때마다 누군가 먼저 그 물자를 매점하고 있다고 하는데, 이는 누군가 황실의 비밀을 밖으로 전해 주는 것이 아닌가?"

장탕이 태연한 척하며 말했다.

"아무래도 그런 것 같습니다."

이때 노알거와 장탕의 일을 조사하던 감선이 사건의 전모를 아뢰게 되었다. 황제는 보고를 듣고 장탕을 거짓된 자로 여겨, 결국 죄상을 기록한 문서대로 심문하도록 했다. 하지만 장탕은 그런 일이 없다고 강하게 불복하였다. 황제가 조우를 시켜 장탕을 문책하게 하였다. 조우가 장탕을 꾸짖으며 말했다.

"너는 어찌 돌아가는 상황도 모른단 말이냐? 네놈이 사건을 꾸며 일족이 멸한 자가 몇이나 되는 줄 아느냐? 이미 구체적인 증거가 있는데 어찌 반박하려 하는 것이냐?"

이에 장탕이 자술서로 답변하였다.

"나는 말단 관리였다. 폐하께서 총애하시어 삼공의 지위에 올랐다. 그러나 지금 그 책임을 다하지 못하게 되었다. 그것은 나를 모함하는 저 세 명의 승상 비서들 때문이다."

하고는 스스로 목숨을 끊고 말았다.

장탕이 죽은 뒤에 그의 집 재산을 조사해 보니 초라하기 그지없었다. 봉록과 하사금 이외에 다른 재산은 일절 없었다. 그의 형제와 자식들이 장례를 후하게 치르려 했으나 장탕의 어머니가 말렸다.

"황제의 신하로서 추악한 평판을 받았는데, 어찌 후하게 장례를 치른단 말인가?"

결국 시체를 내관에 넣고 외관조차 없이 소달구지에 싣고 가 땅에 묻었다.

황제가 이 소식을 듣고 말했다.

"그런 어머니가 아니고서는 그런 아들을 낳을 수가 없도다!"

얼마 후 사건의 전모가 다시 밝혀져 승상 비서 세 사람은 참수당하고 말았다. 그로 인해 승상 또한 스스로 목숨을 끊었다. 갑부인 전신은 석방되었다. 황제는 장탕을 애석하게 여겨 그의 아들 장안세(張安世)를 등용하였다.

조우는 도중에 파면되었다가 얼마 후 정위(廷尉)가 되었다. 다시 소부(少府)로 승진하여 구경의 대열에 올랐으나 이때도 법 집행이 잔혹하고 엄격하였다. 그러나 만년에 이르자 조우의 법 집행은 너그러워졌다. 도리어 왕온서(王溫舒) 같은 이들이 법을 준엄하게 집행하였다. 이로서 조우는 부드럽고 공평한 사람이라는 평판을 듣게 되었다. 나이가 들자 연(燕)나라 재상으로 자리를 옮겼다가 고향으로 돌아왔다. 장탕이 죽고 10년 후, 조우는 천수를 누리다가 집에서 조용히 죽었다.


의종(義縱)은 하동 사람이다. 젊어서 장차공(張次公) 등과 함께 도적떼를 결성해 활동했다. 그의 누이 의후(義姁)가 의술이 좋아 왕태후(王太后)의 총애를 받았다. 하루는 왕태후가 의후에게 물었다.

"너의 자식이나 형제 중에 관리가 되고자 하는 자가 있느냐?"

의후가 대답했다.

"동생이 하나 있습니다만, 품행이 좋지 않아 관리가 될 수 있는지 모르겠습니다."

왕태후가 황제에게 말해 의종을 중랑(中郎)에 임명하였다. 그리고 상당

현의 현령을 보좌토록 하였다. 의종은 일 처리가 과감했다. 인정을 몰랐고, 미루는 법도 몰랐다. 원칙대로 집행하였다. 나중에 한 해 업무평가에서 최고로 뽑혔다. 이 공로로 장안(長安)의 현령에 올랐다.

장안에서도 법 집행은 공정했다. 귀족이고 황족이라 해서 예외가 없었다. 심지어 왕태후의 외손 수성군(修成君)의 아들이 죄를 범하자 체포해서 심문했을 정도였다.

황제는 의종이 유능하고 법 집행에 공정하다는 평판을 듣고 그를 하내현의 도위로 임명하였다. 부임하자마자 의종은 그 지방의 호족인 양씨(穰氏) 일족을 모두 참수하였다. 그렇지 않고는 자신이 할 수 있는 것이 아무것도 없었다. 이후 하내현 백성들은 자기 것이 아니면 누구도 길에 떨어진 물건을 줍는 자가 없었다. 나중에 의종의 친구인 장차공도 낭(郎)에 임명되었다.

어느 날 황제가 영성(寧成)을 군의 태수로 임명하려 했다. 그러자 어사대부 공손홍이 나서서 아뢰었다.

"제가 산동에서 관리로 있을 때 도위였던 영성의 평판을 들었습니다. 그는 백성을 다스리기를 마치 이리가 양떼를 모는 것과 같았습니다. 그러니 그를 태수로 내보내시는 것은 아니 될 일이옵니다."

황제는 그 말에 따라 영성을 변경 지역 책임자인 관도위(關都尉)에 임명하였다. 1년 후, 함곡관을 출입하는 관리들이 이구동성으로 하는 말이 있었다.

"차라리 호랑이를 만나는 것이 낫지, 영성의 노여움을 사게 해서는 큰 낭패를 볼 뿐이다."

의종이 남양 태수로 전출 가는 길에 영성이 머무는 관(關)에 도착하였다. 영성은 옆으로 비켜서서 예를 다하여 의종을 맞이했다. 그러나 의종은 오만한 태도로 영성에게 답례를 하지 않았다.

남양에 부임한 의종은 곧 영씨 일족을 철저히 조사하여 모두 죄를 뒤집어 씌웠다. 영성 역시 죄를 입게 되었다. 같은 호족인 공씨(孔氏)와 포씨(暴氏) 등은 두려운 나머지 밤을 틈타 도망쳐 버렸다. 남양군의 관리와 백성들은 이로 인해 모두 공포에 떨어야 했다. 이때 의종의 부하인 주강(朱强)과 두주(杜周)는 사실 그 공포정치의 핵심 인물이었지만 남양을 잘 다스린 공로를 인정받아 승진하였다.

그 무렵에 정양군(定襄郡) 지역은 군대의 잦은 출병으로 무척 혼란스러웠고 풍속마저 어지러웠다. 황제는 그곳을 안정시키기 위해 의종을 태수로 임명하였다. 의종은 부임하자마자 우선 태수의 권위를 보여 주기 위해 옥에 갇힌 죄인 2백 명을 몰래 참수하였다. 그리고 죄인과 밀접한 관계가 있는 자를 붙잡아 죄인을 탈출시켰다는 누명을 씌워 잡아들이고는 얼마 후 또 2백 명을 참수하였다.

삽시간에 태수는 무서운 자라는 소문이 정양군 전체에 퍼졌다. 백성들은 한여름임에도 문을 닫고 벌벌 떨어야 했다. 하지만 일부 교활한 백성들은 도리어 관리들에게 빌붙어 공포정치를 더욱 부추겼다.

조우와 장탕은 법 집행이 잔혹하여 구경(九卿)의 벼슬에 올랐지만, 그래도 의종에 비하면 도리어 관대한 편에 속했다. 그 무렵 오수전과 백금이 화폐로서 유통되자 그것을 위조하는 백성들이 많았다. 특히 수도 장안에서 심했다. 황제는 의종을 우내사(右內史)로, 왕온서를 중위(中尉)로 임명하여 불법 주화와 위조 주화를 처리토록 하였다.

왕온서는 본래 성격이 지독한 자라 공로를 자신이 모두 차지하기 위해 의종에게 상의하지 않고 일을 독단적으로 처리하였다. 하지만 의종은 기세가 강하고 잔인한 자라 며칠 후 왕온서가 고개를 숙이지 않을 수 없었다.

이 두 사람에 의해 많은 백성들이 억울하게 죽었다. 관리들의 일처리란 무조건 백성을 잡아 가두고 심문하고 죽이는 것이 전부였다. 그런 시절이니 흉악하기 그지없다는 염봉(閻奉)이라는 자가 관리로 등용될 정도였다.

어느 날, 무제가 병으로 오랫동안 앓다가 일어났다. 정호궁(鼎湖宮)에서 감천궁(甘泉宮)으로 행차하는데 길이 엉망진창이었다. 황제가 노하여 말했다.

"이곳 담당자는 누구인가? 내가 다시는 일어나지 못할 것이라고 여겼단 말인가?"

이 일로 무제는 책임자인 의종을 괘씸하게 여겼다.

그해 겨울, 재산을 허위로 신고하는 자를 엄벌하는 고민령(告緡令)에 따라 의종은 부자인 양가(楊可)의 가신들을 다 잡아들였다. 하지만 무제는 오히려 의종이 국사를 올바르게 처리하지 못했다는 이유로 신하인 두식을 보내 단죄토록 하였다. 이는 양가의 청탁을 받은 신하들이 황제를 설득한 것이었다. 두식은 의종을 체포하여 거리에서 즉각 참수하는 기시형(棄市刑)에 처했다. 그리고 일 년 뒤에 장탕이 죽었다.

왕온서(王溫舒)는 양릉현 사람이다. 젊은 시절에 사람을 묻어 죽이는 간악한 짓을 일삼았다. 관리를 지내다가 여러 차례 파면당하였다. 그러다가 말단 관리에서 우연히 법률 사건을 맡아보는 정사(廷史)에 오르게 되었다.

그의 임무는 주로 도적을 잡는 일이었다. 그의 심문을 받은 많은 혐의자들이 죽거나 다치거나 했다. 누구보다 도적을 많이 잡아들인 공로로 광평현(廣平縣)의 도위(都尉)에 올랐다. 이어 관리 중에 능력 있고 용감한 자 10여 명을 자신의 심복으로 삼았다. 그들의 숨은 죄는 모두 용서해 주고 대신 도적을 잡아들이도록 하였다. 도적을 잡아오는 부하는 비록 백 가지 죄를 저질렀다고 해도 용서하였고, 도적을 숨겨 주거나 피하는 자는 본인은 물론 그 가족까지 몰살시켰다. 이러한 이유로 도적들이 광평현에 감히 나타나지 못했다. 얼마 후 사람들은 길에 떨어진 물건도 함부로 줍지 않았다. 황제가 이 소문을 듣고 왕온서를 하내군의 태수로 임명하였다.

하내군에 부임하자 간악한 호족들을 모두 체포하였는데 무려 1천 가구나 되었다. 왕온서가 이 안건에 대해 황제에게 상소를 올렸다.

"아주 간악한 자는 일족을 멸하게 하여 주시고, 조금 간악한 자는 당사자만 참수하도록 해 주십시오. 그들의 재산은 모조리 몰수하고, 행여 부당하게 축적한 재물은 변상토록 하게 해 주십시오."

황제가 그렇게 하도록 허락하였다. 이로 인해 참수된 자의 피가 십여 리를 흘렀다. 하내군의 백성들은 감히 밤에 외출하는 자가 없었고, 도적은 눈을 씻고 찾아봐도 없었다.

입춘이 되자 왕온서는 탄식하며 말했다.

"아, 겨울이 한 달만 더 있었다면 하내군을 충분히 다스릴 수 있었을 텐데!"

그는 백성을 다스리기보다는 살생을 즐겼고 위세부리기를 좋아했다. 하지만 의종이 있을 때에는 두려워 함부로 법 집행을 하지 못했었다.

의종이 죽은 후에 정위에 올랐다.

윤제(尹齊)는 동군(東郡) 치평(荏平) 사람이다. 장탕의 휘하에 있으면서 도적 잡는 일을 맡았다. 본래 학문이 부족하여 성격이 직선적이었다. 처음에는 청렴하고 용맹하며 법 집행이 공정했지만, 관내도위(關內都尉)로 승진한 후에는 영성보다 더 가혹하게 법 집행을 하였다.

황제가 그를 인정해 중위로 승진시켰다. 하지만 그의 법 집행은 더욱 잔혹해졌다. 부하 관리들은 그를 두려워하여 감히 죄 짓는 일을 하지 못했다. 하지만 그렇다고 선량한 백성들을 잘 다스린 것은 아니다. 맡은 일마다 해결하지 못한 것들이 많아서 결국 파면당하고 말았다.

양복(楊僕)은 의양 사람이다. 하남 태수가 능력을 인정하여 관동지방 도적을 토벌하는 일을 맡겼다. 일처리가 용맹하고 과감했다. 주작도위에 이어 구경에 올랐다. 누선장군(樓船將軍)으로 남월 토벌에 참여하여 공을 세웠다. 좌장군 순채와 함께 조선을 치러 갔다가 순채에게 체포당하는 불운을 겪었다. 그 뒤 병으로 죽었다.

왕온서는 중위에 오르자 재능이 트였다. 투서함을 두어 범죄를 고발하게 하는 방법을 사용했다. 아첨에 능하여 권력자에게는 아부하고 힘없는 자에게는 군림하는 성격이었다. 고문이 잔혹하여 잡혀 온 백성들은 출옥하는 일이 결코 없었다. 백성들은 왕온서를 원망하였으나 고위 관리들은 칭송하였다.

그 무렵 황제가 통천대(通天臺)를 축조하고자 했으나 인력과 재정이 부족하였다. 그런 와중에 왕온서가 관할 지역 안에 아직 병역을 마치지 않고 숨어 있는 자 수만 명을 찾아내 통천대를 쌓을 수 있다고 고하였다. 황제가 기뻐하여 그를 소부(少府)에 임명하였다.

한 해 후, 한나라는 대원국(大宛國)을 정벌하기 위해 군사를 일으켰다. 황제는 조서를 내려 각 지역의 관리들을 징발하였다. 그때 왕온서의 부하가 징발되었다. 하지만 왕온서가 이를 숨겨 주었다. 이를 알게 된 어떤 자가 몰래 상소를 올렸다.

"왕온서는 뇌물을 받고 기병에 징집될 자를 면제시켜 주었습니다. 부정한 방법으로 이득을 취한 자이니 처벌하여 주시옵소서."

이 죄로 인해 왕온서 일족이 모두 멸하고, 그의 두 동생들과 양쪽 사돈들도 같이 멸족당하였다. 왕온서는 결국 자살하였다. 이때 표기장군을 따랐던 서자위(徐自爲)가 이를 탄식하여 말했다.

"아, 슬픈 일이로다. 옛날에 삼족을 멸한다는 말은 들어봤어도, 5족이 동시에 멸하는 것은 처음이로구나."

왕온서가 죽은 후 그의 재산을 합쳐 보니 생각보다 청렴하여 남은 것이 없었다. 몇 년 후 윤제 역시 회양의 도위로 있다가 병으로 죽었다. 그의 재산은 가난한 백성의 수준과도 같았다. 그러나 평소 그에게 원한을 갚고자 하는 자가 많아 가족들은 몰래 시체를 매장하였다.

이후 왕온서의 법 집행을 따르려는 관리가 많아졌으나, 죄를 범하는 자와 도적들은 전국에서 끊이지 않았다.

도적으로는 남양에는 매면(梅免)과 백정(白政), 초나라에는 은중(殷中)과 두소(杜少), 제나라에는 서발(徐勃), 연나라와 조나라 사이에는 견로(堅盧)와 범생(范生)이 있었다. 큰 곳은 무리가 수천 명에 달하였고, 멋대로 이름을 내걸고 성을 공격하고 무기를 탈취하였다. 때로는 사형수를 석방하고 태수와 도위를 결박해 욕을 보였으며, 2천 석 고관을 살해하고,

격문을 띄워 식량을 갖추어 놓도록 통고하기까지 하였다. 이들이 고을을 약탈하는 행위는 셀 수 없을 정도였다. 황제는 결국 어사중승(御史中丞), 승상장사(丞相長史)를 파견해 도적을 잡도록 하였다. 그러나 이들의 힘으로는 도무지 도적을 어찌할 수 없었다.

이에 광록대부 범곤(范昆)에게 병사를 동원하여 도적떼를 토벌하게 하였다. 이때 목이 잘린 도적의 수가 만여 명에 달하였다. 그렇지만 도적의 우두머리는 소탕하지 못하여 장소를 이동하여 다시 도적떼를 이루니 나라에서는 어찌할 도리가 없었다.

그래서 침명법(沈命法)을 제정하여 선포하게 이르렀다.

"도적 무리가 있는 것을 알고도 적발하지 않거나, 적발하여도 체포한 도적 수가 규정에 미치지 못할 경우에 하급 관리로부터 고위직까지 모두 사형에 처한다."

그러나 이 법이 제정되자 관리들은 죽음이 두려워 비록 도적을 적발했더라도 감히 고발하지 못했다. 그런 까닭에 도적들은 더욱 늘어났다.


감선(減宣)은 양(楊)현 사람이다. 하동 태수 밑에서 좌사(佐史)로 있었다. 업무 능력이 뛰어났고 성실한 자로 소문이 났다. 하루는 위청 장군의 사자가 하동에 말을 사러 왔다가 감선의 재능을 보고 황제에게 추천하였다. 황제는 감선을 불러 만나보고는 황제의 마차를 관리하는 대구승(大廐丞)으로 임명하였다. 이후 어사와 중승으로 승진하여 주보언 사건과 회남왕 모반 사건을 맡게 되었다.

법 집행에 치밀하여 해결하기 어려운 사건을 과감하게 판결하였다. 그로 인해 사형당하는 이가 많았다. 그는 정확한 사람이라 좌내사(左內

史)에 있을 때 쌀과 소금 등이 그의 손을 거쳐야 지출할 수 있었다. 심지어 소속된 부서의 모든 재물들을 파악하고 있을 정도였으니 어느 관리고 그에게 거짓말을 할 수 없었다. 특히 그는 관리들이 임무를 소홀히 하거나 법을 어길 경우 무엇보다 중하게 다스렸다.

하지만 너무 곧은 성격 때문에 중도에 면직되었다가 우부풍(右扶風)에 임관되었다. 이때 감선은 성신(成信)이라는 자를 몹시 미워하였다. 그래서 부하를 시켜 제거토록 하였다. 하지만 성신이 상림원으로 도망하는 것을 화살을 겨누어 쏘았지만 문에 맞고 말았다. 이 일이 탄로나 감선은 문책당하였고, 황제의 사냥터인 상림원에서 활을 겨눈 것이 대역죄로 판결되어 일족이 몰살당하였다. 감선은 끝내 자살하고 말았다. 대신 두주가 감선의 자리에 앉았다.

두주(杜周)는 남양군 두연 사람이다. 의종의 휘하에서 법 집행을 맡았다. 장탕이 그 재능을 인정하여 황제께 추천하였고 이어 어사로 임명되었다. 그의 판결에 의해 사형당한 자가 많았지만 황제는 그를 신임하여 감선과 더불어 주요 업무를 맡겼다.

그는 항상 신중하여 결단이 다소 늦었다. 또 외형은 관대하게 보이지만 속은 냉혹한 자였다. 황제가 싫어하는 자는 모함해서 가두었고, 황제가 살펴 주려는 자는 그 억울함을 풀어 주었다. 그런 두주를 누군가 이렇게 질책하였다.

"그대는 공평한 판결을 내리는 자리에 있으면서 왜 법에 따르지 않고 황제의 의향에 따라 판결을 하는 것이오? 사법관이 그래도 되는 것이오?"

두주가 말했다.

"법이 어디서 나온 것이오? 이전에 황제가 옳다고 여겨 제정한 것이 법률이 되고, 지금 황제가 옳다고 여긴 것은 법령이 되는 것이오. 법은 그때그때 옳다는 말입니다. 어찌 옛 법만을 따른단 말이오?"

두주가 정위(廷尉)에 오르자 처리할 사건이 더욱 많아졌다. 2천 석 벼슬에 있는 자로 옥에 갇힌 자가 백 명이 넘었고, 태수 및 승상부와 어사부의 관리들도 1천 명이 넘었다. 게다가 참고인으로 체포된 자가 수백 명에 이르렀다. 그들은 수백 리 또는 수천 리 되는 곳에서 오기도 하였다. 죄인들이 기소장에 적힌 죄목을 인정하면 옥리들은 그대로 집행을 하면 되었지만, 죄인이 불복할 경우에는 심하게 매질을 하여 자백을 받고 기소장에 적힌 대로 집행을 하였다.

정위와 중도관의 칙령에 의해 체포된 자가 6만 명이었고, 다른 관리들이 처리한 죄수가 10만 명이나 되었다. 그러니 당시 백성들은 옥리가 잡으러 온다고 하면 모두 도망쳐 숨어 버렸다.

두주는 도중에 파면되기도 했지만 다시 도적을 잡는 집금오(執金吾) 벼슬에 올랐다. 이때 황실의 일족인 상홍양과 위황후 형제의 자식들을 체포하여 다스렸는데 법을 엄중히 적용하였고 집행 또한 가혹하였다. 황제는 그런 두주를 사심 없는 자로 여겨 어사대부로 승진시켰다.

두주의 두 아들은 각각 하내군과 하남군의 태수를 지냈는데 흉폭하고 잔인하기가 왕온서보다 더했다. 두주는 처음에는 한 필의 말, 그것도 마구조차 갖추지 못한 것이었는데 삼공에 오르고부터는 막대한 재산을 모으게 되었다.

태사공은 말한다.

"질도에서 두주에 이르는 열 사람은 모두 냉혹하고 준엄한 자로 이름을 떨쳤다. 질도는 강직하여 옳고 그른 것을 따져 법 집행을 하였다. 장탕은 황제의 뜻에 영합하면서 법 집행을 하였다. 조우는 법에 의거하여 집행을 하였다. 두주는 아첨은 심했으나 신중하게 법 집행을 하였다.

장탕이 죽은 후로 법은 치밀해지고 관리들은 백성을 가혹하게 다스렸다. 정치는 쇠퇴하고 백성은 황폐해졌다. 관리들은 자신의 지위를 지키는 데 연연하여 황제의 과오를 지적한다는 것은 엄두도 나지 않는 일이었다. 그러니 어찌 법령 이상의 것을 논할 여유가 있었겠는가. 그러나 이 열 명 중에 청렴한 자는 모범으로 삼을 만하고 탐욕스러운 자는 경계로 삼을 만하다. 이들은 참혹하기는 했으나 자신의 지위에 충실한 인물들이었다. 그들의 방책과 모략은 사악한 일을 배제한다면 후세 사람들을 가르치기에 충분한 것이다.

촉(蜀)의 태수 풍당(馮唐)은 포악하기가 그지없어 백성을 학대했고, 광한군의 이정(李貞)은 제 기분대로 사람의 사지를 찢어 죽였으며, 동군의 미복(彌僕)은 톱으로 사람의 목을 잘라 죽였다. 천수군의 낙벽(駱璧)은 망치로 자백을 받아 냈고, 하동군의 저광(褚廣)은 함부로 사람을 죽였다. 장안 동쪽을 담당하는 경조윤(京兆尹) 벼슬의 무기(無忌)는 지독하기가 독사 같았고, 장안 서쪽을 담당하는 좌풍익(左馮翊) 벼슬의 은주는 포악하기가 사나운 매와 같았다. 수형도위(水衡都尉) 염봉(閻奉)은 사람을 매질하여 자백을 받아 내고 죄를 눈감아 주는 대가로 뇌물을 받았으니, 이러한 일들을 어찌 다 헤아릴 수 있겠는가!"

# 제63편

# 대원열전

大宛之跡，見自張騫。張騫，漢中人。建元中為郎。是時天子問匈奴降者，皆言匈奴破月氏王，以其頭為飲器，月氏遁逃而常怨仇匈奴，無與共擊之。漢方欲事滅胡，聞此言，因欲通使。道必更匈奴中，乃募能使者。騫以郎應募，使月氏，與堂邑氏胡奴甘父俱出隴西。經匈奴，匈奴得之，傳詣單于。單於留之，曰：月氏在吾北，漢何以得往使。吾欲使越，漢肯聽我乎。留騫十餘歲，與妻，有子，然騫持漢節不失。居匈奴中，益寬，騫因與其屬亡鄉月氏，西走數十日

"대원(大宛)은 한(漢)나라 때 장건(張騫)에 의해 처음 알려졌다. 호칭은 대원(大宛)이라 하고 표기는 발한나(拔汗那)라고 하였다. 오늘날의 우즈베키스탄 페르가나 주(州)와 타지키스탄 레니나바드 주가 이 지역에 해당된다. 중앙에 시르강이 흘러 농경문화가 발달했고 교통의 요지였다."

•

대원의 존재는 장건(張騫)에 의해 알려지게 되었다. 무제 때 투항해 온 흉노를 심문하니 이런 말을 하였다.

"흉노가 월지(月氏)를 쳐들어가 왕을 죽이고 그 두개골로 술잔을 만들었습니다. 그곳 백성들은 쫓겨나 흉노에게 복수하려고 하지만 그들에게는 그만한 힘이 없습니다."

때마침 흉노를 정벌하고자 했던 차에 월지라는 말을 들은 무제는 무척 궁금하였다. 이내 월지에 사신을 보내기로 하였다. 이때 한중(漢中) 출신인 장건이 낭관(郎官)의 신분으로 응모해 사신으로 가게 되었다. 사신 일행은 모두 백여 명으로 그중 흉노에서 귀화해 장건의 하인으로 있는 감보(甘父)도 함께 떠나게 되었다.

약속한 날에 농서군(隴西郡)에서 출발하여 얼마 후 흉노의 영토에 이르렀을 때 모두 체포되는 불운을 만났다. 흉노의 선우(單于)가 붙잡혀 온 장건에게 물었다.

"월지는 우리 북쪽에 있는 곳인데 어찌 한나라가 사신을 보낼 수 있단 말이냐? 내가 초(楚)나라나 월(越)나라로 사신을 보낸다면 한나라가 허락하겠느냐?"

이리하여 장건과 사신 일행은 흉노에 10년간 억류되어 살았다. 장건은 그곳에서 결혼도 하고 자식도 낳았다. 하지만 한나라 사신이라는 황제의 부절(符節)은 결코 잃어버리지 않았다.

어느 날, 장건은 흉노의 감시가 소홀한 틈을 타서 수행원들과 함께 몰래 도망쳤다. 월지로 향한다고 생각하고 서쪽으로 수십 리를 달려갔다. 그런데 도착하고 보니 그곳은 월지가 아니라 대원이었다. 마침 대원에서는 한나라는 물자가 풍부한 나라로 여겨 서로 왕래하고자 했던 터라 장건 일행을 보고 기뻐하였다. 대원왕이 물었다.

"그래, 그대들은 어디로 가는 길이오?"

장건이 대답하였다.

"소신은 월지에 사신으로 가던 중 흉노에 붙잡혀 있었습니다. 지금 도망쳐 나왔는데, 이곳이 대원인 줄 몰랐습니다. 청컨대 왕께서는 월지로 가는 길을 안내해 주시면 후에 제가 한나라에 돌아가 이 고마움을 분명코 아뢰겠습니다. 그러면 저희 황제께서는 분명 많은 재물을 왕께 하사하실 겁니다."

대원왕이 이 말을 믿고 장건에게 안내인과 통역관을 딸려 보내 주었다. 이웃나라 강거(康居)에 도착하니 그곳에서 마침내 월지로 갈 수 있게 되었다. 장건이 도착해 보니 이곳은 대월지(大月氏)라 하였다. 대월지는 이전에 월지가 흉노에 패해 서쪽으로 이주하면서 대하(大夏) 지역을 정복해 세운 나라였다. 그 땅이 비옥하고 주변에 침략자들이 없어 백성들은 생활이 편안했다. 그런 까닭에 흉노에게는 전혀 복수할 생각이 없어 보였다. 장건이 두 나라의 수교에 대해 말을 했지만, 월지 왕은 한나라가 멀리 떨어진 나라라 여겨 끝내 대답을 하지 않았다.

장건 일행은 월지에 1년 정도 머물렀다. 그리고 강족(羌族)의 땅을 거쳐 한나라로 돌아가던 중, 운이 없게도 다시 흉노에게 사로잡혔다. 그 무렵 흉노는 선우가 죽고, 좌녹려왕이 태자를 몰아내 스스로 왕에 오른 때라 나라가 혼란스러웠다. 그 틈을 타서 장건은 흉노족 아내와 일행을 데리고 한나라로 돌아올 수 있었다.

무제는 장건에게 사신의 공로를 인정하여 태중대부(太中大夫)의 벼슬을 내렸고, 감보에게는 사신을 수행한 공로로 봉사군(奉使君)이라는 벼슬을 내렸다.

장건은 기개가 있고 사람을 잘 대하는 자라 흉노에 억류되어 있으면서도 그곳 사람들의 존경을 받았다. 감보는 활을 잘 쏘아 위급할 때에 그 활로써 짐승을 잡아 일행들이 끼니를 때울 수 있었다. 처음 길을 떠났을 때에는 그 일행이 백 명이 넘었는데, 13년 후에 돌아올 때는 장건과 감보 둘 뿐이었다.

장건이 직접 가 본 곳은 대원, 대월지, 대하, 강거였다. 그 밖에도 인접한 나라에 대해서 전해 들은 것이 많았다. 다음은 장건이 황제께 보고한 내용이다.

대원은 흉노의 서남쪽, 한나라의 바로 서쪽 약 만 리쯤에 떨어져 있습니다. 그들의 풍습은 마을을 이루고 살면서 벼와 보리를 심고 포도주를 생산합니다. 좋은 말이 특히 많은데 본래 천마(天馬)의 새끼들이라고 합니다. 70여 개의 성이 있고, 인구는 몇십만 명 정도입니다. 무기는 활과 창이며 병사들은 말을 타고 활을 씁니다.

북쪽은 강거, 서쪽은 대월지, 서남쪽은 대하, 동북쪽은 오손(烏孫), 동쪽은 우미(扜罙)와 우전(扜窴)이 있습니다. 물은 서쪽으로 흘러 서해(西海)로 들어가고, 동쪽으로 흘러 염택(鹽澤)으로 들어갑니다. 염택의 물이 지하로 흘러들어가 황하의 발원지가 됩니다. 염택은 장안에서 5천 리 떨어져 있습니다.

오손은 대원 동북쪽 2천 리 되는 곳에 있는데 사람들은 유목생활을 합니다. 군사는 몇만 명이나 다들 용감하고 싸움을 잘합니다. 원래 흉노에 복속되었으나 강해진 이후로 독립해서 살고 있습니다.

강거는 대원의 북쪽 2천 리 되는 곳에 있으며 월지와 풍속이 비슷합니다. 활을 쏘는 군사가 8만 정도이나 나라가 작아서 남쪽은 월지에 복속되었고, 동쪽은 흉노에 복속되었습니다.

엄채(奄蔡)는 강거 서북쪽 2천 리 되는 곳에 있으며 강거와 풍속이 비슷합니다. 활 쏘는 병사가 10만 명이며, 끝없이 넓은 연못 북해가 있는 곳입니다.

대월지는 대원 서쪽 3천 리 되는 곳에 있으며 그 남쪽은 대하, 서쪽은 안식, 북쪽은 강거입니다. 유목생활을 하며 풍속이 흉노와 비슷합니다. 활 쏘는 병사가 15만 명 정도 됩니다. 이전에는 흉노를 업신여기며 독립적으로 살았는데, 묵돌이 흉노의 선우에 즉위하면서 월지를 쳐부수고, 노상 선우는 월지 왕을 죽이고 그 머리뼈로 술잔을 만들어 썼다고 합니다. 월지는 흉노에게 패하고 서쪽 대하로 옮겨갔습니다. 그곳을 점령해 세운 나라를 대월지라 부르고, 이전에 남아 있는 무리들을 소월지라고 부릅니다.

안식(安息)은 대월지 서쪽에 위치하고 있으며 그들의 풍속은 벼와 보리를 심고 포도주를 생산합니다. 땅은 사방 천 리이며 읍은 몇백 개나 되는 가장 큰 나라입니다. 사람들은 장사하기 위해 수레와 배를 이용하는데, 이웃나라나 몇천 리

되는 곳까지 가기도 합니다. 은으로 돈을 만드는데, 모양은 그 나라 왕의 얼굴 같고, 왕이 죽고 새로 즉위하면 돈의 모양도 바뀝니다. 문자가 있어 주로 가죽에다 적어 기록합니다.

조지(條枝)는 안식에서 서쪽으로 천 리 되는 곳으로 서해가 가까이 있습니다. 날씨는 덥고 습하며 벼를 심습니다. 그곳에는 타조라는 큰 새가 있는데 알의 크기가 항아리만 합니다. 안식의 신하들은 이웃나라인 조지에 대해 이렇게 말합니다.

"조지에는 부력이 거의 없어 기러기 털도 가라앉는다는 약수(弱水)라는 강과 모든 신선들을 지배하는 곤륜산의 최고 여신 서왕모(西王母)가 있는 나라입니다. 저희들은 아직 한 번도 본 일은 없으나 오래도록 전해져 오는 이야기입니다."

대하는 대원 서남쪽 2천 리에 있습니다. 그들의 풍습은 대원과 비슷합니다. 왕은 없고 성에 소군장(小君長)을 두고 있습니다. 백성들은 싸움은 싫어하나 장사는 아주 좋아합니다. 대월지가 속국으로 삼아 다스리고 있습니다. 인구는 몇 십만 명 정도로 수도는 남시성(藍市城)이고 시장이 발달했습니다. 그 동남쪽이 연독국(身毒國)입니다.

신이 대하에 있을 때 공(邛)의 대나무 지팡이와 촉(蜀)의 옷감을 보았습니다. 이것을 어디서 구했냐고 물었더니 대하 사람이 말하기를 우리 상인들이 연독국(身毒國)에서 사 가지고 온 것이라 합니다.

연독은 대하에서 몇천 리 떨어져 있습니다. 그들의 풍속은 대하와 비슷하고 사람들은 코끼리를 타고 싸움을 한다고 합니다. 이곳은 습기가 많고 무더운 지역입니다.

신이 짐작하건대 대하는 한나라에서 1만2천 리 떨어져 있고, 연독국은 또 대하에서 몇천 리 떨어져 있는데, 그 나라에 촉의 물건이 있다는 것은, 즉 촉에서 그다지 멀지 않다는 겁니다. 대하로 사신을 보낼 때 강족을 거쳐 가게 되면 지세가 험하여 어렵고, 그렇다고 북쪽으로 가면 흉노에게 붙잡히게 될 것입니다. 그러나 촉에서 가게 되면 길도 가깝고 도적도 만나지 않을 겁니다.

대원, 대하, 안식은 모두 대국이라 진기한 물건이 많고, 백성들의 생활양식도 중국과 비슷합니다. 하지만 군사는 약합니다. 이들은 한나라의 물건을 소중히 여기는데, 만약 이들에게 이로움을 베풀어 예속시킨다면 1만 리에 걸쳐 국토를 넓힐 수 있을 겁니다. 여러 차례 통역을 바꾸어야 하고, 여러 특수한 풍속을 대할 수 있게 되니 황제의 위엄과 은덕을 천하에 알릴 수 있는 기회인 것입니다.

황제는 장건의 보고에 흡족했다. 이어 건위군 방(駹), 염(冉), 사(徙), 공북(邛僰) 네 곳에서 동시에 사신을 파견하였다. 그러나 2천 리도 못 가서 북으로는 저(氐)와 작(筰)에 막혔고, 남으로는 수(嶲)와 곤명(昆明)에서 막혔다.

곤명의 무리들은 도적질을 잘하여 한나라 사신들만 보면 죽이고 물건을 약탈해 갔다. 이로 인해 끝내 대하와 수교할 수 없었다. 그러나 서쪽으로 1천 리를 가니 코끼리를 타고 다니는 나라가 있는데 전월(滇越)이었다. 이곳을 이용하여 대하로 가는 길을 찾게 되었다. 애초에 서남쪽과 수교하려 했지만 비용이 많이 들고 길도 통하지 않아 도중에 그만두었었는데, 장건이 대하와 통할 수 있다고 주장하는 바람에 다시 길을 찾기로 했다.

이후 장건은 대장군 위청을 보좌하는 교위(校尉)가 되어 흉노 정벌에 나섰다. 이때 장건은 사막 가운데 오아시스가 있는 곳을 알았기 때문에 군대는 어려움을 겪지 않았다. 이 공로로 박명후(博望侯)에 봉해졌다.

이듬해 이광 장군을 모시고 위위(衛尉)가 되어 흉노를 공격하였다. 하지만 흉노가 이광 장군을 포위하여 사상자가 매우 많았다. 또한 장건은 약속한 기일에 이광 장군 부대와 합류하지 못한 책임을 물어 참형에 처해지게 되었다. 다행히 속죄금을 내고 평민이 되었다.

얼마 후, 표기장군 곽거병을 파견해 흉노를 치게 하니, 흉노 수만 명을 죽이고 기련산까지 진출하였다. 이듬해에 흉노의 혼야왕이 귀순하니 금성에서 염택에 이르기까지 단 한 명의 흉노도 찾아볼 수가 없었다. 2년 후, 한나라 군대가 출병하여 흉노를 공격하니 선우는 멀리 북쪽으로 도망하였다.

황제는 이후에도 여러 차례 대하에 대해 궁금한 것을 물었다. 장건은 이렇게 대답했다.

"제가 흉노에 억류되었을 때 들은 이야기입니다. 오손(烏孫)은 흉노 서쪽에 있는 작은 나라인데 왕의 이름은 곤모(昆莫)입니다. 이전에 흉노가 곤모의 아버지를 죽이고 어린 곤모를 들에 버렸습니다. 그러자 까마귀들이 고기를 물고 와서 어린 곤모에게 먹이고 늑대가 와서 젖을 물렸습니다.

흉노의 선우는 그것을 보고 이상하게 여겨 어린 곤모를 신(神)이라 여겨 데려와 길렀습니다. 이후 곤모가 성인이 되자 군대를 거느리고 여러 차례 공을 세웠습니다. 선우는 그에게 이전의 오손 백성들을 보살피게 하고는 서쪽 변방을 지키도록 하였습니다.

점차 곤모를 따르는 병사가 늘어나 활을 쏘는 궁사만도 수만 명이나 되었고, 그 위세로 주변의 작은 읍들을 모두 공격하여 점령하였습니다.

이후 흉노의 선우가 죽자 곤모는 자신을 따르는 무리를 이끌고 옮겨가 독립하고는 흉노와 등을 돌렸습니다. 흉노에서 이에 대한 보복으로 군대를 보내 습격했으나 도리어 패하고 말았고, 이후로는 곤모를 신으로 여겨 그저 견제할 뿐이었습니다.

지금 선우는 한나라로부터 쫓기어 도망가 있고, 귀순한 혼야왕이 살던 곳은 텅 비어 아무도 살지 않습니다. 북쪽 오랑캐들은 모두들 한나라의 재물을 탐하고 있는데, 마침 이때에 오손에게 후하게 재물을 주어 이전 혼야왕이 살던 곳으로 이주하도록 하면 아마도 그들은 한나라를 따르게 될 것입니다. 그렇게만 된다면 흉노는 오른팔을 잃은 셈이 되고, 우리는 그 너머 서쪽의 대하 등을 끌어들일 수 있을 겁니다."

황제가 이 말을 타당하다고 여겨 장건을 중랑장(中郞將)으로 삼아 군사 3백 명을 거느리고, 소와 양 수천 마리와, 금은 비단을 가지고 떠나도록 하였다. 가는 길에 부족이나 작은 나라를 만나면 그들을 대할 수 있는 지절부사(持節副使) 여러 명을 동행토록 하였다.

장건이 드디어 오손에 도착하였다. 하지만 오손 왕 곤모는 예의를 모르고 무례하여 장건은 치욕스러움을 느꼈다.

"이는 한나라 천자께서 하사하신 것이니 절을 하지 않으시면 전해드릴 수가 없습니다."

그러자 곤모가 절을 하였다. 하지만 다른 의식은 여전히 흉노와 다를 바 없었다. 이어 장건이 사신으로 오게 된 이유를 말하였다.

"만약에 오손 전체가 이전 혼야왕이 살던 지역으로 이주해 오면, 우리 한나라에서는 옹주(翁主)를 보내 곤모의 부인으로 삼게 할 것입니다."

이 무렵 오손은 나라가 나뉘어 있었고, 곤모는 연로하였다. 한나라는 멀리 떨어져 있어 큰 나라인지 작은 나라인지조차도 몰랐다. 또 신하들은 흉노와 마주하는 것을 두려워하여 곤모는 쉽게 대답을 할 수 없었다. 결국 장건은 확답을 얻지 못했다.

곤모에게 열 명의 아들이 있는데 그중 대록(大祿)이라는 아들이 힘이 세고 병사들을 잘 다루었다. 그는 만여 명의 병사를 거느리고 다른 곳에서 살고 있었다. 태자인 형이 마침 왕위에 오르기도 전에 일찍 죽었다. 태자에게는 잠취(岑娶)라는 아들이 있었다. 그래서 태자는 죽기 전에 곤모에게 말했다.

"아버님, 반드시 잠취를 태자로 삼아 주시고 결코 다른 사람을 세우지 말아 주십시오!"

곤모는 이를 약속하고 마침내 잠취를 태자로 삼았다. 하지만 대록은 자신이 태자의 뒤를 잇지 못한 것이 너무 억울했다. 이에 다른 형제들과 은밀히 연합하여 잠취와 곤모를 공격하기로 했다.

곤모는 혹시라도 대록이 잠취를 죽일까 봐 걱정스러웠다. 이에 잠취에게 만여 명의 기병을 주어 다른 곳에서 살게 하였다. 그리고 곤모 자신도 만여 명의 기병을 거느리고 반란에 대비하였다. 이렇게 해서 나라가 셋으로 나뉘었으니 장건의 제안을 쉽게 결정하지 못한 것이었다.

이에 장건은 동행한 부사들을 대원, 강거, 대월지, 대하, 안식, 연독, 우전, 우미 등 인접 나라에 사신으로 보냈다. 그리고 오손을 떠났다. 이때 곤모는 장건에게 안내인과 통역원, 한나라에 보내는 사신 몇십 명, 말 몇십 필을 감사의 표시로 딸려 보냈다. 사신을 보낸 것은 한나라가 얼마나 큰지 알아 오도록 한 것이었다.

장건이 돌아오자 황제는 그에게 대행의 벼슬을 내렸다. 이로써 구경

(九卿)의 대열에 올랐다. 그리고 일 년 후에 장건은 세상을 떠났다.

오손의 사신들은 한나라의 인구와 물자를 보고 돌아가 그대로 전하니 한나라를 더욱 우러러보게 되었다.

1년 후, 대하 등 여러 곳에 파견한 사신들이 돌아오자 한나라는 서북쪽 나라들과 수교를 시작하였다. 이것은 모두 장건이 개척한 공로였다. 그 후에 한나라에서 사신으로 나가는 자들은 모두가 장건을 뜻하는 박망후라고 칭했는데, 이는 사신을 접대하는 나라에서 박망후라고 해야만 신임을 하게 된 까닭이었다.

한편 흉노는 오손이 한나라와 소통한다는 소식을 듣고는 크게 노하여 공격하려 했다. 이에 오손이 두려워 한나라에 사신을 보냈다.

"한나라의 옹주를 처로 삼고 형제의 나라가 되고자 합니다."

황제가 신하들에게 이 문제를 논하니 모두 이렇게 말했다.

"반드시 폐백을 받은 후에 옹주를 보내셔야 합니다."

그래서 역서에 의거해서 점을 치니 점괘가 나왔다.

"신령스러운 말이 서북쪽에서 올 것입니다!"

그 뒤 오손에서 좋은 말을 얻게 되니 천마(天馬)라 이름 지었다. 그런데 얼마 후 이번에는 대원에서 말을 얻고 보니 더욱 건장하고 날렵했다. 할 수 없이 오손에서 온 말을 서극(西極)이라 정정하고, 대원에서 온 말을 천마라 명명했다.

한나라는 서쪽에 성을 쌓고 주천군(酒泉郡)을 설치하였다. 이는 서북쪽의 모든 나라들과 교류하기 위해서였다. 이전보다 많은 사신들이 안식, 엄채, 여헌, 조지, 여독 등에 보내졌다. 사신이 많을 때는 몇백 명에 이르기도 했다. 그러나 그들이 가지고 나가는 것은 박망후 때와 비슷했다.

1년에 사신은 10여 차례 파견하였고, 먼 곳을 가는 사신이 돌아오려면 10년이 걸렸다. 가까운 곳도 몇 해가 걸려야 돌아왔다.

　이렇게 하여 남월을 비롯한 남쪽의 소수민족들은 모두 한나라를 섬겼다. 이 기회에 한나라에서는 익주군, 월수군, 장가군, 심려군, 문산군을 설치하여 대하까지 이르게 하였다.

　사신들은 새로 설치한 군을 차례로 지나면서 대하까지 가고자 했으나, 항상 곤명에서 피살되거나 재물을 빼앗겨 돌아오곤 했다. 이에 황제는 곽창과 위광을 장군으로 삼아 곤명을 치도록 하였다. 곽창이 곤명에 쳐들어가 수만 명의 머리를 베고 셀 수 없이 많은 자를 포로로 잡아 돌아왔다. 그러나 다시 사신을 파견하자 역시 곤명에서 피살되는 일이 많아졌다. 끝내 대하까지 사신이 이어지지 못했다.

　황제가 그 먼 나라에 사신을 파견할 때, 수행원들은 대부분 이전에 박망후 장건을 따라 다녀왔던 자들이었다. 또한 그곳은 너무 멀고 안전이 문제였기에 죄인들 중에 선발하여 공을 세우면 죄를 면해 주었다. 간혹 그렇게 다녀온 자들 중에서 이국의 특산물이나 재물을 빼돌리는 자는 엄중히 다스렸다.

　차츰 사신의 왕래가 많아지자 서북쪽의 민족들이 한나라 사신들을 그다지 반갑게 여기지 않았다. 이는 찾아오는 사신마다 하는 말이 달랐기 때문이었다. 결국 한나라는 멀리 있는 나라이니 쳐들어올 수 없다는 생각으로 아예 사신들에게 음식 대접조차 중단하기도 했다. 사신들 또한 먹을 양식이 떨어지니 원한을 가지고 돌아오는 경우가 많았다.

　누란(樓蘭)과 고사(姑師)는 작은 나라지만 교통의 요지였다. 왕회가 이곳에 사신으로 갔다가 아주 굴욕적인 대접을 받기도 했다. 또한 가는 도중 흉노의 기병들이 자주 나타나 사신들을 가로막고 위협하기도 했다. 그러자 사신들이 이 폐단을 바꾸고자 아뢰었다.

"이민족들은 군대가 약하니 우리가 공격하면 쉽게 격파할 것입니다."

황제는 조파노(趙破奴)를 장군으로 삼아 흉노를 치게 하니 흉노가 모두 도망하였다. 이어 기병 7백 명을 데리고 누란을 공격하여 누란왕을 사로잡고, 고사를 멸망시켰다. 이 공로로 조파노는 착야후(浞野侯)에 봉해졌다. 이리하여 주천군에서 옥문관까지 요새가 줄을 잇게 되었다.

오손에는 말이 특히 많았는데 부유한 자는 5천 필의 말을 소유하기도 하였다. 그런 까닭으로 오손은 한나라에 폐백으로 말 1천 필을 바치고 황족의 딸인 강도옹주(江都翁主)를 맞이하였다. 곤모는 그녀를 우부인으로 삼았고, 흉노의 여인을 좌부인으로 삼았다. 그러나 곤모는 자신이 늙은 것을 알고는 강도옹주를 손자인 잠취에게 아내로 삼게 하였다.

안식은 한나라 사신이 처음 도착했을 때 2만 명의 기병을 동원하여 변경까지 마중 나왔다. 사신이 도읍까지 가는 도중 수십 개의 성을 지나게 되었고 사람들도 무척 많았다. 나중에 한나라 사신이 돌아갈 때 안식 왕은 큰 새의 알과 여헌(黎軒) 지역의 이름난 마술사를 예물로 바쳤다.

대원 서쪽의 작은 나라인 환잠(驩潛), 대익(大益)과 동쪽에 고사(姑師), 우미(扜采), 소해(蘇薤) 등도 한나라에 사신을 보내 예물을 바치고 황제를 섬기게 되었다. 이에 황제가 크게 기뻐하였다.

그리고 한나라 사신들은 황하의 원류를 찾아냈는데, 그것은 우전에서 비롯되었다. 우전에는 산이 하나 있는데 옥석이 아주 많았다. 사신들이 그것을 캐서 가져오자, 고서를 참고하여 알아보니 곤륜(崑崙)이었다. 이에 그 산을 곤륜산이라 칭하였다.

이 무렵 황제는 자주 해안 지역을 순행하였다. 그때마다 외국에서 온 사신들을 데리고 다녔다. 풍성한 술과 안주를 대접하고 비단과 재물을 상으로 하사하며 한나라의 부유함을 과시하였다. 또한 씨름대회를 비롯하여 각가지 놀이를 보여 주었고, 관청에 쌓여 있는 갖가지 진기한 물건들을 두루 보여 주면서 한나라의 광대함을 자랑하였다.

한나라는 서북쪽과는 왕래가 빈번했지만, 오손에서 안식에 이르는 나라들은 멀리 떨어져 있어 여전히 교만하게 굴었다. 한나라 사신이 가면 재물을 내놓지 않고는 대접을 받을 수가 없었다. 심지어 말도 돈을 내지 않으면 탈 수가 없었다. 하지만 그들은 흉노와는 접경하고 있었기에 흉노의 사신들이 찾아가면 예를 다하여 섬겼다. 이는 한나라보다 흉노를 더 무서워했기 때문이었다.

대원 주위의 나라들은 대부분 포도주를 빚었는데 부유한 자는 만여 석이나 저장해 두고 있었다. 포도주는 수십 년이 지나도 상하지 않는 것이 특징이라 그곳 사람들이 좋아했다. 또한 그곳의 말(馬)은 모두 빼어났는데 이는 콩과에 속하는 두해살이 풀 목숙(苜蓿)을 먹이로 주었기 때문이었다.

한나라 사신이 그 씨앗을 가져와 비옥한 땅에 심었다. 얼마 후 외국의 사신들이 오게 될 무렵에는 궁궐 곳곳마다 목숙이 넘쳐 났다. 이로 인해 좋은 말을 기를 수 있었다.

서북쪽 나라들은 대개가 언어가 비슷하여 말이 통했고, 생김새도 모두 눈이 움푹 들어가고 턱수염과 구레나룻이 난 사람이 많았다. 특히 장사를 잘했는데, 아주 작은 이익을 가지고도 서로 다투는 민족이었다.

이들의 특이한 풍속으로는 여자를 귀하게 여겨 남편은 아내의 말에 따라 행동했다. 철기를 만들 줄 몰라 한나라 수행원들이 그 주조법을 가르쳐 주었고, 무기와 그릇 만드는 법도 가르쳤다. 이들은 황금이나 은을 얻어도 그것을 화폐로 쓰지 않았다.

사신으로 대원을 다녀온 자들이 말(馬)을 가지고 오면 황제가 특히 좋아하였다. 그러자 말에 관한 보고가 많이 올라왔다. 대부분 부풀리거나 과장된 것이었다.

"대원 이사성(貳師城) 안에는 좋은 말이 숨겨져 있다고 합니다. 하지만 그곳 왕이 이를 감춰 두고 사신에게 보여 주려 하지 않습니다."

황제가 이 보고를 듣자 즉각 신하에게 명했다.

"금으로 만든 말을 가지고 가서 그 좋은 말과 바꿔 오너라!"

그렇게 해서 사신이 대원에 도착했다. 그러자 대원의 신하들이 급히 왕과 상의하였다.

"한나라 사신들은 돌아가는 길에 염택에 빠져 죽거나, 또 흉노의 습격을 받아 죽기도 합니다. 도중에 식량이 없어 굶어 죽을 때도 있습니다. 사신과 수행원 몇백 명이 와서 굶어 죽는 자가 절반이 넘기도 했습니다. 그런데도 그들은 군대를 파견하지 못하고 있습니다. 이 먼 곳까지 어떻게 군대를 보낼 수 있겠습니까? 하오니 우리의 보배인 이사성의 말을 내줄 수는 없습니다."

그 말에 따라 왕이 말을 주려고 하지 않았다. 화가 난 한나라 사신이 금으로 만든 말을 망치로 때려 부수고 그곳을 떠났다. 이에 대원의 신하들이 노하였다.

"지금 한나라 사신은 우리를 무시하고 있는 겁니다!"

한나라 사신들이 동쪽 변경을 통해 돌아가려 하자, 대원의 군사들이 습격하여 모두 죽이고 남은 재물을 약탈해 갔다.

이 소식을 전해들은 한나라 황제는 크게 노하였다. 이에 이전에 사신으로 다녀온 요정한(姚定漢)이 아뢰었다.

"대원은 병력이 약한 나라입니다. 3천 명의 군사만 있으면 쉽게 무찌를 수 있습니다."

이전에 조파노 장군이 군사 7백 명으로 누란왕을 생포한 적이 있었기에 황제는 이 말을 믿었다. 더구나 애첩인 총희(寵姬)의 오빠 이광리에게 공을 세울 수 있는 기회라 여겨 이사장군(貳師將軍)으로 임명하고, 인근 군에서 병사를 징발해 대원을 공격하게 하였다.

이사장군이란 이사성에 좋은 말들을 빼앗아 오도록 하라는 뜻에서 부른 것이다. 조시성(趙始成)이 군정을 맡고, 왕회로 하여금 앞장서게 하였다. 이차(李哆)는 교위로서 군사 직무를 맡았다. 그런데 그해 관동(關東)에 메뚜기 떼가 크게 일어나 서쪽 돈황(敦煌)까지 번지고 있었다.

이사장군이 서쪽으로 진격하여 염수를 지나자, 곳곳의 작은 나라들은 겁이 나서 성문을 닫고 한나라 군대에게 식량을 주지 않았다. 그렇다고 한나라 군대가 그들을 쉽게 함락시킬 수는 없었다. 막상 싸우게 되어 며칠 안에 그들을 무찌르지 못하면 식량이 떨어져 철수할 수밖에 없었다.

욱성(鬱成)에 도착했을 때 한나라 군사들은 몇천 명에 불과했다. 모두 굶주리고 지쳐 있었다. 욱성을 공격했으나 그들 또한 용맹하여 죽기로 저항하였다. 이사장군은 이차와 조시성을 불러 상의하였다.

"우리가 욱성조차 점령할 수 없는데, 하물며 대원의 왕을 어찌 공격할 수 있겠는가?"

결국 군사를 이끌고 돌아갈 수밖에 없었다. 돈황에 돌아오니 2년이 흘렀고, 군사는 10분의 1밖에 남지 않았다. 사자를 보내 황제께 글을 올렸다.

"대원에 이르기까지 길이 멀어 식량이 먼저 떨어졌습니다. 병사들은 굶주림을 이기지 못해 싸움조차 할 수 없었고, 적 또한 수적으로 우세하고 용맹하여 저희가 이기기엔 역부족이었습니다. 바라옵건대 병력을 늘려 다시 출병토록 해 주십시오."

황제는 크게 노하여 명을 내렸다.

"패한 군사로서 저 옥문관을 들어오는 자는 당장에 목을 베고 말 것이다!"

이사장군은 그 말이 두려워 돈황에 머물 수밖에 없었다.

그해 여름, 한나라 군대가 흉노와의 전투에서 2만 명의 군사를 잃었다. 조정 대신들은 이에 위기감을 느껴 대원 공격을 중단하고 흉노의 기습에 대비할 것을 권하였다. 그러나 황제는 생각이 달랐다.

"대원과 같은 작은 나라조차 점령하지 못한다면 그 주변 나라들이 한나라를 가볍게 여길 것이다. 그러면 대원의 좋은 말은 결코 얻지 못할 것이다. 그들이 한나라를 업신여기면 사신들도 하찮은 존재가 될 것이고, 결국 한나라는 웃음거리가 될 것이니 대원을 먼저 공격하라!"

이어 대원을 공격하는 것이 부당하다고 간언을 올린 신하 등광(鄧光) 등은 옥에 갇혀 처벌을 받았다.

대원 정벌을 위해 죄인들을 모집해 군사로 삼고, 변경의 백성들을 징발해 6만 명을 편성하였다. 소 10만 마리, 말 3만 필, 나귀 노새 낙타 등 각각 만여 마리를 데리고, 식량도 충분하게 비축하고, 무기도 충분히 갖추어서 돈황을 출발하였다. 추후로 18만 명을 더 징발하였는데, 이때 이사장군을 수행한 교위만도 50여 명에 달했다.

이렇게 이사장군이 다시 출정하자 군대 행렬이 그 끝을 알 수 없을 정도였다. 가는 곳마다 작은 나라들이 식량을 내주며 나와서 맞이하였다. 그런데 윤두(侖頭)에 이르렀을 때, 그들은 마중 나오지 않았고 항복하지도 않았다. 이사장군이 며칠을 공격한 끝에 그 성 안에 있는 자들을 모두 도살하고 말았다. 이후 대항하는 나라가 없어 순조롭게 대원 왕성(王城)에 이르렀다.

대원의 군사들은 결사 항전을 외치며 용감하게 맞서 싸웠으나 한나라 궁수들을 이길 수는 없었다. 그래서 성 안으로 들어가 방어만 하게 되었다. 마침 성 안에는 우물이 없었다. 물은 전부 성 밖에서 길어다 쓰고 있었으므로 한나라 군대는 성 아래 물길을 막아 방향을 틀었다. 성을 포위한 지 40일 만에 대원의 용장(勇將)인 전미(煎靡)를 사로잡고 성을 무너뜨렸다.

이때 대원의 신하들이 서로 의논하여 말했다.

"한나라가 우리 대원을 치는 이유는 우리 왕 무과(毋寡)가 좋은 말을 감추어 두었기 때문이고, 우리가 이전에 한나라 사신을 죽였기 때문이다. 지금 우리가 왕의 목과 좋은 말을 내놓으면 한나라 군대는 포위를 풀고 물러갈 것이다. 설사 그렇지 않다고 해도 싸움은 그때 해도 충분하다."

신하들이 모두 이 말이 옳다고 여겨 대신 한 사람이 왕을 죽이고 그 머리를 이사장군에게 가지고 가서 사죄하며 말했다.

"이제 우리를 그만 공격하십시오. 좋은 말은 있는 대로 내어 주겠소. 또 식량도 공급하겠소. 만일 이 제안을 받아들이지 않는다면 우리는 우리 땅에 있는 좋은 말을 모두 죽일 것입니다. 그리고 강거에 구원병을 요청하여 우리는 죽기로 한나라와 싸울 것입니다. 그러니 깊이 생각하여 결정하기 바랍니다."

이때 강거에서는 한나라 군사의 실태를 살피고 있었는데, 여전히 한나라 군대가 강성하기에 감히 대원을 도우러 진격하지 못하였다. 이사장군은 조시성과 이차를 불러 상의하였다.

"욱성 사람들은 우물 파는 법을 안다고 합니다. 또 성 안에는 아직도 식량이 많다고 합니다. 우리가 온 것은 대원의 왕 괴수 무과(毋寡)를 죽이기 위함인데, 이미 그 머리가 베어져 와 있으니 이 정도에서 군사를 멈추어야 할 것 같소. 강거에서 구원병을 파견한다면 그 또한 우리가 불리할 것이오."

이사장군은 즉각 대원의 제안을 받아들였다. 이에 대원은 좋은 말을 가져와 마음대로 고르도록 하였다. 또 많은 식량도 제공하였다. 이사장군은 대원의 신하 중에 매채(昧蔡)라는 자를 왕으로 세우고, 최상급의 말 몇십 필과 중등 말 3천 필을 데리고 귀국길에 올랐다.

이사장군은 돈황에서 군대를 출병할 때에 병사가 너무 많아 여러 나라들이 식량을 공급하지 않을 것에 대비하여 몇 개의 부대로 나누었다. 그중 교위 왕신생(王申生)과 호충국(壺充國)이 각각 1천 명을 거느리고 욱성(郁城)에 따로 이르렀다. 욱성은 성을 굳게 닫고 이들에게 식량을 주지 않았다. 왕신생이 식량 제공을 요구했지만 듣지 않았다. 그런데 왕신생의 군사가 날마다 줄어드는 것을 욱성에서 알아차렸다.

어느 날 아침, 욱성에서 3천 명의 군사가 문을 열고 나와 왕신생의 군대를 공격하였다. 왕신생은 적의 칼에 맞아 죽고 군대는 어이없이 패하고 말았다. 가까스로 탈출한 몇 사람이 이사장군에게 가서 이 사실을 알렸다. 그러자 이사장군이 명했다.

"수속도위(搜粟都尉) 상관걸(上官桀)은 지금 바로 가서 욱성을 전멸하라!"

수속도위가 욱성을 무너뜨리니 욱성왕은 강거로 도망쳤다. 강거의 왕은 한나라가 이미 대원을 점령한 것을 알고 있었기에 순순히 욱성왕을 한나라에게 넘겨주었다. 욱성왕은 묶인 채 네 명의 기사의 호위를 받으며 이사장군에게 가는 길이었다. 네 명의 기사가 논의하였다.

"이자는 우리 한나라에서 싫어하는 자이다. 그런데 이렇게 산 채로 데려가다가 혹시라도 무슨 일이 생기면 큰일이 아닌가?"

하고는 죽이려고 했으나 감히 먼저 나서는 자가 없었다. 가장 나이 어린 조제(趙弟)라는 이가 칼을 뽑아 욱성왕의 목을 베어 그 머리를 들고 이사장군에게 바쳤다.

두 번째 이사장군의 원정 때, 황제는 오손에 사신을 보내 힘을 합쳐 대원을 치자고 하였다. 이에 오손에서 2천 기병을 출정했으나 망설이며 전진하지 않았다. 동쪽으로 돌아가는 길에 대원이 항복했다는 소식을 들은 주변의 작은 나라들은 이사장군 일행에게 순순히 공물을 바쳤다.

군정 조시성(趙始成)이 가장 공로가 많았고, 상관걸(上官桀)은 적진 깊숙이 쳐들어가 싸웠으며, 이치(李哆)는 계책을 잘 세웠다. 옥문관에 돌아온 군사는 만여 명이고 군마는 1천 필이었다.

두 번째 원정에서는 군사도 식량도 부족하지 않았으나 호위장군들과 군리들이 비리가 심해 많은 사상자를 내었다. 그러나 황제는 만 리나 되는 곳에 가서 정벌을 하고 온 공로로 이광리를 해서후(海西侯)에 봉했다. 또 욱성왕을 벤 조제는 신치후(新時侯)에 봉하고, 조시성은 광록대부(光祿大夫), 상관걸은 소부(少府), 이치는 상당태수로 삼았다.

군 관리들 중에 구경에 봉해진 이가 세 명이고, 제후나 군수 2천 석 이상 신분에 오른 자가 100명, 2천 석 이하인 자가 1천 명이었다. 죄수로서 종군한 자는 노역을 면제해 주었고, 병사들에게 하사한 물건은 4만 금이 넘었다. 대원을 오고 가기 두 번, 그 4년 만에 전쟁이 끝난 것이었다.

매채를 대원의 왕으로 세운 1년 후, 대원의 신하들은 매채가 한나라에 아첨을 잘해서 나라를 망친 것으로 여겨 몰래 매채를 죽였다. 그리고 이전 왕 무과의 동생인 선봉(蟬封)을 왕으로 삼았다. 대신 그의 아들을 한나라에 볼모로 보냈다. 한나라에서는 이를 인정하고 후하게 선물을 보냈다.

이후 황제는 사신 십여 명에게 서쪽 여러 나라에 가서 진기한 물건을 구해 오도록 하였다. 그리고 대원을 정벌한 한나라의 위엄을 같이 알리도록 하였다. 돈황에는 주천도위(酒泉都尉)를 두었고, 서쪽 염수에 이르기까지 곳곳에 정(亭)을 설치하였다. 또 윤두(侖頭)에는 농사짓는 둔전병을 두어 사신들의 식량을 공급토록 하였다.

태사공은 말한다.

"「우본기(禹本紀)」에 의하면 하수는 곤륜산에서 발원하였다. 높이가 이천오백 리며, 해와 달이 서로 피해 숨으며 빛을 발한다. 그 정상에 단물이 솟아나는 예천(醴泉)과 신선이 사는 요지(瑤池)가 있다고 한다. 장건(張騫)이 대하의 사신으로 다녀온 뒤에 황하의 근원을 알아냈다. 어찌 곤륜산을 본 사람이 있었겠는가? 구주(九州)의 산천에 관한 기록은 『상서』에 기록된 것과 비슷하다. 「우본기」나 『산해경(山海經)』에 기록되어 있는 기이한 물건에 대해서는 나는 감히 말할 수 없도다."

# 제64편

## 유협 열전

卷一百二十四　游俠列傳

韓子曰、儒以文亂法、而俠以武犯禁。二者皆譏、而學士多稱於世云。至如以術取宰相卿大夫、輔翼其世主、功名俱著於春秋、固無可言者。及若季次、原憲、讀書懷獨行君子之德、義不苟合當世、世亦笑之。故原憲終身空室蓬戶、褐衣疏食不厭、死而已四百餘年、而弟子志之不倦。今遊俠、其行雖不軌於正義、然其言必信、其行必果、諾必誠、不愛其軀、赴士之阨困、既已存立死生矣、而不矜其能、羞伐其德、蓋亦有足多者焉。

"유협(游俠)이란 대장부의 기질과 신의가 있는 사람을 가리킨다. 대체로 협객(俠客)이나 검객(劍客) 등이 이 부류에 속한다고 할 수 있다."

•

한비자(韓非子)는 선비와 협객을 똑같이 비난했다.

"유교를 숭상하는 선비들은 문(文)으로써 법을 어지럽히고, 협객은 무(武)로써 법을 위반한다."

그러나 대부분의 선비들은 학문을 통해 재상(宰相), 경(卿), 대부(大夫)의 지위를 얻고, 또한 왕을 보좌하여 그 공적이 역사에 기록되는 경우가 많다. 물론 비난받는 자가 있는가 하면, 칭송받는 자도 많다.

계차(季次)와 원헌(原憲)은 빈곤한 유생에 불과했다. 학문을 닦아 군자의 덕을 지녔고, 아무리 부귀와 영화를 준다 하더라도 도의에 맞지 않는 일이면 영합하지 않았다. 비록 쑥대로 엮은 집에서 남루한 차림에 거친 음식을 먹고 살아도 아무런 불만이 없었다. 당시 사람들은 이들을 비웃었다. 그러나 이들이 죽은 지 이미 4백 년이 지났어도 제자들은 여전히 그 뜻을 기리고 있다.

작금의 유협(游俠)을 보면 그 행위가 악한 정치를 돕고 있으니 정의와는 멀다고 하겠다. 본래 유협은 말에는 믿음이 있고, 행동은 과감하고, 약속한 일은 성의를 다하는 것이었다. 옳은 일에는 기꺼이 자신의 몸을 바치고, 그러면서도 자신을 자랑하지 않고, 공덕을 내세우는 것을 수치로 알았다. 유협이 이러하다면 칭송할 만한 일이 아니겠는가?

태사공은 말한다.

"옛날 순(舜)임금은 우물을 파고 곳간을 짓다가 궁지에 몰렸고, 이윤(伊尹)은 솥과 도마를 짊어지고 요리를 하다가 욕을 먹었으며, 부열(傅說)은 낭떠러지에 숨어 살았으며, 여상(呂尙)은 가시나무 언덕에 살며 곤궁을 겪었으며, 관중(管仲)은 족쇄와 수갑을 찬 일이 있었으며, 백리해(百里奚)는 남의 집 노예가 되어 소를 먹인 일이 있었으며, 공자는 광(匡) 땅에서 위급한 변을 당하였고, 진(陳)과 채(蔡) 지역에서는 굶주려 고생하기도 하였다.

이들은 모두 유가에서 인정하는 덕망 있는 자들이다. 그러나 이들도 재난을 면치 못하였는데, 하물며 평범한 자들이 혼란한 세상을 살아가려면 얼마나 힘이 들겠는가? 그들이 겪은 재난을 어찌 말로 다할 수 있겠는가?"

옛사람이 말하기를

"사람이 인의(仁義)를 알아서 무엇하겠는가? 이익을 누리게 해 주는 자가 바로 덕 있는 자이다."

백이(伯夷)와 숙제(叔齊)는 주(周)나라가 천하의 패권을 차지한 것을 부끄럽게 여겨 수양산(首陽山)에서 굶어 죽었다. 하지만 문왕과 무왕(武王)은 역성혁명으로 왕위를 찬탈하고도 아무런 가책이 없었다. 도척(盜跖)과 장교(莊蹻)는 흉악한 도적의 무리였으나 따르는 무리들은 그들의 의기를 한없이 칭송하였다.

옷에 달린 단추 하나를 훔친 자는 사형에 처해지지만, 권력을 훔친 자는 왕에 오른다. 그런 왕 밑에도 인의(仁義)가 있다는 말이 틀린 말은 아닌 것이다.

학문이나 의리로 인해 세상을 등지고 살아가는 것이, 천박한 것으로 명예를 얻어 세속에 부합하며 살아가는 것보다 못할 것이 무엇이겠는가? 평민이라 해도 은혜를 입으면 반드시 갚고, 약속한 일은 반드시 실천하고, 멀리 가서도 의를 존중하고 의를 위해서 목숨을 바친다면, 선비와 협객으로서 구차한 생활을 하는 자보다 낫지 않은가?

평범한 자들을 어찌 원헌과 계차와 같이 논할 수 있겠는가? 하지만 평범한 자들이라 해도 그 본받을 것이 없는 것이 아니다.

연릉(延陵), 맹상(孟嘗), 춘신(春申), 평원(平原), 신릉(信陵) 등은 모두 왕족 출신이라 부유한 삶을 누렸다. 천하의 현자들을 초청해 자신의 명성을 드러냈다. 이에 반해서 협객들은 자신을 수양하여 이름을 더럽히지 않도록 삼가며 살았으니 그 명성이 천하에 알려졌다. 이는 매우 힘든 일이라 사람들이 칭찬한 것이다. 그러나 유감스럽게도 유가나 묵가에서는 이런 이를 배척하여 문헌에 기록된 이가 없다.

내가 들은 바로는 한나라 무렵에 주가(朱家), 전중(田仲), 왕공(王公), 극맹(劇孟), 곽해(郭解) 등의 협객이 있었다. 이들은 때때로 법을 위반하기는 했지만 품행이 의리가 있고 생활이 검소하고 행동이 겸손하여 사람들의 칭찬을 받았다. 그 무렵의 협객들은 패거리를 지어 다니며 강한 자들에 의지하고 사는 것과, 가난한 자들을 괴롭히거나 약한 자들을 억누르거나, 마음껏 쾌락을 즐기는 것을 가장 부끄러운 일로 여겼다. 그런데도 세상 사람들은 그 진의를 모르고 주가, 곽해 등을 포악한 무리들과 함께 취급해 버리고 있으니 어찌 통탄하지 않을 수 있겠는가!

주가는 노(魯)나라 사람이다. 한나라 고조 유방과 같은 시대에 활동했다. 노나라 사람들이 유학을 배울 때에 주가는 협객으로 이름을 날렸다. 그가 구해 주거나 도와준 사람 중에 호걸들이 백여 명이 넘었다. 일반 사람들은 그 수를 헤아릴 수 없을 정도였다.

그렇다고 주가는 자신의 재능을 자랑하지 않았고, 자신의 선행을 내세우지도 않았다. 오히려 자신이 구해 준 이들을 만날까 두려워했다. 언제나 가난하고 천한 사람들을 먼저 도왔다. 그는 집안에 남아 있는 재산도 없었고, 의복도 닳고 닳아 무늬가 보이지 않을 정도였고, 식사할 때에는 두 가지 이상 음식이 없었고, 타고 다니는 것도 소달구지가 고작이었다.

남의 위급함을 보면 달려가 돕기를 마치 자신의 일보다 더 귀하게 여겼다. 일찍이 계포 장군이 곤란에 처했을 때 몰래 구해 준 적이 있었다. 나중에 계포 장군이 자신을 구해 준 자가 주가라는 것을 알고는 그를 만나고자 했다. 하지만 주가는 평생토록 계포를 만나지 않았다. 함곡관 동쪽 지역 사람 중에 주가와 사귀고자 애태우는 자가 많았다.

전중은 초(楚)나라 사람으로 검술에 뛰어났고 주가를 아버지처럼 섬기는 협객이었다. 항상 생각하기를 자신은 주가에 미치지 못한다고 스스로 겸손해하였다.

전중 이후에 낙양에 극맹이라는 자가 있었다. 제후들 사이에는 협객으로 명성을 떨친 자였다. 오초7국이 반란을 일으켰을 때 태위 주아부가 수레를 타고 하남으로 가던 도중에 극맹을 만났다. 주아부는 너무도 기뻐하며 이렇게 말했다.

"오초7국이 반란을 일으키고도 극맹을 자기편으로 삼지 않았으니 이
는 분명히 성공할 수 없는 역모일 것이다."

천하가 혼란에 휩싸인 상황에서 주아부는 극맹을 얻었다는 사실만
으로 오초7국을 섬멸한 것과 같다고 여겼다.

극맹은 행실이 주가와 비슷하여 사람들로부터 추앙을 받았다. 그러
면서도 놀음 좋아하고 놀기 좋아하는 것은 다른 젊은이들과 비슷했다.
극맹의 모친이 돌아가시자 문상 온 수레만 1천 대가 넘었다. 그러나 극
맹이 죽은 후에 그의 집에 남은 재산은 10금도 되지 않았다.

부리(符離) 사람 왕공(王公)은 양자강과 회수 사이에서 이름난 협객이었
다. 이 무렵 제남(濟南)의 간씨(瞷氏)와 진(陳)의 주용(周庸) 또한 호걸로 이
름이 났는데, 경제(景帝)가 이 소식을 듣고는 병사를 파견해 이들을 주살
하고 말았다. 그 뒤에 대군(代郡)의 백씨(白氏), 양(梁)의 한무벽(韓無辟), 양책
(陽翟)의 설황(薛兄), 섬(陜)의 한유(韓孺) 등이 이어 협객으로 출현하였다.


곽해는 지(軹) 땅 사람으로 자는 옹백(翁伯)이다. 어려서 체구는 작았지
만 남달리 용맹하였다. 젊어서는 일이 뜻대로 되지 않으면 함부로 사람
을 해치는 포악한 성격이었다. 강도질이나, 위조 화폐를 만들거나, 남의
무덤을 파헤쳐 부장품을 도굴하는 행위 등도 서슴지 않고 행했다.

그렇게 법을 위반할 때마다 관리에게 체포되어 목숨이 위태로운 순
간이 여러 번 있었다. 하지만 그때마다 하늘의 도움으로 도망치거나 사
면될 수 있었다. 나중에 친구의 일이라면 목숨을 걸고 원수를 갚아 주
거나, 억울한 범법자들과 도망자들을 숨겨 주고 보살펴 주는 덕행을 베

풀었다.

차츰 나이가 들어 자신의 행실을 바꾸고 검소하게 지냈다. 자기에게 불만이 있는 자들에게는 덕으로 갚고, 가난하고 어려운 자들에게 은혜를 베풀며 지냈다. 결코 아무런 보답도 바라지 않았다. 사람 목숨을 구해 주고 자랑하지도 않았다. 힘이 세고 난폭한 자들을 그가 노려보면 감히 눈을 마주치는 이가 없었다. 젊은이들은 그의 행동을 사모하여 언제라도 그를 위해 헌신하고자 했다.

한번은 누이의 아들인 조카가 어떤 이와 술을 마시고 있었다. 곽해의 위세를 믿고 상대가 이미 많이 취했는데도 억지로 술을 마시게 하여 모욕을 주고 자존심을 잃게 했다. 이에 상대가 참다못해 분노하여 칼을 뽑아 조카를 찔러 죽이고 달아나 버렸다. 누이가 이 소식을 듣고 곽해에게 원망하며 말하였다.

"의협심 많은 동생을 둔들 무슨 소용인가. 남이 내 자식을 죽였는데도 범인을 잡지 못하니 말이다."

누이는 슬프고 억울한 마음에 곽해에게 모욕을 주고자 아들의 시체를 길거리에 버려둔 채 거두려 하지 않았다. 이에 곽해가 사람을 풀어 범인의 거처를 알아내고 말았다. 범인은 궁지에 몰리자 곽해에게 나아가 자신의 잘못을 모두 고하였다. 그런데 범인의 말을 들은 곽해가 말했다.

"자네가 그 애를 죽인 것은 잘못한 일이 아니다. 내 조카가 옳지 못했다."

결국 죄는 조카에게 돌아가 누이는 바로 시체를 거두어 장례를 치렀다. 그 소문이 삽시간에 장안에 퍼지자 사람들은 곽해의 의협심을 칭찬하였다. 그로 인해 곽해를 따르고자 하는 젊은이들은 날로 늘어 갔다.

곽해가 거리에 나타나면 사람들은 모두 양쪽으로 비켜섰다. 그런데 어느 한 사람만이 양다리를 벌리고 앉아 오만한 눈초리로 곽해를 바라보았다. 곽해의 부하 하나가 노하여 그 자를 해치려 하였다. 그러자 곽해가 말리며 말했다.

"내가 마을에서 존경받지 못하는 것은 나의 덕행이 부족한 탓이오. 그가 무슨 죄가 있겠소. 그만두시오!"

그리고 부하를 시켜 그가 어떤 자인지 알아 오게 하였다.

알고 보니 그는 늙은 어머니를 모시고 사는 이였다. 하지만 병역 때문에 고민이 많았다. 어느 날 곽해가 병역 담당관을 찾아가 부탁하며 말했다.

"이자는 내가 소중히 여기는 자이니 병역에서 빼 주도록 하시오!"

이후 병역이 몇 번을 교체되어도 그는 면제되어 이름이 빠졌다. 그가 이상한 생각이 들어 담당관을 찾아가 물었다. 그러자 담당관이 곽해의 부탁을 솔직하게 이야기해 주었다. 사실을 알자 그는 바로 곽해를 찾아가 땅바닥에 엎드려 용서를 빌며 감사의 말을 전했다. 많은 젊은이들이 이 소문을 듣고 더욱 곽해를 사모하게 되었다.

한번은 낙양에 사는 두 집안이 원수로 지내고 있었다. 성 안에 내놓으라 하는 영웅호걸들이 화해시키고자 중재에 나섰으나 아무도 성공하지 못했다. 한 빈객이 찾아와 곽해에게 중재해 줄 것을 요청하였다.

그러자 한밤중에 곽해가 두 집안을 방문했다. 그들은 곽해의 완곡한 말을 듣고는 화해하기로 승낙하였다. 이에 곽해가 말했다.

"제 말을 듣고 화해하신다니 무척 다행입니다. 하지만 저는 다른 고을에서 온 자가 아닙니까. 만약 이 고을의 영웅호걸들이 제가 중재했다고 하면 섭섭하게 여길 것이고, 또 그들의 권위가 땅에 떨어졌다고 여길 겁니다. 그러니 제가 돌아간 후에 그분들이 한 번 더 중재하게 할 터이니, 그들의 말을 듣고 화해한 것으로 하시기 바랍니다."

곽해는 겸손한 사람이라 감히 수레를 타고 관청을 드나드는 일이 없었다. 자신이 할 수 있는 일이라면 적극적으로 나섰고, 할 수 없는 일이라면 잘 이해시켜 돌려보냈다. 이런 까닭으로 사람들은 곽해를 우러러 보았다. 밤이면 그를 찾아오는 영웅호걸들이 몇십 명이 넘었다. 그들은 곽해의 부하들 중에 어질고 재능 있는 자를 모셔 가기 위함이었다.

한번은 무제가 지방 호족들과 부호들을 무릉(茂陵)으로 이주시킬 무렵에, 그 이주 명단에 뜻밖에도 곽해의 이름이 들어 있었다. 하지만 곽해는 벼슬이 있는 것도, 재산이 있는 것도 아니어서 도무지 자격이 되지 않았다. 알고 보니 담당관리가 곽해의 명성이 워낙 높았기 때문에 명단에 넣지 않으면 불이익을 당할 것을 두려워하여 그렇게 한 것이었다.

이때 위청 장군이 나서서 황제에게 말하였다.

"곽해는 가난한 자로 무릉으로 이주할 자격이 못 되옵니다."

그러자 황제가 말했다.

"하찮은 평민임에도 불구하고 장군이 나서서 그를 위해 말할 정도라면, 이는 그가 빈곤하지 않다는 증거가 아니겠소?"

이렇게 하여 곽해는 무릉 신도시로 이주하게 되었다. 이주하는 날, 곽해를 환송하기 위해 나온 사람들이 전별금으로 거두어 준 돈이 몇만 전이 넘었다.

이 무렵에 지(輊) 땅에 사는 양계주의 아들이 현의 관리로 있으면서 곽해를 비방하며 다른 곳으로 이주할 것을 제안하였다. 이에 곽해의 또 다른 조카가 양계주의 아들을 살해하고 말았다.

이때 곽해는 무릉에 입주하여 영웅호걸들과 벼슬 있는 자들의 환대를 받고 있었다. 그런 가운데 살인 사건이 벌어진 것이었다.

이에 양씨 집안에서 조정에 상소를 올리게 되었다. 그런데 이번에는 상소를 올린 자가 누군가에 의해 살해되고 말았다. 결국 이 사건은 황제에게 알려지게 되었다. 무제는 즉시 곽해를 체포하라고 명령했다. 하지만 곽해는 모친과 처자는 하양(夏陽)에 두고, 자신은 임진(臨晉)으로 도망가 숨고 말았다.

임진에서 적소공(籍少公)이라는 자를 만나 알게 되었다. 그에게 임진을 벗어날 수 있게 해 달라고 부탁하였다. 그러자 적소공은 평소 곽해의 명성을 들어 알고 있던 터라 무사히 태원(太原)으로 도망하도록 도왔다.

뒤늦게 관리들이 적소공의 집에 들이닥쳐 곽해의 행방을 찾고자 했다. 하지만 적소공은 이미 자결하여 곽해의 다음 행선지를 알 도리가 없었다. 그 광경을 지나는 한 선비가 보고는 곽해를 잡으러 온 관리에게 말했다.

"어찌하여 곽해를 잡는단 말이오? 곽해는 의로운 협객이요!"

그 말을 들은 관리가 퉁명스럽게 대답하였다.

"곽해는 살인을 저질러 국법을 어긴 자요. 어찌 그런 자를 협객이라고 칭송한단 말이오!"

선비가 그 말을 듣자 칼로 관리를 죽이고 달아나 버렸다.

얼마 후, 곽해가 드디어 체포당했다. 옥리들이 곽해를 문책하여 그 선비가 누구인가 물었다. 하지만 곽해는 아무리 생각해도 알 수 없는 자였다. 더구나 관리를 죽인 그 선비를 찾을 수도 없었고, 곽해 또한 시일이 지나 대사면을 받은 후라 형리는 무죄를 상서하게 되었다.

그러자 어사대부 공손홍이 형리들에게 따져 물었다.

"곽해는 협객이라고 사칭하여 사소한 원한으로 사람을 죽인 흉악한 살인자이다. 이번에 관리가 살해당한 사건도 본인은 모른다고 하지만 이는 자신이 직접 살인한 죄보다 결코 작을 수가 없다. 따라서 곽해는 대역무도 죄로 엄히 처벌해야 할 것이다."

이렇게 하여 곽해는 죽임을 당하였고, 그의 일족들도 모두 몰살되고 말았다.

이 이후에도 협객은 많았으나 대부분이 거만해, 진정한 협객이라 할 수 있는 자가 없었다. 그래도 손에 꼽아 본다면 장안(長安)의 번중자(樊仲子), 괴리(槐里)의 조왕손(趙王孫), 장릉(長陵)의 고공자(高公子), 서하(西河)의 곽공중(郭公仲), 태원(太原)의 노공유(鹵公孺), 임회(臨淮)의 예장경(兒長卿), 동양(東陽)의 전군유(田君孺) 등은 의리 있고 겸손한 협객의 덕을 지닌 자들이었다.

반면에 장안 북쪽의 요씨(姚氏), 서쪽에 두씨(杜氏), 남쪽에 구경(仇景), 동쪽에 조타우공자(趙他羽公子), 남양의 조조(趙調) 등의 무리는 도적과 같은 이들이니 어찌 거론할 가치가 있겠는가. 이들은 주가가 협객으로서 매우 수치스럽게 여겼던 자들이다.


태사공은 말한다.

"나는 곽해를 본 적이 있는데 그 외모는 보통 사람에게 미치지 못했다. 말솜씨도 없어 정말 본받을 구석이라고는 하나도 없는 자 같았다.

그러나 천하 사람들 모두가, 그를 알거나 모르거나, 현명한 자나 어리석은 자나, 모두 그의 명성을 흠모하였다. 이후에 자칭 협객이라고 하는 자들은 모두 곽해의 이름을 내세웠다.

사람들이 그 명성을 흠모하면 죽은 후에도 협객의 이름은 결코 사라지지 않는다고 했는데, 곽해는 그 명성을 오래 누리지 못하고 사라졌으니 참으로 애석하도다!"

諺曰，力由不如逢年，善仕不如遇合，固無虛言。非

獨女以色媚，而士宦亦有之。

昔以色幸者多矣。

至漢興，高祖至暴抗也，然籍孺

以佞幸，時有閎孺。此兩人非有材能，徒以婉佞貴

幸，與上臥起，公卿皆因關說。故孝惠時郎侍中皆冠

鵔鸃，貝帶，傅脂粉，化閎、籍之屬也。兩人徙家安

陵。

## 제65편 영행열전

孝文時中寵臣，士人則鄧通，宦者則趙同、北宮伯

子。北宮伯子以愛人長者，而趙同以星氣幸，常為文

"영행(佞幸)이란 아부나 아첨하는 자 또는 환관(宦官)을 총칭하여 말한다. 이들은 아첨하는 재주가 뛰어나 누구보다 운이 좋은 자들이었다. 그러나 아첨 또한 그 끝이 불행함을 이 글에서 깨우쳐 준다."

•

속담에 다음과 같은 말이 있다.

"힘써 농사짓는 것이 저절로 풍년을 만나는 것만 못하고, 성실하게 벼슬을 사는 것이 왕에게 잘 보이는 것만 못하다."

이는 참으로 헛말이 아니다. 여자만이 미색과 교태로 잘 보이는 것이 아니고 벼슬하는 관리들도 그런 일이 있는 것이다.

옛날에는 미모로써 왕의 사랑을 받는 자가 많았다. 사납고 강직한 한나라 고조(高祖) 유방 앞에서 다른 신하들은 감히 입도 뻥긋할 수 없었지만, 적(籍)이라는 소년은 아첨을 잘하여 고조로부터 사랑을 받았다. 또 효혜제(孝惠帝) 때에는 굉(閎)이라는 소년이 총애를 받았다.

이 두 사람은 무슨 재능이 있었던 것이 아니다. 단지 순종하고 아첨하는 것으로 총애를 받아 심지어 황제와 함께 잠자리에 들기도 했다. 그러다 보니 공경대부들이 황제께 보고할 사항을 모두 이 두 소년을 통해 먼저 전하도록 힘쓰게 되었다.

또한 효혜제(孝惠帝) 때에는 낭관과 시중이 모두 산 꿩의 깃으로 장식

한 관을 쓰고, 자개를 박은 허리띠를 매고, 연지와 분을 발라 적과 굉의 차림새를 흉내 내었다. 그만큼 황제의 총애를 받았던 이 소년을 흠모하였던 것이다. 나중에 황제가 죽자 이 둘은 각각의 황제의 능으로 옮겨 평생을 살았다.

효문제(孝文帝) 때 총애받은 신하로는 등통(鄧通)과 환관 조동(趙同)과 북궁백자(北宮伯子)가 있었다. 북궁백자는 의젓한 장자(長者)의 풍모를 갖추고 있었기 때문이었고, 조동은 해와 달과 별자리로 점치는 기술이 뛰어났기 때문이었다. 하지만 등통은 별다른 재능이 없었다. 그에게 재주라면 노를 가지고 배 젓는 기술이 하나 뛰어나 배를 관리하는 황두랑(黃頭郎)에 임명되었다.

어느 날, 효문제는 꿈속에서 하늘을 오르려 했지만 아무리 애를 써도 오를 수 없었다. 때마침 황두랑 직책의 누군가가 뒤에서 밀어주어 하늘에 오를 수 있었다. 오른 후에 뒤를 돌아보니 그 황두랑의 옷솔기가 터져 있었다.

그리고 잠을 깬 뒤에 어전에 나가 누대에 올랐다. 신하들을 둘러보면서 혹시 꿈속에서 자신을 밀어준 그 황두랑이 있지 않나 살펴보았다. 그런데 마침 한 황두랑의 등이 터져 있는 것을 발견하게 되었다. 효문제는 꿈만 같았다. 그를 불러 이름을 물으니 등통이었다. 이후로 황제는 등통을 꿈속의 인연이라 해서 총애하게 되었다.

등통 또한 성실하고 근면하였다. 휴가를 주어도 밖에 나가려 하지 않았다. 효문제는 그런 그의 모습이 더욱 어여뻐 수만 전의 상을 주었고, 상대부(上大夫)의 벼슬에 임명하였다. 등통에 대한 신임이 커지자 나중에 효문제는 그의 집으로 가서 놀기도 하였다. 그러나 등통은 다른 재주가 없었고 주변의 훌륭한 자를 천거할 줄도 몰랐다. 단지 자기 한 몸을 근신하여 효문제에게 총애를 구할 뿐이었다.

어느 날, 효문제가 관상가에게 등통을 보이고는 어떠냐고 물었다. 이에 관상가가 말했다.

"그는 가난해서 굶어 죽을 팔자이옵니다."

효문제가 말했다.

"등통에게는 부자로 만들어 줄 수 있는 내가 있는데 어찌 가난하게 산단 말이냐?"

효문제는 등통에게 촉군(蜀郡) 엄도(嚴道)에 있는 구리 광산을 주고는 마음대로 돈을 만들어 쓰게 허락하였다. 이때 등통이 만든 등씨전(鄧氏錢)이 천하에 널리 퍼져 쓰였으니 그만하면 등통은 천하의 갑부나 다름 없었다.

그 무렵 효문제는 등에 종기가 나서 늘 고통스러웠다. 등통은 그런 황제를 위해 입으로 고름을 빨아내며 황제의 총애에 보답하였다. 하루는 마음이 편치 못했던 효문제가 등통에게 물었다.

"이 세상에서 누가 나를 가장 사랑하겠느냐?"

등통이 대답하였다.

"물론 태자를 따를 사람이 없을 겁니다."

마침 태자가 문병을 왔는데, 효문제는 태자에게 등에 난 종기를 입으로 빨라 하였다. 태자는 어물어물 종기의 고름을 빨아내기는 했지만 무척 난처한 표정이었다.

얼마 뒤 등통이 황제를 위해 늘 종기의 고름을 입으로 빨아낸다는 말을 들은 태자는 속으로 부끄러웠다. 하지만 도리어 그런 등통이 미워지게 되었다. 후에 황제가 죽고 태자가 즉위하니 곧 효경제(孝景帝)였다.

이때 등통은 벼슬을 그만두고 집에 내려와 있었다. 그런데 뜻밖에도 누군가 등통을 고발한 자가 있었다.

"등통은 자신이 만든 돈을 몰래 나라 밖으로 옮겨 재물을 축적하였습니다."

그로 인해 관리에게 체포되어 조사받게 되었다. 그런데 예상과 달리 그런 일이 상당히 많았던 것으로 드러났다. 결국 죄를 물어 재산을 모조리 몰수당했고, 추징금까지 물려 수만금의 빚을 지게 되었다.

효경제의 누나인 장공주(長公主)가 평소 등통을 어여삐 여겨 재물을 내려 주었는데 그것조차 관리가 몰수하였기 때문에 동전 하나도 소유할 수 없었다. 그러자 장공주는 빌려 준다는 명목으로 입을 것과 먹을 것을 보내 주어 등통은 겨우 연명할 수 있었다.

그러나 등통은 끝내 효경제에게 미움을 받아, 자신이 주조한 등씨전한 푼도 가지지 못한 채 남의 집에 얹혀살다가 생을 마감하고 말았다.


효경제는 총애하는 신하가 없었다. 그래도 총애하는 신하라면 낭중령(郎中令)인 주문인(周文仁)이 있었을 뿐이다. 하지만 주문인이 받는 총애는 보통 사람보다 훨씬 크기는 했지만 그다지 두터운 것은 아니었다.

무제는 총애하는 신하로 한언(韓嫣)과 환관 이연년(李延年)이 있었다. 한언은 무제가 이전에 교동왕(膠東王)으로 있을 때 함께 글을 배워 친한 사이였다. 이후 황제에 오르자 한언을 더욱 아끼게 되었다.

한언은 기마와 궁술에 능했고 언변이 좋아 아첨도 잘했다. 무제는 황제에 오르자 흉노를 공격할 일에 전념하고 있었다. 한언이 이전부터 흉노에 대해 잘 알고 있었기 때문에 황제는 그를 상대부의 벼슬에 임명하였다. 이후 한언은 늘 황제와 함께 기거하였다.

무제의 동생인 강도왕(江都王)이 입조하여 황제와 함께 상림원에 사냥을 나가게 되었다. 황제의 수레가 출발하기 전에 한언이 먼저 수백 명의 기병과 수십 대의 마차를 거느리고 사냥할 짐승이 제대로 있나 살펴보고 있었다.

마침 멀리서 이 광경을 바라보고 있던 강도왕은 그 행렬이 장엄하고 화려하여 황제의 마차인 줄 알았다. 잠시 후 그 행렬이 다가오자 강도왕은 하던 일을 중단하고 길가에 엎드려 배알하였다. 그런데 그 마차는 강도왕을 쳐다보지도 않고 빠르게 지나가 버렸다.

나중에 한언이 탄 마차였음을 알게 된 강도왕은 분하고 억울하여 황태후에게 말하였다.

"바라옵건대 제가 다스리는 나라를 황제께 바치고, 한언과 같이 궁중에서 황제를 모실 수 있게 하여 주십시오!"

황태후는 이 말을 듣자 한언에 대해 원한을 품게 되었다. 그 무렵 한언은 황제를 모시고 궁녀들이 머무는 영항(永巷)을 자유롭게 출입할 정도로 총애를 받고 있었다. 황태후는 이 기회를 놓치지 않았다. 한언의 뒤를 조사하니 그가 황제의 궁녀와 밀통하고 있음이 확인되었다. 황태후는 노하여 황제에게 즉각 한언을 참수할 것을 건의하였다. 황제는 도리어 한언을 위해 자신이 사과하겠다고 했지만 황태후는 듣지 않았다. 결국 한언은 참수되고 말았다.

한언의 동생 한열(韓說) 또한 나중에 아첨으로 인해 황제의 총애를 받았다.

　이연년은 중산(中山) 출신이다. 부모와 형제자매가 모두 노래와 춤에
재능이 뛰어났다. 젊어서 법을 어겨 궁형에 처해진 뒤, 황제의 사냥개를
돌보는 일로 관리가 되었다.

　우연히 평양공주가 황제에게 이연년의 누이가 춤을 잘 춘다는 말을
전했다. 황제는 서둘러 그녀를 데려와 그 춤 솜씨를 보고는 기뻐 어쩔
줄을 몰랐다. 그녀는 바로 궁녀들이 사는 영항에 들어갔다. 그로 인해
이연년의 지위 또한 높아졌다. 이연년 또한 노래를 잘 불렀고 색다른
음악을 짓기도 했다.

　황제는 그런 이연년을 인정하여 제사에 쓰는 악곡을 짓게 하고 노래
를 부르게 하였다. 얼마 후, 누이가 황제의 사내아이를 낳았다. 이연년
은 곧바로 2천 석의 제후에 봉해지고, 협성률(協聲律)이라는 음악 담당
최고 책임자에 올랐다. 황제의 총애를 받는 것이 한언과 거의 같았다.

　그러나 세월이 흘러 이연년이 궁녀와 밀통하고 태도 또한 거만하고
방자해졌다. 누이가 죽자, 황제는 이연년에 대한 애정도 시들어졌다. 얼
마 후 이연년은 그 죄를 물어 처형되고 말았다.

　이후 궁궐 안에서 황제의 총애를 받는 신하들은 대개가 외척들이었
다. 하지만 특별히 꼽을 만한 인물은 없었다. 위청과 곽거병이 외척으로
황제의 총애를 받았지만 이들은 자신의 뛰어난 재능으로 승진한 자들
이었다.

　태사공은 말한다.

"심하도다! 사랑과 미움이 때에 따라 이처럼 바뀌는 것이구나. 아첨으로 황제의 총애를 받던 미자하(彌子瑕)도 황제가 마음이 떠나자 불운한 운명으로 바뀌고 말았다. 이런 일은 백 년 뒤에라도 같을 것이다."

孔子曰、六藝於治一也。禮以節人、樂以發和、書以
道事、詩以達意、易以神化、春秋以義。太史公曰、
天道恢恢、豈不大哉。談言微中、亦可以解紛。

# 제66편

# 골계열전

淳于髡者、齊之贅婿也。長不滿七尺、滑稽多辯、數
使諸侯、未嘗屈辱。齊威王之時喜隱、好為淫樂長夜
之飲、沈湎不治、委政卿大夫。百官荒亂、諸侯並
侵、國且危亡、在於旦暮、左右莫敢諫。淳於髡說之
以隱曰、國中有大鳥、止王之庭、三年不蜚又不鳴、
不知此鳥何也。王曰、此鳥不飛則已、一飛沖天、不

"골계(滑稽)란 유창하고 재치 있는 말솜씨를 뜻한다. 여기 소개하는 이들은 언변이 뛰어나 출세한 인물들이다. 이들의 말은 해학과 풍자와 기지가 담겨 있으니 어찌 듣는 이가 수긍하지 않겠는가?"

•

공자(孔子)가 말했다.

"육예(六藝)는 나라를 다스리는 한 가지이다. 『예기(禮記)』는 사람의 행동을 절도 있게 만들고, 『악경(樂經)』은 사람의 마음을 조화롭게 해 주며, 『서경(書經)』은 옛일을 통해 본받게 만들고, 『시경(詩經)』은 감정을 표현하게 해 주고, 『역경(易經)』은 천지의 기묘한 변화를 알게 해 주고, 『춘추(春秋)』는 의(義)로서 옳고 그른 바를 가리게 해 준다."

태사공은 말한다.

"천도(天道)란 넓고도 넓으니 어찌 위대하지 않겠는가! 말은 해학과 기지를 담으면 얽힌 일도 풀어낼 수 있는 것이다."

## 순우곤

순우곤(淳于髡)은 본래 집안이 가난하였고 키 또한 작았다. 하지만 말이 분명하고 언변에 재치가 있었다. 후에 그 재주를 인정받아 사신의 일을 맡았다. 여러 제후를 만났으나 단 한 번도 굴욕을 당하지 않았다.

제(齊)나라 위왕(威王)은 수수께끼를 좋아했고, 밤새 술 마시고 음탕한 놀이를 즐겨 했다. 그러다 보니 국정은 중신들 손에 맡겨져 기강이 해이해지고 나라는 문란해졌다. 그 틈을 노려 사방의 제후국들이 쳐들어와 영토를 빼앗아 갔다. 조금씩 영토가 사라지자 사직이 위태로운 지경이었다. 그럼에도 신하들은 감히 왕에게 간언하지 못했다.

이때 참다못한 순우곤이 왕 앞으로 나아가 아뢰게 되었다. 하지만 그것은 뜻밖에도 수수께끼 문제였다.

"폐하, 나라 안에 큰 새가 한 마리 있습니다. 대궐 뜰에 멈추어 서서 삼 년이 지나도록 날지도 않고 울지도 않습니다. 이 새가 어떤 새인지 아십니까?"

그러자 위왕이 대답했다.

"그 새는 날지 않고 있을 뿐이지, 한 번 날면 하늘을 치솟아 높이 날아오른다. 울지 않을 뿐이지, 한 번 울면 천하 사람을 모두 놀라게 할 것이다."

하고는 곧바로 연회를 중단하였다. 이어 각 현의 책임자 72명을 모두 궁궐로 불러들였다. 그리고 그들 가운데 공로가 많은 자 하나를 뽑아 크게 상을 내리고, 무책임한 자 하나를 뽑아 그 자리에서 참수하였다. 이어 장군들에게 군대의 출정을 준비하라 명하였다.

주변의 제후들이 이 소문을 듣고 이전에 빼앗았던 영토를 돌려주었다. 이로써 제나라의 위엄이 36년간 이어졌다.

이 내용은 「사기세가」 46편 전경중완세가(田敬仲完世家)에 기록되어 있다.

위왕 8년, 초(楚)나라가 군대를 일으켜 제나라를 공격하였다. 다급해진 제나라 위왕은 이웃 조(趙)나라에 구원병을 요청하기 위해 순우곤을 사신으로 보냈다. 예물로 황금 1백 근과 다른 보물과 진귀한 물건을 실은 수레 10대를 가져가도록 했다. 그런데 갑자기 순우곤이 크게 웃는 것이었다. 왕이 의아해하여 물었다.

"아니 왜 웃는 것이요? 예물이 적어서 그러는 거요?"

순우곤이 대답했다.

"어찌 감히 그렇다고 할 수 있겠습니까."

왕이 물었다.

"그러면 무슨 까닭으로 웃은 것이오?"

그러자 순우곤이 대답했다.

"어제 소신이 동쪽에서 오는 길에 풍년제를 올리는 한 농부를 보았습니다. 그런데 그는 고작 돼지다리 하나와 술 한 잔을 놓고 기원하는 것이었습니다. 윗녘 밭에는 광주리가 넘치도록 해 주시고, 아랫녘 밭에는 수레가 가득 차도록 해 주십시오. 오곡이 풍성하여 우리 집에 넘치고 넘쳐 나게 해 주시옵소서! 농부는 작은 것을 바치고서 원하는 바는 너무 컸기 때문에 지나는 저는 웃지 않을 수 없었습니다. 그런데 지금 또 그것을 생각하니 우스워서 웃음이 터져 나온 것입니다."

그러자 위왕은 알았다는 듯이 다시 명했다.

"사신 순우곤은 황금 1천 근과 진기한 보물과 예물을 실은 수레 백대를 가지고 조나라로 떠나라!"

순우곤이 조나라 왕에게 그것을 모두 바치고 구원병을 요청하였다.

그러자 조나라 왕은 크게 기뻐하며 정예병사 10만 명과 전쟁용 수레 천 대를 내어 주었다. 군대를 출병시킨 초나라는 밤에 이 소식을 듣고 이내 행군을 멈추고 되돌아가고 말았다.

초나라가 물러가자 위왕은 순우곤의 노고를 치하하기 위해 연회를 열었다. 위왕이 순우곤에게 술을 내리며 물었다.

"그대는 술을 얼마나 마셔야 취하오?"

순우곤이 대답하였다.

"소신은 한 말을 마셔도 취하고, 한 섬을 마셔도 취합니다."

위왕이 물었다.

"아니, 한 말을 마시고 취했는데 어찌 한 섬을 마실 수 있다는 것이오?"

순우곤이 말했다.

"왕께서 술을 내려 주시면, 집행 관리가 옆에 서고 어사가 뒤에 서니 감히 두려워 엎드려 마셔야 합니다. 그럴 경우는 한 말을 넘지 못하고 취하고 맙니다. 또 부모님의 귀한 손님이 찾아오면 술시중을 들며 술을 마시게 되니 두 말을 넘지 못하고 취하게 됩니다. 하지만 친한 벗이 찾아와 마주하게 되면 지난 일을 이야기하느라 감회에 젖어 대여섯 말은 마셔야 취할 겁니다. 여자와 자유로이 연애를 하며 술을 마신다고 하면 여덟 말은 마실 수 있을 겁니다. 더욱이 잠자리를 같이 하며 술을 마신다면 족히 한 섬을 마셔도 취하지 않을 것입니다. 이처럼 음주가 극에 달하면 문란해지고 쾌락이 극에 달하면 슬퍼진다고 했습니다. 그러니 어떤 일이고 극에 이르면 반드시 쇠하는 것이 아니겠습니까?"

이 말을 들은 위왕이 고개를 끄덕이며 대답하였다.

"좋은 말씀이요!"

하고는 이후부터 밤새 술 마시는 일을 그만두었다. 이후 순우곤은 사신 접대를 맡아 왕이 주연을 베풀 때에는 언제나 그 곁을 지켰다.


## 우맹

그로부터 100년 후, 초(楚)나라에 음악을 하는 우맹(優孟)이라는 자가 있었다. 그는 키가 컸고 언변이 유창하였으며 풍자와 해학이 뛰어났다. 그 무렵 초나라 장왕(莊王)은 명마(名馬)를 좋아하여 애지중지하였다.

오죽 좋아했으면 자신의 애마에게 무늬 있는 비단옷을 지어 입히고, 화려한 집에 두었으며, 침대 위에서 자게 했고, 대추와 마른 고기를 먹여 키웠다. 하지만 애마는 왕의 정성과 다르게 살이 쪄 일찍 죽었다.

왕은 슬픔을 가눌 수 없어 신하들에게 대부의 예로써 장사 지내도록 하였다. 이에 신하들이 이는 옳지 못한 일이라고 말하였다. 그러자 왕이 나서서 단호히 말했다.

"감히 내 애마의 장례식에 관해 시비를 따지는 자가 있다면, 누구라도 목을 베고 말 것이다."

그러자 아무도 나서는 자가 없었다. 우맹이 이 소식을 듣고 급히 궁궐에 들어갔다. 이내 하늘을 우러러 크게 통곡하는 것이었다. 장왕이 놀라며 우는 까닭을 물었다. 이에 우맹이 대답하였다.

"죽은 말은 왕께서 무척 아끼시던 애마입니다. 위대한 초나라의 대왕께서 천하에 무엇을 하지 못하겠습니까? 그러니 그 말의 장례를 대부의 예로써 하는 것은 너무 박정합니다. 소신 간청드리오니, 임금의 예로써 장사 지내게 하여 주십시오!"

장왕이 물었다.

"어떻게 하는 것이 임금의 예로 장례를 치르는 것이오?"

우맹이 대답하였다.

"관 안쪽을 옥으로 만들고, 관 바깥은 무늬 있는 가래나무로 만들며, 단풍과 느릅나무 녹나무로 횡대를 엮으십시오. 그리고 군대를 동원해 무덤을 파고, 백성들로 하여금 흙을 지고 능을 쌓게 하시는 겁니다. 제나라와 조나라의 대표를 앞에 모시고, 한(韓)나라와 위(魏)나라의 대표를 뒤따르게 하십시오. 그리고 사당을 세워 철마다 제사 지내게 하시고, 만호의 제후로 봉하면 되는 것입니다. 그렇게 하면 천하의 제후들은 대왕께서는 말은 귀하게 여기고 사람은 천하게 여긴다고 분명히 알 것입니다."

장왕이 말을 다 듣고는 말했다.

"과인이 잘못했도다! 이를 어쩌면 좋겠는가?"

우맹이 말했다.

"그렇다면 죽은 애마를 가축 다루듯이 하십시오. 부뚜막을 바깥 관으로 삼고, 가마솥을 안쪽 관으로 삼아 푹 삶으십시오. 생강과 대추를 넣고 향료를 뿌려 사람의 뱃속에서 잘 장사 지내게 하시면 됩니다."

이 말에 왕은 곧 궁궐 요리사를 불렀다. 그에게 죽은 애마를 주어 사람들이 아무도 모르게 처리하도록 하였다.

초나라의 재상 손숙오(孫叔敖)는 일찍이 우맹이 현명한 자임을 알아 잘 대우했다. 그러던 어느 날, 손숙오가 병들어 죽게 되자 아들에게 유언을 남겼다.

"내가 죽으면 너는 반드시 곤궁하게 될 것이다. 그때가 되면 너는 우맹을 찾아가 '나는 손숙오의 아들입니다.'라고 말하여라. 그래서 혹시라도 왕을 뵙게 되어 왕이 너에게 봉읍을 준다고 하면 절대로 기름진 땅을 받지 마라. 다만 초(楚)나라와 월(越)나라 경계에 있는 침(寢)이라는 지역은 그다지 좋지가 않아 누구도 그 땅을 바라지 않는다. 오래도록 소유해도 시비할 사람이 없으니 그 땅을 달라고 하여라."

손숙오가 죽고 몇 해가 지나자 과연 손숙오의 아들은 가난해졌다. 땔나무를 등에 지고 내다 파는 신세였다. 사는 것이 너무 곤궁하여 아버지의 유언대로 우맹을 찾아갔다.

"저는 이전 재상 손숙오의 아들입니다. 아버지께서 돌아가시기 전에 가난하게 되면 우맹 선생님을 찾아가라고 하셨습니다."

이에 우맹이 말하였다.

"알았다. 그대는 멀리 가는 일이 없도록 하라."

우맹은 그날부터 예전 손숙오의 의복과 관을 차려입고 말과 행동 또한 비슷하게 흉내 내기 시작했다. 한 해가 지나자, 우맹이 분장하면 정말로 손숙오와 비슷해 사람들이 분간하지 못하였다.

하루는 장왕(莊王)이 주연을 베풀었다. 우맹이 손숙오의 차림으로 왕 앞에 나아가 잔을 올렸다. 장왕은 손숙오가 다시 살아 돌아온 것으로 착각하고 크게 놀랐다. 이어 평소 손숙오를 그리워했던 차라, 우맹을 재상으로 삼겠노라 명했다. 이에 우맹이 말했다.

"아내와 의논하도록 사흘만 시간을 주십시오."

장왕이 허락하자, 사흘 후에 우맹이 돌아왔다. 장왕이 물었다.

"그래, 그대 아내가 뭐라고 하던가?"

우맹이 대답했다.

"아내가 재상은 하지 말라 합니다. 이유는 이렇습니다. 재상 손숙오는 대왕께 충성을 다하였고 자신에게 청렴한 자였습니다. 초나라는 그의 정치 덕분에 천하의 패권국가가 되었습니다. 그런데 손숙오가 죽자, 그 아들은 한 뼘의 땅도 없어 빈곤하게 사는 처지가 되었습니다. 오죽 가난했으면 땔나무를 져서 시장에 내다 팔아야 먹을 것을 마련하는 신세였습니다. 제 아내는 제가 재상이 된다면 손숙오처럼 될까 두렵고, 제 자식 또한 손숙오의 아들처럼 될까 두려워하고 있습니다. 그렇게 산다면 차라리 목숨을 끊는 것만 못하다고 하면서 만류하였습니다."

우맹은 이어 다음과 같은 노래를 불렀다.

"산속에서 아무리 힘들게 농사지어도 양식 얻기 어렵네.

차라리 탐욕스러운 관리가 되어 재물을 축적한다면,

비록 치욕스레 죽어도 자식들은 부유하게 살 것이 아닌가?

뇌물을 받고 패가망신할 것을 생각하면

어찌 감히 탐욕스러운 관리가 되겠는가?

손숙오는 죽을 때까지 법을 지키며 청렴하게 살다갔지만

남은 그 처와 자식은 땔나무를 져서 풀칠을 하며 사는구나.

아무렴, 청렴한 관리도 알고 보니 할 것이 못되는구나."

장왕이 이 노래를 듣고는 손숙오의 아들을 불렀다. 이어 신하들이 탐내는 기름진 지역의 땅을 하사하겠노라 하였다. 하지만 손숙오의 아들은 이를 거절하고 아버지의 유언대로 버려진 침구(寢丘) 지역의 땅을 청하였다. 이에 장왕이 침구 지역 4백 호를 봉읍으로 내어 주면서 아버지의 제사를 받들게 했다.

우맹은 이처럼 적절한 비유와 사례를 들어 왕을 설득하였다. 이후 왕권이 교체될 때마다 좋은 땅을 차지한 귀족과 신하들은 그 땅 때문에 목숨을 잃고 가문이 멸망하는 재앙을 만났지만, 손숙오의 후손들만은 10대에 이르도록 아무런 시비 없이 그 땅을 유지한 채 가문을 이을 수 있었다.


## 우전

진(秦)나라에 우전(優旃)이라는 자가 있었다. 우전은 난쟁이였으며 궁중에서 노래하는 악사였다. 때론 우스운 소리를 잘하였는데 이치에 맞는 말이 많았다.

하루는 진시황의 만수무강을 비는 연회가 열렸는데 비가 내렸다. 황제를 호위하는 군사들은 모두 섬돌 밖에 늘어서서 비를 맞으며 추위에 떨고 있었다. 우전이 이를 보고 불쌍히 여겨 말했다.

"그대들은 쉬고 싶지 않은가?"

군사들이 말했다.

"그렇게만 할 수 있다면 정말 좋겠습니다."

우전이 말했다.

"그러면 그대들은 내가 연회장 안에 가서 부르면 크고 빠르게 '네.'라고 외쳐 주시오."

잠시 후, 연회장 안으로 들어간 우전이 황제와 가까운 곳으로 다가갔다. 그리고 비를 맞는 병사들을 향해 소리쳤다.

"호위 군사들이여!"

그러자 군사들이 우렁찬 목소리로 대답하였다.

"네!"

우전이 말했다.

"나는 키는 작아도 이렇게 연회장 안에서 편히 쉬는데, 그대들은 키도 크고 늠름한데도 어찌 가련하게 비 맞고 서 있는 것인가?"

진시황이 병사들의 우렁찬 소리에 폭우가 쏟아지는 연회장 밖을 내다보게 되었다. 이내 호위 군사들이 심하게 고생하고 있다고 여겨 절반씩 돌아가며 쉬게 하였다.

진시황은 사냥을 좋아하여 사냥터인 원유(苑囿)를 크게 넓히고자 했다. 동쪽은 함곡관(函谷關)에 이르고 서쪽으로는 옹(雍)과 진창(陳倉)에 이르도록 하였다. 이때 우전이 나서서 말했다.

"폐하, 사냥터를 넓히는 일은 참 좋은 일입니다. 마침 병사들은 먹고 입는 것이 부족하니 사냥터에 짐승들을 많이 풀어 놓아 만약 동쪽에서 적들이 쳐들어온다면 고라니와 사슴으로 하여금 뿔로 받아 막게 하면 될 것입니다."

진시황은 이 말을 듣고 확장하려던 공사를 중지하였다.

이어 진시황 2세가 즉위하자 그는 성벽에 옻칠을 하려고 했다.

우전이 말했다.

"폐하, 참 좋은 생각이십니다. 폐하의 말씀이 없었으면 소신이 먼저 옻칠을 청하고자 했습니다. 성벽에 옻칠을 하는 것은 백성들의 입장에서 비용이 드는 일이라 근심되기는 하겠지만, 참으로 멋진 일입니다. 옻칠한 성벽은 번쩍번쩍하고 미끄러워 적들이 감히 오르지도 못할 겁니다. 그런데 성을 옻칠하는 것은 어렵지 않지만, 옻칠을 하려면 햇볕이 들지 않게 해야 하는데, 그 햇볕을 막는 것이 더 어려운 줄 아뢰옵니다."

진시황 2세는 그 말의 속뜻을 알아듣고는 이내 계획을 그만두었다. 얼마 후 진시황 2세가 살해당하고, 우전 또한 몇 년 후에 죽었다.

태사공은 말한다.

"순우곤이 하늘을 우러러 크게 웃자 제나라 위왕이 깨달음을 얻었고, 우맹이 머리를 흔들며 노래하자 땔나무를 지던 손숙오의 아들이 봉토를 얻었으며, 우전이 난간에서 크게 소리치자 비 맞는 군사들이 교대로 쉴 수 있었다. 이 어찌 위대한 언변이 아니겠는가!"

다음은 서한(西漢) 시대의 사학자 저소손(褚小孫)이 태사공의 골계 열전 세 편에 이어 여섯 장을 덧붙였다. 여기서 소개하기로 한다.

## 곽사인

한나라 무제 때 곽사인(郭舍人)이라는 자가 있었다. 그는 노래하는 광대였다. 그의 말은 이치는 맞지 않았지만 언제나 황제의 마음을 즐겁고 편하게 해 주었다. 황제는 그로 인해 곽사인을 총애하게 되었다.

무제에게는 어려서 자신을 키워 준 유모가 있었다. 그녀는 한 달에 두 번 궁궐에 출입하였는데 그때마다 무제는 비단과 음식을 하사하였다.

한 번은 유모가 글을 올렸다.

"어느 곳에 빈 공전(公田)이 있는데 그걸 사용하도록 허락해 주십시오."

무제는 유모가 원하는 것이라면 언제나 두 말 않고 바로 허락하였다. 심지어 황제만이 다니는 길을 유모에게는 마차를 타고 지나다닐 수 있게 허락할 정도였다. 그런 까닭으로 조정의 대신들과 장군들이 유모를 공경하고 존중하게 되었다.

그로 인해 유모의 집 자손과 심지어 그 집 하인들까지도 거만하여 함부로 횡포를 부리는 일이 많았다. 길에서 함부로 남의 마차를 막거나 끌고 가거나, 장사꾼들의 물건을 빼앗거나, 이웃을 괴롭히는 일이 자주 있었다.

이 소문이 궁궐에까지 알려졌으나 어느 누구도 유모에 대해 언급하지 못했다. 그런 도중에 일부 신하들이 유모에 대해 하나둘 상소를 올렸다. 그렇게 하자 황제는 더는 어쩌지 못하고 유모를 처벌하도록 하였다. 하지만 법으로 다스리지는 못하게 하고 멀리 변방으로 옮겨 살도록 선처하였다.

유모가 무제에게 작별 인사를 하기 위해 궁궐에 들어와, 평소 잘 아는 곽사인을 만나보고는 눈물을 하염없이 흘릴 뿐이었다. 이에 곽사인이 잠시 생각하더니 말했다.

"내 말을 잘 듣고 꼭 그대로 하시오. 들어가서 황제를 뵙고 인사하고 나올 때에, 천천히 걸으면서 슬픈 표정으로 자주 뒤를 돌아보시오."

유모가 그 말대로 황제께 작별을 고하고 나오면서 슬픈 표정을 지으며 자주 뒤를 돌아보았다. 그러자 곽사인이 별안간 크게 꾸짖었다.

"이 늙은 여자야! 아직도 폐하가 젖 빠는 어린아이인 줄 아는가? 빨리 떠나지 않고 무얼 그리 돌아본단 말인가!"

그 말을 들은 무제가 그 순간 마음이 슬퍼졌다. 곧바로 유모에 대한 처벌을 중지하라 명했다. 유모는 변방으로 이사하지 않아도 되었다. 도리어 유모를 참소한 자들이 모두 벌을 받고 변방으로 귀향을 가야 했다.


## 동방삭

동방삭(東方朔)은 제(齊)나라 사람이다. 사람들은 그를 동방 선생이라 불렀다. 독서를 좋아하여 유학을 터득했고, 이외에 전기나 잡설도 두루 배웠다. 그가 장안에 들어와 황제께 상소를 올렸다. 그 분량이 자그마치 죽간 3천 개에 이르고 죽간마다 빼곡히 글로 채운 것이었다. 상소를 접수하는 공거(公車)라는 곳에서 일하는 관리 두 명이 겨우 들고 황제께 올렸다. 황제는 두 달에 걸쳐 그 글을 읽었다. 이어 내용이 타당하다고 여겨 조서를 내렸다.

"동방삭을 낭(郞)으로 삼겠노라."

이후 황제는 동방삭을 가까이 두었다. 자주 불러 이야기를 나누었는데 그때마다 황제는 기뻐하지 않은 적이 없었다.

이에 황제가 총애하여 어전에서 식사를 같이 할 때가 많았다. 그런데 동방삭은 식사를 하고 나면 남은 고기나 음식을 꼭 싸서 옷소매나 품에 넣고 나왔다. 옷이 더러워져도 전혀 개의치 않았다.

또 황제로부터 비단을 하사받으면 그것을 어깨에 메고 나가 장안의 미인들에게 술값으로 다 써 버렸다. 하사금을 받으면 그 돈으로 장안의 젊은 여자를 얻어 부인으로 맞이하였다. 하지만 한 해를 살면 헤어지고 또 다른 여자를 얻었다. 이렇게 생활하고 보니 수중에 남은 돈이 하나도 없었다. 그걸 본 주변의 관리들이 그를 미치광이라 불렀다.

황제가 이 소문을 듣고 신하들에게 말했다.

"동방삭은 그렇게 살아도 그대들보다 일처리가 뛰어나지 않은가? 그가 그렇지 않았다면 그대들은 감히 동방삭을 쳐다보지도 못했을 것이다."

하루는 동방삭이 궁궐 안을 거닐고 있을 때 어떤 관리가 물었다.

"사람들이 선생을 보고 다들 미치광이라 합니다. 무슨 까닭입니까?"

이에 동방삭이 말했다.

"나는 조정에서 권력을 피해 사는 사람이오. 이렇게 궁궐 안에서도 세상을 피하고 몸을 숨길 수가 있는데, 옛사람들은 어찌 깊은 산속이나 가야 피한 것으로 알았는지 참으로 모를 일이오."

때때로 동방삭은 술에 취하면 이 이야기를 노래로 불렀다.

"나는 세속에 살면서 세속을 피해 산다네.
궁궐 안에서 나처럼만 산다면
권력을 피해 온전히 살아갈 수 있는데
옛 성현들은 어찌하여
깊은 산속 초가집만 찾았단 말인가."

어느 날, 여러 박사들이 동방삭에게 물었다.

"소진과 장이는 한 번 유세하면 재상의 자리에 앉았고. 그 혜택이 후세에까지 이르렀습니다. 선생께서는 경서와 학문에 능통하고, 문장 또한 세상 누구보다 뛰어나십니다. 게다가 판단력과 지혜는 누구도 감히 따를 수 없습니다. 그런데 그렇게 오래도록 왕을 가까이 모시고 있으면서 어찌 벼슬은 겨우 시랑(侍郎)에 지나지 않는 것입니까? 혹시 무슨 잘못이라도 있었습니까?"

동방삭이 말했다.

"그대들은 시절을 잘 모르는 것 같소. 예전 혼란한 시절에는 인재를 많이 얻는 자가 천하를 지배했소. 그러니 인재라면 누구나 왕께 유세하여 계책이 통하면 등용되었고 운이 좋은 자는 높은 지위에까지 올랐소. 그 후손 또한 길이 영화를 누렸던 것이오. 그러나 지금은 태평한 시절이오. 황제의 신임을 얻으려고 몰려드는 인재가 헤아릴 수 없이 많소. 만약 소진과 장의가 지금 시대에 유세한다면 그들은 낮은 자리 하나라도 얻지 못하였을 것이오. 그런데 내가 어찌 시랑 벼슬 그 위를 바라본단 말이오?"

그러자 여러 박사들이 아무 말도 하지 못했다.

하루는 건장궁(建章宮) 난간에 이상한 짐승이 나타났다. 그 모습이 고라니와 비슷했다. 무제가 이 보고를 받고는 학식이 높고 경륜이 많은 신하들에게 무엇이냐 물었다. 그러나 아무도 알지 못했다.

이에 황제가 동방삭에게 알아보도록 조치하자 동방삭이 말했다.

"소신에게 술과 음식을 내려 주시면 곧 알려 드리겠습니다."

무제가 고개를 끄덕이며 원하는 음식과 술을 하사하였다. 그러자 동방삭은 대답은 하지 않고 또 다른 조건을 말하였다.

"농사짓지 않고 버려진 땅이 있으면 소신에게 조금만 주십시오. 그러면 바로 말씀드리겠습니다."

무제가 그리하겠다고 허락하자 동방삭이 말하였다.

"그 동물은 추아(騶牙)라고 합니다. 이빨 앞뒤가 가지런하여 어금니가 없는 것이 특징입니다. 태평한 시절에만 나타나는 전설의 동물입니다. 지금 황제께서 의(義)를 존중하시어 천하가 태평성대를 누리고 있습니다. 이때에 추아가 나타난 것은 주변 속국들이 폐하를 경외하기 위해 귀순해 올 좋은 징조를 보여 주는 것입니다."

과연 그 말대로 한 해가 가기 전에 흉노의 혼야왕(渾邪王)이 자신이 이끄는 10만 명의 무리와 함께 한나라에 귀순하는 일이 생겼다.

동방삭이 늙어서 황제에게 간언하였다.

"현명한 군자는 남을 비방하는 신하들의 말을 믿지 말라고 했습니다. 비방을 믿게 되면 신하들 누구나 비방을 올리게 되니 그러면 나라가 어지러울 수밖에 없습니다. 그러니 폐하께서는 아첨을 멀리 하시고 비방하는 말을 물리치셔야 합니다."

황제가 의아해하며 주변 신하들에게 물었다.

"어째서 요즘 동방삭의 말이 이토록 순해졌는가?"

얼마 후 동방삭은 병들어 죽었다. 그 죽음이 고전에 이르는 말과 조금도 다르지 않았다.

"죽을 때가 되면 새는 그 울음이 슬프고, 사람은 그 말이 착하다."

이는 바로 동방삭을 두고 한 말이 아니겠는가?

# 동곽

대장군 위청(衛青)은 무제가 총애하는 위후(衛后)의 오빠이다. 흉노를 공격하여 목 벤 자와 포로로 사로잡은 자가 셀 수 없이 많았다. 귀국하니 무제가 그 공로를 칭찬하여 황금 1천근을 하사하였다.

위청이 그 상을 받고 대궐 문을 나서자, 마침 안면 있는 동곽(東郭)선생이란 자가 절을 올리며 말했다.

"장군께서는 지금 황제가 총애하는 여인이 누구신지 아십니까? 이전에야 장군의 누이인 위후였지만 이제는 왕부인을 새로 총애하고 계십니다. 왕부인의 부모는 집이 가난합니다. 장군께서 지금 하사받으신 그 황금을 왕부인의 부모에게 예물로 주신다면 황제께서도 기뻐하실 것이고, 왕부인 또한 장군을 신임하실 겁니다. 이것은 높은 자리에 있는 자가 취해야 할 적절한 처세인 것입니다."

위청이 그 말을 듣고 보니 일리가 있었다. 위청이 말했다.

"선생께서 훌륭한 처세를 알려 주시니 감사합니다. 그 가르침대로 따르겠습니다."

하고는 곧 황금 5백 근을 왕부인의 부모에게 선물로 보냈다. 얼마 후 왕부인이 이 소식을 듣고 황제에게 알렸다. 그러자 황제가 말했다.

"위청은 그런 일을 할 줄 모르는 자요."

하고는 위청을 불러 누구로부터 그런 조언을 얻은 것인지 물었다.

"옛 제나라 출신인 동곽 선생께서 가르쳐 주었습니다."

이에 황제가 동곽을 불렀다. 그리고 그 현명한 처세를 칭찬하여 도위(都尉)에 임명하였다.

이전에 동곽은 벼슬을 얻고자 황제의 분부를 기다리고 있었다. 성 밖에 거하고 있었지만 가난한 처지라 늘 굶주리고 추위에 떨었다. 옷도 헤지고 신발도 온전치 못했다. 신발 밑창이 다 닳아 눈 속을 걸어가면 발바닥이 그대로 땅에 닿았다. 사람들이 그 모습을 보고 비웃자 동곽이 말했다.

"눈 속에서 신발 밑창이 없다고 누가 알 수 있겠는가?"

후에 동곽은 2천 석 벼슬에 올랐다. 제일 먼저 대궐문을 나서서 그동안 자신을 보살펴 준 하숙집 주인에게 인사를 드렸다. 그가 남루했을 때는 아무도 돌아보지 않았지만, 그가 영화롭게 되자 사람들이 서로 다투어 찾아왔다.

"말(馬)을 감정할 때 말랐다고 멀리하면 좋은 말을 얻지 못한다. 사람을 평가할 때 가난하다고 멀리하면 인재를 얻지 못하는 것이다."

이는 동곽 자신을 두고 한 말이다.

왕부인이 위독하였다. 무제가 몸소 문병을 가서 말하였다.

"그대가 낳은 아들은 당연히 왕에 오를 것이오. 어느 곳에 왕이 되기를 원하는지 말해 보시오."

왕부인이 애절한 목소리로 대답하였다.

"낙양에 왕이 되기를 원합니다."

그러자 무제가 말했다.

"그곳은 아니 되오. 낙양은 무기고와 식량 창고가 있고 도읍으로 들어오는 천하의 요충지요. 대대로 그곳에 왕을 두는 일은 없었소. 동쪽으로는 제나라보다 큰 곳이 없소. 그대의 아들을 제나라 왕으로 삼겠소."

그러자 왕부인이 손으로 자신의 얼굴을 가리면서 말했다.

"그리 해 주신다면 다행입니다. 천만다행입니다."

왕부인이 죽자 사람들이 이렇게 말했다.

"제나라 왕의 태후(太后)께서 돌아가셨다!"


## 순우곤

제나라 왕이 순우곤을 사신으로 삼아 초나라 왕에게 고니를 선물로 바치게 하였다. 순우곤은 도성 멀리 오게 되자 길 위에서 고니를 날려 보냈다. 그리고 빈 새장을 들고 초나라 왕을 뵙고 아뢰었다.

"저희 왕께서 대왕에게 고니를 선물로 바치라고 하였습니다. 그런데 물 위를 지나오는데 고니가 목이 말라 울부짖었습니다. 그 모습이 가여워 새장에서 꺼내 물을 마시게 하였더니 저를 버리고 그놈이 훌쩍 날아가 버렸습니다.

소신은 그 순간 칼로 목을 베어 죽을까 생각했는데, 새 한 마리 때문에 선비 하나가 스스로 목숨을 끊어야 한다면 그 임금은 필히 좋지 못한 소문이 날 것이 두려웠습니다. 그렇다고 고니와 비슷한 것을 사서 선물로 대신한다면 이는 나라와 나라 사이에 신의 없는 짓이고 두 임금을 속이는 일입니다.

그래서 다른 나라로 달아나려고 생각했지만, 그로 인해 두 나라 왕이 소원해진다면 이 또한 가슴 아픈 일이 아니겠습니까? 저의 허물을 자백하고 머리를 숙여 죄를 청하니 대왕께서는 소신을 처벌하여 주시옵소서."

이에 초나라 왕이 말하였다.

"제나라에 이처럼 신의 있는 선비가 있었다니, 참으로 숭고하도다!"

순우곤은 고니를 바칠 경우보다 갑절이나 많은 재물을 얻어 돌아왔다.


## 왕선생

어느 날 무제는 북해(北海) 태수를 조정에 들라 하였다. 그 무렵 북해에서 문학졸사(文學卒史)로 일하던 왕선생(王先生)이라는 자가 태수에게 함께 가도록 해달라고 청하였다. 이는 조정에서 벼슬을 얻을 수 있는 기회라 여겼기 때문이었다.

"태수께서 소인을 데려가시면 분명 큰 이익을 얻을 것입니다. 그러니 허락해 주시옵소서."

아전들이 그 말을 듣고 태수에게 아뢰었다.

"왕선생은 술을 좋아하고 말이 많으며 허풍만 든 사람입니다. 그러니 함께 가시면 곤란하실 겁니다."

하지만 태수는 동행을 허락하였다.

"그대가 꼭 가고자 한다면 내 함께 가리라."

궁궐 밖에 이르러 태수는 황제의 출입 허가를 기다리고 있었다. 기다리는 동안 왕선생은 날마다 술에 취해 살았다. 며칠 후, 드디어 황제의 조서가 내려와 태수가 궁궐에 들어가려 할 때였다. 왕선생은 다급히 태수에게 달려가 말하였다.

"황제께서 '어떻게 북해를 다스려 도적이 없게 했는가.'라고 물으시면 태수께서는 어떻게 대답하시겠습니까?"

그러자 태수가 말했다.

"나는 이렇게 말하겠소. 어진 인재를 뽑아 썼고, 그 능력에 맞게 등급을 정해 일을 맡겼고, 또한 선한 자는 상을 주었고, 악한 자는 벌을 내렸기 때문입니다."

왕선생이 말했다.

"그렇게 대답하시면 이는 자신을 칭찬하는 것입니다. 황제 앞에서 그래서는 아니 됩니다. 꼭 이렇게 대답하시기 바랍니다. 이는 저의 힘이 아니라 폐하의 신령한 위엄 때문에 변화된 것입니다."

태수가 고개를 끄덕이며 황제 앞에 나아갔다. 황제가 물었다.

"북해를 어떻게 다스렸기에 그곳은 도적이 하나도 없단 말이오?"

태수가 대답하였다.

"이는 소신의 힘이 아니라 모두가 폐하의 신령한 위엄 때문입니다!"

이에 무제가 크게 웃으며 물었다.

"훌륭한 대답이로다. 그래 그 말은 누가 가르쳐 준 것이오?"

태수가 말했다.

"북해에서 저를 따라온 문학졸사 왕선생이라는 자가 가르쳐 준 것입니다."

황제가 물었다.

"그는 지금 어디 있소?"

태수가 말했다.

"궁궐 밖에 있습니다."

이에 황제가 왕선생을 불러 수형승(水衡丞)이라는 직책을 내렸다. 그리고 태수는 수형도위(水衡都尉)로 승진시켰다.

언변에 관해 예부터 전해 오는 말이 있다.

"아름다운 언변은 재물과 바꿀 수 있으며, 고귀한 행실은 사람을 달라지게 할 수 있다."

"군자는 말로써 안부를 전하지만, 소인은 재물로서 대신한다."


## 서문표

위(魏)나라 문후(文侯) 무렵, 서문표(西門豹)는 업현의 현령으로 나가게 되었다. 업현에 도착하니 그곳 백성들이 모두 슬픈 표정이었다. 서문표가 마을의 장로들을 모아 놓고 그 까닭을 물었다. 그러자 장로 하나가 말했다.

"이곳은 물의 신 하백(河伯)에게 딸을 바치는 일로 백성들이 늘 고통을 당하고 있습니다. 그 제사를 올리기 위해 관에서 백성들에게 터무니없는 돈을 거두니 마을은 가난하고 백성들은 고달파 그런 것입니다."

서문표가 물었다.

"딸을 바친다니, 도대체 무슨 일이냐?"

장로가 대답했다.

"고을의 삼로 장로와 아전이 백성들에게 돈을 거둬 그중에 얼마는 하백에게 바치기 위해 어느 집 딸을 사는 것에 쓰고, 나머지 돈은 하백신을 부르는 무당과 삼로 장로와 아전들이 나누어 가집니다."

장로가 이어 말했다.

"그때가 되면 무당이 마을을 돌아다니면서 가난한 집 딸 중에 아름다운 여자를 찾습니다. 그리고 너는 하백의 아내가 될 것이라고 말하고, 그 부모에게 폐백으로 얼마를 주고 데려갑니다. 이어 그 딸을 씻기고 새로 비단옷들을 지어 줍니다. 그리고 물가에 임시 처소로 만든 붉은 장막을 둘러친 재궁(齋宮)에 홀로 있게 합니다. 10여 일 동안 맛있는 음식으로 배불리 먹이고는, 날이 되면 시집가는 여자처럼 화장을 시켜 배 한가운데 상석에 앉혀 물 위에 띄웁니다. 배는 얼마 못가서 물에 잠기는데, 이는 하백이 아내로 삼았다는 증거라 합니다. 이 제사 때문에 딸 가진 부모들이 몰래 마을을 떠나니 성안이 텅 비게 된 것입니다. 전해 오는 말에 의하면 만일 하백에게 아내를 바치지 않으면 강물이 범람해 모두 익사할 것이라 합니다."

서문표가 말했다.

"다음 번 제사 때 내게 알려라. 내가 꼭 보러 가겠노라."

장로들이 모두 알았다고 하였다.

마침내 하백에게 여자를 바치는 날이 되자 서문표가 물가로 나갔다. 삼로 장로와 아전과 유지들이 모였고 구경 나온 자가 천여 명이 넘었다. 무당은 일흔이 넘은 늙은이였는데 그녀를 따르는 제자가 10여 명이었다. 모두가 비단으로 만든 예복을 입고 무당의 뒤에 줄을 지어 서 있었다. 서문표가 앞으로 나가 말했다.

"하백의 아내로 정해진 여자를 내게 데려오라. 그녀가 어여쁜지 추한지 내가 살펴보리라."

이어 하백의 아내로 정해진 여자가 장막에서 나와 서문표 앞에 섰다. 서문표가 살펴보더니 삼로 장로와 무당과 아전을 돌아보며 말했다.

"이 여자가 어찌 어여쁘단 말인가? 수고롭지만 무당 할멈은 물속에 들어가서 하백에게 고하고 오라. 다시 아름다운 여자를 구해 후일에 보내겠다고 말이다."

서문표는 말이 끝나기 무섭게 군사를 시켜 무당 할멈을 물속에 던지게 하였다. 잠시 후 서문표가 말했다.

"무당 할멈은 어찌 이토록 하백을 오래 만나고 있는 것인가? 안 되겠다. 저기, 제자 하나를 물속에 보내 속히 돌아오라고 재촉하라!"

이어 군사들에게 제자 하나를 붙잡아 물속에 던지라 하였다. 다시 조금 있다가 서문표가 말했다.

"제자도 어찌 이리 오래 있는가? 다시 한 사람을 보내 서둘러 오라고 하라!"

이어 군사들에게 또 한 명의 제자를 잡아 물속에 던지라 하였다. 이렇게 세 명이 물에 던져졌다.

서문표가 말했다.

"무당과 그 제자들은 모두 여자라 하백에게 고하기 어려운 모양이다. 안 되겠다. 삼로 장로가 들어가 하백에게 고하라."

하고는 군사들에게 삼로 장로를 붙잡아 물속에 던지라 하였다. 한참이 지나자 서문표가 허리를 굽혀 예를 갖추고 물속을 바라보았지만 아무도 나오지 않았다. 옆에서 이를 지켜본 무당의 제자들과 다른 장로와 아전들은 놀라서 벌벌 떨고 있을 뿐이었다. 서문표가 그들을 돌아보며 말했다.

"무당과 제자와 삼로마저 돌아오지 않는다니, 이를 어찌 한단 말인가?"

이어 군사를 시켜 아전 하나를 물에 던지라 하였다. 그러자 아전들이 두려워하며 머리를 조아리고 살려 달라고 하였다.

서문표가 말했다.

"좋다. 그러면 너희들은 잠깐 머물러라. 잠시 기다려 보자."

잠시 후에 서문표가 말했다.

"하백이 손님들을 오래 머물게 하나 보구나. 오늘은 그만하고 돌아가야겠다!"

이로부터 어느 누구도 다시는 하백을 위해 딸을 바치는 제사를 말하는 이가 없었다.

후에 서문표는 백성들을 위해 논에 물을 대기 위해 도랑을 파기로 했다. 하지만 백성들은 그 일이 번거롭고 괴롭다고 여겨 아무도 나서지 않았다. 할 수 없이 명을 내려 강압적으로 도랑을 파게 했다.

서문표가 말했다.

"백성이란 이루어진 일만 즐거워할 뿐, 함께 시작하는 일은 하려고 않는다. 하지만 지금은 비록 도랑을 파는 일로 나를 원망하겠지만 후손들은 내 말이 옳다고 여길 것이다."

나중에 도랑을 판 덕분에 가뭄이 들어도 농사는 아무런 지장이 없었다. 수확은 늘 풍년이었다. 후손들이 크게 혜택을 보았다. 이후 서문표는 어진 현령이라고 그 이름이 천하에 알려졌다.

예부터 전해 오는 말이 있다.

"자산(子産)이 정(鄭)나라를 다스리자 백성들이 그를 속일 수가 없었다. 자천(子賤)이 선보 지역을 다스리자 백성들이 차마 그를 속이지 못했다.

서문표가 업현을 다스리자 백성들이 감히 그를 속이지 못했다. 이 세 사람 가운데 누가 뛰어난지는 알 수 없지만, 백성을 다스리는 자라면 마땅히 분별할 수 있을 것이다."

## 제67편

## 일자 열전

自古受命而王、王者之興何嘗不以蓍筮決於天命哉。

其於周尤甚、及秦可見。代王之入、任於卜者。太卜

之起、由漢興而有。司馬季主者、楚人也。卜於長安

東市。宋忠為中大夫、賈誼為博士同日俱出洗沐、

相謂曰：誦易先王聖人之道術、究遍人情、相視而

歎。

賈誼曰：「吾聞古之聖人、不居朝廷、必在卜醫之

中。今吾已見三公九卿朝士大夫、皆可知矣。試之卜

數中以觀采」二人即同輿而之市、遊於卜肆中。天新

雨、道少人、司馬季主閒坐、弟子三四人侍、方辯天

"일자(日者)란 태양을 관찰하여 길흉을 점치는 자를 말한다. 이들은 태복(太卜)이라는 직책을 맡아 황실의 정책과 인사에 커다란 영향력을 미쳤다."

●

예로부터 왕이란 천명을 받은 자만이 오르는 것이었다. 그래서 왕이 되고자 하는 자는 누구나 점을 쳐서 천명을 판단했다. 주(周)나라 때 특히 심했고, 진(秦)나라에서도 흔했으며, 한(漢)나라에서도 마찬가지였다. 그런 까닭에 점을 쳐서 길흉을 알려 주는 태복(太卜)은 오래전부터 있던 직위였다.

사마계주(司馬季主)는 초(楚)나라 사람이다. 그는 장안 동쪽 시장에서 점을 치는 자였다. 하루는 비가 내려 한가로운 날이었다. 자리에 앉아 제자 서너 명과 일월의 운행과 길흉화복의 근원에 대해 논의하고 있었다.

그 시각에 중대부(中大夫) 송충(宋忠)과 박사(博士) 가의(賈誼)는 휴가를 얻어 성문을 걸어 나오면서 『역경』에 대해 담론을 나누고 있었다.

가의가 말했다.

"제가 듣기로는 성인(聖人)은 조정 대신들 중에 있지 않으면 점쟁이나 의원들 가운데 있다고 합니다. 그런데 지금 삼공(三公)과 구경(九卿)을 비롯해 조정 대신들을 보면 성인이 될 자가 하나도 없습니다. 그러니 점쟁이 가운데 성인이 있지 않을까요? 우리 한번 찾아보도록 합시다."

두 사람은 곧 수레를 타고 사마계주를 찾아갔다. 대문을 들어서자 외모가 반듯하고 예의를 갖춘 이가 정중히 맞이하였다. 두 사람은 그가 사마계주임을 금방 알아챘다. 이어 자리에 앉아 사마계주에게 천지의 도에 관해 물었다.

그러자 사마계주가 대답했다. 천지의 시작과 끝에 관한 것과, 일월성신이 운행하는 규칙에 관한 것과, 그로 인해 인의(仁義)에 이르는 순서와 길흉의 징험을 질서 있게 열거하며 밝히는데, 어느 한 마디도 이치에 벗어난 말이 없었다.

가만히 듣고 있던 송충과 가의는 속으로 놀라며 두려운 바가 없지 않았다. 이번에는 관을 고쳐 쓰고 자세를 단정히 한 후에 송충이 물었다.

"선생의 모습을 뵙고 이렇게 말씀을 들어보니, 일찍이 저희가 세상에서 뵌 현자와는 참으로 경지가 다릅니다. 그런데 어떻게 이런 낮은 곳에 살면서 천한 점쟁이 노릇을 하고 계시는 겁니까?"

그 말을 듣자 사마계주는 배를 움켜잡고 호탕하게 웃으며 말했다.

"보아하니 학식과 도덕이 있는 분들 같은데, 어찌 그렇게 고루하고 천박한 말을 하는 겁니까? 그러면 어진 자는 누구고, 높은 자는 또 누구를 말합니까? 대체 무엇으로 나를 비천하다고 생각하는 것이오?"

그러자 송충이 말했다.

"세상 사람들이 말하는 높은 것이란 벼슬과 봉록이 큰 것을 말합니다. 그런 지위는 실력과 경륜이 있는 자가 얻는 것입니다. 그런데 선생께서는 지금 그런 지위가 없지 않습니까. 또한 세상 사람들은 점쟁이가 하는 말은 미덥지 못하다고 여기고, 그 행동 또한 본받을 것이 없다고 하고,

사례를 취하는 것 또한 부당하다고 여겨 천하다고 말하는 겁니다. 즉 점쟁이는 과장되게 말하여 사람의 마음을 들뜨게 하고, 제 마음대로 환난을 늘어놓아 사람의 마음을 아프게 합니다. 또 귀신을 빙자해 재물을 뜯어 가니 이것이 부끄럽고 천한 것이 아니고 무엇이겠습니까."

이어 사마계주가 말했다.

"그럼, 내 말을 들어보시오. 어진 것과 그렇지 못한 것을 그대들은 분명히 구분할 수 있겠소? 어진 자는 바른 도를 따라 바른 말로써 의견을 올립니다. 세 번 올려도 상대가 듣지 않으면 물러나는 것이 어진 자입니다. 남을 칭찬할 때에 보상을 바라지 않고, 남을 미워할 때 원망을 두려워하지 않는 것이 어진 자입니다.

또 어진 자에게 벼슬이란 나라를 편리하게 하고 백성들에게 이익이 되도록 하는 것을 임무로 삼습니다. 벼슬자리도 적임이 아니면 나아가지 않고, 봉록이 자신에게 알맞지 않으면 받지 않습니다. 벼슬을 얻거나 물러날 때 결코 기뻐하거나 원망하지 않습니다. 부정한 행위를 한 자를 보면 그가 아무리 존귀한 자라도 결코 몸을 굽히지 않고, 자신이 죄 지은 바가 없으면 치욕을 당해도 부끄럽게 여기지 않는 자입니다.

방금 두 분이 말씀하신 어진 자들이란 사실 따지고 보면 도리어 부끄러워해야 할 자들입니다. 그들이 자신을 낮춰 겸손하게 하는 것은 남보다 높은 벼슬을 얻기 위함입니다. 그러기 위해서는 무리를 지어 다니며 올바른 자를 배격하고, 봉록을 받으면서도 사사로운 이익을 추구해 백성들에게 무거운 세금을 거둬 드립니다. 또 벼슬을 위세의 수단으로 알고, 법을 사람을 해치는 도구로 알고 있으니, 이는 칼을 빼 들고 사람을 위협하는 강도와 조금도 다르지 않습니다.

벼슬에 임명되기 위해 교묘하게 실력을 꾸미고, 있지도 않은 공적을 있는 것처럼 말하고, 하지도 않은 일을 한 것처럼 꾸며 임금의 눈을 속입니다. 무조건 남보다 위에 있는 것이 좋은 것으로 알아 자리가 나면 누구에게도 양보하지 않습니다. 없는 것을 있는 것처럼 하고, 적은 것을 많은 것처럼 꾸며 유리한 권세를 구하고자 합니다.

또 수레를 타고 놀러 다니면서 미녀는 돌보되 부모는 돌보지 않고, 결국 법을 교묘하게 이용해 백성들을 해롭게 하고 나라를 공허하게 만듭니다. 이는 창이나 활을 가지지 않았을 뿐이지 도적과 다를 바가 무엇이겠습니까? 그러니 그대들은 도대체 무얼 가지고 그런 자들을 추앙하는 겁니까?

그런 자들은 도둑이 창궐해도 막지 못하고, 오랑캐가 일어나도 누르지 못하고, 간악한 자가 반란을 일으켜도 막지 못하고, 관리가 타락해도 다스리지 못합니다. 그러면서도 능력이 있다고 할 수가 있는 겁니까?

그런 자가 관직에 앉으면 나라의 봉록을 탐하기만 하고, 자기보다 나은 자가 진출하면 가로막으니 이는 벼슬을 도둑질하는 것과 다를 것이 없습니다. 좋은 꽃을 피우는 식물은 버림을 받고 오로지 잡초들만 숲에 무성한 것과 같습니다. 훌륭한 군자가 이 세상에 나타나지 못하는 것은 바로 이들 때문인 것입니다.

군자의 의리란 옛 것을 전하기만 할 뿐 새로 만들지는 않는다고 했습니다. 그런 면에서 점술이란 천지를 따르고 사계절을 본뜨며 인의에 순응해 쾌를 정하고 순서를 바르게 하여 이해와 성패를 말하는 것입니다. 옛날 선왕께서는 나라를 정할 때 반드시 일월을 따져 점을 치셨고, 시일의 길함을 갖춘 뒤에 도읍에 들었습니다. 또한 가정마다 자식을 낳으면 먼저 길흉을 점치고 양육하였습니다. 복희(伏羲)씨가 8괘를 만들고 주나라 문왕이 384효(爻)를 만들어 천하를 다스렸습니다. 그런데 점이 사람에게 해롭게 한 것이 무엇이란 말입니까?

점치는 일이란 자리를 깨끗이 쓸고 의관을 갖추고 나서야 길흉과 성패를 말하게 됩니다. 이것은 예의를 갖추는 것입니다. 점의 결과에 대해 귀신은 향응하고, 충신은 군주를 섬기고, 효자는 어버이를 봉양하며, 부모는 그 자식을 양육하니 이는 곧 덕이 있는 것입니다.

그리고 점을 부탁한 사람은 수십 전에서 수백 전까지 사례를 합니다. 그 비용으로 아픈 사람은 병이 낫고, 죽어 가는 자는 살아나고, 환난을 당한 자는 면하게 되고, 사업하는 자는 성공하게 되고, 나이든 딸은 시집을 보내고, 장가 못 간 아들은 색시를 데려오게 합니다. 이 은덕이 어찌 수백 전의 가치만 못하겠습니까? 점쟁이가 천하에 베푼 혜택은 크지만 자신이 받는 사례는 적으니 이는 노자(老子)의 말과 다를 것이 없습니다. '최고의 덕은 아무리 보아도 덕이 있는 것 같지 않다. 그러므로 덕이 있는 것이다.'

장자가 말했습니다. '군자는 안으로 굶주리거나 추위에 떨 염려가 없고, 밖으로는 약탈당할 걱정이 없으며, 윗자리에 있으면 존경을 받고, 아랫자리에 있으면 해를 당하지 않으니 이것이 군자의 도이다.'

대개 점쟁이라는 직업은 쌓아도 넘칠 것이 없고, 간직할 창고가 필요 없고, 옮길 수레가 필요 없고, 등에 짊어져도 무겁지 않고, 아무리 써도 다함이 없습니다. 다함이 없는 물건을 가지고 끝이 없는 세상에서 놀게 되니, 아무리 장자가 자유로운 행동을 하고 살다 갔다고 하지만 이보다는 못할 것입니다.

어째서 점쟁이가 나쁘다고 하시는 겁니까? 하늘은 서북쪽이 부족하기 때문에 별이 서북쪽으로 옮겨가고, 땅은 동남쪽이 부족하기 때문에 바다로서 연못을 만든 겁니다. 해는 중천에 이르게 되면 반드시 이동하고, 달은 차면 반드시 이지러지게 됩니다. 선왕이 세운 진리라도 때로는 존재하고 때로는 없어지기도 합니다. 점쟁이는 말에 믿음이 없다는 그 말은 분명 잘못 생각하신 겁니다.

저 유세가들을 보십시오. 저들은 벼슬을 얻고자 계략을 짜는 이들입니다. 그들은 군주에게 호감을 얻기 위해 말을 할 때에 반드시 선왕의 업적을 열거합니다. 그러면 군주는 조상에 대한 칭송이라 기뻐합니다. 하지만 선왕의 실패와 폐단을 말하면 군주가 싫어하여 멀리 내쫓고 맙니다.

이들보다 말이 많고 과장이 심한 자들은 없습니다. 물론 때로는 공을 세워 나라를 부강하게 하고 임금을 기쁘게 하기도 합니다. 그런 면에서 점쟁이도 다르지 않습니다. 점쟁이는 길을 잃은 자들을 인도해 주고 어리석은 자들을 깨우쳐 줍니다.

천리마와 노새를 짝 지울 수 없고, 봉황과 참새를 함께 무리지게 할 수 없는 것입니다. 어진 이는 불초한 자와 같은 항렬에 놓을 수 없는 것입니다. 그러므로 군자는 스스로 몸을 숨겨 덕을 행하고, 존귀와 명예를 구하지 않는 것입니다. 두 분께서는 존귀와 명예를 구하시는 분들이니 어찌 장자의 도리를 알 수 있겠습니까."

말을 듣고 난 송충과 가의는 넋을 잃고 감히 입을 열 수가 없었다. 곧바로 자리에서 일어나 하직 인사를 하고 수레에 올랐다. 한참 동안 둘은 말이 없었다.

사흘 뒤, 송충과 가의는 궁궐 밖에서 마주쳤다. 가의가 말했다.

"도덕은 높을수록 몸이 편안하고, 권세는 높을수록 몸이 위태롭다. 높은 자리에 앉게 되면 언젠가 내 몸이 망칠 날이 온다. 점쟁이는 점을 맞추지 못한다 해도 복채를 돌려주는 일이 없지만, 임금을 위해서 방책을 세울 때에는 정밀하지 못하면 목숨을 잃게 된다. 이 둘은 머리에 쓰는 관과 발에 신는 신발만큼 차이가 크다. 이것이 바로 노자가 말한 '무명(無名)은 만물의 시작이다.'라는 것이다.

하늘은 넓고 땅은 크다. 안전한 곳도 많지만 위험한 곳도 많다. 그러나 우리는 어디에 있어야 할지 모르겠다. 그렇다고 우리가 그 점쟁이처럼 살 수 있겠는가? 그는 날이 갈수록 편안하다고 하니, 증씨(曾氏)가 말한 것처럼 본래의 삶이란 바로 사마계주를 말하는 것이 아니겠는가?"

오랜 후에 송충은 흉노의 사신으로 갔다가 돌아오는 도중에 죄를 짓게 되어 참수당했다. 가의는 양(梁)나라 회왕(梁懷王)의 스승으로 있다가 회왕이 말에서 떨어져 죽자 그 일로 식음을 끊고 한탄하다 죽었다. 이들은 꽃을 피우기 위해 애쓰다가 도리어 자신의 뿌리를 끊고 만 것이다.


태사공은 말한다.

"내가 점쟁이를 기록한 것은 그들에 대한 것이 아무 곳에도 기록되어 있지 않았기 때문이다. 사마계주는 그래서 내가 기록하였다."


저선생(褚先生)은 말한다.

내가 낭(郎)의 신분으로 장안 거리를 구경 나갔을 때, 점치는 일을 직업으로 하는 선비를 만난 일이 있었다. 그는 누구보다 풀이를 잘했는데 시골 사람이 와도 의관을 정제해 맞이할 정도로 군자의 기풍이 엿보이는 자였다. 부녀자들이 찾아오면 엄숙한 표정으로 대했고, 이를 드러내 함부로 웃는 일이 없었다.

예부터 뛰어난 자는 세속을 피해 살거나, 입을 다물고 민가에 살거나, 점쟁이가 되어 몸을 보전하는 경우가 있다고 하였다. 사마계주는 『역경』에 능통했고 황제와 노자의 사상에 정통했다. 그가 인용한 선왕과 성현과 성인의 도는 천박한 견문으로는 도무지 인용할 수 없는 글들이다.

점쟁이로서 천하에 이름을 떨친 이가 가끔 있었다. 옛글에 말하기를 부(富)가 첫째며 귀(貴)는 다음이다. 사람은 자신이 귀하게 되었으면 한 가지 재주를 배워 입신하려 한다.

황직(黃直)과 진군부(陳君夫)는 부부로서 사람들이 말하는 것만으로 좋고 나쁜 것을 감별하여 천하에 이름을 날렸다. 제나라의 장중(張仲)과 곡성후(曲成侯)는 검술에 뛰어나 천하에 이름을 날렸다. 유장유(留長孺)는 돼지를 감정하는 것으로 이름이 났고, 형양의 저씨(褚氏)는 소를 감정해서 이름을 날렸다. 이렇게 이름을 날린 자를 어떻게 다 말로 하겠는가?

그러므로 땅이 맞지 않으면 나무를 심어도 크지 않고, 그 뜻이 작으면 가르쳐도 쓸모가 없다. 집에서 자손을 가르칠 때 그가 좋아하는 것을 가르치면 반드시 뜻을 이루게 되는 것이다. 그러므로 훌륭한 부모는 자식에게 적합한 것을 찾아 주는 자들이다.

한번은 내가 관청의 점쟁이인 태복(太卜)과 같이 일한 적이 있었다. 태복이 말했다.

"어느 날 황제께서 점술가들을 불러 놓고 며느리를 맞이할 날을 잡았는데 이날이 좋은가 어떤가를 물었습니다. 그러자 오행가(五行家)들은 좋다고 했습니다. 풍수지리에 능한 자는 안 된다고 했습니다. 달을 보고 점치는 자는 불길하다고 했습니다. 별로 점치는 자는 크게 흉하다고 했습니다. 날짜로 점치는 자는 조금 흉하다고 했습니다. 천리로 점치는 자는 약간 길하다고 했습니다. 우주 만물로 점치는 자는 크게 길하다고 했습니다. 이렇게 논쟁이 다르니 결론이 나지 않았습니다. 이에 황제가 조칙을 내렸습니다. 상서롭지 않은 일을 하고자 하면 오행을 따라 하라. 사람은 오행에 따라 태어나고 죽기 때문이다."

卷一百二十八。龜筴列傳

太史公曰、自古聖王將建國受命、興動事業、何嘗不

寶蓍龜以助善。唐虞以上、不可記已。自三代之興、

各拠禎祥。塗山之兆從而夏啓世、飛燕之卜順故殷

興、百穀之筮吉故周。王者決定諸疑、參以蓍龜、

斷以著故周。

# 제68편

# 귀책열전

不易之道也。蠻夷氐羌雖無君臣之序、亦

有決疑之卜。或以金石、或以草木、國不同俗。然皆

可以戰伐攻擊、推兵求勝、各信其神、以知來事。略

聞夏殷欲卜者、乃取蓍龜、已則棄去之、以為龜藏則

不靈、蓍久則不神。至周室之卜官、常寶藏著龜。又

"이 열전은 제목만 전해졌고 내용은 후세에 저소손이 보충한 것이다. 귀책(龜策)이란 살아 있는 거북을 불에 구워 그 등껍질에 나타나는 형상을 가지고 길흉화복을 점치는 것을 말한다."

　　　　　　　　　　　●

　저소손이 장강 남쪽에서 점치는 것을 보았다. 점쟁이가 말했다.

　"천 년을 산 거북이는 연꽃 잎사귀에서 노닐고, 시초(蓍草)는 하나의 뿌리에서 백 개의 줄기가 나온다. 또한 거북과 시초가 자라는 곳에는 호랑이나 이리 같은 맹수가 없고 독초도 자라지 않는다. 장강 주변 사람들은 평소 거북을 길러 그 피를 마시고 그 고기를 먹는데 그렇게 하면 도인의 원기를 얻는다고 믿었다. 물론 그것은 몸이 쇠약해지는 것과 늙는 것을 막는 데 도움이 되는 것은 사실이다."

　남쪽에 사는 한 노인이 침대 다리가 하나 짧아 거북으로 받쳐 두고 지냈다. 그 후 20년이 지난 뒤 노인이 죽어 침대를 옮겼다. 그러나 거북은 그대로 살아 있었다. 거북은 제 스스로 기를 조절할 수 있기 때문이었다.

　어떤 자가 물었다.

　"이처럼 거북은 신령한 동물인데, 어째서 점을 치는 태복관(太卜官)은 거북을 얻으면 꼭 죽여서 그 껍질을 얻는 것입니까?"

그러자 태복관이 다음과 같이 대답했다.

장강 근처에 사는 한 사람이 귀한 거북이인 명귀(名龜)를 얻어 기르고 있었다. 그날 이후로 신기하게도 집안이 날로 부유해지는 것이었다. 하루는 친구가 찾아와서 그 거북이를 보더니 불길한 징조라며 죽이라고 하였다. 주인은 거북이를 그냥 놓아주려고 했다. 그러자 친구가 말하기를 그대로 놓아주면 집안이 망할 것이라 했다.

그날 밤 꿈에 거북이가 나타나 말했다.

"나를 물속으로 돌려보내 주시오. 제발 죽이지는 마시오."

그러나 주인은 결국 친구의 말을 듣고 거북을 죽이고 말았다. 그날 이후 집안에 사람이 차례차례 죽고, 주인 역시 죽고, 불행이 끊이지 않았다.

일반 백성들이 명귀를 얻으면 기르는 것이 길하고 복된 일이다. 하지만 왕은 거북을 죽여 그것으로 백성들의 길흉화복을 점치는 것이니 백성과 왕의 도리는 다른 것이다.


송(宋)나라 원왕(元王)은 거북이 한 마리를 얻자, 그것을 죽여 점치는 데 썼다. 그 내용은 다음과 같다.

원왕 2년, 왕이 꿈을 꾸었는데 길쭉한 목을 늘어뜨리고 검은색 옷에 검은색 수레를 탄 기이한 자가 나타나 말했다.

"저는 장강 신의 명령으로 황하의 신에게 사신으로 가는 길이었습니다. 천양(泉陽) 땅에 이르렀을 때 예저(豫且)라는 어부가 친 그물에 걸려, 지금 바구니로 옮겨져 갇힌 신세가 되고 말았습니다. 하소연할 곳이 없어, 대왕께서 평소 덕이 높다고 들었기에 감히 도움을 청하고자 합니다."

왕이 놀라 꿈에서 깨어 박사 위평(衛平)을 불러 해몽을 명했다. 위평이 하늘의 북두칠성을 잠시 관찰하고는 동남, 서북, 서남, 동북 네 방향을 정하였다. 이어 건(乾), 곤(坤), 진(震), 손(巽), 감(坎), 리(裏), 간(艮), 태(兌) 등 팔괘를 배열하고 대답하였다.

"어젯밤은 임자일(壬子日)로 태양이 현무상(玄武象)인 우수(牛宿)에 자리한 날입니다. 이날은 강물이 크게 불어 강의 신과 바다의 신이 서로 연락을 주고받습니다. 그런데 하늘에 구름이 덮여 만물이 어려운 상황을 맞게 되었습니다. 바로 강의 사신이 갇힌 것입니다. 검은색 옷에 검은색 수레를 탄 자는 바로 거북입니다. 하오니 대왕께서는 급히 사람을 풀어 거북을 찾도록 하십시오."

왕이 급히 신하를 천양 현령에게 보냈다. 신하가 현령에게 물었다.

"이곳에 어부의 집이 몇이나 되는가? 그리고 누가 예저인가? 예저가 잡은 거북이가 왕의 꿈에 나타나 내가 이곳에 온 것이다."

현령이 관리들을 시켜 호적대장을 조사하니 어부가 55집이었다. 그중에 상류에 사는 자가 예저임을 알고는 신하와 함께 그곳으로 달려갔다.

신하가 예저에게 물었다.

"어젯밤 너는 강에서 무엇을 얻었느냐?"

예저가 대답했다.

"한밤중에 그물을 올려 거북을 잡았습니다."

신하가 물었다.

"지금 그 거북은 어디 있느냐?"

예저가 대답했다.

"바구니 안에 있습니다."

신하가 말했다.

"왕께서는 네가 거북을 잡은 걸 알고 계신다. 그래서 내게 그것을 구해 오라고 명하신 것이다."

예저가 대답했다.

"알았습니다."

하고는 바구니에서 거북을 꺼내 신하에게 바쳤다.

신하가 거북을 수레에 싣고 돌아오는 길이었다. 비바람이 심했고 대낮인데도 깜깜해서 하늘과 땅의 구분이 없었다. 그런데 오색구름이 거북이 탄 수레를 내내 덮고 있었다.

신하가 돌아와 원왕 앞에 거북을 내놓자 그 모습이 흐르는 물처럼 번쩍였다. 거북은 왕을 보자 목을 늘이고 앞으로 세 걸음 나아갔다. 그리고 이내 멈추더니 목을 움츠리고 원래 자리로 돌아갔다.

원왕이 그 모습을 기이하게 여겨 위평에게 물었다.

"거북이 앞으로 걸어와 나를 바라보다가 다시 제자리로 돌아간 것은 무슨 뜻인가?"

위평이 대답했다.

"거북은 하룻밤을 꼬박 갇혀 있었습니다. 그런데 왕의 은덕으로 구해졌습니다. 앞으로 걸어온 것은 감사하다는 뜻이며, 목을 움츠리고 물러난 것은 속히 떠나고 싶다는 뜻이옵니다."

원왕이 말했다.

"그래, 이 거북이 참으로 신령하구나. 오래 머물게 해서는 안 되겠다. 빨리 수레를 준비해 거북이 맡은 바 임무가 늦지 않도록 하라."

그러자 위평이 말했다.

"거북은 본래 깊은 못에서 태어나 황토에서 성장하여 물로 돌아갑니다. 수명은 천지와 같아 그 끝을 아는 이가 없습니다. 그래서 고대로부터 하늘의 뜻을 밝히는 데 썼습니다. 성품도 바르고 얌전하여 세상의 이해와 화복을 예견할 수 있습니다. 그러니 이 거북은 천하의 보물인 것입니다. 이 거북으로 점을 치면 영험하지 않은 것이 없으니 왕께서는 놓아주지 마시기 바랍니다."

원왕이 말했다.

"이 거북은 환난에 처한 상황에서 나를 찾아와 구해 달라고 부탁하였는데, 만일 내가 이를 놓아주지 않는다면 어부와 무엇이 다르겠는가? 어부는 고기를 탐내고, 나는 그 신묘한 영험을 탐내니, 이는 백성은 어질지 못한 일을 하고 왕은 덕이 없는 일을 행하는 것이 아니겠는가? 군신이 다 같이 예가 없으면 어떻게 복을 받을 수 있겠는가? 나는 차마 이 거북을 붙잡아 두지 못하겠다."

위평이 말했다.

"그렇지 않습니다. 은혜와 덕이 크면 보답할 필요가 없다고 했습니다. 이는 하늘이 왕께 보물로 내려 준 것입니다. 만약 이것을 거부하면 강의 신과 바다의 신이 분노하여 큰비와 큰바람을 일으켜 백성들의 농사를 망치게 할 것입니다. 그러니 나중에 후회하지 마시고, 이 거북을 꼭 잡아 두십시오."

원왕이 말했다.

"다른 사람의 계획을 가로막는 것이 난폭한 것이 아니고 무엇이란 말이냐? 다른 사람의 물건을 빼앗아 그것을 자신의 보물로 삼는다면 횡포가 아니고 무엇이란 말이냐? 갑자기 얻은 물건은 갑자기 잃게 되고,

남에게 뺏은 물건은 소리 없이 사라진다고 했다. 하(夏)나라의 걸(桀)왕과 상(商)나라의 주(紂)왕은 난폭하고 횡포해 나라는 망하고 자신들 또한 죽고 말았다. 그대 말을 따른다면 나 또한 난폭한 군주가 되라는 것이다. 나는 그러고 싶지 않다. 빨리 거북을 돌려보내라."

이에 위평이 말했다.

"왕께서는 걱정하지 마십시오. 물건 중에는 위태로운 듯이 보이지만 안전한 것이 있고 가벼이 보이지만 옮길 수 없는 것이 있습니다. 못난 얼굴을 가지고 큰 벼슬에 오르는 자가 있고 좋은 얼굴을 가지고도 화근이 되는 사람이 있습니다. 지혜가 아무리 뛰어나도 사물의 이치를 다 알 수 없습니다. 계절은 각기 다르고 선하고 난폭한 것이 있지만 그 행하는 이유가 분명합니다. 농부가 욕심을 내지 않으면 창고가 차지 않습니다. 장사꾼이 교활하지 않으면 이익을 남길 수 없습니다. 대장이 무섭지 않으면 병사들을 움직일 수 없습니다. 왕이 위엄이 없으면 백성을 부릴 수 없는 것입니다. 이처럼 선하지 않은 것도 도리며 기강인 것입니다. 큰 보물을 가지고 있는 자가 왕인 겁니다. 지금 이 거북은 천하의 보물입니다. 그러니 대왕께서는 걱정하실 것이 없습니다."

원왕이 말했다.

"그렇지 않다. 아첨은 화를 당하는 일이고, 사실을 간하는 것은 복을 얻는 일이다. 화와 복은 공연히 오는 것이 아니다. 복은 스스로 낳는 것이고 화는 스스로 쌓은 것이다. 군자는 이것을 꿰뚫어 보고 길흉을 아는 것이다.

걸왕(桀王)에게는 조량(趙梁)이라는 아첨하는 신하가 있었다. 그는 왕에게 무도한 일을 행하게 하고 탐욕스러운 짓을 권했다. 은나라 탕왕을 옥에 가두고, 관용봉(關龍逢)을 죽였다. 좌우 신하들이 두려워 모두 아첨으로 일관했다. 나라는 위태로운 상황인데도 모두가 걱정 없다고 하였다. 매일 걸왕 만세를 외치며 왕을 선동하였다. 결국 걸왕은 미쳐 날뛰다가 죽고 나라는 망하고 말았다.

주왕(紂王)에게도 아첨하는 신하 좌강(左彊)이 있었다. 그는 왕에게 상아로 꾸민 화려한 궁전을 짓게 했고, 구슬을 새겨 넣은 침대와 코뿔소 뿔로 만든 그릇과 상아로 만든 젓가락으로 음식을 먹게 하였다.

충신 비간(比干)은 심장이 갈리어 죽었고, 충신 장사(壯士)는 다리가 잘렸다. 신하인 기자(箕子)는 죽는 것이 두려워 머리를 풀고 미치광이로 가장해야 했다. 태자 역을 죽이고, 문왕을 돌 속에 가두려 했으나 주나라로 달아나 그곳에서 군사를 모아 주왕을 공격했다. 문왕이 죽은 후에 그의 아들 발(發)이 무왕이 되어 주왕을 무찔렀다. 주왕은 결국 상아로 된 궁전에 돌아와 자살하고 말았다. 그의 몸은 장례도 못 치루고 네 마리 말에 묶이어 사방으로 찢기고 말았다. 나는 이런 일을 생각하면 창자가 뒤끓는 것만 같다.

걸왕과 주왕은 천자라는 자리에 앉아 아첨하는 신하를 믿다가 천하의 웃음거리가 되었으니 이는 잊어서는 아니 될 교훈인 것이다."

위평이 말했다.

"그렇지 않습니다. 황하 신이 신령하다고 하나 곤륜산 신에는 미치지 못합니다. 장강이 길다 하더라도 사해에는 미치지 못합니다. 그러니 사람들이 곤륜산과 사해의 보물을 취하고자 다투고 전쟁을 일으키는 것입니다. 어버이를 죽이고 처자를 포로로 삼고 나라를 해치고 종묘를 없애는 것입니다. 이것이 강포(强暴)함입니다.

강포하더라도 덕으로 다스리면 제후들이 복종하고 백성들이 기뻐합니다. 탕왕과 무왕이 바로 이를 행하였기에 천자에 오른 것입니다. 역사가 이를 기록해 천하의 기강으로 삼은 것입니다.

그런데 왕께서는 탕왕과 무왕을 찬양하지 않으시고, 스스로 걸왕과 주왕에 비하고 계십니다. 걸왕과 주왕은 강포한 것을 떳떳한 걸로 알았던 자들입니다. 간하는 자를 죽이고 아첨하는 자만 옆에 둔 자들입니다. 그러니 때가 되면 당연히 망해야 했던 것입니다. 탕왕이 걸왕을 치고, 무왕이 주왕을 친 것은 다 하늘이 시킨 것입니다. 때에 맞추어 일을 하고, 강해야 할 때 강하게 나갔기 때문에 비로소 제왕이 될 수 있었던 것입니다.

이 거북은 큰 보물입니다. 우레와 번개가 호위하였고 비바람이 전송하였습니다. 대왕께서는 덕을 지니고 계시니 이 보물을 받아 마땅한데도 굳이 받지 않으시려 하니 걱정이 됩니다."

이에 원왕이 결국 수긍하고 태양을 향해 두 번 절하고 거북을 받았다. 날을 가려 목욕재계하고 흰 꿩과 검은 양을 잡아 그 피를 거북에게 부었다. 제단에서 복공(卜工)이 경의를 표하며 거북을 벗기고 가시나무로 태워 점을 치니 갈라진 줄이 떠오르고 무늬가 나타났다. 복공이 이를 점치니 모두 적중했다. 그 후 거북이 껍질은 귀한 보물로 간직했는데 그 소문이 이웃 나라에까지 알려졌다.

위평은 재상에까지 올랐다. 송나라가 그 무렵 가장 강했던 것은 그 거북의 영험함에 의한 것이었다.


거북이 아무리 예지가 있어 점치는 대로 맞추는 능력을 지녔다고 해도 그게 무슨 소용인가? 위평의 입을 막지 못하고 껍질이 벗겨져 죽음을 당하지 않았던가. 밝은 눈에도 보이지 않는 것이 있고, 밝은 귀에도 들리지 않는 것이 있는 법이다. 사람이 아무리 현명해도 왼손으로 네모를 그리고 오른손으로 동그라미를 그릴 수 없는 법이다. 해와 달도 때로는 뜬구름에 덮이는 수가 있지 않은가.

하(夏)나라의 예(羿)는 활 잘 쏘기로 유명했으나 웅거(雄渠)와 봉문(蜂門)에게는 미치지 못했다. 우(禹)임금은 언변과 지혜가 뛰어났지만 귀신에게는 이기지 못했다. 지축이 부러져 하늘도 동남쪽으로 기울었는데, 하물며 사람에게 어찌 완전이라는 것이 있을 수 있겠는가?

공자(孔子)는 이렇게 말했다.

"거북이는 길흉을 알고 있으나 그 뼈는 그저 헛되이 말려질 뿐이다."

해는 덕을 상징하여 천하에 군림하나 발 셋 달린 삼족오(三足烏)에게 욕을 당한다. 달은 해를 보좌하나 두꺼비에게 먹히는 신세가 되고 만다. 고슴도치는 호랑이를 꼼짝 못하게 하나 까치에게 욕을 당한다. 등사(騰蛇)는 신령스럽기는 하지만 지네에게 꼼짝을 못한다. 대나무는 밖은 마디와 결이 있으나 안은 텅 비었다. 소나무와 측백나무는 나무 중에 으뜸이지만 먼저 베어져 기둥으로 쓰인다. 일진(日辰)도 완전하지 못하여 넘치고 빌 때가 있다. 황금에도 흠이 생기는 수가 있고, 백옥에도 티가 있을 수 있는 법이다. 일에는 서둘러야 할 것과 천천히 해야 할 것이 있다. 물건에도 사람을 속박하는 것과 사람이 의지하는 것이 있다. 그물에도 촘촘한 것과 성긴 것이 있다. 사람도 귀한 자와 그렇지 못한 자가 있다. 만물이 어찌 완전할 수 있겠는가? 어떻게 하늘도 완전하지 않는데 사람이 완전할 수 있겠는가? 그러므로 집을 지을 때는 기와를 석장 모자라게 이어 하늘의 완전하지 못한 것에 맞추는 것이다. 그러므로 천하에 물질은 불완전한 채로 생성되는 것이다.

거북이로 점을 칠 때 금기하는 일은 다음과 같다. 일단 거북이는 크기가 한 자 두 치인 거북이를 사용한다. 그 거북이를 초하루에 맑은 물로 씻는다. 자시(子時), 해시(亥時), 술시(戌時)를 피한다. 이는 해가 없을 때는 징조가 분명하지 않기 때문이다. 경일(庚日)과 신일(辛日)에는 거북의 껍질을 뚫어도 좋다. 먼저 계란으로 등을 문질러 상서롭지 못한 것을 없앤다. 그리고 동쪽을 향해 서서 축문을 외친다.

"오늘은 길한 날이니 상서롭지 않은 것은 다 씻어 깨끗이 하였습니다. 이번 일의 진실을 알려 주십시오!"

이어 가시나무로 불을 피워 그 위에 굽는다. 구운 다음 한가운데 구멍을 뚫어 다시 굽는 것을 정신(正身)이라 한다. 머리를 굽는 것을 정수(正首)라 하고, 발을 굽는 것을 정족(正足)이라 한다. 이렇게 세 번 굽고는 다음과 같이 빈다.

"신령한 옥령부자(玉靈夫子)께 비나이다. 오늘 정성을 다해 점을 치고자 합니다. 만약 길조가 나타나면 기쁠 것이고 그렇지 않으면 고통스러울 겁니다. 제가 원하는 대로 이루어진다면 몸은 길고 크게, 목과 다리는 움츠러들게 하시옵소서!"

「대론(大論)」에 의하면 점괘는 다음과 같다.

"구운 거북이 바깥에 징조가 나타나는 것은 다른 사람의 일 또는 여자의 일이다.

안쪽에 징조가 나타나는 것은 자신의 일 또는 남자의 일이다. 구운 거북이가 머리를 숙이고 있는 것은 걱정거리가 있는 것이다.

큰일은 거북의 몸으로 판단하고 작은 일은 발로 판단한다.

병자(病者)에 관해서는 거북 발이 오므리면 살고 그렇지 않으면 죽는다.

옥에 갇힌 사람은 거북이 다리가 벌어지고 머리가 위를 향하면 풀려난다.

부자가 될 수 있는가는 머리가 위로 향하고 다리가 벌어지면 이루어진다.

물건을 팔고 살 경우에는 머리가 위를 향하고 다리가 벌어지면 잘 이루어진다.

군사를 이끌고 도적을 공격할 때에는 머리가 위를 향하면 승리할 것이다.

먼 길을 가야 할 때 다리가 벌어지면 가는 것이 좋은 것이다.

일을 그만두고자 할 때 다리는 펴지고 머리는 들고 있으면 그만두는 것이 좋다.

풍년이 들 때는 머리가 위로 향하고 다리가 벌어지면 이루어진다.

전쟁이 닥칠 것인가는 머리를 들고 다리가 벌어지면 전쟁이 생길 징조이다.

배필을 만날 것인가는 머리를 위로 하고 몸이 바르면 좋은 짝을 만날 것이다.

가물었을 때 머리가 위를 향하면 비가 올 것이다.

기다리는 사람에 대해서는 거북 발이 벌어지면 반드시 온다.

구하는 것은 거북 발이 펴지면 뜻대로 이루어진다.

태사공은 말한다.

"예로부터 나라를 세우려는 자들은 반드시 점을 쳤다. 좋은 결과를 얻으면 그것을 천명이라 여겼기 때문이다. 또한 국가 대사를 결정할 때에도 점을 쳐서 길한 형상을 보면 그대로 따라 결정하였다. 이는 오래도록 바뀌지 않는 도리였다."

貨殖列傳

**제69편**

**화식열전**

老子曰：至治之極，鄰國相望，雞狗之聲相聞，民各

甘其食、美其服、安其俗、樂其業，至老死不相往

來。必用此為務，輓近世塗民耳目，則幾無行矣。

太史公曰：夫神農以前，吾不知已。至若詩書所述虞

夏以來，耳目欲極聲色之好，口欲窮芻豢之味，身安

逸樂，而心誇矜埶能之榮使。俗之漸民久矣，雖戶說

以眇論，終不能化。故善者因之，其次利道之，其次

教誨之，其次整齊之，最下者與之爭。

夫山西饒材、竹、穀、纑、旄、玉石，山東多魚、鹽

"화식(貨殖)이란 재물을 늘린다는 말이다. 이 장에서는 일반 백성으로서 돈을 크게 벌어 부자가 된 이들을 소개하고자 한다."

•

노자(老子)가 말하였다.

"좋은 정치란 이웃한 나라가 서로 마주 보고, 닭과 개의 울음소리가 서로 들리며, 각각의 백성들이 그 먹는 것이 배부르고, 그 의복이 아름답고, 그 풍속이 편안하며, 그 직업이 즐거운 것이다. 그러니 늙어 죽을 때까지 이웃 나라를 가려 하지 않는다."

이런 정치가 되기 위해서는 군주가 반드시 힘써야 할 것인데, 백성들의 눈과 귀를 가리고 어찌 행하여지겠는가.

천하의 모든 지역에는 각각의 자원과 생산품이 있다. 농부는 식량을 생산하고, 어부는 어류와 소금을 생산하고, 기술자는 물건을 만들고, 상인은 이를 유통시킨다. 이러한 일이 교화나 법령에 의해 이루어지겠는가? 사람은 자신의 능력에 따라 직업을 선택하여 자신의 원하는 바를 얻는 것이다.

백성들은 자신의 일에 힘쓰고 자신의 일에 즐거워하는 것이 마치 물이 낮은 곳으로 흐르는 것과 같다. 물건이 있는 곳이면 사람들을 부르지 않아도 몰려들고, 억지로 찾지 않아도 사람들은 스스로 필요한 물품을 만들어 낸다. 이것이 도이며, 자연스러운 정치인 것이다.

「주서(周書)」에 다음과 같이 기록되어 있다.

"농부가 농사짓지 않으면 식량이 부족하고, 기술자가 물건을 만들지 않으면 물품이 모자라게 되고, 상인이 장사를 하지 않으면 유통이 끊어지고, 어부가 바다에 나가지 않으면 재물이 모자라게 된다."

이 네 가지는 백성이 먹고 입는 근원이다. 근원이 많으면 위로는 나라가 부유해지고 아래로는 가정이 부유해진다. 근원이 모자라면 나라와 가정이 모두 빈곤해진다.

빈부의 이치란 누가 빼앗거나 부여해 줄 수 있는 것이 아니다. 교묘한 자는 풍족하게 되고 어리석은 자는 부족하게 되는 것이다.

강태공(姜太公)이 영구(營丘) 지역에 제후로 봉해졌을 때, 그곳은 소금기가 많은 땅이라 거주하는 백성들이 적었다. 이때 강태공은 마을 부녀자들에게 방직과 공예를 장려하였고, 남자들에게는 생선과 소금을 각지에 유통시키는 법을 가르쳤다. 그러자 다른 지역 사람들이 물건을 좀 더 싸게 사기 위해 영구 지역으로 몰려들었다.

제(齊)나라는 한때 머리에 쓰는 관(冠)과 허리에 차는 대(帶) 그리고 의복과 신발을 생산하여 강대국이 되었다. 그러자 그 주변 동해와 태산 사이에 있는 제후들이 모두 찾아와 머리를 조아렸다.

오랜 후에 제나라는 쇠약해졌다. 환공(桓公) 무렵에 관중이 강태공의 정책을 재도입하였다. 상품의 생산 조절 유통을 관리하는 경중구부(輕重九部)를 도입하여 지역마다 특색에 맞게 물품 생산을 장려하였다. 이에 나라가 부강해졌다. 곳곳의 제후들이 다시 제나라에 머리를 조아렸다.

관중은 비록 지위는 신하에 불과했지만 이 공로로 인해 이웃한 다른 어떤 나라의 왕보다 부유하게 지냈다. 제나라는 환공에서 위왕과 선왕에 이르도록 3대에 걸쳐 부강한 나라로 이름을 떨쳤다.

그러므로 백성이란 곡식 창고가 가득 차야 예절을 알고, 옷과 음식이 넉넉해야 영욕을 안다고 하는 것이다. 예의라는 것은 재산이 있으면 생기고 재산이 없으면 사라지는 것이다. 군자가 부유하면 덕을 행하기 좋아하고, 소인이 부유하게 되면 자신의 행동을 적절히 조절하게 된다.

연못이 깊어야 물고기가 살고, 산이 깊어야 짐승이 노닌다. 사람은 부유해야만 비로소 인의(仁義)를 행하는 것이다. 부유한 자는 세력을 얻으면 더욱 빛을 발하고, 세력을 잃으면 손님도 줄고 즐거움이 없는 법이다.

부자에 관해 시류에 다음과 같은 말이 전해 온다.

"천금을 가진 부잣집 자식은 저잣거리에서 결코 죽지 않는다."

이 말은 빈말이 아니다. 특히 오랑캐의 땅이라면 더욱 그렇다. 그러므로 천하는 이익을 위해 서로 모여들고, 이익 때문에 떠나는 것이다. 한 나라의 왕이나, 한 지역의 제후나, 한 마을의 부자도 가난을 걱정하는데, 하물며 호적에 이름 하나 올라 있는 일반 백성들은 어떻겠는가?

월(越)나라 왕 구천(句踐)이 회계산에서 고통을 겪으면서 범려(范蠡)와 계연(計然)을 등용하였다. 계연이 왕에게 아뢰었다.

"싸울 때를 알면 미리 장비를 준비해 두면 됩니다. 때와 용도를 알면 어떤 물품이 필요한지를 알게 됩니다. 이 두 가지를 알면 모든 물품을 명확히 얻을 수 있습니다.

목성이 서쪽에 있을 때는 풍년이 들고, 북쪽에 있을 때는 수해가 들고, 동쪽에 있을 때는 기근이 들며, 남쪽에 있을 때는 가뭄이 듭니다.

가뭄이 있는 해에는 미리 배를 준비하고, 수해가 나는 해에는 미리 수레를 준비해 두는 것이 사물의 이치입니다.

6년마다 풍년이 오고, 6년마다 가뭄이 들어 12년에는 대기근이 일어납니다. 그로 인해 곡식 값이 한 말에 20전이면 농민이 고통을 겪고, 90전이 되면 상인들이 고생을 하게 됩니다. 상인이 고통을 겪게 되면 물품이 나오지 않고, 농민이 고생해도 곡식이 생산되지 않습니다.

그러나 값이 올라도 80전을 넘지 않고, 값이 떨어져도 30전 아래로 내려가지 않으면 농민과 상인이 모두 이익을 보게 됩니다. 시장의 물가를 조정하고 공급과 세금을 적당히 하는 것이 나라를 다스리는 도리입니다.

물건을 쌓아 둔다는 것은 온전히 물건을 보존하는 것이지 적체되게 해서는 안 됩니다. 부패하고 썩기 쉬운 것을 남겨 두어서는 안 되며, 몰래 쌓아 두고 가격이 오르기를 기다려서는 안 됩니다. 물건의 양을 알면 가격의 변동을 미리 알 수 있습니다. 지금 값이 비싼 물건은 점점 싸게 될 것이고, 바닥까지 내려간 물건은 다시 비싸지게 되는 법입니다. 값이 비쌀 때는 오물을 버리듯이 물건을 내다 팔고, 싸다고 할 때에는 보물을 손에 넣듯이 사들여야 합니다. 재물과 자금은 물이 흐르듯이 원활하게 유통시켜야 하는 것입니다."

구천이 계연의 방법대로 10년간 나라를 다스리자 부강해졌다. 병사들은 물품이 풍족해지자 사기가 높아 용감하게 적진으로 진격하였다. 결국 강한 오나라를 보복하여 천하에 그 이름을 떨치자 오패(五覇)의 하나로 불리게 되었다.

오나라를 물리치고 나자 범려는 생각을 달리하였다.

"계연의 계책을 따라 했더니 원하는 바를 얻었다. 나는 이것을 나 개인에게 사용해 보리라."

그는 배를 타고 여러 나라를 다니며 자신의 뜻을 펼 곳을 찾았다. 제나라에서는 치이자피(鴟夷子皮)라고 이름을 바꾸고, 도(陶) 지역에서는 주공(朱公)이라 했다. 마침 도 지역은 모든 제후들의 물자가 모이는 교역의 중심지였다. 범려는 이곳에 머물면서 계연의 계책을 펼쳐 보기로 하였다.

먼저 생업을 결정하고 그에 따른 물건을 미리 사 두었다. 자신의 생각과 노력으로 매매를 하지 않고 때에 맞추어 물건을 팔아넘겼다. 인력이 아니라 적당한 시기를 따랐다. 그렇게 19년간을 운영한 끝에 세 차례나 천금의 재산을 모았다. 두 번은 가난한 친구들과 고향 형제들에게 나누어 주기도 했다.

이것은 이른바 군자는 부유하면 덕을 즐겨 행한다는 증거인 것이다. 범려는 나중에 늙어서 자손에게 일을 맡겼는데, 자손들이 관리를 잘하여 재산이 수만금이 되었다. 이후로 부자를 말할 때에는 모두가 범려의 다른 이름, 도주공을 일컫게 되었다.


공자의 제자 자공(子贛)은 위(衛)나라에서 벼슬을 하였다. 장사 수완이 좋아 조(曹)나라와 노(魯)나라에서 물품을 싸게 사서 다른 곳에 비싸게 내다 파는 식이었다. 공자의 제자 중에 가난한 뒷골목에 은거한 원헌 같은 이도 있었지만 자공은 그중 가장 부유한 자였다.

자공이 사두마차를 타고 비단과 보물을 싣고 제후들을 방문할 때면 모두들 왕을 대하듯 했다. 후에 공자의 이름이 천하에 알려진 것도 자공이 앞뒤로 도왔기 때문이다. 이른바 세력을 얻게 되면 명성이 천하에 드러나는 것이 아니겠는가?

백규(白圭)는 주(周)나라 사람이다. 시기에 따라 물가 변동을 살피기 좋아했다. 사람들이 버리고 돌아보지 않는 물건을 사들이고, 사람들이 그것을 필요로 할 때 팔아넘겼다. 풍년이 들면 곡식을 사들이고 대신 옷감과 연료를 팔았다. 흉년이 들면 비단과 솜을 사들이고 대신 곡식을 팔아넘겼다.

그는 다음과 같은 원리를 알아냈다.

"목성이 동쪽에 있는 해에는 풍년이 들고, 이듬해는 수확이 좋지 못하다. 목성이 남쪽에 있는 해에는 가뭄이 들고 그 이듬해는 수확이 많다. 목성이 서쪽에 있는 해에는 풍년이 들고 이듬해는 흉년이 든다. 또 목성이 북쪽에 있을 때에는 큰 가뭄이 들고 이듬해는 풍년이 든다.

홍수가 나는 해는 목성이 동쪽으로 돌아오므로, 이듬해는 풍년이 들어 물건이 많아지니 값이 떨어진다. 평소보다 두 배 정도 물건을 사 둔다. 산 물건이 가격이 오르기 위해서는 값이 떨어진 상등품의 곡물을 사들인다."

백규는 좋은 음식을 멀리했고 자신의 취미를 자제했으며 검소하게 생활하였다. 한 번 부린 하인들과 의리를 지켜 고락을 함께하기도 했다. 하지만 기회다 싶으면 사나운 짐승이 먹이를 발견하듯 민첩하게 행동했다.

백규는 자신의 성공담을 이렇게 말했다.

"나는 사업을 할 때 강태공이나 이윤(伊尹)이 나라의 정책을 도모하듯 했다. 손자와 오자가 군사를 쓰듯 했고, 상앙이 법을 시행하듯 했다. 내 비법을 배우려고 찾아오는 자들 중에 임기응변의 지혜가 없거나, 결단할 용기가 없거나, 버리고 취하는 것이 확실하지 못하거나, 지킬 바를 끝까지 못 지키는 강단 없는 자는 절대 가르쳐 주지 않았다."

이후로 사업을 잘하는 자를 말할 때 백규를 으뜸으로 말한다. 백규는 자신이 직접 모든 것을 경험하고 시행하였다. 이는 아무렇게나 한다고 되는 것이 결코 아닌 것이다.


의돈(猗頓)은 염전을 경영해 부자가 되었고, 곽종(郭縱)은 철을 다루어 부자가 되었다. 그들의 부유한 수준은 왕들과 대등할 정도였다.

서쪽 오지(烏氏)에 사는 나(倮)는 목축을 하였다. 가축이 많아지면 팔아서 진기한 물건을 구입했다. 그것을 융(戎)의 왕에게 바쳤다. 왕은 선물을 받은 보상으로 나에게 열 배의 가축을 하사하였다. 나중에 소와 말 등이 엄청나게 많아져 나(倮)가 가축을 셀 때에는 한 마리, 열 마리가 아니라 이 골짜기, 저 골짜기 식으로 세어야 할 정도였다. 진시황이 나(倮)에 대한 소문을 듣고 정기 조회에 대신들과 함께 들게 했다. 이때 제후들과 동등한 대우를 해 주었다.

또한 파(巴) 지역에는 청(淸)이라는 과부가 있었다. 그녀의 조상이 수은으로 이루어진 단사(丹砂) 동굴을 발견해 여러 대에 걸쳐 이익을 독점해 왔다. 재산이 이루 헤아릴 수 없을 정도였다. 청은 과부이기는 했으나 수완이 좋아 가업을 잘 지켰다. 진시황은 그녀를 불러 정조 높은 여자라 칭찬하고 여회청대(女懷淸臺)를 지어 주었다.

나(倮)는 비천한 목축업자였고, 청(淸)은 외딴 시골 과부에 불과했으나 그들의 지위는 왕과 대등하였고 명성은 천하에 드러냈다. 이것이 모두 재력 때문이 아니면 어찌 가능하겠는가?

무릇 천하에는 물자가 적은 곳이 있고 많은 곳이 있으며, 백성의 풍습 또한 지역에 따라 차이가 난다. 산동 지방에서는 바다에서 소금이 나고, 산서 지방에서는 호수에서 소금이 나고, 영남과 사북 지역에서는 곳곳에서 소금이 난다. 물건과 사람의 관계는 대체로 이런 것이다.

선비가 벼슬을 얻어 국사를 의논하고 절개를 지켜 죽는 것과, 은둔하여 동굴에 기거하면서 세상에 이름을 드러내려 하는 것은 무엇 때문인가? 결국 부귀를 위한 것이다.

벼슬한 자가 욕심내지 않고 청렴하게 일하는 것은 갈수록 봉록이 높아져 부유하게 되기 때문이다. 장사꾼이 물건 값을 비싸게 부르지 않는 이유는 신용을 얻으면 부자가 되는 것을 알기 때문이다. 부유함이란 사람의 본성이라 배우지 않아도 모두가 제각각 능력대로 추구하는 것이다.

전쟁 중인 병사가 위험을 무릅쓰고 적의 성에 먼저 올라 적진을 뚫고 적의 장수를 목 베려 하는 것은 큰상을 받기 위해서이다. 반면에 강도짓이나 도둑질을 하여 남의 물건을 빼앗고 훔치는 것은, 그것이 죽을 곳을 향해 달려가는 말 위에 탄 처지라 해도 실은 모두 재물을 얻기 위함이다. 또 미인들이 얼굴을 아름답게 꾸미고 음악을 연주하거나 춤을 추어, 늙은이와 젊은이를 가리지 않고 유혹하는 것은 재물을 얻기 위함이다.

부잣집 자제들이 치장한 수레와 말을 타고 거리를 나돌아 다니는 것은 자신들의 부귀를 과시하기 위함이다. 사냥꾼이 눈과 서리를 무릅쓰고 깊은 골짜기를 다니며 사나운 맹수를 잡고자 하는 것은 그 맛 좋은 고기와 값비싼 가죽을 얻기 위해서다. 도박으로 인해 얼굴색이 변해 가면서 자신을 과시하며 이기려는 것은 그 이익을 얻고자 함이다. 의사나 점쟁이나 기술로 먹고 사는 이가 그 재능을 다하는 것은 좋은 수입을 얻기 때문이다.

관리가 문서를 위조하면서 자신에게 내려질 형벌을 두려워하지 않는 것은 역시 뇌물을 탐하기 때문이다. 모든 직업을 가진 이들이 재물을 모으고 늘리는 것은 부자에 대한 동경 때문이다. 결국 배운 자들이 자신의 지식과 능력을 다하여 생을 바치는 이유가 바로 재물을 얻고자 하는 것이다.

속담에 이런 말이 있다.

"백리 먼 곳에 나가 땔나무를 팔지 말고, 천 리 먼 곳에 나가 곡식을 팔지 마라."

"1년을 살고자 하면 곡식을 심고, 10년을 살고자 하면 나무를 심고, 백년을 살고자 하면 덕을 베풀어야 한다."

덕은 도덕적인 것이다. 벼슬도 없고 수입도 없는 자가 즐겁게 사는 것은 오로지 덕이 있기 때문이다. 이런 이를 가리켜 '소봉(素封)'이라 한다. 봉이란 제후의 수입을 말한다. 예를 들어 집집마다 2백 전의 세금을 걷는다면 1천 호의 영지를 가진 제후는 20만 전의 수입이 된다. 왕께 바치는 것과 다른 운영비를 다 그 수입에서 쓰게 되는 것이다.

일반 서민이 원금 1만 전으로 이자놀이를 한다면 한 해의 수입이 2천 전이 된다. 그것으로는 고작 넉넉한 한 달 생활비에 지나지 않으니 부귀를 논할 수 없다. 하지만 1백만 전을 가진 부자가 이자놀이를 하면 한해 수입이 무려 20만 전이 된다. 그 돈이면 병역을 대체할 수 있고,

기타 세금을 낼 수 있고, 마음대로 먹고 입고 쓰고 할 수 있는 돈이다. 그러니 누군들 부자가 되려 하지 않겠는가.

1천 호의 영지라 함은 말 50마리 또는 소 166마리 또는 양 250마리, 돼지 250마리, 연간 30톤의 물고기, 큰 목재 1천 그루의 산림, 대추나무 1천 그루 또는 밤나무 1천 그루. 귤나무 1천 그루, 가래나무 1천 그루. 옻나무 1천 그루, 뽕나무 1천 그루, 대나무 숲 1천 무(畝), 생강 부추 1천 고랑을 말한다. 이 정도면 1천 호의 영지를 가진 제후와 수입이 같은 것이다.

이 정도를 소유한 자는 시장을 기웃거릴 필요도 없고, 타향으로 바삐 다닐 이유도 없고, 앉아서 가만히 수입을 기다리기만 하면 된다. 하지만 재산이 없는 자는 부지런히 노력해서 벌려고 하고, 약간 있는 자는 지혜를 써서 늘리려 하고, 많은 재산을 가진 자는 시기를 노려 이익을 더 얻으려 한다. 이것이 삶의 진리이다.

돈을 버는 데 가장 기본이 되는 것은 농업으로 부를 얻는 것이 최상이고, 장사로 부를 얻는 것은 그 다음이고, 간악한 수단으로 부를 얻는 것은 최악이다. 반면에 세상을 등지고 은둔하며 벌려고 하지 않고, 빈천하면서도 말로만 인의(仁義)를 운운하는 자는 부끄러운 자이다.

무릇 사람들은 다른 사람이 자신보다 열 배 부자면 그를 헐뜯고, 백 배 부자면 그를 두려워하고, 천 배 부자면 그를 위해 일을 해 주고, 만 배 부자면 그의 하인이 된다. 이것은 사물의 이치이다.

또 부를 추구할 때 농업은 공업보다 못하고, 공업은 상업보다 못하다. 수공업보다 시장에 나가 장사를 하라는 말은 가난한 자들에게 도움이 되는 말이다. 음료나 식품, 가죽이나 옷감, 가축이나 어물 1천 종이면 10분의 2의 이자를 받을 수 있다. 욕심 많은 자는 이자를 높게 받아 10분의 3을 번다. 하지만 공정하게 장사를 하여 돈을 버는 자는 신용을 얻어 이자보다 높은 10분의 5를 벌 수 있다. 보통 일을 하여 2할의 이익을 벌지 못하면 이상적인 수입이 아닌 것이다.

후세 사람들에게 참고가 되고자 부자가 되어 명성을 얻은 자를 소개하겠다.

촉(蜀) 지역에 사는 탁씨(卓氏)의 조상은 제철업으로 성공한 큰 부자였다. 이전에 진(秦)나라가 조나라를 점령하자 탁씨 집안은 전 재산을 다 빼앗기고 말았다. 게다가 이주해야 할 형편이었다. 이때 탁씨 집안은 고민에 빠졌다.

"마을 사람들은 관리들에게 뇌물을 바치고서라도 가까운 가맹(葭萌) 지역으로 이주하려 한다. 하지만 가맹은 아무리 생각해도 좁고 척박한 땅이다. 그곳에 가서 무엇을 해서 먹고 산단 말인가? 듣자니 민산(汶山) 아래 땅이 기름져 감자가 잘 되고 굶어 죽는 사람이 없다고 들었다. 게다가 그곳은 장사하기도 쉽다고 하니 그곳으로 보내 달라고 하자."

그리하여 탁씨 집안은 민산 아래 임공(臨邛) 땅으로 이주하였다. 그곳에서 우연히 철광을 발견하여 쇠를 녹여 그릇을 만들어 팔았다. 그렇게 재산을 쌓기 시작하여 나중에는 노비 1천 명을 부리는 큰 부자가 되었다. 그들이 취미로 즐기는 사냥이나 낚시는 왕에 버금갈 정도였다.

정정(程鄭)은 산동에서 옮겨 온 포로였다. 그 또한 쇠를 녹여 오랑캐들과 교역을 하였다. 그 결과 탁씨처럼 부유해졌다. 나중에 그는 탁씨가 사는 임공으로 이주하여 살았다.

완(宛) 지역의 공씨(孔氏) 또한 제철업을 하였다. 그는 쇠를 녹여 그릇과 방죽과 못도 만들어 팔았다. 수레를 몰고 제후를 찾아다니며 장사를 하여 많은 이익을 얻었다. 그는 제후들에게 선물을 잘하는 자로 소문나 유한공자(游閑公子)로 불리기도 했다. 돈 씀씀이가 크면서도 수천 금을 벌어 큰 부자가 되었다. 남양의 장사꾼들은 모두 그를 존경하였다.

노(魯)나라 사람들은 절약하는 풍습이 있어 대부분 검소하였다. 조(曹) 땅의 병씨(邴氏)는 특히 심했다. 그는 대장장이로 시작해 제철업을 하여 몇 만금을 벌었지만 그러면서도 검소한 생활을 잊지 않았다. 그의 생활 신조는 이랬다.

'고개를 숙여 무엇이든 있으면 줍고, 고개를 들어 어떤 것이든 있으면 취한다.'

그가 많은 사람들에게 돈을 빌려 준다는 소문을 듣고 각 지역에서 학문을 버리고 이익을 좇으려는 자가 무수히 생겨났다. 이후로 학문하는 자들이 이익을 좇아 나서는 것은 모두 병씨의 영향이었다.

제(齊)나라에서는 노비를 천대하였다. 하지만 조한(刁閑)이라는 자는 노비를 아껴 주고 정중히 대해 주었다. 교활하고 난폭한 노비라면 누구나 싫어하기 마련인데 조한은 그런 노비일수록 발탁해 생선과 소금 파는 일을 시켜 이익을 보았다. 그러다 보니 노비 중에 몇십 대의 수레를 끌고 태수나 제후들과 교류하는 자들도 생겨났다. 이들은 이렇게 알게 된 고위 관료와 갑부들을 조한에게 소개시켜 주니 더욱 신임을 받았다. 조한이 노비들을 신임하자 노비들 역시 열심히 돈을 벌어 보답한 것이었다. 후에 재산이 몇천만 금에 달하자 천하에 소문이 났다.

"차라리 벼슬을 그만두고 조한의 노비가 되는 것이 낫다."

그는 재주 있는 노비들을 잘 이끌어 그들을 부유하게 해 주고, 그들의 노력으로 자신도 부에 이른 것이다.

옛 주(周)나라 낙양 사람들은 본래 지독히 검소했다. 그중 사사(師史)라는 자는 더욱 심했다. 하지만 상술이 좋아 가난한 사람을 모집해 그들로 하여금 장사를 하게 해서 크게 이익을 얻었다. 수레가 몇백 대였고, 천하에 가지 않은 곳이 없었다. 사사에게 채용된 자들은 돈을 벌려는 욕심으로 먼 외지까지 나갔고, 심지어 고향을 지나가도 들르지 않을 정도였다. 이들의 도움으로 사사의 재산은 무려 칠천만 전이나 되었다.

선곡(宣曲)에 사는 임씨(任氏)는 관청의 창고지기였다. 진(秦)나라가 무너지자 천하의 호걸들이 앞다투어 관공서 창고를 털어 갔다. 임씨는 그걸 예측하고 창고의 곡식을 미리 빼내어 멀리 굴속에 감추어 두었다. 나중에 초나라와 한나라가 형양에서 전투를 벌일 때, 백성들은 농사를 지을 수 없어 곡식 한 섬이 만 전까지 오를 정도로 귀하게 되었다. 결국 천하 각지의 영웅호걸들은 곡식을 구하기 위해 임씨에게 귀한 보물을 주고 사가야 했다. 그 결과 임씨는 큰 부자가 되었다.

대부분의 부자들이 사치를 일삼았지만 임씨는 검소하였다. 농사와 목축에 힘썼고, 필요한 것이 아니면 좋은 물건은 쓰지 않았다. 이로 인해 임씨의 집안은 여러 대에 걸쳐 부유하게 살았다. 또 그 후손들이 부자로 살게 된 것은 임씨의 가훈 때문이었다.

"내 집의 밭과 가축에서 나온 곳이 아니면 먹지 않고, 일이 끝나지 않으면 술과 고기를 먹지 않는다."

나중에 황제가 그에 대한 소문을 듣고 존중해 주었다.

변방 지역에서는 교요(橋姚)라는 자가 말 천 마리, 소 2천 마리, 양 1만 마리, 곡물 수만 종의 재산을 가져 큰 부자로 천하에 소문이 났다.

오초칠국이 반란을 일으켰을 때 각 지역의 제후들은 토벌군에 가담하기 위해 자금이 필요했다. 그런데 반란군이 토벌될지 토벌군이 토벌될지 알 수 없는 상황이라 아무도 쉽게 돈을 빌려 주지 않았다. 그때 무염씨(無鹽氏)가 수천 금을 풀어 이자를 원금의 10배로 해 빌려 주었다. 석 달이 지나자 반란군이 패하고 평정되었다. 1년도 안 되어서 무염씨는 자금의 10배를 이자로 받게 되었다. 그의 재산은 관중(關中) 지역 전체 재산과 맞먹을 정도가 되었다.

관중 지역에서 부유한 상인으로는 전씨(田氏)들이 대부분이다. 그중 전색(田嗇)과 전란(田蘭)이 갑부였다. 또한 위가(韋家) 지역의 율씨(栗氏), 안릉현과 두현의 두씨(杜氏) 역시 재산이 수만 전인 갑부였다.

이 사람들은 부자 중에서도 걸출난 자들이다. 벼슬이나 영토를 가진 것이 아니었고, 교묘한 수단이나 나쁜 짓을 해서 부자가 된 것도 아니다. 사물의 이치를 알아 그에 순응하여 이익을 얻었을 뿐이다. 즉 강한 무(武)의 방법으로 재물을 얻었고, 점잖은 문(文)의 방법으로 재산을 지켰다.

무릇 근검절약하고 부지런히 일하는 것이 부자가 되는 바른 길이다. 그런데 부자는 반드시 남보다 독특한 방법으로 재물을 모으는 특징이 있다.

농사는 재물을 모으는 방법으로는 그다지 현명한 방법은 아니지만 진양(秦揚)이라는 자는 농사로써 한 나라의 최고 부호가 되었다. 남의 무덤을 파헤쳐 재물을 훔치는 행위는 나쁜 일이다. 그러나 전숙(田叔)이라는 자는 이를 발판으로 부자가 되었다. 도박은 나쁜 일이지만 환발(桓發)은 그것으로 부자가 되었다.

거리를 다니며 물건을 파는 행상은 대장부에게 천한 일이지만 옹낙성(雍樂成)이라는 자는 이로써 부자가 되었다. 남자가 화장품을 파는 것은 부끄러운 일이지만 옹백(雍伯)이란 자는 이로써 천금을 얻었다. 술장사는 하찮은 직업이지만 장씨(張氏)라는 자는 이로써 천만금을 벌었다. 칼 가는 기술은 보잘것없지만 질씨(郅氏)라는 자는 이것으로 돈을 벌어 제후들에 버금가는 부자가 되었다.

내장 말린 것을 파는 장사는 단순하고 하찮은 일이지만 탁씨(濁氏)는 그로 인해 많은 하인을 거느리는 부자가 되었다. 말(馬)의 병을 치료하는 것은 낮은 의술이지만 장리(張里)라는 자는 그것으로 돈을 벌어 제후들의 재산만큼 벌었다. 이는 모두 성실하게 힘쓴 결과인 것이다.

이것으로 미루어 보건데 부자가 되는 직업은 정해진 것이 없다. 또 재물에는 일정한 주인이 없다. 재능이 있는 자에게 재물이 모이고, 못난 사람에게서는 기왓장 흩어지듯 재물이 날아가 버린다.

수천금의 부자는 한 도시의 군주와 맞먹고, 수만금을 모은 자는 왕의 예우를 받는다. 이것이야말로 소봉(素封)이 아니고 무엇이겠는가?

태사공은 말한다.

"나는 신농씨(神農氏) 이전의 일은 알지 못한다. 그러나 『시경』이나 『서경』에 쓰인 것을 보면, 요순시대나 하(夏)나라 이래로 사람들의 눈은 아름다운 것을 보려 하고, 귀는 즐거운 것을 들으려 하고, 입은 여러 좋은 맛을 보려고 하고, 몸은 편안하고자 한다. 또한 마음은 권세와 영화를 자랑하고자 한다. 이것들이 오랫동안 풍속이 되었기 때문에 다른 것으로 백성을 교화시킬 수 없는 것이다.

그러므로 좋은 정치란 백성들을 자연스럽게 놔두는 것이고, 그 다음은 이익으로 백성을 이끄는 것이고, 그 다음은 가르침으로 깨우치도록 하는 것이고, 그 다음은 정해 주어 바로잡는 것이고, 가장 못하는 정치는 백성들과 다투는 것이다."

卷一百三十。太史公自序。

# 제70편
# 태사공열전

昔王顗頊、命南正重以司天、北正黎以司地。唐虞之
際、紹重黎之後、使復典之、至於夏商、故重黎氏世
序天地。其在周、程伯休甫其後也。當周宣王時、司馬
氏世典周史。惠襄之間、司馬
氏去周適晉。分散、或在衛、或在趙、或在秦、而司馬氏入少梁。自
其在衛者、相中山。在趙者、以傳劍論顯。蒯聵其
後也。在秦者名錯、與張儀爭論、於是惠王使錯將伐
蜀、遂拔、因而守之。錯孫靳、事武安君白起。

> "사마천은 맨 마지막 편에서 사기를 기록하게 된 자신의 심경을 밝혔다. 사마씨 가문의 내력과, 당시 백가(百家)사상에 대한 부친의 견해와, 자신의 성장과 사관으로서의 활동과, 부친의 유언과, 『춘추』와 『사기』에 대한 논의와, 그리고 자신의 아픔을 털어놓은 인간적 고백을 담고 있다."

●

고대의 제왕 전욱(顓頊)은 중(重)에게 남정(南正)이라는 벼슬을 주어 천문에 관한 일을 맡겼고, 여(黎)에게는 북정(北正)이라는 벼슬을 주어 지리에 관한 일을 맡겼다. 이후 중과 여의 후손들은 계속해서 천문과 지리에 관한 일을 본업으로 삼았다. 주(周)나라 선왕(宣王) 때 그 후손 중 하나가 관직을 잃고 성을 사마(司馬)로 바꾸었다.

사마씨는 대대로 주(周)나라의 역사를 관장했다. 주나라를 떠나 진(晉)나라로 이주한 이후에 일족이 여러 나라에 흩어져 살았다. 위(衛)나라로 간 자 중에 재상이 된 자가 있다. 조(趙)나라로 간 자 중에 검술로 명성을 날린 자가 있는데, 사마괴외(司馬蒯聵)가 그의 후손이다.

진(秦)나라로 간 사마조(司馬錯)는 촉(蜀)과 한(韓) 중에 어느 곳을 먼저 공격할 것인가를 놓고 장의와 논쟁을 벌인 자이다. 이때 혜왕은 사마조의 의견을 따라 촉을 공격하게 하였다. 사마조가 촉 땅을 빼앗아 그곳의 군수로 임명되었다.

사마조의 손자 사마근(司馬靳)은 무안군(武安君) 백기(白起)를 따라 장평에서 조나라 군대를 격파하고 포로들을 모두 생매장하였다. 그러나 돌아와서는 진(秦)나라 소왕에게 둘 다 죽임을 당했다.

괴외의 손자의 손자인 사마앙(司馬卬)은 무신군(武信君)의 부장이었다. 그 무렵 천하가 어지러워 사방 제후들이 서로 왕이라 칭했다. 사마앙은 항우를 섬겨 은왕(殷王)에 봉해졌다. 이후 유방이 항우를 물리치자 유방에게 투항하여 하내군(河內郡)을 통치하게 되었다.

사마근의 손자 사마창(司馬昌)은 진시황 무렵에 주철관(主鐵官)의 벼슬을 지냈다. 사마창은 사마무택(司馬無澤)을 낳았고, 무택은 사마희(司馬喜)를 낳았고, 사마희는 사마담(司馬談)을 낳았고, 사마담이 태사공 사마천을 낳았다.


부친인 사마담은 당도(唐都)에게서 천문학을 배웠고, 양하(楊何)에게서 역(易)을 전수받았으며, 황자(黃子)로부터 도가를 익혔다. 한나라 무제 때에 사관의 일을 하였다. 사마담은 육가(六家)의 학설들이 본래의 뜻과 어긋나자 다음과 같이 논하였다.

"『주역』에 이르기를 천하는 하나인데 생각은 여러 가지며, 귀착점은 같으나 가는 길이 다르다고 하였다. 음양가(陰陽家), 유가(儒家), 묵가(墨家), 명가(名家), 법가(法家), 도가(道家)들은 다 세상을 다스리는 일에 힘쓰는 자들이다. 하지만 추종하는 학설이 서로 달라 잘 살핀 것도 있고, 잘 살피지 않은 것도 있다.

음양가(陰陽家)의 학술을 살펴보면 대체로 길흉을 중시해 금기시하는 것이 많고, 사람에게 두려움을 갖게 하는 것이 많다. 그러나 사계절의 순리에 맞추어 일을 해야 한다고 하는 점은 놓쳐서는 안 되는 것이다.

유가(儒家)의 학설은 너무 넓고 광범위하여 힘들게 추진해도 그 공로가 적다. 그러니 그 학설을 다 추종하기란 어려운 것이다. 그러나 임금과 신하, 아비와 자식, 남편과 아내, 형과 아우의 구별을 분명히 하고 예절을 세운 것은 고칠 수 없는 것이다.

묵가(墨家)의 학설은 지나치게 검약을 강조하여 실생활에 실천하기가 어렵다. 하지만 생산을 강조하고 비용을 절약한다는 점은 폐기해서는 안 되는 중요한 요점이다.

법가(法家)의 학설은 준엄하기만 하여 은혜와 인정이 없다. 하지만 군신과 상하의 직분을 명확하게 규정한 것은 고쳐서는 아니 될 부분이다.

명가(名家)의 학설은 인식과 개념이 너무 추상적이라 진정성을 잃게 하지만, 명칭과 실제 사이의 불일치를 바로잡은 점은 잘 살펴보지 않을 수 없다.

도가(道家)의 학설은 극히 추상적이지만 사람으로 하여금 정신을 깨끗하게 하고 무형의 도에 부합되도록 한다.

음양가로부터 사계절의 이치를 취하고, 유가와 묵가로부터 선을 취하고, 명가와 법가로부터 요점을 취해 육예가 발전하였다. 이것의 요점은 권력과 탐욕을 버리는 것인데, 하지만 천하를 다스리는 자들은 모두가 술수에 의지하고 있다.

인간의 정신은 지나치게 사용하면 고갈되고, 육체는 지나치게 혹사하면 병이 나는 법이다. 정신과 육체가 망가지면서 천지와 더불어 오래 가기를 바란다는 말을 나는 들어본 적이 없다.

음양가는 사계절, 8방위, 12도, 24절기마다 각각 거기에 해당하는 지침을 정해 놓고 잘 따라 하면 번창하고 역행하면 죽거나 망한다고 한다. 그래서 사람들은 이것으로 구속을 받아 흔히들 두려워한다.

그렇다 하더라도 봄에 태어나고 여름에 성장하고 가을에 거두어들이고 겨울에 저장한다는 것은 자연의 큰 법칙이니 따르지 않으면 천하를 바로 세울 기강이 없는 것이다. 그런 까닭에 춘하추동 사계절이 돌아가는 순서를 놓쳐서는 안 된다고 하는 것이다.

유가는 육예(六藝)로서 법도를 삼는데, 그 경전이 헤아릴 수 없을 만큼 많아 한평생을 다 바쳐 연구해도 통달할 수 없고 구명할 수 없다. 그런 까닭에 광범위하지만 요점이 적고 애를 써도 공이 적다고 하는 것이다. 그러나 임금과 신하, 아버지와 자식, 아내와 남편, 형과 아우의 구별을 분명히 밝혀 놓은 점은 누구라도 바꿀 수 없다.

묵가 역시 요순의 도와 덕을 숭상하였다.

"집의 높이는 3척, 흙으로 만든 계단은 단지 세 개, 띠로 엮은 지붕은 정리되어 있지도 않고, 통나무 서까래는 잘 다듬어지지도 않았다. 질그릇에 현미나 기장쌀로 만든 밥을 먹고, 질그릇에 명주잎과 콩잎으로 끓인 국을 담아 마신다. 여름에는 갈포로 만든 옷을 입고, 겨울에는 사슴가죽으로 만든 옷을 지어 입는다."

또 묵가에서는 장례를 치를 때 오동나무 관은 세 치를 넘지 않았으며, 곡소리도 그 슬픔을 다 드러내지 않는 것을 표본으로 삼았다. 만약에 천하가 이와 같이 검약하다면 귀하고 천한 것의 차별이 없어질 것이다.

대체로 시대가 변한다고 사람과 일도 다 같이 변할 필요는 없다. 그래서 지나치게 검약을 강조하니 사람들이 지키기 어렵다고 말하는 것이다. 그러나 생산을 강조하고 비용을 절약한다고 한 것은 사람이나 가정을 풍족하게 하는 방법이다. 이것은 어느 누구라도 폐기할 수 없다.

법가는 가깝고 먼 것을 구별하지 않고, 귀하고 천한 것을 구분하지 않으며, 일률적으로 법에 의해 단죄하기 때문에 친애하거나 존경하는 감정이 없다. 그래서 일시적인 계획은 실행할 수 있어도 오래도록 적용할 수는 없다. 그런 까닭에 준엄하기만 하고 은혜와 인정이 없다고 하는 것이다. 그러나 군주를 높이고 신하를 낮추며, 직분을 분명히 구분해 서로가 그 권한을 초월할 수 없도록 한 것은 누구라도 고칠 수 없다.

명가에서는 자세히 관찰하다가 나중에 뒤엉켜 흐려지니 그 뜻을 음미할 수가 없다. 오로지 명분에 구속되기 때문에 진실을 잃는다고 말하는 것이다. 그러나 명가에서 명칭과 실제 사이의 불일치를 바로잡은 점은 잘 살펴보지 않을 수 없다.

도가의 요체는 무위(無爲)이며 또한 무불위(無不爲)로서 그 실제적인 주장은 시행하기 쉬우나 그 말은 오묘해서 이해하기 어렵다. 학술은 허무(虛無)를 근본으로 삼고 인순(因循)을 수단으로 삼는다. 기성불변의 세(勢)도 없고 상존불변의 형(形)도 없다. 그러면서 만물의 정상(情狀)을 구명할 수 있다. 법은 있지만 그 법에 맡기지 않는 것을 법으로 여기고, 정도는 있으되 그 정도를 견지하지 않는 것을 도로 여기고, 반드시 만물의 형세에 따라 화합한다.

"성인의 사상이 변하지 않는 것은 시대 변화에 순응하기 때문이다. 허무(虛無)는 도의 준칙이요 인순(因循)은 군주의 강령이다."

군주는 여러 신하들에게 각자의 직분을 밝혀 주니 이때 실상이 그 명성에 들어맞는 것은 단(端)이라 하고, 실상이 그 명성에 들어맞지 않은 것을 관(窾)이라 한다. 관을 멀리하면 간사한 신하는 생기지 않고 어진 자와 못난 자가 저절로 가려지고 흑백이 구분된다. 이런 방법을 운용한다면 그 무슨 일인들 이루지 못하겠는가.

이것이 바로 대도(大道)에 합치되어 혼돈 상태 그대로 천하를 밝게 비추니 다시 무명(無名)으로 돌아가는 것이다. 무릇 사람을 살아 있게 하는 것이 그 정신이며 그것에 기탁하는 것이 육신이다. 정신을 지나치게 사용하면 고갈되고 육신을 지나치게 부리면 병이 난다. 육체와 정신이 분리되면 곧 죽게 되는 것이다. 죽은 사람은 다시 살아날 수 없고, 정신과 육체가 분리된 사람은 다시금 결합할 수 없다. 그러므로 성인은 정신과 육체를 다 중시하는 것이다.

이런 점으로 볼 때 정신이란 생명의 근본이요 육체란 생명의 도구인 것이다. 먼저 그 정신과 육체를 건전하게 만들어 놓지 않고 천하를 다스릴 수 있는 방법이 있다고 말하고 있으니, 도대체 무슨 수로 그럴 수 있단 말인가?"

사마담은 천문을 관장하였고 백성을 직접 다스리는 관리를 역임하지는 않았다. 그에게 사마천이란 아들이 있었다. 사마천(史馬遷)은 황하의 서쪽과 용문산이 올려다 보이는 용문(龍門)에서 태어났다. 열 살 때 고문을 배웠다. 스무 살에 장강과 회하를 떠돌아다녔고, 회계산과 구의산에 오르면서 고대의 유적을 탐방하였다. 원강과 상강, 문수와 사수를 오고 가며 유람하였다. 제나라와 노나라에서 공자의 유풍을 관찰하였다. 추(鄒)와 역(嶧)에서 공자의 향사를 참관했다. 파(鄱), 설(薛), 팽성(彭城)에서는 곤경에 처하기도 하였다. 양나라와 초나라를 거쳐 귀국하였다. 이어 낭중(郎中)의 벼슬을 받아 조정에 들어왔다. 서쪽으로 파(巴), 촉(蜀),

남쪽으로 공(邛), 작(筰), 곤명(昆明)까지 출정하기도 하였다.

무제가 처음으로 황실의 봉선 의식을 거행하는 해였다. 태사공 사마담은 주남(周南)에 체류하고 있었기에 무제를 따라 갈 수 없었다. 이것이 안타까워 사마담은 자리에 눕고 말았다. 아들 천이 찾아오자 손을 잡고 울면서 이렇게 말했다.

"우리 선조는 주나라 왕실의 오랜 태사(太史)였다. 요순시대 이후로 천문에 관한 일을 주관해 왔다. 중간에 쇠미해지기는 했으나 다시 이어졌는데, 행여 내 대에서 단절되는 것은 아닌지 모르겠구나. 네가 태사가 된다면 선조의 유업을 잇는 것이다. 지금 황제께서 태산에서 봉선을 거행하시는데 내가 거기에 수행하지 못하니 이는 운명이 아니고 무엇이겠는가.

너는 반드시 태사가 되어야 한다. 태사가 되거든 내가 못 이룬 저서들을 이루어 주기 바란다. 무릇 효도는 어버이를 섬기는 것으로 시작하여 군주를 섬기는 입신양명(立身揚名)에서 끝나는 것이다. 후세에 이름을 날려 부모를 드러내는 것이야말로 가장 큰 효도이다.

천하 사람들이 주공(周公)을 칭송하는 것은 무왕과 문왕의 은덕을 찬미하고, 고공단보(古公亶父) 태왕(太王)과 그 아들 왕계(王季)의 사려에 통달하고, 공류(公劉)의 업적까지 언급함으로 시조인 후직(后稷)을 떠받들었기 때문이다.

왕도가 사라지고 예악이 쇠퇴하자 공자가 이를 다시 일으켜 정리하고 시와 서를 논하고 춘추를 지었으니, 지금까지 학자들이 법칙으로 삼고 있다. 상서로운 동물인 기린을 사로잡은 획린(獲麟) 이래로 지금까지 4백여 년 동안 제후들은 전쟁에만 몰두하니 역사를 기록하는 일은 단절되었다. 이에 한나라가 천하를 통일하니 그 사이에 군주, 충신, 지사들이 많았지만 내가 이를 논하지 않아 역사를 폐기하고 말았도다. 너는 반드시 태사의 직분을 유념하기 바란다."

이에 사마천이 고개를 숙이며 눈물을 흘리면서 말했다.

"소자가 비록 총명하지는 못하지만 선조 대대로 이어져 온 옛 기록을 빠짐없이 정리하도록 하겠습니다."

사마담이 세상을 떠난 지 3년, 사마천은 태사령이 되어 사관의 기록과 황실 도서관에 소장된 서적들을 정리하기 시작했다. 그리고 5년 뒤, 태초(太初) 원년 11월 갑자일 초하루 동지에 처음으로 달력을 개정했고, 황제의 조상을 모시는 명당이 건립되어 황실의 신들이 제자리를 잡았다.


태사공은 말한다.

"선친께서는 다음과 같이 말씀하셨다. 주공(周公)이 죽은 뒤 5백 년 뒤에 공자(孔子)가 태어났다. 공자가 죽은 뒤 오늘에 이르기까지 5백년이 흘렀으니 다시 광명한 세상을 계승하고, 『주역』을 정정하고, 『춘추』를 잇고, 시, 서, 예(禮), 악(樂)의 근본을 재구명할 수 있는 자가 나타날 것이다. 아버님의 뜻이 바로 여기에 있지 않았던가. 그러니 내가 어찌 그 일을 마다하겠는가."


한(漢)나라 효무제(孝武帝) 때 상대부(上大夫) 호수(壺遂)가 사마천에게 물었다.

"공자는 무슨 까닭으로 『춘추』를 지었습니까?"

이에 사마천이 대답하였다.

"동중서(董仲舒) 선생께서 말씀하시길, 주나라가 쇠퇴하자 공자는 노나라에서 형벌과 죄인을 관리하는 사구(司寇)의 직책을 맡았습니다. 하지만 제후들은 공자를 멀리했고, 사대부들은 공자를 싫어했습니다. 공자는 자신의 말이 더는 받아들여지지 않으니 도가 실행되기 어렵다는 것을 깨달았습니다. 이에 노나라 242년 동안의 역사를 옳고 그름을 따져서 이를 천하의 본보기로 삼고자 『춘추』를 지었다고 했습니다. 아무리 천자라도 어질지 못하면 깎아내리고, 무도한 제후는 비판하고, 간악한 대부는 쳐 버림으로 왕도의 사업을 이루어보고자 했던 것이라 하였습니다."

사마천이 이어 자신의 견해를 말했다.

"『춘추』는 위로는 삼왕(三王), 즉 하(夏)나라 우(禹)임금, 은(殷)나라 탕(湯)왕, 주(周)나라 무(武)왕의 도를 밝히고, 아래로는 인간사의 기강을 분명히 해 주니 의심을 가려내고, 시비를 판명하고, 망설이는 일을 결정짓게 하고, 선을 찬미하고 악을 미워하고, 현명함을 존중하고 어리석음을 천하게 여기며, 망한 나라를 다시 일으키고, 끊어진 세대를 다시 계승하게 하고, 낡은 것을 개선하고, 폐기된 것을 다시 일으켜 세우니, 이는 실로 왕도에 관한 중요한 저술입니다.

『주역(周易)』은 천지, 음양, 사시, 오행의 원리를 밝혀 놓은 것이라 변화를 헤아리는 데 도움이 됩니다. 『예기(禮記)』는 인륜에 관한 것을 다루었기에 사람의 품행을 바르게 하는 데 도움이 됩니다. 『서경(書經)』은 선왕에 대한 사적을 기록해 놓은 것으로 정치를 돌보는 데 있어 도움이 됩니다. 『시경(詩經)』은 각 지역의 산천, 계곡, 금수, 초목, 암수에 대해 가장 순수한 인간의 감정으로 기록하였으니, 그 지역의 풍속을 살피고 정서를 순화하는 데 도움이 됩니다. 『악경(樂經)』은 음악을 통해 사람의 마음을 이해하고 화합하는 데 도움이 됩니다. 『춘추』는 시비를 분별하고 사람을 다스리는 일에 도움이 됩니다. 따라서 어지러운 세상을 바른 곳으로 이끄는 것으로 『춘추』보다 좋은 것은 없습니다. 천하만사의 처음과 끝이 모두 『춘추』 속에 응집되어 있습니다.

『춘추』의 기록에는 시해당한 군주가 36명, 멸망한 나라가 52개, 사직을 보존하지 못했던 제후들은 그 수가 헤아릴 수 없을 만큼 많습니다. 이 모든 것의 원인은 그 근본을 잃어버렸기 때문입니다. 『주역』에서 말하기를, 터럭만큼의 실수가 결국은 천 리나 되는 오차를 가져온다고 했습니다. 또 말하기를, 신하가 군주를 시해하고, 아들이 아버지를 시해하는 일 따위는 결코 하루아침에 일어나는 사건이 아니고 오랫동안 원인이 쌓였다가 일어나는 것이라고 했습니다.

그런 까닭에 군주와 신하는 누구라도 『춘추』를 알아야 합니다. 만약 군주가 『춘추』를 모른다면 충신과 역적을 구분하지 못하게 되고, 신하가 『춘추』를 모른다고 하면 선례만 고집하여 뜻하지 않은 변화를 알지 못하고, 그로 인해 변고를 당해도 적절한 대처를 하지 못합니다.

대저 군주가 군주답지 못하면 신하가 범하고, 신하가 신하답지 못하면 군주에게 죽임을 당하고, 아비가 아비답지 못하면 무도한 아비가 되고, 자식이 자식답지 못하면 불효한 자식이 됩니다. 이 네 가지는 천하의 큰 잘못입니다.

그러므로 『춘추』는 예의의 근간입니다. 예란 일이 생기기 전에 막는 것이며, 법이란 일이 생긴 후에 실행하는 것입니다. 법의 적용은 어디에 쓰이는지 쉽게 알 수 있지만, 예란 어떤 것을 금하는 것인지 알기 어렵습니다."

이어 호수가 말했다.

"그 시대에는 현명한 군주가 없었기에 공자가 임용되지 못했습니다. 그래서 『춘추』로서 왕의 법도를 삼으려 했던 것입니다. 그런데 선생은 현명한 천자를 만났고 관직에도 올랐는데 무엇을 밝히기 위해서 저술을 하시는 것입니까?"

사마천이 말했다.

"저는 사관이 되어서 천자의 업적과 덕을 기록하지 않았고 공신과 세가와 대부들의 행적을 기술하지 않고 있었습니다. 이는 선친과의 약속을 어긴 것으로 불효를 한 것이지요. 그래서 그 약속을 지키고자 대대로 전해 내려오는 역사를 다듬고 정리하려는 것이지 함부로 지어내려는 것은 결코 아닙니다. 그러니 선생께서 『춘추』와 비교하시는 것은 잘못된 것입니다."

7년 후, 이릉 장군이 흉노를 토벌하러 갔다가 도리어 흉노에 투항했다는 소식에 신하들이 탄핵 여부를 논의하고 있었다. 이때 사마천은 이릉을 두둔하는 발언을 하여 무제로부터 노여움을 사게 되었다. 이 죄로 인해 궁형에 처해지고 말았다. 그는 옥에서 탄식하며 말했다.

"이것이 내 죄란 말인가! 이제 내 몸은 망가져 쓸모가 없도다!"

그 뒤 풀려나와 이렇게 말했다.

"『시경』이나 『서경』에서 뜻이 은밀하고 말이 간략한 것은 마음속의 생각을 표현한 것이다. 옛날 주나라 문왕 서백(西伯)은 유리 땅에 갇혀 있는 동안 『주역』을 풀이했고, 공자는 진과 채 땅에서 곤경을 겪을 때

『춘추』를 지었으며, 굴원은 추방된 뒤에 「이소」라는 시를 지었다. 좌구명(左丘明)은 시력을 잃고서 『국어』를 편찬하였고, 손빈(孫臏)은 발이 잘린 후에 『병법』을 논찬했다. 여불위는 촉으로 좌천된 뒤에 『여씨춘추』를 편찬했고, 한비자는 진나라의 감옥에서 『세난』과 『고분』을 지었다. 『시경』의 시 3백 편도 성인들이 분을 토해 내며 지은 것이다. 이들은 마음속에 울분은 있지만 그것을 풀길이 없어 시를 적어 미래를 생각한 것이다."

이리하여 사마천은 마침내 요임금부터 한나라 무제 때까지의 역사를 저술하기 시작했다.

태사공은 말한다.

"나는 황제로부터 시작하여 한(漢)나라 무제(武帝)까지의 각 나라의 왕들의 흥망성쇠를 기록한 「본기(本紀)」 12편, 역사적 사실을 연대별로 정리한 「표(表)」 10편, 문화 또는 제도에 관한 「서(書)」 8편, 제후들의 활약상을 그린 「세가(世家)」 30편, 문인, 학자, 정치가, 장군, 자객, 유협, 해학가, 승상, 기업가 등 일세를 풍미한 개인의 사적을 기록한 「열전(列傳)」 70편 등 모두 130편을 기록하였다."

## 번역자의 평설(評說)

　사마천의 『사기열전』이 고전 중에 으뜸인 이유는 옛 성현들의 실패와 성공을 통해 후세 사람들이 그 지혜와 처세를 생생하게 배울 수 있기 때문이다. 이는 단순한 역사 기록이 아니라 인류에 전해 주는 인생의 지침서인 것이다.

　그래서 『사기열전』은 뜻이 있는 자가 읽으면 가야 할 길을 알려 주고, 뜻조차 없는 자가 읽으면 의기가 생겨나서 뜻을 품게 해 주니 어찌 소중한 고전이 아니겠는가?

　20대에 이 책을 읽으면 인생을 풍요롭게 사는 법을 알 수 있고, 30대에 이 책을 읽으면 자신의 인생이 어느 길을 가고 있는지 깨닫게 해 준다. 40대에 이 책을 읽으면 인생에서 무엇이 부족한 줄 알게 되고, 50대에 이 책을 읽으면 인생에서 무엇을 결단할 것인지 뼈저리게 느끼게 해 준다. 60대 이후에 이 책을 읽게 되면 아무래도 후회되고 섭섭한 것이 있기 마련이지만, 그래도 인생을 아름답게 마무리하는 교훈을 얻을 수 있게 해 준다.

　본래 이 책을 번역하게 된 계기는 청운의 뜻을 품은 한 젊은이에게 인생의 유익한 교훈을 한 가지씩 들려주고자 시작하였다. 그런데 도중에 그가 불의의 사고로 세상을 떠나고 말았다. 좋은 인연을 잃은 까닭에 나는 슬픔과 안타까움이 이루 말할 수 없었다. 한 해가 지나서야 마음을 가다듬고 다시 『사기열전』을 번역하게 된 것은 이전에는 한 사람에게 들려주던 이야기를 세상의 모든 젊은이에게 인생 지침으로 들려주면 좋겠다는 생각에서였다.

　세상은 누구나 자신이 좋아하는 것을 좇아 살기 마련이다. 그러나 길을 잘못 들어 불행에 빠지고, 시대를 잘못 만나 불운에 빠지는 경우가 얼마나 많던가. 자신이 바라고 원하는 세상을 살려면 어떻게 해야 하는가 고민스럽고 의문스러울 때, 이 책을 읽는다면 결코 후회가 없으리라 단언하는 바이다. 부디 읽고 가슴에 새겨지는 글들은 두고두고 되새겨 인생의 귀감으로 삼기를 바란다.

　명(明)나라 때 『당송팔대가문초(唐宋八大家文鈔)』 144권을 편집 발행한 모곤(茅坤)은 『사기열전』에 대해 이렇게 평했다.

　"사람들이 유협열전을 읽으면 어디서라도 의(義)로운 일에 대해 누구나 죽음을 무릅쓰려 한다. 굴원 가생 열전을 읽으면 눈물이 쏟아지고 가슴이 먹먹해진다. 장자나 노중련 열전을 읽으면 세상을 등지고 은둔하며 신선처럼 살고 싶어진다. 이장군 열전을 읽으면 당장에라도 전쟁에 뛰어들어 나라를 위해 적들을 물리치고 싶어 한다. 만석군 열전을 읽으면 허리가 절로 숙여지고, 4대귀공자 열전을 읽으면 지금이라도 남에게 덕을 베풀어 많은 식객을 모시고 싶어 한다. 『사기열전』은 참으로 인간 군상의 이야기이지만 인류 최고의 고전이기에 조금도 아쉬움이 없다."

부족한 번역본을 끝까지 읽어 준 독자 여러분에게 진심으로 감사드린다.


2015년 9월 5일
우면산에서 원고를 마감하고
김치영 쓰다

## 참고문헌

교양으로 읽는 중국사, 박영규 지음, 웅진씽크빅, 2005년.
史記, 사마천 지음, 중화서국, 1982년.
史記 강의(한나라 무제 편), 왕리췬 지음, 홍순도 옮김, 김영사, 2011.
史記를 탄생시킨 사마천의 여행, 후지타 가쓰히사 지음, 주혜란 옮김, 도서출판 이른
　　　　아침, 2004년.
史記列傳, 김병총 평역, 집문당, 1994년.
史記列傳, 김하중 옮김, 금성출판사, 1989년.
史記列傳, 박성연 옮김, 아이템북스, 2007년.
史記列傳, 연변대학 편찬, 서해문집, 2009년.
史記列傳, 홍석보 옮김, 삼성문화재단, 1975년.
史記列傳 1~2, 권오현, 일신서적출판사, 1991년.
史記列傳 상중하, 박정수 옮김, 청목사, 1994년.
史記列傳 상중하, 정범진 외 옮김, 까치, 1995년.
史記列傳 상중하, 최익순 옮김, 백산서당, 2014.
史記列傳 상하, 이상옥 옮김, 명문당, 2009년.
史記列傳(사람에게 비추어 시대를 말한다), 이인호 씀, 천지인, 2006년.
사기영선(정조대왕이 가려 뽑은 사기의 백미), 정조 엮음, 일빛, 2012년.
사기정선, 제혜성 엮음, 계명대학교출판부, 2007년.
司馬遷과의 대화, 김영수 지음, 새벽, 2013년.
司馬遷과 함께하는 역사여행, 다케다 다이준 저, 하나미디어, 1993.
司馬遷 사기 1~3, 유소림 옮김, 사상사회연구소, 2002년

司馬遷, 에덤스미스의 뺨을 치다, 오귀환 지음, 한겨레신문사, 2005년.

司馬遷의 사기, 이선규 편역, 서울대학교 출판부, 2007년.

司馬遷 평전, 張大可 지음, 商務印書館, 2013년.

司馬遷 평전, 지전화이 지음, 김이식 옮김, 글항아리, 2012년.

역사의 혼 司馬遷, 천퉁성 지음, 이은희 옮김, 이끌리오, 2002년.

위대한 역사가 司馬遷, 버튼 워슨 저, 박혜숙 옮김, 한길사, 1995년.

이야기 사기열전, 최범서 옮김, 청솔출판사, 1995년.

인간 司馬遷, 하야시다 신노스케 지음, 심경호 옮김, 강, 1997.

자유인 司馬遷과 '사기'의 세계, 미야자키 이치사다 지음, 이경덕 옮김, 다른세상,
        2004.

전국시대 이야기 상하, 조면희 지음, 현암사, 2007년.

중국 고대의 신들, 하야시 미나오 지음, 박봉주 역, 영림카디널, 2004년.

중국의 고대 신화, 袁珂 著, 鄭錫元 譯, 문예출판사, 1991.

진시황 강의, 왕리췬 지음, 홍순도 옮김, 김영사, 2013년.

진시황 평전, 장펀텐 지음, 이재훈 옮김, 글항아리, 2011년.

진시황(천하제패), 란위페이 지음, 민경삼 옮김, 세종서적, 2008년.

춘추전국열전, 김영수 역해, 동서문화사, 2011.

패권의 시대, 리우웨이, 허홍 공동지음, 조영현 옮김, 시공사, 2004년.

한나라 세계 최대의 왕국, 거지엔숑 지음, 이성희 옮김, 따뜻한 손, 2009년.

한 눈에 익히는 사기열전, 동양고전연구회 옮김, 나무의 꿈, 2010년.

한무제, 요시카와 고지루 저, 정연우 옮김, 명문당, 1993년.

한무제 평전, 양성민 지음, 심규호 옮김, 민음사, 2012년.

한비자 1~2, 이운구 옮김, 도서출판 한길사, 2002년.

항우와 유방 1~3, 시바료타로 지음, 양억관 옮김, 달궁, 2002년.

항우 유방, 오하일 지음, 동서춘추, 1992년.

고전에서 배우는
지략과 처세

# 사기열전(下)

1판 1쇄 발행  2015년 10월 15일
1판 2쇄 발행  2017년  4월 28일

지은이 • 사마천 ｜ 옮긴이 • 김치영
펴낸이 • 정영석 ｜ 펴낸곳 • **마인드북스**
주   소 • 서울시 동작구 양녕로25길 27, 403호
전   화 • 02-6414-5995 ｜ 팩   스 • 02-6280-9390
출판등록 • 2009년 3월 5일  제25100-2016-000064호
이메일 • mindbooks@nate.com
홈페이지 • http://www.mindbooks.co.kr

ⓒ 김치영, 2015
* 역자와의 협약으로 인지는 생략합니다.

ISBN 978-89-97508-20-4  04910
ISBN 978-89-97508-18-1  세트

이 도서의 국립중앙도서관 출판예정도서목록(CIP)은 서지정보유통
지원시스템 홈페이지(http://seoji.nl.go.kr)와 국가자료공동목록시스템
(http://www.nl.go.kr/kolisnet)에서 이용하실 수 있습니다. (CIP제어
번호 : CIP2015023106)